"이 놀라운 책에서 앤디 크라우치는 창조, 타락, 구속의 드라마에 대한 흥미로운 견해를 제시하면서 문화적 제자도를 요청한다. 그는 우리가 21세기 그리스도인으로서 당면하는 진정한 문화적 실재에 대한 수많은 지혜를 보여 준다."
● **리처드 J. 마우**, 풀러 신학교 총장 및 기독교 철학 교수

"이 책은 좋은 책이 아니다. 왜냐하면 우리를 선동하고 자극하며, 또 고무하고 격려하기 때문이다. 이 책은 현재 상태에 머물러 있기를 거부하고 일반적인 관점에 의문을 던지는 불편한 여행으로 당신을 초청한다. 이 책은 설득력 있는 사고와 신선한 견해를 제시하면서, 안주하려는 성향의 외피에 쌓인 먼지를 털어 버리게 한다. 이 책은 우리가 의문을 품을 법한 내용에 관해서도 마음 속 깊이 울림을 준다. 또한 이 책은 우리 시대의 도전 정신에 대해 이야기한다. 이 책은 좋은 책이 아니라, 최고의 책이다."
● **제임스 에머리 화이트**, 「마음을 다하여 하나님 사랑하기」 저자

"예수님의 부활이 동산을 계발하고, 무너진 세상을 일으키고, 우리 안팎에 삶의 문화를 창조하도록 우리에게 권능을 주신다는 것을 깊이 있고 신중하게 상기시켜 준다."
● **켈리 먼로 컬버그**, 「베리타스 포럼 이야기」 저자

"지난 100년간 미국 복음주의자들은 쉽게 문화를 비난하고, 비평하고, 모방하고, 소비했다. 반면, 상상력을 발휘하며 활발하게 문화를 창조하는 것은 훨씬 더 어려운 문제였다. 앤디 크라우치는 이러한 상황을 변화시키기 위해 애쓰고 있다. 그리스도인들이 과연 도전에 맞서게 될지는 앞으로 지켜봐야겠지만, 나는 그리스도인의 소명에 그것이 반드시 필요하다는 크라우치의 주장을 믿는다. 그의 견해는 신중하게 받아들일 만한 가치가 있다."
● **크리스천 스미스**, 노트르담 대학 사회학 교수

"훌륭한 논리로 전개되는 이 놀라운 책에서 크라우치는 창조와 도전에 대한 기독교의 일반적인 지식뿐 아니라 요한계시록에 대한 전통적인 이해, 그리고 그것을 성경의 다른 부분과 연결하는 기존 방식을 재점검한다. 신선하면서도 날카로운 「컬처 메이킹」은 현대 그리스도인의 사고를 확장시켜 줄 중요한 자원이다."
● **필리스 티클**, 전 "퍼블리셔스 위클리" 종교담당

"「컬처 메이킹」에서 앤디 크라우치는 고차원의 예술에 참여하는 사람들만의 창조성이 아닌, 가장 평범한 문화 창조의 위엄을 나타내는 창조성의 비전을 제시했다. 이러한 변혁적인 비전은 가망 없는 싸움 앞에서도 인내하며 실행하기를 촉구한다. 결국 문화적 창조성이란 우리가 손에 쥐고 전전긍긍하며 발휘해야 할 무언가가 아니라, 하나님으로부터 받아 점점 키워나가야 할 선물이다. 이것은 우리가 은혜를 알아 가는 과정을 통해 이루어진다."
● **데이비드 네프**, "크리스채너티 투데이" 미디어 그룹 편집장 겸 부사장

"성속의 이분법으로 고민하는 사람들에게 생수와 같은 책이다. 문화 변혁에 관심 있는 모든 그리스도인이 반드시 읽어야 할 책이다."
● **"퍼블리셔스 위클리" 리뷰**

"「컬처 메이킹」은 기독교와 문화에 대한 논의를 새로운 차원으로 인도하는 탁월한 저서다. 이 책은 이론과 실제가 적절히 배합되어 있으며, 미묘한 차이가 있는 개념들을 사용하면서도 추상적이지 않다. 모든 면에서 훌륭한 조화를 이루는 이 책을 적극 추천한다."

● **팀 켈러**, 뉴욕 리디머 장로교회 목사

"좋은 책은 탁월하거나 유익하지만, 최고의 책은 두 가지를 모두 아우른다. 앤디 크라우치의「컬처 메이킹」은 그런 장점을 고루 갖춘 보기 드문 성과물이다. 그리스도인이자 부모요, 또 한 조직의 대표인 나는 세상에 변화를 일으키기 원한다. 크라우치는 그런 갈망이 어디에서 기인하는지 이해하도록 도와주며, 그것을 어떻게 추구해야 하는지 가르쳐 준다.「컬처 메이킹」은 지성인들에게는 기쁜 선물이요, 생각하는 그리스도인들에게는 실제적인 자극을 줄 것이다."

● **게리 호건**, 국제정의선교회 대표

"깊은 통찰이 담겨 있는 앤디 크라우치의 책은 우리를 격려하며 도전한다."

● **스티브 터너**, 작가, 시인

"현대의 그리스도인들은 '문화'와 씨름하는 데 골몰하고 있지만, 문화가 무엇이며 어떻게 움직이는지 잘못 이해하고 있기에 엄청난 좌절을 경험한다. 앤디 크라우치의 폭넓은 경험과 독창적인 통찰에서 탄생한「컬처 메이킹」은 더 나은 대안으로 나아가는 신선하고 현실적인 관점을 제시한다."

● **프레데리카 매튜스 그린**, 저자 및 칼럼니스트

"그리스도인들은 반문화적이어야 하는가? '문화'로부터 우리 자신을 보호해야 하는가? 문화 '안에' 있되 문화에 '속해서는' 안 되는가? 앤디 크라우치는 신선하면서도 날카로운 이 책에서 문화 담론을 위한 새로운 표현을 제시한다. 즉 그리스도인들이 문화를 창조해야 한다는 것이다. 21세기 미국 그리스도인들이 읽어야 할 책 중에 이보다 더 나은 책을 생각해 내기란 매우 어려운 일이다."

● **로렌 F. 위너**, 듀크 대학 신학부 기독교 영성학 조교수

"수십 년간 기다려 온 책이 지금 우리 손에 들려 있다. 영향력을 발휘할 준비가 되어 있는 믿음의 사람들은 이제 비평가나 심판자가 아닌, 창조자와 옹호자로서 공동의 이익을 위해 많은 것을 기여해야 한다. 하지만 그것은 신중한 사고와 분명한 통찰력을 요구한다. 깊이 있고 실제적인 이 책에는 그 두 가지 조건이 풍성하게 담겨 있다. 앤디 크라우치는 우리 주변의 문화를 관찰하고 그것을 어떻게 더 낫게 만들 수 있는지 솜씨 있게 보여 준다.「컬처 메이킹」을 통해 크라우치는 그 모든 방법을 제시한다. 문화의 회복에 관심 있는 사람이라면 누구나 이 책을 읽어야 한다!"

● **D. 마이클 린지**, 라이스 대학 사회학 조교수

"예술가이자 예술가를 위한 대변자로서, 나는 이 책에 고마움을 느낀다. 문화와 교회에 대한 앤디 크라우치의 교훈적인 분석과 문화 창조자가 되라는 그의 시기적절한 요청을 담은 이 책은 오늘날 믿음의 여행에서 더없이 귀중한 필수품이다. 문화의 이슈와 교회에 관심이 있는 모든 사람을 위한 획기적인 안내서다."

● **마코토 후지무라**, 화가, International Arts Movement 창시자

문화 창조자의 소명을 찾아서
컬처 메이킹

앤디 크라우치 | 박지은 옮김

Ivp

IVP(InterVarsity Press)는
캠퍼스와 세상 속의 하나님 나라 운동을 지향하는
IVF(InterVarsity Christian Fellowship)의 출판부로
생각하는 그리스도인을 위한 문서 운동을 실천합니다.

Originally published by InterVarsity Press
as *Culture Making* by Andy Crouch
ⓒ 2008 by Andy Crouch
Translated by permission of InterVarsity Press,
P. O. Box 1400, Downers Grove, IL 60515, USA.

Korean edition ⓒ 2009 by Korea InterVarsity Press
156-10 Donggyo-ro, Mapo-gu, Seoul 04031, Korea

Culture Making
Recovering Our Creative Calling

Andy Crouch

나의 친조부모님 호머와 앨리스 크라우치,
외조부모님 에이서와 앤 베넷을 추억하고,
미래의 나의 손자들을 기대하며.

"후손이 그를 섬길 것이요
대대에 주를 전할 것이며
와서 그의 공의를 태어날 백성에게 전함이여
주께서 이를 행하셨다 할 것이로다."

차례

서문 · 10

제1부 문화
1장 가능성의 지평선 · 19
2장 문화의 세상 · 46
3장 해체와 기술과 변화 · 63
4장 계발과 창조 · 83
5장 제스처와 자세 · 101

제2부 복음
6장 동산과 도시 · 131
쉬어 가는 이야기: 원시 역사 · 155
7장 가장 적은 민족 · 159
8장 문화 창조자 예수 · 177
9장 오순절부터 · 195
10장 요한계시록까지 · 212
11장 영광스러운 불가능 · 233

제3부 소명
12장 왜 우리는 세상을 바꿀 수 없는가 · 247
13장 하나님의 흔적 · 268
14장 권력 · 288
15장 공동체 · 315
16장 은혜 · 332

후기: 작업실의 화가 · 353
감사의 글 · 359
주와 참고 문헌 · 363

서문

유년기의 특징은 순진함이고, 청년기의 특징은 의식이며, 성인기의 특징은 책임감이다. 이 책은 문화적 책임감의 문턱에 서 있는 사람들과 기독교 공동체를 위한 것이다.

지난 수십 년간, 미국 기독교가 가장 역동적으로 드러난 부분은 청년 사역이었다. 성인 사역이 더 활발해 보일 때조차도 말이다. 유행에 민감한 십대처럼, 우리 역시 문화 의식을 목표로 삼았다. 우리는 세상 문화에 최고의 존중을 표하면서, 조심스럽게 연구하기도 하고 모방하기도 한다. '문화 참여'에 수많은 시간을(대부분은 즐거운 시간이다!) 투자한다. 그러는 사이 교회 바깥 세상에서 희망적인 하나님의 표시를 찾아내는 성공의 순간도 있고, 때로는 세상은 영원히 덧없다는 표시를 발견하는 절망의 순간도 있다. 정말로 문화에 참여하고자 하는 소망, 즉 문화에 귀를 기울이고, 문화에서 배우고, 문화를 지지하거나 비평하는 것은 최근 몇 세기 동안 두드러진 가장 희망적인 발전이다.

미국의 청년 사역은 대단히 성공적이었다. 복음주의 운동에 참여하는 영향력 있는 리더들은 대부분 십대선교회(Youth for Christ)나 CCC(Campus Crusade for Christ), 유스 스페셜티즈(Youth Specialties), IVF(InterVarsity Christian Fellowship) 등의 선교단체에서 사역을 시작했다. 유명한 교회도 청년 그룹에서 시작된 경우가 많다. 최근에는 미디어가 깊숙이 침투해 들어온 청년 문화(미디어 제작에 편성된 엄청난 예산과 함께)와 열정적인 신앙을 결합시킨 대학생 및 청소년 관련 행사가 급증했으며, 매달 설교 시리즈를 유튜브(YouTube)와 박스오피스모조(BoxOfficeMojo.com)에서 직접 추출해 내는 교회도 늘어났다. 지금의 내가 있게 된 것은 문화 관련성이 있는 이런 사역들 덕분이다. 나는 이런 환경에서 15년간 사역했다.

하지만 청년 사역 이후 무슨 일이 일어나는가? 문화적으로 의식이 있을 뿐 아니라 문화적으로 책임을 진다는 것은 어떤 의미인가? 문화 소비자나 문화 비평가뿐 아니라 문화 창조자가 된다는 것은 또한 어떤 의미인가? 문화 의식을 새롭게 회복한 사람은 이전 세대처럼 단순히 '세속' 활동과 신앙을 분리하는 데에만 만족할 수 없다. 자신의 삶 전체가 복음을 위해 중요하게 쓰이길 바란다. 하지만 그것은 정확히 어떤 의미인가?

나는 그리스도인들이 문화에 대한 소명을 이해할 수 있도록 새롭고도 아주 오래된 길을 보여 주기 위해 이 책을 썼다. 독자들이 여기서 새로운 용어, 새로운 이야기, 새로운 질문들을 접하게 되었으면 한다.

내가 첫 번째로 제공하고 싶은 것은 새로운 용어다. 왜냐하면 우리가 문화를 논하는 기존 방식—문화가 어떻게 움직이는지, 어떻게 변하는지, 우리에게 어떻게 영향을 미치는지, 우리가 문화로부터 무엇을 기대하는지—이 때로 별 도움이 되지 못하기 때문이다. 문화란 여러 가지 측면을 지닌 다양하고 역사적인 것인데도, 우리는 마치 단일한 문화만 존재하는 것처럼 이야기한다. 문화란 주로 유형의 재화인데도, 마치 문화가 개념인 것처럼 이야기한다. 문화를 가장 깊이 있게 연구하는 사람들이 우리가 문화로 인해 얼마나 많이 달라지는지 그토록 강조하는데도, 우리는 문화에 '참여'하고 '영향'을 미치고 '변화'시키는 것을 이야기한다. 문화 한가운데서 조금이나마 책임 있는 행위자가 되기 위해서는, 우리가 하는 일에 대한 새로운 이야기 방식을 배워야 한다.

물론 이 책의 제안 중 완전히 새로운 내용은 극히 일부에 지나지 않는다. 1부는 가장 독특하고 복잡한 인간 현상을 이해하기 위해 훌륭한 장치를 개발해 낸 사회학에서 상당히 많은 부분을 차용하고 있다. [문학 비평가 테리 이글턴(Terry Eagleton)의 말은 그나마 위안을 준다. 그는 가장 설명하기 어려운 단어가 **자연** 다음으로 **문화**라고 말한다.][1] 미국인으로서는 지나치게 솔직한 고백일 수도 있겠지만, 사실 사회학 분야의 중요한 저작들에는 핵심적인 통찰을 가장 먼저 체계화한 독일어가 명백한 흔적으로 남아 있다. 나는 전문가들의 용어를 옮겨 보려고 노력하다가, 수많은 학자들이 조심성 있게 길들인 정원을 지그시 밟고 지나갔다. 그들은 아마 필자의 이런 단순화 시도를 기겁하며 바라볼지도 모르겠다. 특히 주와 감사의 글에서 언급한 사회학자들에게는, 이런 나의 서투름에 아무런 책임이 없음을 밝히고 싶다. 아무튼 그리스도인이 세상에서 좀더 조심성 있고 창조적이어야 한다는 중요한 개념을 내가 확실히 깨달았기를 바랄 뿐이다.

2부에서는 새로운 이야기, 좀더 정확하게 말하자면 아주 오래된 이야기를 읽는 새로운 방식을 제시할 것이다. 오래된 이야기란, 성경 첫 장에서부터 뜻밖의 결말에 이르기까지 한 면도 빠짐없이 나타나 있는 문화 이야기다.

최근까지 그리스도인들은, 하나님이 이 세상에 함께하신다는 비밀 이야기이자 또한 구체적인 역사의 현실과 끊임없이 교차하는 문화 인공물인 성경에 대해 이야기하는 방법을 잊고 있었던 것으로 보인다. 역사비평 방법론에 매료되어 있는 자유주의 그리스도인들은 문화적 상황의 관점에서 성경의 주장을 훌륭히 해체했지만, 복음주의 그리스도인들은 신적인 영감의 정당성을 주장하면서 성경의 문화적인 의미를 완전히 무시해 버렸다.

내가 성경을 문화적으로 읽는 방식을 회복한 첫 번째 저자는 아니다. 우리가 복음의 문화적 상황을 재발견할 때에만, 이전 세대와 미래 세대를 위한 기쁜 소식으로 복음을 이해할 수 있으며, 실제로 우리 자신을 위한 온전히 기쁜 소식으로도 이해할 수 있다. 나는 기독교의 문화적 책임과 관련하여 네덜란드 정치가인 아브라함 카이퍼(Abraham Kuyper)[2]의 주장을 따랐던 개혁주의 공동체의 수많은 사상가들로부터 많은 것을 배웠다. 미주에 그 대표 저서들을 기록해 두었는데, 너무 간략하게 소개한 이 목록은 제네바와 그랜드래피즈(국제 세계개혁주의 양대 기구인 WARC와 REC가 이 두 도시에 각각 본부를 두고 있다—역주)로 나보다 더 많이 여행했던 이들에게 이미 친숙할 것이다.

마지막으로, 우리의 소명에 대한 새로운 질문을 던지고 싶다. 우리는 세상에서 정확히 어떤 일을 하도록 부르심을 받았는가? 우리의 소명은 '문화를 바꾸는 일'인가 아니면 '세상을 변화시키는 일'인가? 문화 창조자가 되기 위해서는 세상 어디에서부터 시작해야 하는가? 권력이 가장 다루기 어려운 문화의 실체이며 권력의 고르지 못한 분배가 불가피한 일이라면, 우리는 이러한 권력을 어떻게 다루어야 하는가?

'문화적 영향력을 발휘하기 위한 7가지 단계' 같은 답을 찾고 있는 독자라면 아마 다른 책을 보는 편이 나을 것이다. 왜냐하면 나는 영속적인 것을 배우는 일이 쉽지 않다고 생각하기 때문이다. 문화 창조자가 되는 법을 배우는 것은 인간에게 가장 어려운 과제다. 우리의 소명과 관련한 모든 것은 처음부터 끝까지 선물이다. 우리 시대에 가장 필요한 존재는 계발과 창조에 진지하게 임하면서도 그러한 진지함을 생기 있게 나타낼 수 있는 그리스도인이다. 필사적으로 세상을 변화시키려고 하기보다 매일 아침 창조를 갈망하며 눈을 뜨는 사람들 말이다.

"모든 것이 하나님께 달려 있는 것처럼 기도하고, 모든 것이 나에게 달려 있는 것처럼 일하라"는 흔한 충고를 따르는 일이야말로 가장 최악의 경우일 것이다. 오히려 우리는 모든 것이 하나님께 달려 있는 것처럼 일해야 한다. 그것이 사실이자, 또 가장 가능성 있는 정보이기 때문이다. 우리는 창조자요 구원자요 지지자이신 하나님을 위해 일하며, 그분의 생명과 능력 가운데서 행한다. 그분은 은혜롭게도 무한한 자원을 공급하신다. 모든 것이 우리 손에 달려 있을지도 모른다는 생각이 들 때마다 금식과 기도로 나아갈 만큼, 우리는 자신에 대해 충분히 알고 있어야 한다. 작은 문화 재화인 이 책을 만들면서 내가 그러한 일과 기도를 경험할 수 있었음을 감사하게 생각한다.

이 책을 읽는 모든 독자가 다른 누군가와 이 책을 공유하길 바란다. 문화의 가장 비밀스럽고 아름다운 측면은 나눔을 요구한다는 것이다. 나는 광야로 홀로 걸어 들어갈 수도 있고, 때로는 그렇게 할 필요도 있다. 하지만 문화 속에 홀로 있지 않다. 나는 과거에 그것을 창조한 사람들, 나와 그것을 공유하는 사람들과 항상 함께 있다. 또한 내 뒤를 잇는 사람들에 대한 책임감에서 벗어날 수 없다. 좋은 쪽으로든 나쁜 쪽으로든, 나는 그들의 가능성의 지평선을 옮길 것이다.

친구끼리 이 책을 읽고, 우정이라는 것을 서로 잘 맞는 개인 간의 교제일 뿐 아니라 그들이 살고 공부하고 일하고 즐기는 여러 공간에 존재하는 잠재적인 변화의 파트너십으로 상상할 수 있기를 바란다.

가족들이 이 책을 읽고, 기술과 명성의 시대에 그리 중요하게 여겨지지 않는 가족이 여전히 문화의 중심에 있으며, 우리가 계발하고 창조하도록 부르심을 받은 근원적인 장소임을 발견하게 되기를 바란다.

교회가 이 책을 읽고, 그 구성원들이 '기독교 전임 사역'에 참여하지는 않더라도 각자 속한 문화의 장에서 항상 그리스도를 섬기는 것을 칭찬하는 대담한 길을 걷게 되기를 바란다.

분명한 문화 권력을 지닌 사람들이 이 책을 읽고, 하나님이 그들의 권력에 어떤 목적을 두고 계신지 발견할 수 있기를 바란다. 무시당한다고 느끼는 사람들이 하나님이 그들을 위해 준비하신 엄청난 계획을 발견하고, 또한 그들이 잊힌 것이 아니라 그 계획의 중심에서 놀라운 결말의 주인공이 된다는 것을 깨닫기를 바란다.

문화에 대한 책은 우리 자신에 대한 책처럼 보일 수도 있다. 우리가 행하고 성취하는 일, 우리의 열망과 꿈과 계획에 대한 책 말이다.

하지만 이 책을 다 읽은 후, 문화가 결국엔 우리가 아니라 하나님에 대한 것임을 발견할 수 있기를 바란다.

제1부 문화

1장
가능성의 지평선

이 책은 매우 큰 주제를 다루는 만큼, 먼저 이 주제가 얼마나 큰지 살펴보면서 시작하자.

조용한 미술관이나 오케스트라 연주회를 찾는 소위 '문화적인' 사람들의 활동에만 국한하여 문화를 논하려는 것이 아니다. 물론 그림과 음악, 미술관과 오케스트라뿐 아니라, '문화적인' 사람과 그렇지 않은 사람을 구분하는 개념까지도 모두 특정 문화의 일부이기는 하다.

또 최근 유명세를 타는 인사나 최신 기술 제품에 모두의 이목을 집중시키는 자칭 문화 전문가라는 이들의 동향이나 일시적 열풍, 혹은 유행에만 국한하여 문화를 논하려는 것도 아니다. 하지만 유명인과 기술에 관한 정보에 통달해 있는 사람들도 특정 문화, 즉 우리가 매일 접하는 대중문화의 일부이다.

문화 다원주의가 널리 주장되지만 실제로는 냉혹한 역사의 현실 때문에 문화 간 차별이 분명하게 발생한 세상에서, 우월감과 자긍심 혹은 실패감과 수치심을 만들어 내는 관습, 신념, 이야기의 총체인 민족 정체성에만 국한하여 문화를 논하려는 것도 아니다. 이 책에서 문화 전반뿐 아니라 특정 문화도 살펴보겠지만, 이것은 좀더 미뤄 두자.

'문화 전쟁', '불신의 문화' 혹은 '우리 문화의 쇠퇴'와 같은 표현에서처럼 우리 사회를 지배하는 개념과 가치관, 가정에만 국한하여 문화를 논하려는 것도 아니다. 하지만 개념, 가치관, 가정은 모든 인간의 문화적 노력의 중심에 있으며, 이러한 문화의 위치는 문화의 궁극적 의의에 몇 가지 단서를 제공해 준다. 또한 우리는 정치와 법률 영역의 개념, 가치관, 가정을 증진시키려는 민주 사회의 계속적인 투쟁에만 국한하여 문화를 논하려는 것도 아니다. 하지만 법률은 문화를 표현하고 강화할 수 있는 가장 효과적인 수단이다.

문화와 화해하려는 수많은 시도, 특히 기독교의 시도가 부족했던 이유는 문화의 여러 범주 중 한 가지에만 집중적으로 관심을 기울였기 때문이다. 고급문화, 대중문화, 민족문화, 정치문화는 모두 문화의 일부이며, 우리가 주목하고 생각하고 관여할 가치가 있는 것들이다.

하지만 문화란 이러한 세부적인 것들을 훨씬 뛰어넘는다. 그 범위가 어느 정도인지 파악하려면, 문화의 기원을 찾아 더 깊이 내려가고 더 멀리 돌아가야 한다. 이제 세 가지 기원으로 함께 거슬러 올라가 보자.

탄생

우선, 당신의 기원부터 살펴보자.

아기는 불빛에 눈을 찡그리며, 주름투성이 젖은 몸으로 태어난다. 그리고 너무나 친숙한 심장박동 가까이에 뉘어지기 전까지, 낯선 공기를 들이마시며 가늘고 신경질적인 목소리로 울부짖는다. 엄마의 따스한 체온으로 안정을 찾은 아기는 서서히 정신을 차린다. 눈을 뜨고 피부에 와 닿는 공기를 느끼면서 자궁 속 수중 요람에 울려 퍼지던 음성과 소리들을 이제 선명하고 뚜렷하게 듣는다. 그러면서 눈, 코, 입을 하나씩 인지하고, 어쩌면 눈앞에 아른거리는 한 얼굴을 황홀한 듯 바라볼지도 모른다.

인간 아기는 이 세상에 등장하는 가장 기이하고 놀라운 피조물이다. 자궁에서 그토록 무력한 상태로 태어나는 포유동물은 없다. 인간은 자연의 기회와 재난에 전혀 대처할 수 없는 존재로 삶을 시작한다. 하지만 또한 그토록 무한한 가능성을 지닌 피조물도 없다. 유전과 양육을 둘러싼 치열한 논란이 수세기 동안 전개되었고 앞으로도 계속되겠지만, 인간이 문화가 구비된 세상에 태어난다는 데는 모든 사람이 동의할 것이다.

문화가 없다면—아기에게 엄마와 아빠를 알아보는 관계 인식, 그리고 인간의 가장 놀라운 위업인 처음 몇 년간의 언어 습득 과정이 없다면—우리는 아무런 존재도 되지 못할 것이다. 인간은 배울 수밖에 없는 존재로 태어난다. 그리고 오로지 그 가능성만 가지고 시작한다.

역사

이제 역사의 기원을 살펴볼 차례다.

동굴 벽에 불빛을 비추어 보면 최초의 인류가 예술가들이었음을 알 수 있다. 그들은 손가락으로 점토에 무늬를 그렸다. 또 돌을 조각하여 들소나 여성의 상을 만들기도 했는데, 대상의 원래 형태를 그대로 따른 것으로 보인다. 그들은 절구와 절굿공이를 사용하여 안료를 섞어 아주 커다란 그림을 그렸다. 스페인 알타미라 동굴의 들소 그림 중에는 2미터가 넘는 것도 있다. 1만4천 년 전에, 이처럼 고도로 발달한 예술 행위가 이루어지고 있었다. 유럽의 동굴들에서 발견되는 작품들은 매우 정교하며, 이 때문에 작가 폴 존슨(Paul Johnson)은 "예술이 인간 최초의 직업이었을 것이다"[1]라고 했다.

그러나 우리는 인류 초기 역사에 예술 이상의 것이 있었음을 알아냈다. 그들이 사용하던 도구를 발견한 것이다. 내가 어렸을 때 조부모님의 조지아 농장에서 수집했던 화살촉 같은 것 말이다. 불을 이용한 것으로 보이는 검게 그을린 원형 흔적도 발견했으며, 사람에게 길들여진 가축도 발견했다. 2003년 중앙 러시아에서 발견된 개 두 마리의 두개골은 유럽의 동굴 미술과 대략 동시대의 것이다. 또한 장난감과 무덤도 발견되었다.

이와 같은 문화의 초기 흔적에는 언어가 보존되어 있지 않다. 하지만 얼마 지나지 않아 언어뿐 아니라 이야기에 대한 기록까지 나타난다. 우리가 '신화'라 부르는 가장 내구력 있는 이야기들은 세상의 탄생으로 비롯된 질문들을 직접 다룬다. 고배율 망원경으로 우주 역사를 관찰하는 천문학자들처럼, 우리가 고대 신화에 귀를 기울인다면 막 깨어나기 시작한 인간 의식과 조우하게 된다. 깨어난 의식을 소유한 사람들은 이런 질문들을 던진다. 우리는 왜 이곳에 있는가? 이 세상은 어디에서 생겨난 것인가? 동굴 벽에 정성스럽고 충실하게 그려진 들소는 무엇 때문에 혹은 누구 때문에 생겨난 것인가?

니네베(Nineveh)에 있는 아슈르바니팔(Ashurbanipal) 왕의 도서관에서 발굴된 「에누마 엘리쉬」(*Enuma Elish*)를 보자.[2] 인간이 이야기를 만들기 시작한 때로부터 후세를 위해 보존되어 온 이 문서는 곧 깨질 것만 같은 점토판에 기록되어 있다. 이 서사시를 말하거나 들었던 사람들은 아마도 세상에 이야기가 필요하다는 사실을 분명히 인식했을 것이다. 고고학자들이 최소한 주전 3,000년까지 거슬러 올라간다고 추정하는 이 이야기는 마르두크 신이 티아마트라는 뱀과 그 편의 괴물들에 대항하여 승리를 거두는 내용을 담고 있다. 마르두크는 자신이 죽인 티아마트를 반으로 나눈 다음, 한쪽으로는 하늘을 창조하고 다른 한쪽으로는 땅을 창조한다. 이 신화의 다른 버전에서는, 그가 티아마트의 괴물 군단으로 태양이 1년 동안 지나가는 12개의 별자리 12궁을 만들었다고 기록한다.

이것이 바로 인간이 하는 일이다. 우리는 별에서도 수많은 이야기를 끌어낸다.

성경

모든 인간은 유아기의 보편적 경험과 종(種)의 역사라는 두 가지 기원을 공유한다. 하지만 성경 인물들은 다른 기원을 강조하는데, 그에 관한 이야기는 히브리 성경 앞부분에 상술되어 있다.

창세기는 자신의 일에 뚜렷한 목적과 기쁨을 지니고 있었던 창조자에 대한 이야기로 시작한다. 창세기 기자는 첫 문장에서, 당시 퍼져 있던 창조 신화와는 매우 다른 이야기를 언급한다. "태초에 하나님이 천지를 창조하시니라. 땅이 혼돈하고 공허하며 흑암이 깊음 위에 있고 하나님의 영은 수면 위에 운행하시니라." 여기에는 신과 괴물들 간의 격렬한 분쟁도 없고, 통제할 수 없는 불길한 혼돈도 없다.[3] 어둠 속에서 들려오는 비밀스러운 신의 숨결만이 있을 뿐이다. 그런 다음 이 이야기는 창조의 절정인 여섯 째 날을 향해 신중하고도 장엄한 발걸음을 내딛는다.

> 하나님이 자기 형상
> 곧 하나님의 형상대로 사람을 창조하시되

1장 가능성의 지평선

남자와 여자를 창조하시고(창 1:27).

우리는 창세기 1:27을 둘러싼 3,000년 동안의 수많은 담화들로 책장을 가득 채울 수도 있을 것이다. 인간이 하나님의 형상대로 창조되었다는 주장은 단호하면서도 시적인 어조로 한 구절에서 두 번이나 반복된다. 창세기 1:27을 기록하고 보존했던 사람들 역시 "어떤 형상도 만들지 말라"는 두 번째 계명을 알고 있었다는 사실은, 이 구절을 읽는 우리에게 더 깊은 울림을 준다. 성경 기자들은 하나님의 형상을 만들어 내려는 인간의 시도가 실패하거나 더 좋지 않은 결과를 가져올 것이라고 주장한 최초의 사람들이었을 것이다. 하지만 하나님은 그러한 제한에 매이지 않으셨던 것 같다. 하나님은 스스로 자신의 '형상'을 만드셨다. 인류가 만든 '하나님의 형상'은 항상 불완전하고 파괴적이지만, 하나님이 스스로 만드신 '하나님의 형상'은 그분이 만드신 모든 것의 결론이었으며 "보시기에 심히 좋았더라"는 찬사를 받았다고 히브리 성경은 증언한다.

우리가 하나님의 형상대로 만들어졌다는 것은 무슨 뜻인가? 이 질문에 대한 답을 얻기 위해서는 또 다른 질문을 던져야 할지도 모르겠다. 창세기 1:1-26은 어떠한 '하나님의 형상'을 표현하고 있는가? 무엇보다도 우리는 이 본문에서, 고대 근동 지방의 다른 신들과는 구별되는 무한하고 놀라운 **창조성**의 근원이신 하나님을 보게 된다. 「에누마 엘리쉬」의 기자들에게, 세상은 신적 분쟁의 부산물이었다. 「에누마 엘리쉬」에서 묘사하는 우주는 언제나 혼돈이 맴도는 섬뜩한 곳이다. 우리가 단편적인 본문에서 이해할 수 있는 것은, 마르두크의 가장 큰 업적인 인간 창조 역시 신의 정치적 문제에 대한 해결책이었다는 점이다. 다른 신들은 그들을 경배할 자가 아무도 없다고 불평했지만, 마르두크는 그러한 목적을 이루기 위한

'교활한 술책'으로 인간을 창조했다. 이와 반대로 창세기 기자는 별과 불가사리가 있는 세상을 바라보면서, 뚜렷한 목적을 가지고 창조 행위에 몰두하고 있는 한 지적 존재를 발견한다. 모든 동물의 '종류'는 이 창조자의 상상력에서 비롯된 놀라운 결실을 증언한다. 세상은 우연의 소산도 아니며, 천상 정치 활동의 소산도 아니다. 세상은 자유롭고 관대하며 신성한 창조자의 소산이다.

하지만 이 창조자는 또한 「에누마 엘리쉬」와 다른 창조 신화들의 근저에 있는 근본적인 문제를 다룬다. 그것은 바로 혼돈이 도처에 널려 있다는 인간 의식이다. 창조자가 살기 좋은 환경을 점진적으로 조성해 가는 창세기 1장에서는 **질서화**(ordering)의 행위가 연속적으로 나타난다. 혼돈과 질서, 어두움과 빛, 땅과 하늘, 육지와 바다 등 다양한 구분을 열거하는 것이다. 그러한 각각의 구분은 세상이 풍부한 창조성으로 이루어져 있음을 보여 준다.

창세기에서 하나님을 창조자요 우주의 통치자로 묘사한다는 사실은 창조의 이러한 두 가지 특징을 다른 방식으로 표현하는 것이다. 창조자란 새로운 무언가를 만들어 내는 존재이며, 통치자는 질서와 구분을 유지하는 존재다.

미국인인 나는 창조자를 칭송하고 통치자를 의심하는 경향이 있다. 어쨌든 미국 역사는 통치자의 파멸과 함께 새로운 정부 형태를 창조하면서 시작되었다. 역사의 수많은 시대와 장소에서 발견되는 사실과 달리, 미국은 보존보다 혁신을 더 높이 평가한다. 세상의 창조자가 또한 통치자라는 개념, 그리고 질서가 창조성을 수반한다는 개념은 어딘가 모르게 미심쩍고 생소하다는 느낌을 준다.

하지만 창조성은 질서 없이 존재할 수 없다. 창조란 질서라는 구조

속에서 일어난다. 만일 이 세상이 구별할 수 없는 원소들의 어지러운 배열 상태 가운데 있었다면, 우주적 수준에서 그처럼 많은 종이 생존할 수 없었을 것이다. 인간의 창조성도 이와 마찬가지다. 극장의 어두운 좌석이 없다면, 영화는 그 강렬한 효과를 잃어버릴 것이다. 영어 쓰기를 구성하는 행과 간격이 없다면, 이 책은 글자의 혼란스러운 나열에 지나지 않을 것이다. 창조성은 우주를 필요로 한다. 다시 말해, 창조성은 질서 있는 환경을 필요로 한다.

그러므로 어떤 면에서 창조자가 피조물에 부여한 가장 큰 선물은 구조라는 선물이다. 이것은 세상뿐 아니라 창조자까지 영원한 기계적 반복 속에 가두는 구조가 아니라, 자유를 주는 구조이다. 그분의 형상대로 만들어진 우리 역시 창조자이면서 통치자이다. 우리는 창조할 수 있는 특별한 능력을 지니고 있다. 그것은 하나님이 창세기 1:1에서 행하셨던 것과 같은 무에서 유를 창조해 내는 능력이 아니라, 이미 존재하는 것을 진정 새로운 형태로 다시 만드는 능력이다. 그리고 우리는 하나님이 만드신 것들을 돌보아야 할 책임이 있다. "여호와 하나님이 그 사람을 이끌어 에덴 동산에 두어 그것을 경작하며 지키게 하시고"(창 2:15). 우리는 야생 상태의 자연을 새롭게 경작해야 한다. 인간은 정원사가 되어야 한다.

세상을 새롭게 만드는 것

창세기에 나타나는 인간상은 창조적인 경작자이다. 창세기 이야기는 6장에서 다시 다루겠지만, 우선 이것이 다른 기원들, 즉 모든 인간이 공유하는 기원들과 얼마만큼 공통점을 갖고 있는지 살펴보자. 모든 갓난아기, 그리고 역사가 시작될 때 존재했던 인간—창세기 이야기가 분명하게 반박하는 신화 속의 등장인물—과 마찬가지로 에덴동산의 인간은 자신이 세상 가운데 존재한다는 것을 알았다. 세상이 우리보다 먼저 존재했다는 것은 피할 수 없는 분명한 사실이다.

또한 모든 시대와 장소의 인간이 그러했듯이, 그들은 자신이 이야기 속에 존재한다는 것을 알았다. 아기는 "엄마"나 "아빠" 같은 말을 사용하면서 구성될 가족의 이야기 속에 존재한다. 고고학 기록에 의하면, 최초의 인류는 별과 돌과 들소가 있는 세상, 해석이 필요한 세상의 신비로운 이야기 속에 존재했다.

하나님이 최초의 인류에게 주신 과제는, 갓난아기가 성대와 폐와 입으로 곧장 시작하는 일이나 선조들이 돌과 불과 물감으로 동굴 벽에 했던 일과 동일했다. 그들은 다루기 어려운 원료들로 자신이 속해 있는 세상을 다시 배열하고 고치는 일에 착수했다. (타락 이전의 에덴동산도 경작과 관리를 필요로 했던 것 같다). 그들은 '세상을 새롭게 만들기' 시작했다.

"문화란 세상을 새롭게 만드는 것이다"라는 말은, 기독교 문화 비평가 켄 마이어스(Ken Myers)의 말을 약간 수정한 것이다.[4] 우리는 이 말에서 문화가 무엇인지, 문화가 왜 중요한지에 대한 답을 추출해 낼 수 있다. 무엇보다도 문화란, 우리에게 이미 존재하는 세상을 좀더 나은 곳으로 만들려는 치열하고 끊임없는 인간의 노력을 일컫는 말이다. 창세기 기자는 이러한 독특한 통찰력에 입각하여, 인간이 하나님의 형상대로 창조되었다고 기록했다. 우리의 원형인 창조자처럼, 우리 역시 창조자이다. 물론 하나님은 무(無)에서 시작하셨고 우리는 유(有)에서 시작한다. 하지만 당신이 생각하는 것처럼 그 차이가 크지는 않다. 창조의 모든 행위는 이전에는 존재하지 않았던 것을 생겨나게 하는 것과 관련되어 있기 때문이다. 모든 창조는 '엑스 니힐로'(*ex nihilo*), 즉 무에서 비롯된다. 비록 세상을 그 출발점으로 전제하는 창조라 해도 말이다. 모든 창조 행위에는 새로운 것이 첨가된다. 이를 가장 분명하게 볼 수 있는 것이, 물감과 캔버스라는 원료로 기대 이상의 결과물을 내는 미술 영역이다. 다섯 살짜리의 핑거 페인팅(finger painting)조차도 단순히 종이와 물감을 합친 것을 넘어선다. 하지만 이전에 존재했던 것 이상의 결과를 만들어 내는 놀라운 창조 작업은 요리사가 오믈렛을 만들 때, 목수가 의자를 만들 때, 어린아이가 스노 엔젤(snow angel, 아무도 밟지 않은 눈 위에 누워 천사 모양처럼 움푹한 자국을 내는 것―역주)을 만들 때도 이루어진다.

문화는 그림(핑거 페인팅이나 시스틴 성당의 회화), 오믈렛, 의자, 스노 엔젤을 포함한 모든 것을 말한다. 문화란 인간이 세상을 새롭게 만드는 것이다. 문화는 인간의 창조성, 즉 항상 이미 존재하는 것보다 뛰어난 것을 만들고자 하는 하나님이 주신 욕구의 흔적을 담고 있다.

하지만 문화는 일차적이고 분명한 차원에서 세상을 새롭게 만드는 것만을 가리키지 않는다. 좀더 심오한 차원에서 보면, 문화는 세상을 이해하는 것이기도 하다. 영화를 보거나 노래 가사를 듣고 머릿속이 복잡해질 때, 우리는 친구들에게 "너는 어떻게 생각해?" 하고 묻는다. 새로운 대본을 써 달라거나 새로운 노래를 만들어 달라고 부탁하는 경우는 드물다. 우리는 또 다른 창조를 요구하는 것이 아니라, 다만 그 의미에 대해 어떻게 생각하는지 질문하면서 상대방에게 해석을 요구한다.

실제로 모든 아기, 모든 인간 사회, 그리고 우리의 원시 부모가 속해 있는 세상은 분명히 어떤 해석을 필요로 한다. 세상에 대한 가장 주목할 만한 사실이 있다면, 그것은 세상이 자신의 진정한 의미에 대해 거의 알려 주는 바가 없다는 점이다. 세상에는 불가해한 일이 넘쳐난다. 상황이 좋을 때는 경이로 가득하지만, 상황이 나쁠 때는 공포로 가득해진다. 세상에 존재하는 경이와 공포의 의미를 이해하려는 것은 인간만의 관심사다. 이와 같은 문화의 심오한 차원이 인간을 다른 모든 피조물과 분명하게 구별 짓는다. 개미와 새와 침팬지는 각각 개미탑과 둥지, 초보적인 도구와 기술로 자신의 환경을 다시 조성한다는 의미에서 세상을 새롭게 만드는 문화 행위에 참여한다. 하지만 인간 외의 다른 피조물이 세상의 불가해성을 궁금해 한다는 증거는 찾아볼 수 없다. 세상을 이해하고 세상의 경이와 공포를 해석하는 능력은 인간에게만 부여되었다.

그렇다면 우리는 세상을 어떻게 이해하는가? 앞서 설명한 문화의 두 가지 차원은 우리가 생각하는 것보다 훨씬 더 긴밀하게 연관되어 있다. 우리는 세상을 새롭게 **만듦**으로써 세상을 **이해**한다. 인간의 의미 추구는 무언가를 만드는 인간의 행위로 나타난다. 손가락으로 그림을 그리고, 오믈렛을 젓고, 의자를 제작하고, 눈 위에 누워 팔을 휘두르는 문화 행위들 말이다. 의미와 만들기는 불가분의 관계에 있으며, 우리는 문화를 의미를 만드는 행위로 정의할 수 있다.

아기를 다시 한 번 예로 들어 보자. 혀와 목구멍과 폐로 만들어 낼 수 있는 소리를 계속 이것저것 조합해 보던 아기는 부모가 그중 몇 가지에 들뜬 반응을 보인다는 것을 인지한다. 어쩌다가 혀가 윗니에 부딪히면서 우연히 '대'라는 소리를 발음하게 되자, 아기는 그것을 계속 반복해 본다. 그때 아빠가 방으로 들어온다. "대, 대, 대대." 그 순간 아빠는 몸을 숙이고 환하게 웃으며 아기를 안아 올린다. 그리고는 "우리 아기가 '대디'(daddy)라고 했어!"라고 말하며 환호성을 지른다. 아기는 그런 의미로 소리를 낸 것이 아니었지만, 미소를 띤 채 아기를 품에 안고 사랑을 표현하는 아빠는 한껏 들뜬 표정이다. 다음 날, 아기가 또다시 같은 소리를 내자 어제와 같은 상황이 반복된다. 그 이후로 몇 주 동안 아기는 '대대'라는 소리를 포옹이나 미소와 연결하기 시작한다. 아마도 아기는 다른 사람들이 똑같은 소리를 내는 것을 들으면서 그 소리를 내는 데 좀더 고무되었을지도 모른다. 시간이 흐르면서 '대대'는 흥미를 자극하는 임의의 소리를 조합한 것 이상의 의미를 갖게 된다. 아기는 세상을 새롭게 만들어 내는 과정에서, 자신의 세상에서 매우 중요한 어느 등장인물에게 붙여진 '대디'라는 호칭을 이해하게 된다. 의미와 만들기가 결합된 것이다.

문화의 세계

아기와 관련해서 또 다른 점을 한번 생각해 보자. 아기가 새로운 것을 만들기 위해 필요로 하는 세상은 소리, 치아, 폐, 공기 등의 자연적인 피조 세계만 가리키지 않는다. 아기와 함께 그 세상에 존재하는 다른 피조물인 엄마와 아빠만을 가리키지도 않는다. 아빠가 '대대'라는 말을 듣고 기뻐했던 이유는 우리가 사용하는 언어에서(공교롭게도 대부분의 다른 언어에서도) 그러한 연속된 소리가 어떤 단어와 비슷하기 때문이다. 그러한 단어의 실재 역시 아기가 새로운 것을 만드는 데 이용하는 세상의 일부이다. 하지만 단어는 '자연적인' 것이 아니라 문화적인 것이다. 피조물뿐 아니라 문화까지도 아기가 속한 세상의 일부이다.

피터 버거(Peter Berger)와 토머스 루크만(Thomas Luckmann)의 「지식 형성의 사회학」(The Social Construction of Reality, 홍성사 역간)에는 사회학과 인류학 영역에서 수세기에 걸쳐 연구할 가치가 있다고 밝혀진 중요한 통찰이 잘 요약되어 있다. 버거는 훗날 "모든 인간 사회는 세상을 건설하는 하나의 기획이다"라는 말로 시작하는 저서 「종교와 사회」(The Sacred Canopy, 종로서적)에서 그것의 종교적 함의를 좀더 자세히 설명했다.[5] 문화는 인간이 세상을 새롭게 만드는 것이며, 또한 인간이 세상을 이해하는 방식이다. 그뿐 아니라, 문화는 사실상 모든 새로운 인간이 새로운 무언가를 만들어 내기 위해 이용하는 **세상의 일부**이기도 하다.

그러므로 아기는 소리뿐 아니라 단어로도 새로운 것을 만든다. 단어와 언어는, 아기가 폐와 혀처럼 다루어야 할 피할 수 없는 '세상'의 일부이다. 오믈렛과 의자와 그림은, 이전부터 존재하면서 해석과 더 발전적인 창조를 기다리는 달걀과 나무와 물감과 마찬가지로 이 세상의 일부이다. 아기가 태어난 세상은 인류가 창조되기 이전에 있었던 최초의 물질뿐 아니라 인간이 그 물질로 만든 무수한 것을 포함한다. 아기가 자라면서 받아들이게 될 세상은 자연적일 뿐 아니라 문화적이다.

문화는 이처럼 누적된다. 인간의 문화적 산물은 미래 세대가 새로운 것을 만드는 데 이용할 세상의 일부가 된다. 이는 문화의 두 가지 차원 모두에 해당하는데, 이러한 누적의 정도를 이해하는 것은 중요하다. 이것이 바로 버거와 루크만이 자신들의 저서에 「실재의 사회적 구성」이라는 놀랄 만한 제목을 붙인 이유다(앞에 소개한 「지식 형성의 사회학」이라는 책의 원제로, 버거와 루크만은 실재가 각 개인의 역사적, 문화적 지식을 바탕으로 사회적으로 구성된 것이라고 보았다—역주). 이는 자연만이 실제적이고, 문화는 실체가 없고 모호하며 순간적이라는 의미가 아니다. 문화는 실제로 우리 세상의 일부이며, 자연처럼 인간과 인간의 삶에 핵심적이다. 어떤 면에서는 문화가 더 핵심적이라고 할 수 있다. 청력 장애를 안고 태어난 아기는 소리를 들을 수 없고, 자신의 성대가 우연히 만들어 내는 소리의 의미를 이해할 수 없을지도 모른다. 하지만 그 아이가 수화나 문자를 배워 문화를 접한다면, 장애를 극복하고 세상에서 성공하는 삶을 살 수도 있다. 언어라는 문화 세계는 소리라는 자연 세계보다 인간 번영에 더 필수적이다.

강과 고속도로

문화는 그야말로 세상을 새롭게 했다. 여행 경험이 많은 19세기의 미국인들에게 미국 지도와 주요 지형을 그려 보라고 했다면, 분명 미시시피 강을 비롯해서 코네티컷 강, 오하이오 강, 미주리 강, 세인트로렌스 강 등 수많은 강으로 촘촘히 표시된 대륙을 그렸을 것이다. 초기 미국인들에게 '문화적이지 않은' 피조 세상의 일부인 강은 새로운 것을 만드는 데 이용하는 세상의 매우 중요한 일부분이었다. 그리고 그들은 실제로 강을 이용해 새로운 것을 만들었다. 강은 승객과 화물을 운송하는 항로와 여행의 경계선 구실을 하면서 수많은 문화 혁신을 일으켰다. 미국의 강 이름을 하나씩 열거하는 것만으로도, 서쪽으로 영토를 확장하는 과정에서 생겨난 수많은 주의 명칭이 강 이름에서 유래한 것을 알 수 있다. 강의 분기점에는 도시가 발달했다. 또한 강을 이용하는 운송 기술이 개발되었다. 수많은 노래와 이야기의 배경과 의미도 강을 매개로 생겨났다. 보트를 타고 미시시피 강을 떠내려가는 헉과 짐이 없다면 「허클베리 핀의 모험」(*The Adventures of Huckleberry Finn*)이 어떻게 될지 한번 상상해 보라.

하지만 오늘날 여행 경험이 많은 21세기의 미국인들에게 대륙 지도를 그려 보라고 한다면, 아마도 미시시피 강을 제외하고는 쉽사리 강을 표시하지 못할 것이다. 자, 여기서 간단한 퀴즈. 미주리 강은 지도 어디쯤에 있을까? 답을 맞힌 사람은 아마도 세인트루이스에 살고 있거나 평생 자나 깨나 지리 공부만 한 사람일 것이다. 19세기에는 그토록 중요했던 강이 지금은 시시한 대접을 받고 있다. 이제는 고속도로가 육로 여행의 주요 수단이다. 대다수의 미국인들은 대륙을 동과 서로 가로질러 보스턴에서 시애틀까지 이어지는 주간 고속도로 90번, 그리고 샌디에이고에서

퍼시픽 노스웨스트까지 뻗어 있는 주간 고속도로 5번의 진행 방향을 대강 그릴 수 있을 것이다.

오늘날에는 고속도로가 과거의 강과 같은 역할을 한다. 고속도로가 교차하는 곳에서 도시가 생겨나고 경제가 발전한다. 고속도로를 따라 새로운 형태의 상업이 번성한다. 놀랄 만큼 복잡한 망을 형성하며 컨테이너를 배에서 철도나 트럭으로 신속하게 연결하는 현대의 협동 일관 수송은 고속도로 시스템에 좌우된다. 고속도로 덕분에 생겨난 노래와 이야기도 있다. 「허클베리 핀의 모험」처럼 낭만적이고 오래가지는 못하겠지만, 최소한 미국의 '로드 무비'와 잭 케루악(Jack Kerouac)의 비트 제너레이션(Beat Generation, '패배의 세대'라는 뜻으로, 제2차 세계대전 후 과격한 문학 운동을 주도한 미국의 문학가 집단을 일컫는다. 이들은 현대 자본주의와 산업 사회를 이탈하여 자아의 무제한적인 해방을 추구했다—역주)의 고전이 된 「길 위에서」(On the Road)는 불후의 전통으로 남을 것이다.

강에서 고속도로로의 전환은 하나의 세상에서 또 다른 세상으로의 전환이다. 고속도로가 세상을 발전시켰는지 혹은 망가뜨렸는지에 대해서는 이견이 있을 수 있다. 그러나 고속도로가 새로운 세상을 만든다는 사실만큼은 누구도 부인할 수 없다. 고속도로 건설은 우리가 건너는 강의 이름을 구별하지도 못할 만큼 매끄럽게 다리를 닦거나 산을 깎아 자연계 형태를 변화시킴으로써 부분적으로 새로운 세상을 만들기도 한다. 또한 고속도로 건설은 세상에 무엇이 존재하는지, 그리고 세상에서 무엇이 중요한지에 대한 우리의 상상력과 심상을 새롭게 함으로써 좀더 온전하게 새로운 세상을 만든다. 그러나 고속도로가 가져온 변화는 '가공의' 것이 아니라 실제적이다. 실제로 50시간 정도 자동차를 운전하면 보스턴에서 시애틀까지 갈 수 있다(졸릴 때 교대해서 운전해 줄 사람이 있다면 말이다). 강이나 항구 이름을 하나도 몰라도 얼마든지 가능한 여행이다. 이는 순수한 문화의 산물인 고속도로 90번, 그리고 이에 영향을 미치면서 지원하는 다른 무수한 문화의 산물 때문에 가능하다. 자연뿐 아니라 문화 역시 우리가 새로운 것을 만드는 데 이용해야 할 세상의 일부가 되었다.

가능성의 지평선

지금까지 나는 아슬아슬한 지름길을 통과해 왔다. 마치 역사를 관통하는 실체 없는 거대 사상처럼, 추상적 의미의 문화를 이야기했다. 그러나 그 누구도, 설령 「컬처 메이킹」이라는 제목의 책을 읽는 사람조차도 문화 자체를 만들지는 못한다. 오히려 추상적인 의미의 문화는 항상 계발과 창조라는 특정한 인간 행위를 통해서만 나타난다. 우리는 문화를 만들지는 못한다. 대신 오믈렛을 만들고, 이야기를 지어 내고, 병원을 짓고, 법안을 통과시킨다. 이처럼 계발하고 창조하는 특정한 산물―고고학과 인류학 용어로는 '인공물'(artifacts), 철학 용어로는 '재화'(goods)라 부른다―은 시간이 흐르면서 결국 미래 세대를 위한 세상의 틀의 일부가 된다.

또한 **문화**가 미술이나 음악, 문학 같은 것을 지칭하는 경우, 문화라는 용어는 대개 모호한 내면의 상태를 환기시킨다. 우리는 아름다운 교향곡이라든가 미술관에 걸린 멋진 작품을 떠올린다. 이러한 것들은 강력한 아이디어와 이미지이기는 해도, 우리가 그것들을 즐기거나 허용하는 영역 바깥 세상에 실제적이고 유형적인 일을 행하는 인공물은 아닐지도 모른다. 하지만 좀더 근본적인 의미의 문화는 실제로 세상을 새롭게 만든다. 왜냐하면 문화는 가능성의 지평선을 형성하기 때문이다.

보스턴에서 시애틀까지 50시간의 자동차 여행을 다시 한 번 생각해 보자. 고속도로 90번을 건설하는 방대한 문화 형성 작업이 있기 전에, 그러한 여행은 속도나 편안함의 측면에서 전혀 불가능했다. 그러나 지금은 가능해졌다. 변화를 가져온 것은 구체적인 문화 재화였다. 물론 우리 중에 미국 대륙을 자동차로 횡단할 만한 인내심을 가진 사람은 몇 없을 것이다. 그래서 사정이 허락한다면, 우리는 같은 거리를 몇 시간 안에 이동할 수 있는 좀더 대담한 형태의 문화, 즉 비행기를 이용한다. 전에는 불가능했던 것이 문화를 통해 가능해졌다.

더 주목할 만한 것은, 전에는 가능했던 것을 문화가 불가능하게 할 수도 있다는 사실이다. 나는 몇 년 전 데이비드 맥컬로우(David McCulough)가 쓴 존 애덤스(John Adams)의 전기를 읽으면서, 얼마 전까지만 해도 방대한 문화 인프라 덕분에 보스턴에서 필라델피아까지 말을 타고 480킬로미터를 이동하는 것이 가능했다는 사실을 알게 되었다. 한 도시에서 다른 도시로 가는 여행자들을 위해 느리지만 안정적으로 여행할 수 있는 길, 길가의 숙박 시설, 마구간, 유료 도로 등이 구비되어 있었다. 이러한 문화 재화 덕분에, 기마 여행이 100년 이상 가능했다. 하지만 아마도 지금은 불가능할 것이다. 19세기의 숙박 시설과 마구간은 사라진 지 이미 오래다. 또 보스턴과 필라델피아를 연결하는 고속도로의 갓길로 다니는 것도 금지하고 있다. 불과 수십 센티미터 떨어진 곳에서 빠르게 지나가는 자동차의 굉음을 말이 견뎌낼 수 있다 치더라도 말이다. 현재 '북동부 회랑(the Northeast Corridor, 보스턴에서 뉴욕, 워싱턴 D.C.에 이르는 인구 밀집 지대—역주)'이라 불리는 지역에서 말을 타는 것은 대담한 묘기일 뿐더러 동물 학대 행위가 될 수 있다. 한때 말로 여행하는 것이 가능했지만, 이제는 문화 때문에 불가능해졌다.

가능한 것을 불가능하게 하는 기능과 불가능한 것을 가능하게 하는 좀더 중요한 기능이 결합하여 '세상의 건설'이 이루어진다. 결국 **세상**은 우리 외부에 있는, 우리의 통제와 의지 너머에 있는 모든 힘을 간략하게 표현하는 말이다. 그 힘은 우리를 구속하기도 하고 우리에게 선택과 기회를 제공하기도 한다. 수천 년 동안 인간 문화가 축적되어 온 지금, 우리가 새로운 것을 만드는 데 이용하는 세상―무한한 인간 문화의 기획을 계속 이어나가는 환경―은 대부분 우리 선조들이 만들어 놓은 것이다. 문화는 가능성과 불가능성의 지평선을 자연보다 훨씬 더 뚜렷하게 보여 준다. 우리는 문화가 만든 세상에 살고 있다.

문화 진단

문화를 이해하려면, 특정 문화 재화를 예로 들어 시작하고 끝내는 것이 가장 좋은 방법이다. 나는 특정 인공물이 광범위한 문화 이야기에 어떻게 들어맞을 수 있는지 이해하는 데 다음 다섯 가지 질문이 매우 유용하다는 것을 발견했다.

처음 두 질문은 문화의 의미 생성 기능―세상을 이해하는 문화의 역할―에서 파생된 것이다. (1) **이 문화 인공물이 세상의 모습에 대해 가정하는 것은 무엇인가?** 이 문화 인공물이 다루고 반응하고 이해하려는 세상의 주요한 특징은 무엇인가? (2) **이 문화 인공물이 세상이 존재해야 할 모습에 대해 가정하는 것은 무엇인가?** 미래에 대한 어떤 비전이 인공물의 창조자를 자극했는가? 문화 인공물이 종종 혼돈스럽고 무의미해 보이는 세상에 첨가하고자 하는 새로운 의미는 무엇인가?

다음 두 질문은 가능성의 지평선을 형성하는 문화의 놀라운 능력을 확인시켜 줄 것이다. (3) **이 문화 인공물 때문에 가능해진 것은 무엇인가?**

과거에는 불가능했으나 이 인공물로 인해 이제 행하거나 상상할 수 있게 된 것은 무엇인가? 반대로, (4) **이 문화 인공물 때문에 불가능해진 것**(혹은 **최소한 매우 어려워진 것)은 무엇인가?**[6] 전에는 인간 경험의 일부였으나 새로운 것의 탄생으로 불가능해진 활동이나 경험은 무엇인가? 이것은 매우 흥미로운 질문이다. 왜냐하면 대부분의 기술 문화란 무언가를 **가능하게** 한다는 관점에서만 소개되고 있기 때문이다. 하지만 불가능성의 지평선은 그대로 유지하면서 가능성의 지평선만 확장시키는 문화 인공물은 거의 없다. 정도의 차이는 있지만 대부분의 문화 인공물은 과거에 가능했던 것을 불가능하게 만든다.

문화는 항상 더 풍성한 문화를 생성해 내기 때문에, 우리는 문화 인공물이 미래의 문화에 어떤 영향을 미치게 될지 반드시 살펴보아야 한다. (5) **이 문화 인공물에 대한 반응으로 생겨난 새로운 형태의 문화는 무엇인가?** 이전에 불가능했던 것들 중 새롭게 생겨나 계발되고 있는 것은 무엇인가?

물론 이 다섯 가지 질문을 여러 가지 문화 인공물에 적용해 본다면, 어떤 것들은 다른 것보다 훨씬 더 흥미로운 답을 내놓을 것이다. 어쩌면 **당신은 오믈렛이 세상에 대해 가정하는 것은 무엇인가?** 같은 질문에 그리 많은 시간을 할애하고 싶지 않을 것이다. 하지만 이 질문에 답하는 것은, 새로운 것을 만들기 위해 이용하는 '세상'의 범위에 얼마나 많은 문화가 포함되는지를 일깨워 준다. 왜냐하면 오믈렛은 세상이 달걀(크고 맛있는 식용 달걀을 확실하게 생산해 낼 수 있도록 수천 년간 길들여진 닭에서 얻어 낸 것)과 같은 자연 현상뿐 아니라, 언제든 고열을 낼 수 있는 주방기구, 길이 잘 들어 눌어붙지 않는 프라이팬, 고추나 버섯 같은 천연 재료나 치즈나 햄 같은 가공 재료, 대체로 달걀 요리가 주 메뉴인 아침식사, 많은 양의 달걀을 담기에 충분한 그릇, 앉은 자리에서 달걀을 여러 개 먹어치울 수 있는 왕성한 식욕과 같은 문화 현상까지 포함한다는 것을 가정하기 때문이다.[7]

오믈렛이 세상이 존재해야 할 모습에 대해 가정하는 것은 무엇인가?
내 생각에 오믈렛은, 단백질이 함유된 맛있는 달걀을 날 것으로 먹기보다 익혀서 먹는 것이 더 낫다는 사실을 가정하는 듯하다. 어쩌면 오믈렛은 순전히 달걀만 넣은 밋밋한 요리를 대체할 수 있는 음식이 세상에 존재해야 한다는 사실을 가정하고 있는지도 모른다. 단조로운 노란색 달걀과 대조를 이루는 녹색 피망, 분홍색 햄, 흰색 치즈를 곁들인 오믈렛처럼 세상은 다채로운 곳이어야 한다. 씹히는 맛이 있으면서도 부드러운 오믈렛처럼 세상은 다양한 질감을 가지고 있어야 한다. 아무렇게나 담긴 달걀 스크램블과 반원형으로 예쁘게 담긴 갈색빛 오믈렛이 대조를 이루는 것처럼, 세상은 다양한 것들이 한데 어우러진 곳이어야 한다. 작고 별 볼일 없는 달걀 한 개(또는 세 개)로 시작해 어느새 접시 한가득 우리 미각을 즐겁게 하는 오믈렛처럼, 세상은 충만하고 풍요로운 곳이어야 한다. 인생, 혹은 최소한 아침식사는, 우리를 든든히 채워 주어야 한다.

우리가 인식하는 것이 다는 아닐 것이다. 단순한 아침식사 접시에도 세상에 대한 다양한 가정과 희망이 숨겨져 있지 않은가. 우리는 이것을 다음과 같이 요약할 수 있다. 세상에는 달걀이 존재하며, 오믈렛도 존재해야 한다고 말이다. 오믈렛이라는 문화 인공물은 이 세상이 언제나 더 많은 것을 위한 공간을 지니고 있음을 말해 준다. 자연 환경이 우리에게 제공하는 것은 그 자체로 충분하고 유익하지만, 약간의 문화로 생겨날 수 있는 것과 비교해 보면 아주 작은 부분에 불과하다. 오믈렛의 경우만 해도, 그것은 오랜 시간에 걸쳐 치즈와 프라이팬을 포함한 모든 문화적 요소들이 점진적으로 갖춰지면서 탄생한 것이다. 문화는 자연의 잠재적인 약속을 성취한다. 성경의 표현을 따라해 보면, 달걀은 좋은 것이고 오믈렛은 심히 좋은 것이다. 지금 우리는 본래 모습보다 점점 나아지는 중이다.

오믈렛 때문에 가능해진 것은 무엇인가? 오믈렛 찬사에만 너무 치우치지 않기 위해, 요리와 관련한 현실 상황도 이야기해야겠다. 오믈렛을 완전히 익히면 달걀이 살모넬라균에 오염되어 있었다 하더라도 공중위생상의 피해를 유발하지 않는다. 하지만 일반적으로 콜레스테롤, 포화지방, 나트륨을 다량 함유한 오믈렛은 심장병을 일으킬 수도 있다. 오믈렛을 좋아하는 사람들의 경우, 심장병 발병률이 높은 것은 말할 것도 없다. 또한 오믈렛은 어느 정도 양계 산업의 성공에 공헌했고, 양계 산업 종사자들의 지갑을 두둑하게 해주었다. 그렇다면 **오믈렛 때문에 불가능해진 것, 혹은 최소한 매우 어려워진 것은 무엇인가?** 오믈렛 때문에 완전히 불가능해진 것은 없을지도 모른다. 혹시 내가 모르는 것을 당신이 알고 있을지도 모르지만 말이다. 하지만 오믈렛 때문에 인류가 예로부터 먹었던 날달걀을 덜 찾게 되었다는 것만큼은 분명하다. 어쩌면 전통적인 달걀 스크램블 요리도 오믈렛 때문에 2순위로 밀려났는지 모른다. 빵과 버터, 잼을 곁들인 '콘티넨탈' 식 아침식사 후에 포만감을 느끼기도 훨씬 어려워졌다. 미국 어느 도시를 가든 레스토랑에서 10불 이하의 아침식사를 찾아보기 어려워졌으며, 또한 날씬한 상태를 유지하기도 훨씬 어려워졌다.

오믈렛에 대한 반응으로 생겨난 새로운 형태의 문화는 무엇인가? 새로운 종류의 오믈렛이 생겨났다. 예를 들어, 기존 오믈렛의 콜레스테롤 문제를 보완하는 달걀 흰자 오믈렛과 재료들을 새롭게 배합하여 만든 오믈렛이 등장했다. 새로운 종류의 주방기구도 등장했다. 이 기구들은 오믈렛 요리에서 가장 중요한 부분인 달걀 뒤집기에 더 적합한 조리면과 완벽한 반달 모양의 오믈렛을 만드는 데 필요한 다양한 프라이팬 크기를 선보였다. 고급 호텔 레스토랑에는 주문형 오믈렛을 전담하는 요리사가 항상 대기하고 있는 '오믈렛 스테이션'이 생겨났고, 오믈렛 요리책과 오믈렛에 관한(혹은 적어도 달걀에 관한 내용이 있는) 웹사이트도 생겨났다. 이 책에서 다루는 오믈렛에 관한 짧은 내용도, 오믈렛과 그것이 형성하는 세상을 '새롭게 만들기' 위한 작은 문화 인공물이다.

고속도로 시스템

우리는 이 다섯 가지 질문을 오믈렛에 적용해 보면서 흥미롭고 의미심장한 교훈을 얻었다. 특히 이 질문들은 드와이트 아이젠하워(Dwight Eisenhower) 대통령이 1956년 6월 29일 '전국주간 국방고속도로'(National System of Interstate and Defense Highways Act) 법안에 서명하면서 건설된 고속도로 시스템 같은 대규모 문화 재화를 이해하고자 할 때 더욱 유용하다. 이 시스템의 기원에는 소비에트 연방의 군사적 위협에 대비하려는 미국의 노력이 감춰져 있다. 아이젠하워는 독일에서 미 육군으로 복무할 당시, 독일의 아우토반 시스템에 깊은 감명을 받았다. 그러므로 고속도로 시스템은 제2차 세계대전 이후 미국의 다른 수많은 문화 인공물들과 마찬가지로, 군인들의 경험과 가치관에서 영향을 받아 생겨났다고 할 수 있다. 다음의 진단 질문을 이용하면, 이 점을 좀더 분명히 이해할 수 있을 것이다.

고속도로 시스템이 세상의 모습에 대해 가정하는 것은 무엇인가? 그것은 물론 자동차의 존재를 가정한다. 그리고 자동차는 자연스럽게 연소 엔진과 연소 연료의 존재를 가정한다. 이 때문에 고속도로 시스템은 자동차를 존속시켜 주는 굉장히 복잡한 문화 인공물들에 의존하고 있다. 이

시스템은 비교적 원거리에 있는 지역 간의 정치적 연합으로서 "대서양에서 태평양까지" 뻗어 있는 근대의 민족 국가를 가정한다. 이는 강의 유역마다 왕국이 세워졌던 이전 시대의 배열과는 사뭇 다르다. 고속도로 시스템은 도로 건설과 관련해 수천 년에 걸쳐 축적되어 온 경험을 가정한다. 그러한 경험은 널리 분산되어 있는 로마제국의 건설을 가능하게 했던 토목 기술의 위업으로까지 거슬러 올라간다. 그것은 또한 즈요 도시가 표시되어 있는 기존 지도를 가정한다. 대부분의 주요 도시들은 도로망 가운데 편입되었다(이 때문에 고속도로가 도심 한가운데로 지나가는 도시는 점점 번영하고, 그렇지 않은 도시는 점점 중심에서 밀려났다.) 고속도로 시스템은 그처럼 어마어마한 프로젝트에 투자할 수 있는 상당한 국부(國富)를 가정하고 있다. 또 인구압과 그러한 국부를 가져온 경제 성장을 가정하고 있기도 하다.

고속도로 시스템이 세상이 존재해야 할 모습에 대해 가정하는 것은 무엇인가? 그것은 세상이 더 평탄하고, 더 빠르고, 더 안전해야 한다는 것을 가정한다. 변두리와 언덕과 골짜기는 효용성을 목적으로 완만하게 닦여졌다. 산과 강은 장애물이 아니라 풍경이 되어야 한다. 그것은 한 지역과 다른 지역 사이의 거리감이 줄어들어 1킬로미터가 먼 거리가 아닌 가까운 거리로 느껴져야 한다고 가정한다. 또 지역 간의 일치가 지역색보다 더 가치 있다고 가정한다. 동일한 신호와 도로표지판, 출구로 커브와 각도의 고정 반경, 도로상의 일정한 규칙을 통해, 지역마다 다른 교통 지식을 습득할 필요가 없도록 하는 것이다. 고속도로 시스템은 어디를 가든 집처럼 편하게 느껴야 한다고 가정한다. 또한 그것은 먼 지역의 재화가 인접 지역의 재화와 비교해서 가격 경쟁력이 있어야 하며, 인접 지역의 재화가 먼 지역에서도 새로운 시장을 형성해야 한다고 가정한다.

고속도로 시스템 때문에 가능해진 것은 무엇인가? 미국에서 이 책을 읽는 독자라면, 손에 닿는 주변의 모든 것이 바로 그 결과물이다. 옷, 의자, 커피, 당신이 먹는 음식은 모두 어떤 식으로든 고속도로를 통해 저렴하고 신속하게 운송되었다. 이 때문에 고속도로 시스템은 원활하고 능률적인 상업을 가능하게 했다고 볼 수 있다. 또한 이것은 패스트푸드 레스토랑에서부터 크래커 배럴(Cracker Barrel)에 이르기까지 전혀 새로운 형태의 상업을 일으켰다. 크래커 배럴은 낡고 오래된 것처럼 디자인한 건물에 자리하며 '고향의 맛'을 표방하지만, 실은 고속도로 근처에만 있는 다소 모순적인 레스토랑 체인이다. 고속도로 시스템은 미국의 자동차 문화를 가능하게 했을 뿐 아니라, 대부분의 지역에서 이 문화를 필수로 만들었다. 고속도로 시스템 때문에 회사가 밀집한 도심에서 멀리 떨어진 곳에 거주하며 출퇴근할 수 있었고, 푸른 잔디밭이 있는 교외의 주택지가 조성되었다. 고속도로가 없었다면, 중산층 가정이 교외로 이동하면서 생겨난 도심 빈민가도 없었을 것이다. 실제로 패니 매 파운데이션(Fannie Mae Foundations, 내 집 마련 정보를 제공하는 미국의 비영리 단체-역주)이 도시 계획가들에게 20세기 미국의 도시 발전과 쇠퇴 요인 열 가지를 꼽아 달라고 요청했을 때, 첫 번째 요인으로 지목된 것이 바로 고속도로였다.

고속도로 시스템 때문에 불가능해진 것, 혹은 최소한 매우 어려워진 것도 있다. 예를 들어 일정한 출퇴근 시간이 걸리지 않고 통근하는 것이 대다수의 미국인들에게 훨씬 더 어려워졌다. 적정선의 유가가 유지되지 않는 상태에서 경제 성장을 지속하는 일도 불가능해졌다. 기름을 더 많이 사용할수록 불가능성은 점점 더 심화될 것이다. 또한 고속도로가 우회하는 작은 도시에서는 상업의 활력성을 유지하기가 불가능해졌다. 애틀랜타와 같이 주요 고속도로가 교차하는 도시들에서는 상업 성장이 활발하게 이루어졌고, 그 이외의 적막한 고속도로 출구에서도 새로운 형태의 문화가 생겨났다.

고속도로 문화로 가능해진 광범위한 자동차 문화를 좀더 이야기해 보자. **고속도로 시스템에 대한 반응으로 생겨난 새로운 형태의 문화는 무엇인가?** 우리 집에서 몇 블록 떨어진 상설 주차장에는 비영리 단체 필리카셰어(PhillyCarShare) 소유의 도요타 프리우스 한 대가 서 있다. 필리카셰어의 전무이사 타냐 시맨(Tanya Seaman)이 도시 계획가로 일하던 시절, 그녀와 몇몇 친구들은 필라델피아 도심과 교외의 거주자들이 개인 자동차를 소유해야 한다는 부담을 덜 수 있는 방안에 대해 생각했다. 그래서 그들은 도시 근처 편리한 장소에 수백 대의 자동차를 주차시켜 놓는 것에 대한 비전을 품었다. 2007년 1천만 달러의 흑자를 기록한 이 단체는, 3만 명 이상의 회원을 유치하고 400대 이상의 자동차를 소유하게 되었다. 도시 계획가들은, 공유된 자동차 한 대당 자기 소유의 자동차 구매를 포기하는 사람들이 최대 25명까지 늘어난다고 추정한다. 필리카셰어를 창설한 해인 2002년과 비교해 볼 때 2007년 필라델피아 거리와 고속도로에는 자동차가 1만 대 정도 줄어든 셈이다. 고속도로 시스템이 대도시 필라델피아의 지평선을 변화시키지 않았다면 필리카셰어도 없었을 것이다. 또 도시 운전에 필요한 창조적이고 효과적인 해결책도 등장하지 않았을 것이다.

문화는 선택 사항이 아니다[8]

문화는 매우 구체적이고 유형적인 방식으로 가능성과 불가능성의 지평선에 경계를 설정한다. 나는 고속도로 때문에 가능해진 빠르고 편리한 여행을 그저 믿기만 하지 않는다. 그저 평가만 하지도 않는다. 이 여행은 전에는 상상할 수 없었지만 이제 상상할 수 있게 된 무엇에 불과하지 않다. 그것은 실제로 내가 '할 수 있는' 것이다. 이 여행이 가능해진 것은 누군가가(아이젠하워 대통령, 의회 의원들, 수많은 토목 기사들, 도로 건설자들, 지대설정 위원회 회원들, 회계사들) 전에 없던 것을 창조해 냈기 때문이다.

사실 나는 우리가 자동차에서 하루에 81분("월스트리트 저널"에 의하면, 미국인들이 자동차에서 보내는 평균 시간이다.[9])을 소비하지 않는다면, 훨씬 더 잘 살고 있을 것이라고 생각한다. 말을 이용해 여행했던 시절이 사람과 동물에게 훨씬 더 좋았을 것이라고 생각한다. 또 지구에 있는 제한된 화석 연료를 빠른 속도로 소모하는 행위가 탐욕스럽고 어리석은 일이라고 생각한다. 하지만 나는 고속도로 없이는 살 수 없다. 내가 싫든 좋든 간에, 누군가가 전에 없던 것을 창조해 냈기 때문에 이처럼 많은 일이 불가능해졌다. 고속도로가 전원도시 생활이나 말을 이용한 여행 같은, 미국 생활의 수많은 매력적인 가능성을 제거했다는 것은 분명한 사실이다. (이 두 가지는 역사적으로 가까운 시점보다는 먼 시점에서 바라볼 때 좀더 매력적으로 보일 것이다.)

하지만 이러한 불가능성의 지평선이 제약처럼 보인다 해도, 문화는 모든 인간의 가능성에서 반드시 필요하다. 문화는 인간의 자유를 위한 영역이다. 사실 우리는 문화의 제약과 불가능성이라는 경계 안에서 창조와 혁신을 이루어 낼 수 있다. 이것은 분명 이 책과 같은 문화 인공물에도 적용된다. 북미 독자들을 염두에 두고 오믈렛 이야기를 쓸 때, 나는 거의 모든 독자가 오믈렛이 무엇인지 알고 있으며, 한 번쯤은 먹어 봤을 것이라고 예상할 수 있다. 나는 이 책을 구입한 사람이면 누구나 고속도로를 달려 본 경험이 있으리라고 상당히 확신할 수 있다. (이 책이 독자에게 전달되는 과정에서도 분명히 고속도로를 거쳤을 것이다.) 하지만 내 책이 오믈렛도 없고, 고속도로도 없는 세상 변두리로 전달된다 해도, 나는 우리가 음성언어와 문자언어라는 문화유산을 공유하고 있음을 절대적으로 확신할 수 있다. 언어와 고속도로, 오믈렛 덕택에, 우리는 그것들이 없었다면 불가능했을 대화에 참여할 수 있다. 당신이 이 대화에 얼마만큼 참여하고 있든, 이 장을 읽으면서 어떤 깨달음과 혼란을 느꼈든, 아무튼 그것을 가능하게 한 것은 문화다. 문화가 없었다면 인류에게 가능한 일은 아무것도 없었을 것이다. 문화가 가능성의 지평선을 창조했다는 것은 비유나 은유가 아닌, 있는 그대로의 진리다.

이러한 진리는, 기원에 대해 기록한 창세기에 잘 나타나 있다. 창조자와 통치자로서 가능성을 불어 넣고 한계를 정하시는 하나님은 그분의 형상대로 만들어진 인간에게 동일한 것을 요구하신다. 자연의 풍부한 원료를 사용해 경작하고 돌보고 다스리고 창조해야 할 정원사의 과제가 없었다면, 에덴동산의 인류가 존재하고 활동해야 할 아무런 이유도 없었을 것이다. 그들이 문화적 과제를 수행하는 과정에서 어떤 왜곡이 발생했든 간에(우리가 이미 경험적으로 알고 앞으로 2장에서도 살펴보겠지만, 왜곡이란 매우 위험한 것이다), 인간의 시작이 그러했듯이 문화와 창조 역시 축복의 영역에서 시작되었다. 문화의 기원과 인간의 기원은 동일하다. 왜냐하면 문화는 우리가 창조된 목적이기 때문이다.

문화와 동떨어진 삶은 불가능하며, 그 누구도 문화를 피할 수 없다. 그리고 문화는 좋은 것이다.

2장
문화의 세상

문화는 인간이 세상에서 만들어 낸 것이지만, 인간이 만든 모든 것이 문화를 형성하지는 않는다.

저명한 예술가 크리스토(Christo)와 장클로드(Jeanne-Claude) 부부(미국 문화에서 성을 제외하고 이름만 사용하는 경우는 예술적 명성을 나타낸다)는 1979년 "더 게이츠"(*The Gates*) 프로젝트를 구상했다. 뉴욕 시 센트럴 파크의 산책로를 따라 축구 골대 모양의 철재 문을 줄지어 설치하고 각 문마다 사프란 빛깔의 천을 드리운다는 것이 그들의 발상이었다. 그러나 뉴욕 시 공원국은 크리스토와 장클로드의 제안을 거절했다. "부적당한 장소에서 부적당한 때에 부적당한 규모로"[1] 설치를 계획한다는 이유에서였다. 그들은 유보된 이 아이디어를 20년 이상 작업실에 묵혀 두었지만 결코 잊지는 않았다. 이 프로젝트를 아는 것은 몇 안 되는 예술계 인사들뿐이었다.

"더 게이츠"의 비전은 모든 예술이나 문화와 마찬가지로, 세상을 새롭게 만드는 것이었다. 여기서 '센트럴 파크'라는 세상은 본래 조경 건축가 프레드릭 로 옴스테드(Frederick Law Olmsted)와 칼베르 보(Calvert Vaux)가 세상을 만드는 작업에서 비롯한 결과물이다. "더 게이츠"가 스케치와 드로잉 단계에 지나지 않았을 때도, 어떤 의미에서는 이미 문화 재화였다. 세상을 새롭게 만들기 위해 노력하는 인간의 작품이었기 때문이다.

하지만 "더 게이츠"가 실물로 만들어지지 않았다면, 완전한 문화 재화가 되지 못했을 것이다. 예술가들의 상상과 대화에서 나온 아이디어를 스케치와 계획, 도해로 풀어 낸 형태였던 1999년의 "더 게이츠"에, 1장에서 사용했던 진단 질문을 적용해 보자. 1999년의 "더 게이츠"가 세상의 모습에 대해 가정하는 것은 무엇인가? 그것이 세상이 존재해야 할 모습에 대해 가정하는 것은 무엇인가? 우리는 이 질문들에 분명하게 답할 수 있다. 1999년의 "더 게이츠"는 센트럴 파크의 존재, 센트럴 파크가 뉴욕시의 생활에서 차지하는 의의, 센트럴 파크가 도시 공간의 발전 가능성에 대한 상징으로서 갖는 더 광범위한 의의를 가정한다. 그것은 뉴욕이 2월에는 매우 쌀쌀하고, 나뭇잎이 다 떨어진 무미건조한 도시가 된다는 것을 가정한다(이 프로젝트는 처음부터 한겨울을 염두에 두고 기획되었다). 그것은 가끔씩 세상이 일시적으로나마 아름답게 꾸며져야 한다는 것을 가정한다. 천이 나부끼면서 길과 언덕, 골짜기가 드러나 보이기도 하고 감춰지기도 하는 경관을 상상한 것이다. 그것은 예술이 대중에게 다채롭고, 접근하기 쉽고, 재미있으며, 또한 개방적이어야 함을 가정한다. 수많은 예술가들이 특히 근대와 포스트모던 시대에 이르러 이 문제에 첨예한 의견 대립을 보이고 있기는 하지만 말이다.

하지만 다음 세 가지 질문을 던져 보자. 1999년의 "더 게이츠" 때문에 가능해진 것은 무엇인가? 그것 때문에 불가능해진 것, 혹은 최소한 매우 어려워진 것은 무엇인가? 그것에 대한 반응으로 생겨난 새로운 형태의 문화는 무엇인가? 이에 대답하기는 쉽지 않다. "더 게이츠"를 처음 제안했던 때로부터 20년 동안 이렇다 할 결과를 내지 못했기 때문에 이야기할 수 있는 내용도 거의 없다. 그에 반응하여 나온 문화 인공물이라고는, 설치 제안을 딱 잘라 거절했던 공문서 몇 장뿐이었다. 그리고 그 문서들 때문에, 꽤 명성 있다는 다른 예술가들조차 센트럴 파크와 관련한 작업을 전혀 제안할 수 없게 되었다면, 그 때문에 무언가가 불가능해지고, 최소한 훨씬 더 어려워졌는지도 모른다. 1999년의 "더 게이츠"는 세상을 새롭게 만들기 위한 인간의 노력이라는 측면에서 일종의 인공물이라고 볼 수 있지만, 완전한 형태의 문화는 아니었다. 이는 "더 게이츠"가 아직까지 대중과 공유되지 않았다는 뜻이다. 그것을 고안해 낸 이들의 생각으로는 영영 공유가 불가능할 것 같기도 했다.

문화에서 대중은 필수 요소다. 대중이란 문화 재화의 영향을 깊이 받은 사람들을 말한다. 실제로 문화 재화가 대중의 가능성과 불가능성의 지평선을 변경하며, 그러한 문화 재화의 존재가 대중의 문화적 창조성을 자극한다. 이러한 대중이 반드시 다수일 필요는 없다. 하지만 그들이 없다면, 인공물은 개인적이고 비공개적인 것으로 남을 뿐이다. "더 게이츠"는 고안자들에게 큰 의미였을 수도 있지만—크리스토와 장클로드는 작업실에 스케치와 도해를 잘 간수해 두었을지도 모른다—다른 이들을 위해 세상을 새롭게 만든 것은 아니었다. 최소한 아직까지는 그렇다.

마침내 2003년, 새 시장과 새 공원감독관이 일부 개정된 "더 게이츠"의 제안을 허가했다. 성공한 사업가로 승승장구하다가 시장이 된 마이클 블룸버그(Michael Bloomberg)는 본래 작품 자체의 예술적 가치보다도, 관광객 유치로 수백만 달러를 벌어들일 수 있을 것이라는 가능성에 더 주목했다. 크리스토와 장클로드는 전시가 끝날 때 설치물을 깨끗이 제거하는 것으로 계획을 수정했고, 다른 미술 작품을 판매한 수익금으로 스스로 전시

비용 2천만 달러를 충당했다. 센트럴 파크는 다양한 문화적 발전 덕택에 1979년에 비해 더 깨끗하고 안전하고 개방적인 곳이 되었을 뿐 아니라, 뉴욕 시민과 외지 관광객이 더 많이 찾는 곳이 되었다. 2005년 2월 12일, "더 게이츠, 센트럴 파크: 1979-2005"라는 공식 이름으로 막을 올린 이 작품은 16일간 전시되었다.[2]

이 기간에 수많은 뉴욕 시민과 관광객이 센트럴 파크를 방문했다. 그래서 그때까지는 대답할 수 없었던 세 가지 질문에 비로소 대답할 수 있게 되었다. **"더 게이츠" 때문에 가능해진 것은 무엇인가?** 예술가와 시 공무원은 이 질문에 각기 다르게 대답했다. 예술가들은 이 설치물 덕분에, 관광객들이 구불구불 이어지는 센트럴 파크의 산책로를 새로이 보게 되었다는 점을 강조했다. 뉴욕 시장은 관광객 유입으로 인한 경제적 이익을 강조했다. **"더 게이츠" 때문에 불가능해진 것, 혹은 최소한 매우 어려워진 것은 무엇인가?** 2주의 전시 기간에 맨해튼 지역에서 호텔 객실을 예약하는 일이 거의 불가능했다. 통상적으로 한겨울에는 이런 일이 없었다. 또한 이 설치물의 작가들이 필요한 자금 전액을 스스로 조달하고 시장이 이를 치켜세웠던 전례 때문에, 예술 분야 중에서도 특히 대규모 공공 설치물과 관련하여 국가의 전폭적인 지원을 받기가 훨씬 더 어려워졌다. **"더 게이츠"에 대한 반응으로 생겨난 새로운 형태의 문화는 무엇인가?** 신문과 잡지들은 이 프로젝트에 대한 선전과 비판, 혹은 해석을 담은 각종 기사를 쏟아냈다. 또한 이 설치물의 작가들이 작업실에 방치해 두었던 스케치와 도면의 복제화가 열성적인 구매자들에게 비싼 값에 판매되었고, 그 수익으로 뉴욕예술진흥원(New York arts foundation)의 기금이 조성되었다. 아마도 크리스토와 장클로드의 창조적인 발상은 세상 어딘가의 더 큰 프로젝트에서 벌써 활용되었을 것이다. 센트럴 파크에서 시도한 모험이 대중적인 성공을 거두었기 때문에 그러한 발상은 밝은 전망을 갖게 되었다.

진정한 예술가는 전달자다

문화를 만드는 데는 반드시 재화의 공유가 필요하다. 문화를 만드는 존재는 세상을 새롭게 만드는 **사람들**(두 사람 이상)이다. 이는 혼자서 하는 일이 아니다. 발명가의 작업실과 발상에서 벗어난 인공물만이 가능성의 지평선을 옮길 수 있고 더 많은 문화를 만드는 원료가 될 수 있다. 공유되기 전의 인공물은 문화가 아니다. 애플 컴퓨터의 기술자들이 매킨토시의 첫 발매를 앞두고 출시일을 연기하고 싶은 유혹에 시달릴 때, 설립자인 스티브 잡스(Steve Jobs)는 의미심장한 말을 한마디 던졌다. "진정한 예술가는 전달자입니다."[3] 잡스는 기술자들을 예술가라 부르면서, 세세한 부분에까지 주의를 기울이며 완벽한 제품을 만들고자 하는 열정에 칭찬과 격려를 아끼지 않았다. 하지만 잡스는 또한 모든 소프트웨어 개발자가 기본적으로 갖추어야 할 요건이 더 많은 대중에게 실용적인 제품을 '전달'하는 것임을 상기해 주었다.

2005년 2월, 비로소 "더 게이츠"의 전달이 이루어졌다. 개인 프로젝트라는 문지방을 넘어 공유된 문화 재화로 성큼 나아간 것이다. 그럼에도 불구하고, 다른 기준에서 볼 때 "더 게이츠"는 전달된 것이 아니다. 이 설치물을 보지 못한 수십억 사람들에게 "더 게이츠"는 예고 없이 잠깐 나타났다가 사라졌을 뿐, 지평선을 움직이거나 새로운 문화 인공물을 창출해내지 못했다. 뉴욕 시에서 멀리 떨어진 지역에 사는 독자들은 이 책을 읽기 전까지는 "더 게이츠"로 인한 문화적 영향력을 아무것도 경험하지 못했을 것이다. "더 게이츠"는 최소한 2005년 2월의 몇 주 동안 수백만의 사람들에게 문화였지만, 대부분의 세상 사람들에게는 크리스토와 장클로드의 작업실에 있는 것이나 다름없었다.

그러므로 특정 인공물과 구체적인 사물을 제외하고는 문화를 논할 수 없는 것처럼, 특정 '대중'을 제외할 때도 문화에 대한 논의가 불가능하다. 특정 대중이란 세상을 새롭게 만드는 특정 행위에 영향을 받은 특정 집단의 사람들을 가리킨다. '문화'를 분화되지 않은 단일한 것으로 이해하는 것은 위험하다. 우리가 '문화'를 이야기할 때 그것이 어떤 문화 재화를 뜻하는지 항상 질문해야 하는 것처럼, 그러한 문화 재화를 받아들이고 그에 반응하는 사람들이 어떤 대중인지도 질문해야 한다. 진정한 예술가는 물론, 진정한 기술자, 입법자, 소설가, 시공사가 전달자라고 한다면, 그들은 수신인의 주소를 알고 있어야 한다. 그들의 문화 인공물이 도착해야 할 주소지가 아닌 다른 곳에서는, 그러한 인공물을 문화로 취급하지 않는다.

문화에 다양한 주소가 있으며 모든 문화 재화가 똑같은 대중에게 영향을 미치지는 않는다는 통찰이야말로 '다문화주의'(multiculturalism)의 가장 기본적인 틀이다. 다문화주의는 역사를 따라 인간 문화가 누적되는 창조적인 과정이 여러 장소에서 일어나면서 여러 결과가 나타났다는 단순한 관찰에서 출발한다. 현대의 통신 및 운송 기술이 발달하기 전에, 문화를 만드는 작업은 무수히 많은 지역에서 동시다발적으로 일어났지만 서로 고립되어 있었다. 수천 년에 걸쳐 한 세대가 세상을 새롭게 만들고 다음 세대에 좀더 발전된(하지만 어떤 면에서는 쇠퇴한) 세상을 넘겨주는 과정이 반복되었다. 그러는 동안 음식 조리법이나 정치 권력의 속성, 혹은 별의 의미에 대한 이야기 등 다양한 영역에서 문화가 발전했다. 공통의 문화 재화들을 공유하는 특정한 다세대의 대중은 역사적으로 끊임없이 이어져 내려온 전통을 받아들였는데, 이 전통은 이웃과 자손들에게 '전달자'의 역할을 하며 문화를 만든 무수한 이들이 연마하고 전수한 것이었다. 그리스인들과 신약 성경 기자들은 이처럼 다양한 문화적 전통을 '민족'이나 '나라'라는 의미를 지닌 '타 에트네'(ta ethnē)라 불렀다.

그러므로 '민족' 문화를 말할 때, 우리는(그리스어로 '에트네'라 하는 문화 재화를 새롭게 만드는 우리는) 문화를 만드는 전통들이 각각 특정 시간과 장소에 뿌리를 두며, 매우 복합적으로 풍성하게 결합되어 있다고 이야기한다. 하지만 **민족**이라는 단어를 들을 때 일반적으로 떠오르는 느낌에 의지해서는 안 된다. 미국의 슈퍼마켓에는 대부분 '민족 음식' 코너가 마련되어 있다. 마치 몇몇 종류의 음식만이 특정 문화 전통에 참여하고 있는 것처럼 말이다. 이는 난센스다. 사실 모든 음식이 '민족'적이기 때문이다. 진정한 요리사 역시 전달자이며, 그의 요리는 특정 주소로 전달된다.

법원 문화

법원에 처음이자 마지막으로 가 본 것은 신혼이었던 26세 때였다. 결혼 직후, 새 이름을 만들려는 참이었다.

세상을 만들어 가는 문화 영역 중에서, 결혼 전통만큼 뿌리 깊은 근원을 가진 것은 없다. 결혼은 남성과 여성, 열정적이고 때로는 주체할 수 없는 애정, 인간의 임신과 양육 능력에 대한 의미를 담은 문화적 관습이다. 내 경우에도, 매사추세츠 주의 법이 내가 세상을 이해하는 방식과 다른 문화를 나타내고 있음을 발견했다. 캐서린 허쉬펠트와 내가 결혼 증명서를 작성할 때, 캐서린은 아주 쉽게 이름을 바꿀 수 있었다. 캐서린은 결혼 서약 후에 우리가 새 가정을 이루어 가는 기반으로 삼은 성경의 가르침을 새 이름에 반영했다. 아내는 내 성을 따르고, 처녀 시절에 쓰던 성은 중간 이름으로 바꾸었다. 하지만 결혼 증명서의 '신랑' 기입 부분에는 이름 변경 항목이 없었다. 나의 종교 전통은 "남자가 부모를 떠나 그의 아내와 합하여 둘이 한 몸을 이룰지로다"라는 말씀을 통해 한때 유대 역사에 존재했던 모계 중심 전통을 은근히 내비치고 있었다. 왜 내 이름은 상대방에 대한 약속으로 맺어진 새로운 정체성을 반영할 수 없는 것일까?

그래서 나는 캐서린의 새 이름과 어울리게 이름을 바꾸는 법적 절차를 밟기 위해 검인 법원을 찾았다. 아내의 성을 우리 부부의 중간 이름으로 쓰고, 내 성을 우리 부부의 성으로 쓰고 싶었다. 내 중간 이름인 베넷(Bennett)은 외가 쪽에서 따온 것으로 사실 어린 시절에는 내 이름의 머리글자가 ABC(Andy Bennett Crouch)라는 데 꽤나 자부심을 느꼈지만, 이제 이 모든 것을 뒤로 하고 앤드류 허쉬펠트 크라우치가 되려는 것이었다.

하지만 먼저 법정을 찾아야 했다.

나는 발소리와 목소리가 쩌렁쩌렁 울리는 넓은 홀에 발을 내디뎠다. 복도에는 난해한 표지를 따라 여러 방향으로 길이 나 있었다. 지루해 죽겠다는 표정으로 배지를 단 채 책상 앞에 앉아 있는 한 여성이 보였다. 내가 왜 왔는지 설명하자, 모호하게 복도 한쪽을 가리켰다.

이리저리 헤맨 끝에 드디어 해당 법정을 발견했다. 간단한 요청을 하려고 판사석 앞에 서니, 갑자기 심장박동이 빨라지고 목이 바싹바싹 마르기 시작했다. 말을 더듬으며 이름을 바꾸려는 이유를 설명하고, 무뚝뚝하지만 그리 냉정하지만은 않은 판사의 몇 가지 질문에 대답하는 것으로 모든 절차가 끝났다. 나는 3종 경기를 마친 사람들의 얼굴에 나타나는 승리감과 피로를 동시에 느끼면서 법정을 떠났다.

검인 법원을 방문하면서 문화에 대해 몇 가지 사실을 배웠다. 어떤 면에서 법원은 미국 시민인 내가 속해 있는 문화의 일부였다. 하지만 그것은 내가 전에 경험해 보지 못했던 문화 영역이었다. 법원을 방문하면서 갖게 된 혼란스럽고 불쾌한 느낌은 내가 모르는 언어를 사용하는 국가를 여행할 때 느꼈던 것과 크게 다르지 않았다. 두 경우 모두, 나는 세상을 만드는 전통, 그리고 그 역사와 문화 속에 들어간 초심자였다. 나는 평생 미국에서 살았고 심지어 미국의 지역적, 민족적, 언어적 경계도 벗어난 적이 없지만, 법원은 어쩐지 불안하고 무력한 느낌을 주는 새로운 문화 영역이었다. 나는 사람들이 왜 변호사를 고용하는지 그제야 이해할 수 있었다.

나는 또한 문화 권력에 대해 배웠다. 물론 법원에는 직권을 가진 사람들이 있었다. 책상 앞에 앉아 있는 법원 경위도 어느 정도 권력이 있지만, 판사석에 앉아 있는 판사는 훨씬 더 큰 권력이 있다. 하지만 역할과 직함은 제외하고라도, 매일 법원에서 근무하는 사람들은 위계질서 안에서 어떤 위치에 있든 간에 그 문화 영역에서 흐르는 권력을 소유하고 있다. 그들은 법원의 생리에 정통했다. 그들은 누가 직권을 가지고 있는지 알았고, 그러한 지식은 그 자체로 권력이었다.

아주 제한된 방식이기는 했지만, 나는 몇 분 동안 가난이 무엇인지 체험했다. 빈곤이란 단순히 경제적 어려움만 뜻하지 않는다. 그것은 또한 문화 권력으로부터 고립되어 있음을 뜻하기도 한다. 빈곤하다는 것은 '세상을 새롭게 만들' 수 없다는 것이다. 법원에 처음 방문한 나로서는 법원이라는 세상을 새롭게 만드는 방법을 전혀 짐작할 수도 없었다. 그저 내가 완전히 빈곤하지는 않았기에—나는 영어를 할 수 있고, 상당히 자신감 있는 편이며, 아무리 멍한 눈빛에 지루한 표정을 하고 있다 해도 법원 경위가 일반 시민들을 도와주는 국가에 살고 있다—법원의 친숙하지 않은 문화를 통과하여 나의 세상에서 가장 근본적인 측면인 이름을 고칠 수 있었다.

문화의 영역

법원은 문화의 다양한 영역 중 하나일 뿐이다. 건물도 한번 생각해 보자. 상점, 하수 처리장, 은행, 고등학교 식당, 자동차 판매점, 교도소, 텔레비전 방송국, 리조트 호텔, 병원, 고층 사무실 건물, 도서관, 치과, 반도체 제조공장, 술집, 그리고 맨 마지막으로 언급하긴 했지만 가장 중요한 교회 등의 특정한 형태와 독특한 문화적 특색을 고려해 보라. 이러한 각 장소에서, 사람들은 세상을 새롭게 만들고 있다. 하지만 각 건물의 문화와 그 건물이 나타내는—소매(小賣), 하수 처리, 은행 업무, 교육 등—좀더 추상적 영역의 문화에는 만들기와 다시 만들기의 역사, 가능성과 불가능성의 역사가 깃들어 있다. 학교 식당에서 허용하는 수많은 일들(이를 테면, 음식 싸움 같은 것)은 치과에서는 대부분 허용하지 않으며, 그 반대의 경우도 마찬가지다.

이러한 다양한 영역은 부분적으로 겹치기도 하고 서로 영향을 주기도 한다. 말하자면, 서로의 가능성과 불가능성의 지평선에 영향을 미친다. 하수 처리 공장의 문화는 리조트 호텔의 문화와 깊은 관련이 있다. 손님들이야 물론 알아차리지 못하겠지만 말이다. 수백 개 객실에 하수 처리가 되지 않는다면, 호텔은 존재할 수 없다. 은행의 공식, 비공식 대출 정책은 자동차 판매점이 얼마나 많은 차를 구비해 놓느냐에 영향을 미친다. 고층 사무실에서 근무하는 사람은 자신의 사무실 문화보다 교회 문화 쪽을 선호할지도 모른다. 교회란 익명으로 참여해도 좋고, 완벽한 청결 상태를 유지할 뿐 아니라, 주차장까지 완비한 곳이기 때문이다.

어떤 문화 영역은 또한 특별한 권력이 있다. 모든 건물은 건축에 들어가기 전에 지방자치단체(혹은 행정구역이나 중앙정부) 공무원의 승인을 받아야 한다. 더 나아가, 각 건물이 상징하는 문화는 정부가 시행하는 법률의 구속을 받는다. 물론 정부와 똑같은 강제력을 갖지는 못하지만, 다른 문화 영역도 일정한 영향력을 행사한다. 교육 기관은 학생에게 어떤 지식을 전달할지 가려낸다. 대중 매체는 어떤 대중 앞에 어떤 이미지와 개념을 보여 줄지 선택한다. 소매상은 소비자에게 어떤 상품을 제공할지 결정한다. 이러한 문화 영역은 스스로의 경계를 넘어 가능성과 불가능성의 지평선을 형성할 수 있다. 상점에서 팔린 휴대폰이 도서관, 치과, 교회로 이동하여 각각의 장소에서 즉각적인 의사소통과 즉각적인 차단을 가능하게 하는 경우처럼 말이다.

문화의 규모

문화에 다양한 영역이 존재하는 것처럼, 문화는 다양한 규모에서 발생한다. 내가 이 책의 상당 부분을 집필한 장소는 펜실베이니아 주 웨인에 있는 그리폰이라는 카페다. 이 카페의 주인은 리치라는 이름의 30대 남자로 언제나 머리를 뒤로 묶고 있으며, 점원들은 일부러 단정치 않은 스타일을 연출한다. 필라델피아 주 메인 라인 지역의 중산층 보헤미안[4] 들이 주요 단골이며, 손님 중에는 마치 새가 지저귀듯이 휴대폰 통화를 그치지 않는 교외의 주부들과 가끔씩 공부하러 오는 인근 대학의 학생들도 있고, 불안한 표정의 젊은 고객과 함께 재산 목록을 검토하는 부동산 업자들도 있다.

내가 그리폰 카페를 이렇게 완벽하게 설명할 수 있는 것은 이 카페가 커피숍, 뒤로 묶은 머리, 부동산 업자, 중산층 보헤미안을 포함하는 더 큰 의미의 문화에 속해 있기 때문이다. 하지만 그리폰 카페의 문화, 즉 카페가 세상을 새롭게 만드는 것, 카페 내부에서 형성되는 가능성의 지평선, 카페를 드나드는 사람들이 반응하며 만드는 새로운 문화는 다른 커피숍과 분명 다르다. 그리폰 카페는 커피라는 넓은 세상에서 무언가를 새롭게 만들어 내거나, 스타벅스가 성장하면서 미국 전역에 생겨난 '제3의 공간' (third place, 제1의 공간인 집, 제2의 공간인 회사 이외에 가장 많은 시간을 보낼 수 있는 공간—역주)을 새롭게 조성한 데서만 그치지 않는다. 이 카페는 또한 웨인 가와 랭커스터 가가 만나는 근사한 건물에 새로운 변화를 주었고, 지역 미술가들의 작품을 카페에 걸어 새로운 기회를 만들었으며, 바리스타 임금으로 부유한 동네에서 살 만한 형편이 되는 20대들이 단정치 않은 차림새로 다니는 것을 볼 수 있게 해주었다. 이런 점에서 그리폰 카페에 존재하는 가능성의 지평선은 우리 집에서 800미터 정도 떨어진 스타벅스에 있는 지평선과 미묘하지만 분명한 차이를 빚는다. 내가 개념이나 말과 씨름하며 글을 쓰기 위해 15킬로미터나 운전해서 그리폰 카페까지 갈 만한 가치가 있다고 여기는 이유도 바로 이 때문이다. 그 지평선 안에서, 사람들은 새로운 문화를 창조한다. 화요일 밤에는 비터 스위트(The Bitter Sweet)라는 밴드가 공연을 하고, 목요일 밤에는 학부형들이 공립학교에 대해 토론하는 모임을 가지며, 2월 오후에는 수업을 마친 10대들이 핫 초콜릿을 시켜 놓고 시시덕거리곤 한다.

90평방미터 정도 넓이에 탁자가 17개 놓인 그리폰 카페는 공유된 문화 재화들이 집합한 곳이다. 그것은 문화다. 크리스토의 "더 게이츠"와 비교해 보면 그리폰 카페의 문화 규모는 현저히 작고, 분명 더 큰 규모를 지닌 다른 수많은 형태의 문화에 의존한다. 하지만 이 카페는 세상을 새롭게 만드는 일에 참여하며, 분명한 문화적 효과를 낸다. 규모가 작다고 해서 중요하지 않거나 하찮은 것은 아니다. 특히 쾌락주의 인류학자라면 그리폰 카페 문화에 대한 이런 묘사에 수년 동안 사로잡힐지도 모른다.

하지만 문화가 발생하는 더 작은 규모도 존재한다. 문화의 기본 단위는 가족이며, 우리는 가족 안에서 세상을 새롭게 만드는 일을 처음 시작한다. 음식과 언어라는 가장 폭넓은 형태의 두 문화가 가족에서 시작하고, 가족에 속한 '대중'은 두 사람 정도의 적은 인원일지도 모른다. 우리 가족의 문화가 가능성과 불가능성의 지평선을 정하는 모든 방식을 이해하는 데는 수십 년이 걸릴 수도 있다. 가족을 떠나 이웃과 친구들, 혹은 미래의 배우자가 사는 집에 발을 들여놓기 전까지, 우리는 가족이 우리의 지평선을 정한다는 사실을 잘 깨닫지 못하는 것 같다. 어떤 가족의 문화에서는 사랑하는 사람끼리 서로 싸우는 것이 '불가능'하다. 또 어떤 가족의 문화에서는 사랑하는 사람끼리 서로 싸우지 **않는** 것이 '불가능'하다. 어떤 가족의 경우는 고모, 삼촌, 조카, 사촌, 조부모 등 모든 확대 가족이 매주 주일 저녁에 모이는 것이 가능하다. 그런가 하면 어떤 가족은 명절에도 어떻게든 만나지 않으려고 한다. 어떤 가족의 저녁 식탁에는 매일 정성들여 양념한 음식이 올라오고, 또 어떤 가족의 저녁 식탁에는 냉동실과 전자레인지에서 나온 편리한 인스턴트 식품이 올라오기도 한다. 가족은 최소 단위의 문화인 동시에, 가장 강력한 형태의 문화이기도 하다.

사람들은 흔히 수백만 대중을 포함하는 문화가 중요한 문화라고 말한다. 물론 전 세계 인구의 3분의 2에 영향을 주는 영어와 같은 문화 인공물은 엄청나게 중요하다. 하지만 그러한 거대 규모의 문화 인공물에만 초점을 맞추다 보면 핵심적인 부분을 놓친다. 문화 규모가 클수록, 아무도

'문화를 만드는 사람'이라고 쉽게 주장할 수 없게 된다. 영어를 누가 만드는가? 어떤 새 단어를 일반 어휘로 받아들이는 것을 누가 결정하는가? 스코틀랜드 사투리, 미국 남부의 느린 화법, 인도 아대륙의 혼성 국제어 등 전 세계의 수많은 영어 형태를 누가 다 이해할 수 있는가? 모든 사람이 소유하는 문화는 결코 한 사람의 수중에 있지 않다.

하지만 더 작은 규모의 문화라면, 우리는 그 문화를 통해 새로운 것을 만들어 내는 일에 더 큰 영향력을 행사하게 된다. 우리 부부에게는 티모시와 에이미라는 두 자녀가 있다. 부모인 우리에게는 아이들과 우리 자신을 위해 어떤 것들은 가능하게 하고 또 어떤 것들은 불가능하게 하는 힘이 있다. 우리가 훨씬 통제하기 어려운 더 넓은 지평선에서 문화를 만든다 하더라도 말이다. 그래서 우리 가족의 문화는 음악을 연주하고, 빵을 굽고, 책을 읽고, 이야기를 나누고, 야구 경기를 보고, 주일 오후에 차를 마시는 것(또한 이따금씩 모두가 극심하게 바쁘고, 인터넷 사용 시간이 늘어나고, 교회 가기 전 정신없는 주일 아침을 보내는 것)을 가능하게 하거나 최소한 더 쉽게 한다. 우리 가족의 문화는 비디오 게임을 하고, 풋볼에 뛰어난 기량을 보이고, 유행을 선도할 만큼 옷을 잘 입는 것(또한 엄마 아빠를 위해 조용히 있고, 부엌을 청소하고, 기도하는 것)을 불가능하게 하거나 최소한 더 어렵게 한다. 나는 영어에 대해서라면 할 수 있는 일이 거의 없지만, 우리 가족 문화에 대해서는 많은 일을 할 수 있다. 좋은 것이든 나쁜 것이든, 이 모두는 아내와 내가 만들어 낸 것이다.

이와 마찬가지로, 물리학 교수인 아내는 강의 문화와 연구실 문화를 만들기 위해 할 수 있는 일이 많다. 물리학 연구실의 무미건조한 과학기술 환경에서, 창조적이고 아름다운 분위기를 만들기 위해 고전음악을 연주할 수 있다. 흥분되거나 실망스러운 결과에 학생들이 반응하는 방식을 형성할 수 있고, 정신없이 연구하다가 이유 없이 갑자기 지연하기보다는 열심히 연구하고 충분히 쉬는 분위기를 조성할 수 있다. 우리 아이들을 가끔씩 일하는 곳에 데려감으로써, 아내는 가족이 일에 장애물이 아닌 문화, 가르치고 연구하는 일이 엄마의 자연스러운 삶의 일부인 문화를 만들 수 있다. 학생들을 집에 초대함으로써, 학생들을 연구의 생산성에 필요한 개체로서가 아니라 인간으로서 존중한다는 것을 보여 줄 수 있다. 작은 연구실과 강의실에서, 아내는 세상을 다시 만드는 진정한 능력을 소유하고 있다.

집이나 직장에서 나오면, 더 큰 규모의 문화로 들어가게 된다. 지금 살고 있는 펜실베이니아 주의 작은 마을 스와스모어로 처음 이사 왔을 때, 우리는 전에 살던 케임브리지와 너무 다른 문화를 경험했다. 우리 마을의 지역 문화는 펜실베이니아 남동부의 문화, 미국 전체의 문화, 북대서양 국가의 문화 등 여러 계층의 문화가 혼합되어 있다. 4명으로 구성된 핵가족인 우리 가족의 문화를 이해하려면, 그것을 둘러싼 수많은 규모의 문화들을 동시에 이해해야 한다. 이 규모들은 마치 동심원처럼, 우리 가족에서부터 4천 년 된 서구 문명의 설계에 이르기까지 방사상으로 퍼져 나간다. 아내의 연구실 문화를 이해하려면, 아내가 가르치는 대학, 물리학과 학계라는 더 넓은 세상, 그리고 과학적 조사와 발견이라는 엄청난 인간 활동을 이해해야 한다. 그러한 원들은 우리 가족이 가능하거나 불가능하다고 상상하는 것들의 원인이다. 각 원은 우리를 구속하거나 자유롭게 한다.

문화적 다양성 안에서 우리 자리를 찾는 것

인간이 오랜 시간 동안 한 장소에 머물렀다면, 다양한 규모의 문화들은 호수에 자갈을 던졌을 때 그 위치에서 바깥으로 퍼져 나가는 잔물결처럼 보였을 것이다. 하지만 사람들은 끊임없이 이동하기 때문에, 세상 어디를 가더라도 문화의 원들이 서로 겹쳐져 있는데 미국처럼 서로 영향을 미치며 복잡한 패턴을 이루는 곳도 없을 것이다. 우리 가족은 미국 중서부와 남부의 몇몇 문화적 유산을 보존하고 있다. 길 아래쪽에 사는 유대인 가족은 이스라엘 고대 국가로 거슬러 올라가는 동심원에 참여한다. 이 가족의 바로 맞은편에는 20세기 중국을 형성한 동심원의 영향을 받은 부부가 산다. 두 블록을 지나면, 수세기 전 대서양 노예무역으로 형성된 아프리카계 미국인 문화를 배경으로 하는 가족이 살고 있다.

문화적 다양성을 이야기할 때, 우리는 수세기 동안 여러 문화를 넘나들며 자발적이거나 비자발적인 움직임을 통해 들어온 잔물결을 종종 떠올린다. 미국의 다양성이 계속 유지되는 것은, 우리가 어떤 문화의 세상에서 거주할지 혹은 어느 곳에서 세상을 만드는 일에 몰두할지 수많은 선택 사항이 있기 때문이다. 그리폰 카페가 생성하는 지평선을 새롭게 만들기 위해(그리고 그 지평선 안에서 무언가를 만들기 위해) 그곳까지 차를 몰고 가는 나의 선택은 어떤 문화들—독립적으로 운영하는 커피숍 문화, 중산층 보헤미안 문화, 자동차 문화—을 강화하지만, 마음에 와 닿지 않고 별로 상관없는 다른 영역과 규모의 문화들은 그대로 둔다. 아프리카계 미국인인 나의 이웃은 10킬로미터 정도 떨어진 곳에서 흑인이 운영하는 이발소를 이용하는데, 가는 길에 언제나 이탈리아계 미국인이 운영하는 가까운 동네 이발소를 지나친다. 그는 그 앞을 지날 때마다, 선지자 다니엘이 '양의 털' 같다고 했던 곱슬곱슬한 머리털의 이발 법을 이탈리아계 미국인이 알 턱이 없다는 생각만 줄곧 하지는 않는다. 그는 하마터면 소원할 수도 있었고 아무런 관계가 없을 수도 있었던 문화와 유대를 강화하고 있는 것이다.

그러므로 세상에서 문화를 만드는 사람으로 자리매김하기 위해서는 문화의 수많은 차원에 주의해야 한다. 우리는 특정한 민족 전통, 특정한 영역, 특정한 규모로 세상을 새롭게 만들 것이다. 추상적 의미의 '문화'란 존재하지 않는다. 그리고 그러한 추상적 의미의 '문화'를 변혁하는 관점에서 '문화'를 논하려는 모든 시도는 오해를 불러일으킨다. 진정한 문화를 만드는 것, 그리고 문화를 변혁하는 것은 우리가 새롭게 만들고자 하는 문화의 세상을 선택하는 데서 시작한다.

어떤 사람들은 본래 그들의 것이 아니었던 문화의 잔물결을 선택한다. 우리는 흔히 경제적 기회나 정치적 기회를 추구하면서 이런 선택을 하는 사람들을 '이주자'라 불렀다. 복음전도나 종교적 기회를 추구하면서 이런 선택을 하는 사람들을 '선교사'라 불렀다. 하지만 원이 더 많이 겹쳐지는 유동적인 세상에서, 대부분은 어떤 문화를 우리 문화라고 할지에 대해 선택권이 있다. 지금 우리는 모두가 이주자이며, 생각보다 많은 이들이 선교사이다.

3장
해체와 기술과 변화

문화는 변한다(Culture changes). 이 문장 속에 있는 철자가 그 증거다.

르네상스 전까지, 영어에는 '묵음 e'가 없었다. 사실 묵음 글자라는 것이 없다시피 했다. 사람들은 말하는 것을 소리 나는 대로 기록했다(사전이 생기기 전에는 사람들이 쓰는 철자도 일치하지 않을 경우가 많았다). 사람들은 'like' 같은 단어의 끝에 e를 썼는데, 이것은 초등학교 2학년 때 그렇게 배워서가 아니라 e라는 소리를 들었기 때문이다. 그러던 중에 발음이 변했지만, 철자는 변하지 않았다. 그리고 영국인들이 수많은 다른 민족과 무역을 하고, 정복과 피정복을 반복하면서, 영어는 다른 언어들로부터 단어나 잘 알 수 없는 철자들을 습득하게 되었다. 이 과정은 값싼 비용으로 세계를 자주 여행하는 시대에 좀더 가속화되었다. 묵음은 e뿐만이 아니다. j와 v를 제외하고 영어의 모든 문자는 묵음으로 발음할 수 있다. 초등학교 2학년 학생들에게는 분한 일이겠지만, 이 두 문자도 시간이 지나면 어떻게 될지 모를 일이다.

우리는 쓰는 법과 말하는 법의 차이점에서 어느 정도 문화의 변화를 감지할 수 있다. 언어는 적응과 조정, 동화의 결과다. 우리가 말하는 단어와 철자법에는 역사가 묻어 있다. 그 역사란, 해안가의 마을을 약탈한 바이킹 침략자, 영국으로 진군하는 프랑스 군대, 인도의 마하라자(maharajah, 인도에서 왕을 부르는 칭호-역주)를 포섭하는 영국 식민지 개척자, 향료 항로를 따라 번성한 아랍 상인, 인간 화물을 배에 싣고 대서양을 건너는 노예 상인, 북 잉글랜드의 이교도에게 기도하며 다가갔던 켈트 선교사들을 말한다. 좀더 거슬러 올라가면, 지중해로 진출했던 페니키아 인과 인더스 강 유역에 퍼져 있던 유목민도 그 역사 가운데 존재했다.

이처럼 거대하면서도 힘겨운 역사의 움직임 속에는 언어와 쓰기의 복합적인 역사가 존재한다. 이 역사 가운데는, 어느 음유 시인의 「베오울프」(Beowulf)라는 서사시에 사용된 고대 북 잉글랜드 방언으로 모닥불 가에 앉아 서로 나누던 이야기, 로드 챔벌린스 멘(The Lord Chamberlain's Men) 극단(셰익스피어가 배우와 극작가로 활동했던 극단-역주)에 속한 가난한 예술가들의 연극, 수많은 학자들을 위촉하여 성경을 영어로 번역하게 한 제임스 왕(King James)의 칙령, 매사추세츠 주 애머스트에 사는 흰옷의 시인 에밀리 디킨슨(Emily Dickinson)의 또박또박한 억양, 1963년 워싱턴 몰(Washington Mall)을 쩌렁쩌렁 울리던 흑인 설교자 마틴 루터 킹의 목소리가 반영되어 있다. 우리가 그들의 이름 혹은 그들이 말한 내용을 알지 못한다 해도, 그들은 여전히 우리가 말하는 방식과 듣는 내용을 결정한다. 우리는 그들의 세상에 살고 있다. 그들이 만든 것들로 만들어진 세상에서 말이다.

언어에서 레이저까지

언어는 서서히 변한다. 이것은 대부분의 인류 역사에서 거의 모든 형태의 문화에 적용되는 사실이다. 하지만 지난 몇 세기 동안 훨씬 더 빠른 속도로 변화가 일어났다. 찰스 타운스(Charles Townes)라는 과학자는 1951년 워싱턴 D.C.의 어느 공원 벤치에 앉아 있다가 갑자기 어떤 장치를 생각해 냈다.[1] 이는 '유도방출 복사에 의한 마이크로파 증폭'이라는 장치로, 나중에 간단히 '메이저'(maser)라는 이름으로 불리게 됐다. 2년 후 그와 동료들은 실제로 작동하는 모델을 만들어 냈다.

메이저의 용도는 분명하지가 않았다. 하지만 타운스와 그의 동료들은 실험을 계속했다. 1958년경 그들은 마이크로파보다는 가시광을 방출하는 광 메이저의 이론적 토대를 마련하기 시작했다. 1960년 캘리포니아의 다른 연구 집단에서 최초의 광 메이저인 레이저를 만들어 냈고, 1964년 레이저의 발견 덕에 이 연구자들과 타운스는 물리학 분야에서 노벨상을 공동 수상했다. 20세기의 가장 중요한 발명이라 할 수 있는 레이저는 세상에 알려지지 않은 채 묻혀 있다가 10년의 공백기를 거친 후 유명세를 타게 되었다.

모든 문화와 마찬가지로, 기술 제품 역시 예측 불가능한 결과를 낳기 마련이다. 하지만 레이저는 트랜지스터나 집적 회로와 함께, 우리 시대에서 가장 쓰임새가 많고 끊임없이 변하는 발명품으로 자리 잡았다. 타운스와 그의 동료들은 앞으로 수십 년 안에 어떤 레이저들이 나올지 그 용도를 전혀 예측할 수 없었다. 오늘날 우리는 레이저를 거실(DVD 플레이어의 출력), 수술실(까다로운 성형수술과 근시 교정수술), 해저(대륙 간 초당 테라비트의 데이터 전송), 사무실(프린터와 컬러복사기), 슈퍼마켓(레이저의 다양한 용도와 무수한 연쇄 효과를 지닌 바코드) 등에서 사용한다. 1960년에는 레이저가 전 세계에 단 몇 대뿐이었다. 하지만 당신이 이 책을 읽는 지금은, 아마도 20미터도 안 되는 거리에 레이저가 있을 것이다.

진보와 함께 발생하는 문제

영어는 400년 동안 거의 변화가 없었기 때문에, 지금도 크게 힘들이지 않고 셰익스피어를 읽을 수 있다. 레이저는 40년 만에 도처에서 쓰이게 되었을 뿐 아니라 우리 문화에서 거의 필수 장치가 되었다. 하지만 언어와 레이저는 변화 속도만 다른 것이 아니다. 레이저는 메이저보다 더 넓은 빛의 스펙트럼을 사용하기 때문에, 레이저가 메이저를 능가하여 '진보'했다고 말하는 것은 자연스러운 일이다. 마치 라식 치료와 DVD에 사용하는 소출력 레이저가 1960년대 실험실의 거추장스러운 레이저에 비해 '진보'한 것처럼 말이다. 기술 지식은 분명 과거의 과학적, 기술적 성과 위에 형성된다. 시력을 정확하게 측정하는 문제든 영상물을 선명하게 출력하는 문제든 이러한 인간의 성과는 분명히 향상했다.

미국인은 발달을 좋아한다. 기술적인 문제를 해결하는 기술자, 원거리에 있는 나라에 민주주의를 확립하여 역사의 흐름을 바꾸려는 지도자, 최신 정보를 받아들이는 식이요법자, 문화 쇄신을 꿈꾸는 그리스도인 등 미국인들은 너 나 할 것 없이 의욕적인 정신으로 진보를 이야기한다.

하지만 문화의 가장 중요한 특색에 적용해 볼 때, 발달이라는 말은 위험하고 그릇된 인상을 줄 수 있다. 레이저처럼 언어도 변한다. 그러나 21세기 미국 영어는 「베오울프」의 고대 영어에 비해 **발달**했는가? 이 질문에 대답하기란 쉽지 않다. 인간의 언어가 발전한다고 할 때 언어가 더 복잡해지거나 더 단순해지기만 하지는 않는 것 같다. 이상한 소리 같지만, 언어는 복잡하면서도 단순해지는 것 같다. 「베오울프」에 쓰인 언어에는 문법의 '격'(case)이 있었다. 이것은 문장 안에서 한 단어의 기능을 표시하는 여러 가지 굴절 어미를 말하는 것으로 현대 영어에서는 거의 사라진 상태다. 이런 면에서 영어는 더 단순해졌다. 다른 한편, 현대의 영어 단어는 「베오울프」의 첫 독자들의 어휘보다 수적인 면에서 압도적으로 우세하다. 이런 면에서 영어는 더 복잡해졌다. 현대 언어에 이르기까지의 변화 과정을 찬찬히 들여다봤을 때, 역사언어학자들은 진보나 쇠퇴의 명확한 패턴을 발견하지 못한다. 오래 전에 사라져 버린 언어들은 우리가 쓰는 언어에 비해 더 복잡하거나 덜 복잡하다고 말할 수 없다. 언어학자들의 의견에 따르면, 언어는 항상 변한다. 하지만 '발달'하지는 않는다.

언어에 관한 이 사실은 언어가 의존하는 수많은 문화 재화에도 적용할 수 있다. 「위대한 개츠비」(The Great Gatsby)는 「베오울프」보다 발달했는가? 「황무지」(The Waste Land, 민음사 역간)는 단테의 「신곡」(Divine Comedy)보다 발달했는가? 이러한 질문들은 대답하기 어려울 뿐 아니라, 매우 부조리한 느낌을 준다. 실제로, '과학'이라는 주제와 '인간성'이라는 주제를 구별하는 가장 쉬운 방법은 인간성과 관련한 주제에 명백한 발달의 척도가 없음을 아는 것이다. 연구에 참여하는 오늘날의 과학자들은 1958년에 찰스 타운스가 레이저를 설명한 노벨상 수상 논문을 더 이상 읽지 않는다. 이미 오래 전에 필요 없는 내용이 되었기 때문이다. 하지만 문학을 진지하게 공부하는 학생은 아직도 「황무지」와 「베오울프」, 호머의 작품들을 읽는다. 위대한 작가와 시인들이 쏟아내는 이야기는 변할 수는 있어도 발달하지는 않기 때문이다.

몇 년 전 우리가 이사한 집은 켄 크라우서라는 수리업자가 완벽하게 개조를 마친 상태였다. 사실 그 집은 지역 주간 신문에서 경고성 기사의 대상이 될 만큼 몇 년 동안 안팎으로 방치되어 있었다. 나이 들고 쇠약해진 집 주인들로서는 자신들이 사는 문화의 세상을 더 이상 새롭게 할 여력이 없었다. 더 결정적인 것은, 집 주인들이 친척이나 공동체와도 완전히 고립되어 있어서, 그들이 관여하기 힘든 문화적인 일을 처리해 주는 이가 아무도 없었다는 사실이다.

켄은 앞마당에서 잡초를 뽑고 꽃이 피는 관목을 심었다. 집 안의 닳아 해진 나무 바닥을 복구하고, 벽 일부를 허문 뒤 나머지 벽에 새로운 표면재를 입혔으며, 부엌에 새로운 찬장과 타일을 설비했다. 그리고 집 안팎을 새로 페인트칠을 했다. 그 이후로 집 앞을 지나는 동네 사람들은 이 모든 일을 우리가 했다고 생각하며 찬사를 보내곤 한다.

우리 집은 몇 년 전 잡초가 무성한 땅에 있던 케케묵은 건물에 비해 발달했을까? 그렇다. 그러나 1940년대에 여기 세워져 있던 튼튼하고 수수한 집에 비해서도 발달했을까? 그렇지는 않은 것 같다. 하지만 기술적인 의미에서는 발달했다고 볼 수 있다. 포마이카 대신 화강암으로 만든 부엌 조리대는, 요리를 할 때 더없이 만족스럽게 느껴진다. 채광 상태가 좋은 창문 덕분에 연료도 절감할 수 있다. 중앙 냉방이라 그 효율성이 다소 상쇄되는 측면도 있긴 하지만 말이다. 그러나 좀더 넓은 의미에서, 나는 우리 집이 진보를 상징한다고 생각하지 않는다. 집이 위치한 길모퉁이 부지를 새롭게 만드는 건물의 역할, 그리고 작은 마을의 문화에 참여하는 구조물의 역할과 관련해서 말이다. 60년 이상 그곳에 있었던 우리 집은 180도 달라졌지만, 가장 중요한 변화는 집을 발달시키기보다는 오히려 유지시켰다. 이를테면, 집의 발전 가능성에 충실하면서 기회를 최대한 활용하고 한계를 최소화했다.

진보가 건물이나 시에 적합한 단어가 아니라면, 문화 변화를 평가하는 적합한 방법은 무엇인가? 나는 그것이 충실함이라고 생각한다. 어떤 문화 영역이 새롭게 만들어 가야 할 세상에 좀더 온전하고 성실할 때, 우리는 이를 진보라고 할 수 있다. 그러한 세상은 앞선 세대가 창조한 이전 단계의 문화를 포함한다. 스튜어트 브랜드(Stewart Brand)가 문화 변화에 대한 훌륭한 연구서인 「건물들은 어떻게 배우는가」(*How Buildings Learn*)에서 말했던 것처럼, 집의 진보란 건물을 환경의 요구와 주인의 필요에 효과적으로 맞추는 것을 뜻한다. 우리 집은 아름답고 소중하다. 왜냐하면 오랫동안 그 자리를 지켜 왔고―주변 경관과 이웃집이 적절하게 자리를 잡고 있다―그 역사와 가능성을 최대한 활용하고자 하는 관점에서 복구되었기 때문이다.

가끔씩은 문화를 만드는 순환이 깨질 때도 있다. 건물을 충실하게 유지하고 발달시키기보다 파손하여 완전히 무너뜨려야 할 순간이 있다. 혹은 주인이 단위 면적당 평수를 최대로 늘리기 위해 잘 유지하던 집을 일부러 부수기도 한다. 값비싼 집들이 즐비한 교외 지역에서는 이와 같은 건물 해체가 비일비재하다. 해체는 어쩌면 진보를 나타낼지도 모른다. 새 집은 이전 건물에 비해 기술적인 방법 면에서 대체로 우수하다. 하지만 그것은 또한 일종의 문화 실패이기도 하다. 집 주인에게 주어진 세상을 새롭게 만들지 못했기 때문이다. 때로 그러한 실패는 필연적으로 찾아온다. 좋든 나쁘든 간에, 우리가 새롭게 만들어야 할 세상이 부동산 시장과 건설업의 경제 현실, 이전 세대의 무분별하고 부주의한 건축학적 선택, 소규모 건물에 상대적으로 비싼 세금을 부과하는 토지 이용법 등을 포함하고 있기 때문이다. 하지만 해체라는 문화적 실패에 대한 책임을 여러 사람이 함께 진다고 해도, 그것은 여전히 실패다.

겉보기에는 확실히 긍정적인 문화 변화도 그리 단순하지만은 않을 때가 많다. 영국에서 산업이 발달하던 시기에는 6세가량의 어린이들이 광산에서 노동을 했다. 아동 노동 금지법은 분명히 문화적 진보다. 하지만 영국에는 산업화 시기가 도래하기 한참 전에 아동 노동이 있었다. 농경 사회 어린이들은 일찍이 부모를 따라 노동에 참여했다. 그러한 제도가 반드시 착취의 성격을 띤 것만은 아니었다. 오늘날에도 농가에는 아동 노동법의 예외를 허용한다는 점은 이 사실을 뒷받침해 준다.

과거에 허용했던 아동 노동은 현대에 이르러 인간의 삶과 존엄성을 왜곡하게 되었다. 이러한 현상은 당시 명백한 '진보'로 여겨졌던 산업화와 함께 나타난 것이었다. 결국 아동 노동법이 '진보'하면서 산업화의 '진보'로 훼손된 유년기의 정당성과 안전성이 완전히 회복되었다.

어린이가 부모에게서 멀리 떨어져 위험한 환경에서 일할 필요가 없는 세상은, 광산 소유자들이 어린이는 노동에서 제외시키는 세상에 비해 분명히 발달했다고 할 수 있다. 하지만 어린이가 가정 경제에 참여할 수 없고, 일하는 중인 부모를 만날 수도 없으며, 땅을 경작할 책임을 지지 못하게 하는 세상은 어떠한가? 그것은 진정, 창조 세계의 일부분을 가족과 함께 책임지고, 아이들이 부모 옆에서 기술을 배우고, 영리 사업체보다는 가족 공동 노력으로 문화를 만드는 세상에 비해 발달했다고 할 수 있을까? 어떤 면에서는 명백히 진보했다고 할 수 있다. 하지만 더 폭넓은 기준에서 볼 때는, 많은 것을 얻는 대가로 중요한 것을 잃었다는 사실을 깨닫는다.

변화의 속도

문화는 지속적으로 변하며, 문화의 종류에 따라 변하는 속도가 다르다. 「건물들은 어떻게 배우는가」에서, 브랜드는 모든 건물이 여섯 가지 요소로 이루어져 있다고 말한다. 그는 내부에서 바깥쪽으로 각각의 요소에 비품, 공간 계획, 서비스, 표면, 건축물, 대지라는 이름을 붙였다.[2] 각 요소는 저마다 다른 속도로 변한다. 가구나 설비 같은 건물의 비품은 수년 내에도 변할 수 있다. 내부 벽이나 문의 배치와 같은 공간 계획에는 10년 정도 시간이 걸릴 수 있다. 전기, 수도, 난방, 쓰레기 처리 등의 서비스는 20년마다 교체할 수 있다. 이 스펙트럼의 반대쪽 끝에 있는 대지는, 건물이 세워져 있으며 다른 부동산이나 길과 인접해 있는 실물 토지이자 법적으로 정의한 소유지를 말하는데, 그것은 어쩌면 수백 년 동안 변하지 않을 수도 있다.

브랜드는 「느림의 지혜」(*The Clock of the Long Now*, 해냄출판사 역간)에서, 위와 같은 모델을 문화 전반에 적용하여 문화를 유행, 상업, 인프라, 통치로 구분한다. 이러한 요소들은 "빠르고 이목을 집중시키는 것에서 느리고 설득력 있는 것으로 움직인다. 사람들의 관심사는 나이가 들면서 더 느린 부분으로 이동하는 경향이 있다.…청년기에는 유행에 사로잡히지만, 노인이 되면 유행에 싫증을 낸다."[3] 우리는 브랜드가 말한 네 가지 요소에 논박할 수도 있다. 오믈렛은 이 분류표에서 어디에 해당하는가? 레이저는 어떠한가? 언어는 어떠한가? 하지만 브랜드의 핵심 통찰은 매우 중요하다. 문화의 어떤 측면은 급속하게 변한다. 치마나 구레나룻의 길이가 달라지는 유행은 장기적인 경향 없이 무질서하게 주기적으로 변한다. 셔츠를 안으로 넣어 입는 혹은 꺼내 입는 올해의 유행이 중대한 가치라고 생각하는 문화 관찰자나 자칭 문화 창조자들에게 화가 있을 것이다! 유행은 해마다 특정 방향으로 변하기 마련이다. 그것은 매우 가변적이다.

브랜드의 가장 중요한 통찰은 문화 요소의 **변화 속도**와 **영향력의 수명**이 서로 반비례한다는 것이다. 문화의 특정 요소가 빠르게 변할수록, 가능성과 불가능성의 지평선에 영향력을 미치는 수명이 짧아진다. 미국 시민인 나는 수세기 동안 발전한 정치 체계의 영향으로 삶을 구성해 왔다. 특히 1787년 헌법제정회의에서 비준한 통치의 이상은 물론, 그 이후로 이루어진 무수한 입법, 사법 결정들도 내 삶에 영향을 미친 큰 부분이다. 하지만 1787년을 풍미했던 남성용 가발의 유행은 내 삶에 전혀 영향을 미치지 못했다. 반면, 가능성과 불가능성의 지평선을 완전히 이동시키는 모든 변화는 엄청나게 많은 시간을 필요로 할 것이다. 큰 변화를 바라는 사람일수록, 변화를 위해 투자하고 일하며 기다리는 시간이 더 길어질 것이다.

대규모의 장기적인 문화 구조나 통치에 갑작스러운 변화를 가져오는 혁명의 경우는 어떠한가? 혹은 많은 그리스도인들이 기도하는 것처럼, 영적 자극을 통해 갑작스럽게 문화에 변화가 일어나는 부흥의 경우는 어떠한가? 이런 식의 변화가 어떤 그리스도인들에게는 유일한 소망이기도 하다. 물론 우리는 문화의 변화 속도가 점점 빨라지거나 그 진로가 변경되었던 역사의 시점을 지적할 수 있다. 1787년의 헌법제정회의, 워털루 전쟁, 혹은 노예 폐지론 지지자들을 극적으로 증가시킨 뉴욕 시 '상인들의 부흥'은 어떠한가?

우리는 이러한 순간들을 나중에 가서 너무 간단히 요약한다. 우리에게는 순간일지 몰라도, 그 순간을 겪은 사람들에게는 아주 길고 예측할 수 없는 작은 사건들의 연속이었을 것이다. 헌법제정회의를 거쳐 미국 통치 형태를 결정짓는 문서를 만들어 내기까지는 수개월간의 논쟁이 있었고, 지루한 순간과 곤경과 수많은 개정을 거쳤다. 더욱이, 정치 철학과 관련하여 영국에서 200년간 만들어 온 서류들이 없었다면, 그 회의는 결론이 나지 않았을 것이다.

레이저 같은 기술 장치의 발전을 제외하고, 문화를 변화시키는 어떤 사건들은 눈 깜짝할 사이에 일어나는 것 같다. 2001년 9월 11일 오전 단

몇 시간 동안, 19명의 사람이 미국 문화를 철저하게 바꿔 놓았다. 하지만 그처럼 즉각적인 사건조차도 우리 생각처럼 그렇게 즉각적이지는 않다. 그 사건들은 예고 없이 갑자기 일어나는 지진처럼 보이지만, 지진은 지표면 아래 깊은 곳에 압력이 축적되면서 수년, 때로는 수십 년, 수세기, 혹은 수천 년의 시간을 거쳐 마침내 최고조에 이르는 사건이다. 수많은 미국인들의 관점에서 9월 11일은 혁명이었지만, 테러리스트들에게는 기나긴 과정 중 단 하루에 불과했다. 최소한 십자군 전쟁까지 거슬러 올라가는 역사, 칼리프(이슬람교의 지배자—역주)의 영토를 전 세계로 확장하기를 소망하는 머나먼 미래, 순교자를 위한 하늘의 보상이 기다리고 있는 내세가 그 과정에 포함되어 있다. 아무리 순식간에 일어난 일이라 하더라도, 사건들은 저마다 긴 역사를 지니고 있으며 먼 미래에 참여하고 있다.

지진과 마찬가지로, 혁명은 건설보다 파괴에 더 능하다. 이것은 물리학 법칙에 깊이 뿌리를 둔 중요한 비대칭성을 보여 준다. 상황이 **더 나쁜 쪽으로** 빠르게 변할 수 있다는 것 말이다. 보잉 767기와 세계무역센터가 충돌하여 건물이 무너지기까지는 고작 두 시간밖에 걸리지 않았다. 하지만 아무도 두 시간 만에 건물을 다시 세울 수는 없다. 우리가 로마와 관련해 하루아침에 이룰 수 있는 유일한 일은 로마를 불태우는 것뿐이다.

혁명가와 테러리스트는 대변혁을 일으키는 사건을 기대한다. 하지만 그들조차도 그런 행위의 장기적인 결과에 실망하는 것처럼 보인다. 2005년 런던 지하철 폭발 사고 이후, "이코노미스트"(*Economist*)지는 이렇게 논평했다. "그 어떤 도시도…테러리스트를 완전히 멈출 수 없다. 그렇지만 테러리스트 역시 도시를 멈출 수 없다."[4] 2001년 9월 11일의 공격은 분명 엄청나면서도 비극적인 변화 과정을 일으켰다. 하지만 이 공격은 목격자인 우리 모두가 예상했던 것만큼 변화를 가져오지 못했다. 가장 큰 규모의 문화에서는, 소름 끼치는 혁명적 사건들도 쉽게 파멸을 초래할 수 없다. 그렇기 때문에 유익한 사건이 즉각 긍정적인 결과를 가져오는 경우란 더더욱 있을 수 없다.

보이지 않는 부활

그리스도인들이 말하는 것처럼, 나사렛 예수님이 사흘 동안 정죄를 당하시고, 십자가에 못 박히시고, 무덤에 묻혔다가 부활하신 일은 인류 역사상 가장 놀라운 사건이었다. 그 후 땅이 진동하고, 성전 휘장이 찢어지고, 무덤이 열리는 일들이 연달아 일어났다. 이는 하나님이 간섭하시는 역사적이고 영적인 효과를 반영했다.

8장에서 예수님의 부활에 대한 문화적 함의를 좀더 심도 있게 살펴볼 것이다. 앞으로 보게 되겠지만, 어떤 일이 일어났든 일요일 이른 아침이 문화적 측면에서 역사상 가장 중요한 사건이었다는 점은 신자와 불신자 모두가 동의하는 내용일 것이다. 이는 문화의 극적 변화에 대한 가장 큰 소망이 하나님의 간섭하심 가운데 있다는 증거가 아닐까?

그런데도 예수님의 부활에 담긴 문화적 함의는, 부활 사건 이후 하루 혹은 일주일 만에 무가치해졌다. 복음서의 기록에 의하면, 땅이 진동하던 그 사건을 직접 목격했던 이들은 생명의 위협을 느끼고 그 다음 일요일 예루살렘의 외딴 지역에 숨어 있었다. 가능성과 불가능성의 지평선을 변경하는 데 역사의 그 어떤 것보다 더 많은 일을 감당하게 될 그 사건은 예루살렘의 전형적인 거주민의 삶에 아주 미미한 영향도 미치지 못했다. 아마 틀림없이 그것은 두 눈으로 똑똑히 그 사건의 증거를 보았던 소수의 사람들에게도 아무런 영향을 미치지 못했을 것이다.

수십 년이 지나 부활을 증거하는 이들과 그 증거를 믿는 이들의 운동이 싹트기 시작했다. 하지만 그들의 문화적 영향력은 여전히 미미했고, 로마 관료들의 서신과 당대 역사가들의 기록을 보면 이를 피상적으로만 언급했다. 그리스도인들의 운동이 수백 년이 채 지나지 않아 로마제국의 지평선을 형성하기 시작했던 것은, 사리에 밝은 콘스탄티누스 황제가 기독교로 개종하면서 도움을 주었기 때문이다. 역사상 가장 큰 하나님의 간섭이라 할 수 있는 예수님의 부활조차도, 광범위한 문화적 영향력을 미치는 데만 수백 년이 걸렸다.

그러므로 미래의 혁명 혹은 신앙 부흥 운동이 이 시대 문화의 문제를 해결해 주리라는 소망은 대개 잘못이다. 그러한 소망 때문에 우리는 특히 유행이라는 유혹에 노출되며, 바람의 이동을 기후 변화로 잘못 판단한다. 문화의 전망은 일시적 열풍에 따라 이리저리 달라지며, 신자들은 엄청난 에너지와 노력을 투자하여 그 열풍을 조장하면서 그것을 진정한 변화로 착각한다. 대체로 유행에 좌우되는 대중매체는 일시적 열풍의 영향을 확대할 수 있다. 몇 주 동안, 사람들은 인기 있는 노래 한 곡을 계속 흥얼거린다. 그 노래를 부른 밴드가 토크쇼에 출연하는 영상을 TV에서 반복적으로 보여 준다. 그 노래나 그 밴드가 기독교 친화적이라면, 문화에서 복음이 새롭게 승리한 것을 축하하는 웹사이트들이 하룻밤 사이에 수도 없이 쏟아져 나올 것이다. 단기적인 영향력은 대단할 수도 있다. 하지만 장기적인 영향력은 대수롭지 않은 수준이다.

새로운 기독교 밴드의 출현을 축하하는 것은 그 밴드를 기술 장치로 취급하는 것과 다름없다. 단기간에 주목할 만한 방식으로 문화를 재형성할 레이저와 문화적으로 대등하게 여기는 것이다. 이상하게도, 그 장치가 우리가 바라던 규모에 부응하지 못했을 때 우리는 놀라움을 금치 못한다.

때로 문화의 관찰자들은 기독교의 영향력에 대한 '묘책'론을 이야기한다. 언젠가 누군가가 '완벽한 노래'를 만들어, 영감으로 충만한 4분의 시간 동안 이 땅에 참회와 회심의 물결을 가져올 것이라고 꿈꾸면서 말이다. 이것은 노래를 장치로 취급하는 것이요, 음악을 기술로 바꾸는 것이다. 그리스도인만 이러한 환상을 품고 있는 것은 아니다. 광고업자는 음악과 미술을 설득의 기술로 바꾸는 기술을 터득한 사람들이다. 사실, 4분짜리 노래 한 곡이 하나의 장치이며, 기분 좋은 감정이나 카타르시스를 전달하기 위한 과학 기술의 마사지 도구라 해도 과언이 아니다.

기술은 인간의 특정 부담과 질병을 없애 주는 과학으로서 훌륭한 이력을 지니고 있지만, 참된 인간을 표현하는 비유로서는 파괴적인 이력을 지니고 있다. 전쟁에서 이기려고 기술을 사용할 때, 그것은 원자 폭탄이 된다. 인간의 성생활을 통제하려고 기술을 사용할 때, 그것은 태어나지 않은 수많은 생명을 파괴하며, 피임의 경우, 사랑으로 인한 결실을 너무나 자주 포기하게 만든다. 우리가 빠지기 쉬운 가장 큰 문화적 착각은, 심각한 문화 '문제'에 대한 기술적 '해결책'을 동경하는 것이다.[5]

문화는 세계관을 뛰어넘는다

지금쯤 우리는 '문화'에 대한 논법을 완전히 바꿨어야 한다. 이처럼 약식으로 설명하는 것은 문화의 많은 **영역**을 은근 슬쩍 간과하고, 문화의 다양한 **규모**의 차이들을 무시하며, **민족적 다양성**을 너무 성급히 간과하는 것이다. 우리는 항상 변하는 현상을 지나치게 정적인 말투로 이야기하는 이러한 현혹적인 추상 개념에 얼마든지 혐의를 씌울 수 있다. '문화'라는 단어를 의미 있게 사용하기 위해서는, 특정 영역의 문화, 특정 규모의 문화, 특정 민족이나 대중(민족성)의 문화, 특정 시대의 문화와 같은 표현처럼 좀더 긴 어구 속에 배치해야 한다. 이처럼 문화를 정확하게 표현하는 것도 중요하지만, 문화가 언제나 천천히 혹은 빠르기 변하고 있다는 것을 인식하고 있어야 한다.

하지만 문화의 변화를 이해하기 위해 짚고 넘어가야 할 좀더 쉬운 추상 개념이 있다. 문화를 **인간이 세상을 새롭게 만드는 일**이라고 정의하는 것은, 문화가 '세계관'을 뛰어넘는다는 사실을 분명히 하는 것이다.

신앙과 주변 문화를 이해하기 위한 방편으로, 지난 스년간 세계관이라는 용어가 그리스도인들 사이에 널리 보급되었다.[6] '공공 영역에서 기독교 세계관을 이해하고 변호할 수 있는 그리스도인의 양성'을 목표로 하는 '세계관 학교', '세계관 주말 강좌', '세계관 사역' 같은 것들이 생겨났다. 심지어 '기독교 세계관 사이트 완벽 정리'라고 광고하면서 수많은 '세계관 자료들'로 링크시켜 주는 사이트도 있다.

세계관의 중요성을 다루는 최고의 해설서로 꼽히는 「그리스도인의 비전」(*The Transforming Vision*, IVP 역간)에서 브라이언 왈쉬(Brian J. Walsh)와 리처드 미들톤(J. Richard Middleton)은 세계관을 다음과 같이 정의한다.

> 세계관은 인식의 틀이며 사물을 인지하는 방식이다. 세계관은 우리의 가치를 결정하고 우리 주변에 있는 세상을 해석하는 데 도움을 준다. 세계관은 중요한 것과 중요하지 않은 것, 가장 가치 있는 것과 가장 무가치한 것을 구분한다. 그러므로 세계관은 그 세계관의 지지자들을 **세상에서** 인도할 **세상의** 모델을 제시한다.[7]

미들톤과 왈쉬는 다음 네 가지 질문에 대한 문화의 답을 세계관에서 찾을 수 있다고 말한다. 우리는 누구인가? 우리는 어디에 있는가? 무엇이 문제인가? 무엇이 해결책인가?

월쉬와 미들톤은 이 질문들에 대한 기독교의 대답을 설득력 있게 제시했다. 그들이 내놓은 답은 책 제목에서처럼 '변혁의 비전'이었다. 책 뒤표지에는 다음과 같은 말이 적혀 있다. "[우리는] 기독교가 사회 구조 속에 침투해 들어가 문화를 개혁하고 개조하는 것을 보기 원한다. 학계에서부터 정치, 경제, 가정 생활의 영역에 이르기까지 그리스도인의 비전은 세상을 변화시킬 수 있다."

하지만 이 책의 서문에서 니콜라스 월터스토프(Nicholas Wolterstorff)가 지적했듯이, 이상하게도 세상은 '변혁의 비전'에 별 영향을 받지 않는 것 같다.

> 왜 이런 방식이 통하지 않는 것일까? 우리 사회에서 수많은 이들이 그리스도인을 자처하는데도, 기독교 세계관이 구현되지 못하는 이유는 무엇인가? 이에 대해 월쉬와 미들톤은, 대부분의 그리스도인들이 **성경적 세계관의 혁명적 포괄성**(comprehensiveness)을 **인식하지 못하고 있기** 때문이라고 답한다.

물론 서문과 뒤표지를 저자들이 직접 쓴 것은 아니지만, 나는 월터스토프와 익명의 편집자가 월쉬와 미들톤의 책뿐 아니라 '세계관'을 다루는 대다수 기독교 서적의 요점을 정확히 꼬집었다고 생각한다. 그들은 세계관에 대한 **이해**를 강조했다. "기독교 세계관이 구현되지 못하는 이유는 무엇인가?"라는 질문에 대한 월터스토프의 대답은 매우 인상적이다. 기독교 세계관이 구현되지 못한 것은 그에 대한 이해가 불충분했기 때문이라는 것이다. 월터스토프는 **인식**이 불충분하다는 표현을 사용했다. 기독교가 아직 우리 문화를 개혁하거나 개조하지 못하는 것은 비전이 없기 때문이다. 하지만 기독교의 핵심 문제가 '비구현성'이라는 월터스토프의 발상은 약간 생소한 감이 있다. 우리는 비구현성의 해결책이 구현성이라는 생각을 갖게 된다. 변혁의 비전을 실천하며 살아가는 것 말이다. 실제로 세계관적 사고를 지지하는 모든 그리스도인이 이런 방면에서 열심을 내고 있다. 하지만 인식과 비전, 사고, 분석과 같은 것은 계속 강조해야 한다.

세계관 분야의 지도자격인 낸시 피어시(Nancy Pearcey)[8]는 「완전한 진리」(*Total Truth*, 복있는사람 역간)라는 야심찬 저서를 내놓았다. 이 책은 매력적인 필체로 여러 가지 일화를 적절하게 배치하고 있지만, 무엇보다도 기독교적 사고방식의 혁명적 포괄성을 설명하는 데 큰 관심을 기울인다. 피어시는 '세계관'과 '세계관적 사고'를 거의 동의어처럼 사용하면서, "세계관적 사고의 핵심은 실천적이면서도 개인적인 적용이다"라고 말했다. 하지만 그 주제를 다루고 있는 "그러면 우리는 어떻게 살 것인가"라는 장은 총 480면 중에서 21면 정도의 분량이다. 피어시는 책의 마지막 페이지에서 신학자 레슬리 뉴비긴(Lesslie Newbigin)의 말을 인용하며 다시 한 번 구현이라는 표현을 사용한다. "복음은 구현되지 않은 메시지일 수 없다." 복음은 "그것을 믿고 그대로 살아가는 형제자매들의 공동체 안에서" 구체화되어야 한다. 피어시는 이렇게 결론을 맺는다. "어떻게 보면, 이것은 첫 번째 장이 되어야 했을지도 모른다."

하지만 수많은 세계관 관련 서적들이 암시하듯이, 사고가 자연스럽게 구현을 낳는 것은 아니다. 시드니 해리스(Sydney Harris)의 유명한 풍자만화 중에 몇 개의 방정식이 적힌 칠판 앞에 서 있는 두 명의 과학자를 그린 것이 있다. 방정식 한가운데에는 "여기가 바로 기적이 일어나는 부분이다"라는 말이 적혀 있다. 한 과학자가 그 부분을 가리키며 다른 과학자에게 이렇게 말한다. "자네, 여기 두 번째 단계에서 좀더 확실한 증거를 제시해야 할 것 같군."

우리가 "그리스도인의 비전이 세상을 변화시킬 수 있다"라고 말할 때에도 이와 비슷한 상황이 벌어진다. 기독교 세계관의 혁명적 포괄성을 인식하는 것만으로 정말 세상이 변할까? 혹시 너무 성급하게 간과해 버린 중간 단계가 있지는 않을까?

왈쉬와 미들톤의 질문들을 세계관에 적용해 보자. **우리는 누구인가?** 학자, 저자, 독자인 우리는 사고하는 사람들이다. **무엇이 문제인가?** 문제는 '비구현된' 무력한 기독교다. 기독교는 문화 혹은 그리스도인의 삶의 선택에서조차 큰 영향력을 발휘하지 못하고 있다. 하지만 이러한 문제는 조금만 생각해 보면 순전히 지적인 문제, 즉 기독교 세계관에 대한 불충분한 관심 혹은 인식이라는 문제로 치환될 수도 있다. **무엇이 해결책인가?** 해결책은 기독교 세계관의 진리를 더 많이 설명하고 더 많이 변호하는 것이다.

세계관 분야에서도 가장 큰 특권을 가진 것은 단연 **분석**이다. 세계관은 철학에서 파생된 개념인데, 철학 분야의 왕은 철학자다. 철저한 분석력과 철학적 재능을 가진 사람이 기독교의 비구현성이라는 명백한 문제에 해결책을 내놓는다면, 아마 그것은 거대한 구현 프로그램이 아니라 더 깊은 사고일 것이다. 우리가 **더 깊은 사고**를 실천했다고 치자. 그렇다면 세상은 정확히 어떻게 변화될까? 어쩌면 "여기가 바로 기적이 일어나는 부분"일지도 모른다.

세계관은 중요하다. 세계관은 앞서 제시했던 두 진단 질문에도 숨어 있다. **이 문화가 세상의 모습에 대해 가정하는 것은 무엇인가? 이 문화가**

세상이 존재해야 할 모습에 대해 가정하는 것은 무엇인가? 어떤 문화를 만들지 선택할 때 근원적인 신념과 가치가 중요한 역할을 한다는 데는 의심의 여지가 없다. 사실 왈쉬와 미들톤이 묘사한 세계관은, **인간이 세상을 새롭게 만드는 일**이라는 말의 두 가지 의미 중 두 번째 차원, 즉 우리가 세상을 이해하는 의미와 일치한다고 볼 수 있다.

하지만 철학적 가정의 집합체라는 의미에서 보면 세계관은 문화를 분석하는 방식으로는 너무 제한적이다. 오믈렛의 세계관은 무엇이며, 나바호 족(Navajo) 언어의 세계관은 무엇인가? 의자의 세계관은 또 무엇인가? 세계관이라는 용어는 관념이나 심상을 주로 다루는 본서와 같은 책, 시, 연극, 그림과 같은 문화 형태에나 잘 어울리는 말이다. 우리는 그러한 문화 인공물이 어떤 세계관을 가정하는지 쉽게 질문할 수 있다. 하지만 오믈렛이나 레이저의 경우는 다르다. 오믈렛은 세계관에서 나온 것이 아니다. 오믈렛은 세상을 창조한다.

문화를 세계관으로 축소시킬 때의 위험성은, **문화 재화가 자기만의 생명을 가지고 있다**는 문화의 가장 고유한 특징을 놓치게 된다는 것이다. 문화 재화는 예상할 수 없는 방식으로 세상을 재구성한다. 고속도로는 분명 어떤 세계관(세상의 모습과 세상이 존재해야 할 모습에 대한 가정)에 근거하며, 그것을 제안한 사람들이 예측한 대로 수많은 결과가 나타났다. 하지만 크게 중요하지는 않더라도 예측하지 못했던 다른 결과도 나타났다. 그런 면에서 고속도로는 단순히 세계관의 산물이 아니라, 세상을 새롭게 바라보는 원천이었다.

가톨릭 저자인 리처드 로어(Richard Rohr)의 말을 바꾸어 표현하면, 세계관이라는 용어는 우리가 새로운 행동방식을 취할 수 있다고 암시한다. 하지만 문화의 경우는 다르다. 문화도 우리가 새로운 사고방식으로 행동하도록 도와준다. 하지만 '세계관적으로' 생각하는 데는 위험이 도사리고 있다. 문화 분석이 문화를 변화시키는 최고의 방법이라고 생각하게 만드는 것이다. 우리는 세계관 학교를 세우고, 다양한 세계관 세미나를 개최하고, 세계관 서적을 집필하려고 할 것이다. 이러한 것들은 문화가 형성하는 가능성의 지평선에 대한 이해를 도와준다는 측면에서 분명히 가치가 있다. 하지만 그것들이 실제 문화 재화를 창조하는 일을 대신할 수는 없다. 그것들은 배관공보다는 철학자를, 예술가와 장인보다는 이론적 사색가를 좀더 많이 양산해 낼 것이다. 문화 창조자들이 주변으로 밀려나고 '세계관 사상가'들이 대접받는 문화적 공간을 만들 수도 있다.

하지만 생각만으로 문화가 변화되지는 않는다.

4장
계발과 창조

    오늘밤 나는 가족을 위해 저녁식사를 준비하려고 한다. 양파와 피망을 강한 불에 살짝 볶다가 노릇노릇한 갈색이 돌면서 숨이 죽으면, 향이 좋은 코리앤더와 매운 맛을 내는 칠리 파우더를 첨가한다. 이렇게 근사하게 어우러진 재료에서 김이 올라오기 직전에 잘게 썬 토마토를 넣는다. 그런 후에 냄비가 식으면서 뜨거운 김이 올라오면 재료를 나무 주걱으로 잘 젓다가, 토마토 육즙에 강낭콩, 검은콩, 옥수수, 불거(bulgur, 밀을 반쯤 삶아서 건조시켜 빻은 것-역주)를 넣는다. 재료가 끓기 시작하면 보일락 말락 할 정도로 불을 약하게 줄인다. 이 모든 과정은 30분도 채 안 걸리기 때문에, 바쁜 평일 저녁 메뉴로는 안성맞춤이다.

    식탁에 작은 양초와 등을 켜고, 기분이 내키면 머리 위 샹들리에에도 6개의 촛불을 켠다. 그리고 천으로 된 냅킨과 접시, 유리잔과 은그릇을 준비한다. 집 안에 있는 식구들을 부르고, 모두 자리에 앉으면 식탁에 냄비를 올려놓는다. 우리는 하나님의 백성이 수천 년간 사용해 온 유대인의 축복기도를 응용하여 식사 기도를 한다. "온 누리의 왕 되신 주 하나님,

우리에게 일용할 양식을 주신 은혜를 찬양합니다." 그런 다음 내가 만든 칠리 콘 카르네(chili con carne)를 함께 먹을 것이다.

사실 이것은 그다지 이상적인 식탁은 아니다. 아이들이 이 요리를 싫어하기 때문이다.

특히 아이들은 피망이 접시에 담긴 것을 보면 어김없이 불만을 터뜨리고, 토마토를 상당히 못마땅하게 바라본다. 하지만 똑같은 재료로 만들었는데도 스파게티 소스는 또 굉장히 좋아한다. 우리 부부는 이 문제로 수도 없이 잔소리를 했다.

아이들이 좀더 크면 아마도 칠리와 피망 같은 것도 잘 먹게 될 것이다. 하지만 그 반대의 상황이 생길 수도 있다. 아이들이 우리 가족의 이런 문화를 계속 미각 침해로 여기고, '녹색 및 적색 채소 혼용 금지법' 위반으로 생각한다고 가정해 보라. 아이들은 어떤 선택을 할까?

아이들은 엄마와 아빠가 칠리 요리를 완전히 포기할 때까지 점점 더 집요하게 항의할 수도 있다. 문제는 우리 부부가 칠리를 너무나 좋아한다는 것이다. 너무 늙어 양파를 잘게 썰 기력이 없어질 때까지 우리는 매년 가을 칠리 요리를 만들 것이다. 게다가 우리는 그다지 관대한 부모가 아니다. 일단 저녁 식탁에 앉으면 주는 대로 먹어야 한다.

아니면 아이들은 계속 항의하는 대신, 칠리를 깎아 내릴 만한 억지 이론을 점점 더 많이 늘어놓을 수도 있다. 왜 피망이 그토록 싫은지, 왜 퓌레로 만든 토마토는 대환영이고 통째 먹는 토마토는 질색인지에 대해서 말이다.

그것도 아니면 아이들은 그냥 포기하고 우리가 내놓는 요리를 무엇이든 다 먹게 될 수도 있다. 칠리가 도무지 좋아지지 않지만, 피망과 토마토 덩이를 어른스럽게 참아 내면서 말이다. 혹은, 아이들이 충분히 나이를 먹게 돼서 더 이상 우리의 저녁식사에 참여하지 않게 될 수도 있다. 일단 집을 떠나면, 어떻게든 본인이 원하는 방식으로 칠리를 요리하게 될지도 모른다.

하지만 아이들은 당장 곤경에 처해 있다. 칠리를 먹지 않으면 저녁식사도 없다. 저녁식사에 관한 한 아이들에게는 선택의 여지가 없다. 시간은 부족한데 뭔가 든든하고 배불리 먹을 수 있는 음식이 필요한 상쾌한 가을밤에는, 어떤 전략을 쓰더라도 메뉴를 바꾸기가 쉽지 않다.

하지만 아이들이 우리 가족의 식탁 문화에 결정적인 영향력을 행사할 수 있는 일이 한 가지 있다. 앞으로 몇 년 후 내가 화요일 밤에 집에 돌아왔을 때(칼을 맡겨도 불안하지 않을 만큼 아이들이 성장했을 때) 스토브 위에서 이미 저녁식사가 끓고 있는 것을 보게 된다면, 나는 그것이 칠리가 아니라 해도 만족스러울 것이다. 특히 아이들이 준비한 것이 평상시 먹던 것보다 상당히 발전한 음식이고, 내가 만들려고 했던 음식보다 더 맛있고 창의적인 음식이라면 더욱 기쁠 것이다.

문화의 변화에 대한 이 비유는, **문화를 변화시키는 유일한 방법은 더 많은 문화를 창조하는 것**이라는 기본 원칙을 설명해 준다. 이처럼 단순하면서도 이해하기 어려운 원칙은 우리가 앞서 문화를 살펴본 내용에서 파생된 것이다. 첫째, 문화는 매우 실제적인 것들, 즉 사람들이 세상에서 만들어 낸 물질들의 집합체다. 우리가 흔히 사용하는 물 속에 있는 물고기와 문화 안에 있는 인간의 비유에서처럼, 문화를 막연하고 미묘하게 이야기할 때 문화는 모호해진다. 물고기는 물의 존재는 물론, 물 때문에 살 수도 있고 죽을 수도 있다는 사실을 전혀 인식하지 못한다. 이처럼 우리가 인식하지 못하더라도 문화가 우리에게 영향을 미친다는 것은 분명한 사실이다. 하지만 문화란 눈에 보이지 않는 것이 아니다. 우리는 문화를 들고, 냄새 맡고, 맛보고, 만지고, 본다. 문화는 인간의 오감을 자극하며, 그렇지 않으면 문화가 아니다. 문화가 변한다고 할 때, 이는 만질 수 있는(혹은 들을 수 있거나 볼 수 있거나 냄새 맡을 수 있는) 새로운 것들이 수많은 사람들 앞에 나타나 그들의 세상을 변화시키기 때문이다.

둘째, 철학자 알베르트 보르크만(Albert Borgmann)이 말한 것처럼, 문화는 항상 충분한 상태에 있다는 이상하고도 다행스러운 특성을 지니고 있다.[1] 모자라거나 불충분하다고 여겨지는 문화는 없다. 언어를 예로 들어 보자. 어떤 언어를 사용하든지, 사람들은 자기 언어로 모든 현상을 설명할 수 있다고 생각한다. 모든 언어가 스스로 역량 부족을 느끼는 것은 신비를 마주할 때뿐이다. 예를 들어, 색에 대한 구분은 언어마다 다를 수 있지만, 모든 언어는 각기 눈으로 보이는 모든 색깔에 이름을 붙인다. 노란색을 표현해 줄 새로운 단어가 나타나길 기다리는 사람은 아무도 없다. 따라서 문화의 변화가 일어나는 시점은, 새로운 것이 매우 명백한 방식으로 기존의 문화를 대체할 때다. 우리 가족은 매일 밤 저녁 식사를 하는데, 우리나라의 번영이 이 상태로 지속된다면 우리는 매일 밤 계속 저녁식사를 할 것이다. 우리의 저녁식사 문화는, 누군가가 우리의 현재 메뉴를 대체할 만한 충분히 새로운 무언가를 제공할 때에만 변할 것이다.

그래서 문화를 변화시키려면, 새로운 것을 창조해야 한다. 그것은 우리 이웃이 기존의 문화 재화를 포기하고 새로운 제안을 받아들일 수 있을 만한 것이어야 한다. 아무리 수많은 전략이 존재해도, 그것만으로는 문화에 아무런 영향력도 미치지 못한다는 사실을 기억해야 한다.

문화 비난. 아이들이 칠리를 거부하는 것은 대체로 철없는 이유들 때문이다. 하지만 어른들 역시 문화에 반감을 갖는 때가 있는데, 그 이유가 정당한 경우가 많다. 그럼에도 불구하고 우리가 문화를 비난하는 데만 그친다면, 특히 사태가 얼마나 나쁘게 돌아가는지에 대해 맞장구치며 서로 험담만 늘어놓을 뿐이라면, 사람들에게 문화적 영향력을 행사할 수 없을 것이다. 왜냐하면 인간은 속성상 문화의 진공 상태를 매우 싫어하기 때문이다. 누군가가 문화를 비난한다는 이유만으로 문화 재화들을 포기할 사람은 없다. 사람들은 뭔가 더 나은 것을 필요로 한다. 혹은 그들이 현재 지닌 문화 재화는 결점을 채울 수 있을 만큼 더 나아져야 한다.

영화 산업을 한번 생각해 보자. 배급자와 극장을 통해, 작가, 감독, 배우, 영화 프로듀서로부터 금요일 밤이면 나타나는 관람객들에 이르기까지 긴 경제 사슬이 생성된다. 제작과 배급, 소비의 순환이 계속 이어지기 위해서는 사슬의 모든 고리마다 엄청나게 큰 동기가 작용해야 한다. 동네 극장에서 주말에 상영하는 영화가 마음에 들지 않는다고 가정해 보자. 제공된 문화 재화를 비난하면서 아무리 거세게 항의한다 해도, 우리가 대안을 제시하지 않는다면 이런 상황은 계속될 것이다.

문화 비평. 우리가 좀더 명석하다면 어떨까? 그런 경우라면 영화를 무조건 비난하지 않는다. 어떤 부분이 부적절하거나 잘못되었는지 밝히기 위해 영화를 신중하게 비평하고 분석한다. 또한 장점이 있는 영화를 알아보고, 그런 영화가 성공한 시기를 체계적으로 정리하는 데 공을 들인다. 어쩌면 우리는 주변의 문화 재화들을 매우 정교하게 분석할지도 모른다. 그리고 우리의 분석이 책, 팟캐스트, 혹은 인터넷을 통해 나타난다면, 분석은 그 자체로 분명 문화 재화가 된다. 하지만 문화가 비평과 분석을 통해 변화되는 일이 드물다는 사실은, 특히 문화 비평을 업으로 삼는 사람들을 맥 빠지게 한다. 수십 년 동안 할리우드는 블록버스터나 속편 영화에 수익을 의존해 왔는데, 권위 있는 비평가들은 이 점을 빈번히 혹평했다. 하지만 비평이 아무리 신랄해도(아무리 호의적이어도) 블록버스터는 매년 여름 기록을 갱신한다. 비평가들의 분석은 성공과 실패에 아주 미미한 영향을 미칠 뿐이다. 하지만 금요일 밤에 기분 전환거리를 찾는 보통 사람들의 단순한 입소문은 상당한 힘이 있다.

비평가들이 인기 있는 신문이나 웹사이트에 기고한 글은 수만 명의 독자들에게 읽힐지도 모른다. 하지만 문화 분석을 가장 많이 쏟아내는 사람들은 학계에 있다. 그들의 학문적 비평이 긍정적이든 부정적이든, 특권층 사회 바깥으로 나와 문화와 접촉하는 일은 드물다. 학계의 문화 **내부에서는**, 분석 작업이 경력에 영향을 미치거나 때로는 해석 훈련을 시작한다는 의미에서 중요할 수 있다. 하지만 상아탑을 떠나지 않는 한, 이러한 작업은 별 소용이 없다. 당신이 어떤 대상을 이해하거나 분석하고 비평했다고 해서 그 대상을 변화시켰다고 믿는다면, 학문적인 오류다. 대학 도서관은 인간 문화의 모든 면을 분석해 놓은 글로 넘쳐나지만, 서고 밖 세상에서는 그런 책들이 전혀 중요하지 않다.

분명, 최고의 비평가는 미래의 창조물에 대한 평가 기준을 세우는 창조자의 생각의 틀을 변화시킬 수 있다. 하지만 그러한 분석은 누군가가 공공 영역에서 새로운 것을 창조할 때에만 지속적인 영향을 미친다.

문화 모방. 만족스럽지 못한 문화에 대한 또 다른 접근법은 거슬리는 부분을 취향에 맞는 쪽으로 대체하면서 기존의 문화를 모방하는 것이다. 미국 사회의 하위문화는 영화 산업의 어지러운 상태에 대한 최고의 해결책이 자신들만의 영화 산업을 시작하는 것이라는 결론을 내릴지도 모른다. 프로듀서, 감독, 작가, 배우뿐 아니라 극장까지 모두 갖추고, 주류 영화의 드러난 문제점들을 고칠 수 있도록 그에 필적하는 영화 산업을 일으키는 것 말이다. 이런 시스템으로 제작하고 배급하는 새로운 영화는 일종의 문화 재화다. 하지만 그 영화를 주류 극장에서 상영하지 않고, 해당 하위문화의 구성원들만이 그 영화의 제작과 소비에 참여한다면, 주류 영화의 문화에 아무런 영향도 미칠 수 없다.

결국 모든 문화 재화는 그것을 경험한 특정 대중의 지평선만 옮긴다. 그것이 아무리 탁월하고 의미 있다 하더라도, 세상의 다른 부분에서는 그러한 문화가 존재하지 않았던 것이나 마찬가지다. 모방 문화는 주류로부터의 안전한 피난처를 제공할 수 있다. 하지만 그것을 직접 경험해 보지 못한 사람들은 예전과 똑같은 영화를 보러 극장을 찾을 것이다. 우리가 대중에 공개되지 않은 사적 영역에서 문화를 모방한다면, 일반 문화는 변화되지 않는다.

문화 소비. 또 다른 가능성 있는 접근법은 선택적으로 혹은 전략적으로 문화를 소비하는 것이다. 소비 사회에서 소비자의 선택은, 무엇을 생산할지를 결정하는 부정할 수 없는 힘이다. 수많은 소비자들이 자신들의 선택을 돈으로 표시하여 할리우드로 하여금 다른 종류의 영화를 만들게 한다면 어떨까?

2006년에 그리스도인들 사이에서 가장 논란을 불러일으킨 영화는 단연 "다빈치 코드"(*The Da Vinch Code*)였다. 댄 브라운(Dan Brown)의 베스트셀러 소설을 영화화한 작품이다. 시나리오 작가이자 할리우드의 기독교 지도자인 바바라 니콜로시(Barbara Nicolosi)[2]는 폭넓은 독자층을 보유한 "크리스채너티 투데이 무비"(Christianity Today Movies) 웹사이트에 통찰력 있는 글을 기고했다. 니콜로시는 "다빈치 코드"(책 혹은 영화)가 건설적으로 '기여'하고 있다거나 '복음 전도'를 위한 자원으로 이해할 수 있다는 의견에 반대했다. "비방하는 것이 기회가 될 수 있는가? 성난 우월감으로 으스대는 것이 기회가 될 수 있는가? '다빈치 코드'는 초대교회가 로마의 박해로 얻게 된 기회들만 보여 줄 뿐이다." 니콜로시는 또한 그리스도인들이 흔히 문화적 산물과 그것을 만든 자들에게 분노를 표시하는 최후의 수단인 보이콧이 그다지 효과가 없다고 논평했다.

> 어떤 식의 홍보든, 홍보 효과는 분명하다. 우리의 항의는 오히려 박스오피스를 자극할 것이다. 게다가 모든 그리스도인을 멍청한 부류로 보이게 만들 수도 있다. 항의와 보이콧으로는 할리우드가 향후 몇 년 동안 어떤 영화를 제작할 것인지 즉각적으로 결정하는 데 아무런 영향을 미치지 못한다. (오히려 할리우드는 그리스도인들이 항의할 만한 영화를 더 많이 제작하려 할 것이다. 그래야 흥행 수입을 더 올릴 수 있을 테니까.)
>
> 그런 영화는 그냥 무시하면 된다고 말하는 사람들도 있다. 하지만 이 선택은 문제점이 있다. 박스오피스란 투표함과 같기 때문이다. 집계된 통계는 영화표 구매자들을 대상으로 한다. 당신이 집에 있다면 투표권을 행사하지 않은 것이며, 할리우드가 어떤 영화를 대형 스크린으로 상영할지 의사결정을 하는 데 관여하지 않은 것이다.

니콜로시는 독창적이며 (내가 아는 한) 전례 없는, '아더콧'(othercott)이라는 대안을 내놓았다.

> "다빈치 코드"가 개봉하는 첫 주말인 5월 19-21일에 극장에 가서, 다른 영화를 봐야 한다. 이것이야말로 할리우드가 분명히 알 수 있도록 표를 행사하는 유일한 방식이다. 개봉 첫 주말에 박스오피스 창구에서 현금의 힘을 보여 주는 것이다.… "다빈치 코드"에 맞서 상영 일정이 잡혀 있는 다른 메이저 제작사의 영화 중에는 드림웍스의 애니메이션 "헷지"(Over the Hedge)가 있다. 예고편은

재밌어 보인다. 자녀들을 데려갈 수도 있고, 친구들과 친구의 친구들을 데려갈 수 있다. 내 말은, 우리 모두 그것을 보러 가자는 것이다.

아무도 예기치 못한 방식으로 박스오피스를 흔들어 보자. 저항이나 보이콧이나 논쟁이나 악의 없이 말이다. 박스오피스 투표함에 가서 투표권을 행사하자. 그리고 팝콘도 좀 사도록 하자.

니콜로시의 기사에서 몇 가지 살펴봐야 할 점이 있다. 첫 번째로, 니콜로시의 기사 자체가 문화 재화다. 게다가 창조적이기까지 하다. 그녀는 자신이 제안한 새로운 문화 전략을 설명하는 신조어를 만들어 냈다. 니콜로시의 제안은 문화를 단순히 비난하거나 비평하는 것, 혹은 모방하는 것과 거리가 멀다. 그녀는 신앙에 대한 실제적인 도전(비록 터무니없는 도전이라는 것이 드러났지만)에 맞서 최선을 다해 창조성을 발휘했다.

두 번째로, 본래 블로그에 올린 "대중의 교회"라는 글로 시작한 그 기사는 문화 재화로서 의미 있는 성공을 거두었고, 많은 사람에게 널리 알려졌다. 그것은 대중의 관심을 불러일으켰고, 사람들은 다시 그것으로 새로운 것을 만들어 냈다. "크리스채너티 투데이 무비"에서는 그 글을 발견한 후 웹사이트에 게재했다. 구글에서 검색해 보면, 니콜로시가 자기 글에서 '아더콧'이라는 말을 처음 사용한 이후로 몇 주 만에 1,860개 웹사이트에서 그 단어가 사용되었음을 알 수 있다.

하지만 '아더콧'이라는 니콜로시의 괜찮은 제안과 관련해서 우리는 희망을 꺾는 세 번째 사실을 발견한다. 아더콧은 문화 변화 전략으로 성공할 만한 기회를 찾지 못했다. 수를 헤아려 보면 좀더 분명해진다. 내가 속한 단체의 웹 통계 자료를 비공식적으로 살펴보면, 5월 한 달 동안 3천 명에서 4천 명 사이의 독자들이 니콜로시의 기사를 읽었다. 그 기사를 스크랩한 다른 웹페이지에서 비슷한 수의 사람들이 글을 읽었다고 가정해 보면, 독자는 총 7만5천 명 정도로 추정할 수 있다. 웹페이지의 링크를 클릭하라는 권유든 특정 목적을 위해 기부하라는 권유든, 어떤 행동 촉구에 대한 통상적인 반응 비율은 10퍼센트 이하로 매우 낮은 편이다. 출판업자들과 정치인들에게는 잘 알려진 사실이다. 물론 막대한 시간과 돈을 사용해야 할 경우는 비율이 더 내려간다. 하지만 후하게 인심을 써서, 사람들이 니콜로시의 요청에 20퍼센트라는 높은 반응을 보였다고 가정해 보자. 좀더 낙관적으로 가정해서, 니콜로시의 요청에 관심을 갖게 된 영향력 있는 독자들이 개봉 첫 주말에 각각 자녀(2.54명), 친구(2명), 또 친구의 친구들(2명)을 데리고 "헷지"를 보러 간다고 하자. 그렇다면 "헷지"를 관람한 사람은 총 11만3천1백 명이며, 표값이 평균 8불이라고 할 때 제작사는 90만 달러 이상의 총수익을 얻은 셈이다. 그들이 팝콘까지 구매한다면 총수익은 아마 100만 달러가 될 것이다.

이것은 의미 있는 수치다. 하지만 개봉 첫 주 "헷지"의 총수익[3]은 3,850만 달러였고, 같은 주말 "다빈치 코드"의 총수익은 7,700만 달러였다. "헷지"는 미국에서 총 1억 5,500만 달러를, "다빈치 코드"는 2억 1,800만 달러를 벌어들였다. (할리우드 외부에 있는 사람에게는 엄청난 수치처럼 보이지만, 역사상 최고 수익을 남긴 영화 중 200위에 해당하는 정도다.)

다시 말해, 대안적인 소비에 대한 니콜로시의 요청은 열광적인 반응을 불러일으켰지만 메이저급 장편영화 두 편이 개봉한 첫 주 흥행에는 0.9퍼센트의 영향을 미친 것으로 보인다. (그 주말에 개봉한 상위 12개 영화를 포함한다면 수치는 0.6퍼센트로 내려간다.) 그리고 총 합계에는 고작 0.3퍼센트의 영향을 미쳤다. 그에 비해, 날씨(영화 산업에서 좋은 날씨는 나쁜 조건이고, 나쁜 날씨는 좋은 조건이다)는 박스오피스 수입액의 변동률에 최고 10퍼센트까지 영향을 미친다. 신앙 문제와 관련해서 영화 역사상 가장 떠들썩했던 주말에, 미국 중서부 북부 지방에서는 니콜로시의 요청에 부응한 기독교 소비자들 때문에 약한 저기압의 영향을 받았던 것 같다.

세계화된 문화에서는, 개인 소비자들은 물론 대규모 소비자 집단조차도 문화 변화를 위해 소비라는 방식을 선택하는 경우는 드물다. 경제학자들이 말하는 것처럼, 개인의 소비 결정은 다른 수많은 구매자들의 집합적 의사결정에 그리 큰 영향을 받지 않는다. 문화를 변화시키는 데 소비가 비효과적인 방법이라는 것은 그리 놀라운 사실이 아니다. 왜냐하면 소비는 처음부터 소비할 문화 재화의 실재에 완전히 의존하기 때문이다. 할리우드나 다른 강력한 문화 기업이 가능성과 불가능성의 지평선을 옮길 수 있도록, 다수의 소비자들을 자극하여 하나로 뭉쳐 행동하게 하려면 방법은 단 하나, 대안을 만드는 것뿐이다.

하지만 주목할 만한 사실은 할리우드가 변하고 있다는 것이다. 그것은 비난, 비평, 모방 혹은 소비 때문이 아니다. 사실 문화가 변하는 것은, 비교적 소수의 사람들 때문이다. 니콜로시가 운영하는 '액트 원'(Act One)이라는 시나리오 작가 훈련 프로그램에서 직간접적으로 영향을 받은 수천 명의 사람들은 "패션 오브 크라이스트"(The Passion of the Christ)나 월든 미디어가 만든 "나니아 연대기: 사자, 마녀, 그리고 옷장"(The Lion, the Witch and the Wardrobe) 같은 장편영화에 에너지와 창조성과 돈을 투자했다. 이 두 영화는 모두 미국 내 박스오피스에서 "다빈치 코드"를 가볍게 따돌렸다. 물론, 이 영화들의 상업적 성공 뒤에 수백만 소비자가 있었던 것은 사실이다. 하지만 그들이 성공에 기여한 것은, 볼 만하고 친구들을 데려갈 만한 가치가 있는 영화를 만든 누군가가 있었기 때문이다. 창조성만이 변화를 이끌어 낼 수 있는 유일한 근원이다.

| 계발의 기술

하지만 여기에는 역설이 존재한다. 문화는 누적되기 때문에, 즉 모든 문화 재화는 과거부터 존재한 문화 요소를 발판 삼아 만들어지기에, 문화의 창조성이란 결코 맨땅에서 시작하지 않는다. 문화란 **세상을 새롭게 만드는 것이다.** 우리는 백지 상태가 아닌, 과거 세대가 우리에게 전수해 준 충분히 문화화된 세상에서 시작한다.

그렇기 때문에 내가 저녁식사를 준비하러 부엌에 갈 때, 혹은 시나리오 작가가 대본을 쓰기 위해 자리에 앉을 때, 문화의 세상을 잘 알고 있어야 한다는 것이 첫 번째 필요조건이다. 요리를 잘하려면 칼의 적절한 사용법, 양념의 특징, 스테인리스 스틸과 주철 냄비의 속성에 친숙해져야 한다. 내가 만들려는 요리의 전통(이탈리아 음식, 중국 음식, 멕시코 음식)을 이해해야 한다. 이와 마찬가지로, 시나리오 작가는 아리스토텔레스의 「시학」(*Poetics*), 소설의 역사, 영화 "차이나타운"(*Chinatown*)의 이야기 구조 등을 이론적으로 살펴보면서, 서구의 시각을 지닌 작가가 다루는 기법을 이해해야 한다. 시나리오 작가는 또한 파이널 드래프트(Final Draft)라는 소프트웨어의 상세 사용법, 페이지당 54줄이라는 국제 표준, '비트'(beat)와 'POV'(point of view)라는 용어의 의미를 알아야 한다. 백지 상태는 문화의 창조성이라는 측면에서 결코 미덕이 아니다. 우리 각자가 자신의 문화 분야를 더 많이 이해할수록, 새롭고 가치 있는 것을 더 훌륭하게 창조할 수 있다.

분명한 사실은, 문화 전통을 내던지고자 했던 자칭 문화 창조자들이 역사 속에 간간히 존재했다는 것이다. 그들은 가지각색으로 혁명을 선언했다. 고의로 전통을 차단한 채 문화를 만들려는 시도는, 아마 20세기의 현대성이라는 드높은 기치 아래 이루어졌을 것이다. 제레미 벡비(Jeremy Begbie)는 「신학과 음악과 시간」(*Theology, Music, and Time*)이라는 탁월한 저서에서, 20세기 현대 음악가 존 케이지(John Cage)와 피에르 불레즈(Pierre Boulez) 사이에 유사성이 있다고 말한다.[4] 케이지는 자연스럽고 임의적인 사건들로 음악을 만들고자 했다. 그의 가장 유명한(혹은 악명 높은) 작품 "4분 33초"는, 연주자에게 무대로 올라와 악기 앞에 앉되 미리 정해진 시간 동안 아무런 소리도 내지 말라고 주문한다. 그 대신 사람들이 침묵하며 앉아 있는 동안 들려오는 온갖 임의의 소음이 바로 이 곡의 '음악'이다. 기침을 참는 소리, 자리에서 몸을 움직이는 소리, 멀리서 들리는 자동차 소리, 조용히 부채질하는 소리와 같은 것들 말이다. 하지만 케이지의 '환경적' 음악이 당시 큰 화제였음에도 불구하고, 지금은 거의 연주하지 않는다. 결국 그것은 역사의 골동품으로 기억될 것이다. 음악의 문화적 전통을 단절하려는 도발적이면서도 무익한 시도였다고 말이다. 케이지도 잘 알고 있었던 사실이지만, 그의 비음악적 음악에는 수많은 문화적 전통이 필요하다. "4분 33초"에는 특히 연주자가 필요하다. 실내에 모인 청중을 가정하는 것이다. 음악의 전통과 연결고리를 끊으려는 대담한 시도는 그다지 성공하지 못했다.

불레즈는 케이지와 달리 반대 방향을 선택했다. 음조와 음악적 제스처를 제거하는 대신, 수학 공식을 사용하여 그것들을 조직화하려 했다. 하지만 벡비가 지적한 대로, 이러한 실험은 케이지에 비해 성공적이지 못했던 것이 분명하다. 불레즈의 음악은 즐기면서 듣기가 매우 어려운데, 선율의 흐름과 변형에 대한 인간 욕구도 인정하지 않고, 그러한 흐름과 변형을 전수하는 서구 전통도 인정하지 않기 때문이다.

불레즈와 케이지는 각각 문화 없는 문화의 가능성, 즉 기존의 문화를 피하려고 노력하는 문화의 가능성을 탐색했다. 하지만 문화는 우리가 원하지 않을 때도 몰래 숨어 들어오는 경향이 있다. 현대 화가 잭슨 폴록(Jackson Pollock)은 문화와 자연의 차이, 예술가와 중력의 차이를 완전히 지워 없애려 했고, 화려한 특징을 지닌 눈에 띄는 그림들을 그렸다. 추상표현주의자 마코토 후지무라(Makoto Fujimura)가 폴록에 대해 쓴 것처럼, 미술학도들이 초등학생 솜씨처럼 보이는 폴록의 튀기기와 떨어뜨리기 기법을 모방한다 해도 결코 폴록의 작품과는 비교할 수 없다.[5] 비록 폴록은 회화의 전통을 허물기 위해 끈질기게 노력했지만, 그의 작품에는 전통이 깊이 배어 있었다. 폴록이 전통을 훈련하고 실현하지 않았다면, 그의 작품은 결코 훌륭하다는 평가를 받지 못했을 것이다.

문화를 만들기 위해서는, 의식적으로든 무의식적으로든, 문화의 전통 안에서 우리 자리를 찾아야 한다. 문화 없이는 문화를 만들 수 없다. **창조는 계발*에서 시작한다**는 말은 바로 이런 의미다. 계발이란 문화가 이미 우리에게 넘겨준 훌륭한 것들을 관리하는 일이다. 문화 창조자의 첫 번째 임무는 새로운 것을 만드는 일이 아니라, 우리에게 맡겨진 문화의 전통을 자유자재로 구사하는 일이다. 우리는 문화를 만드는 사람이 되기 전에, 문화를 지키는 사람이 되어야 한다.

● 'cultivation'은 이 책의 가장 중요한 개념 중 하나로, 그리스도인의 과제와 관련하여 '창조'와 함께 사용되는 단어다. '경작' 혹은 '재배'라는 통상 번역을 따를 경우 땅을 갈아서 농사를 짓는다는 지엽적 의미로 전달될 가능성이 있어, 여기서는 좀더 포괄적, 적극적 의미에서 '계발'로 번역했다. 이는 보존과 관리를 넘어 개척과 발전까지 암시하는 저자의 의도를 반영한 것이다. 농업 관련 문맥에서만 일부 '경작'이라는 번역을 사용했음을 밝힌다—역주.

계발과 훈련

나는 **계발**이 **창조**보다 덜 매력적인 단어라는 것을 알게 됐다. 만족할 줄 모르는 현대인의 특성뿐 아니라, 새로운 것과 예기치 못한 것을 요구하는 인간 본성에 비추어 볼 때도, **창조**는 분명 매력적이다. 탈산업경제에서는 논과 밭의 경작을 극소수의 농부들이 담당하기 때문에, **계발**은 이제 다른 세대의 일이라는 인상을 풍긴다. 21세기에는 농부가 미국 인구의 2퍼센트 미만인 데 반해, 1900년에는 38퍼센트, 1860년에는 58퍼센트였다. 나는 활발히 일하는 농부들이 자취를 감춘 두 번째 세대다. 어느 여름날 오후, 일리노이 주와 조지아 주에 있는 낙농장과 목장에서 조부모님과 무더운 오후를 보냈던 일이 생생하게 기억난다. 일을 하다 보면 먼지와 땀으로 범벅이 되어 지저분해지기 일쑤였고, 아무리 해도 끝나지 않았다. 낙농업자인 우리 할아버지는 거의 한평생을 새벽 5시에 일어나셨다. 날씨가 변하고 계절이 바뀌어도 그분들의 일과는 언제나 똑같았다. 젖을 짜는 공정은 1월이나 10월이나 똑같았고, 1935년이나 1975년이나 별 차이가 없었다.

농부들은 땅과 풀, 가축에 큰 관심을 기울였다. 단조로운 일일 수도 있지만, 농작물에 병해가 발생하거나 잡초가 증가할 수도 있기 때문에 질병이 발생할 만한 작은 변화에도 민감해야 했다. 사실, 남편이라는 뜻의 영어 단어 'husband'는 땅에 살면서 땅을 경작하는 사람을 지칭하는 고대 스칸디나비아 말이 어원이다. 이는 결혼 생활의 친밀감이나 책임감이 농부의 삶과 가장 근접하게 비견된다는 것을 암시한다.

문화 계발은 자연 계발과 그리 다르지 않다. 계발하는 사람은 생존과 번영에 필요한 좋은 조건을 위해 비옥한 환경을 창조하려고 노력한다. 계발을 위해서는 잡초도 제거해야 한다. 필요한 것과 불필요한 것, 열매를 많이 맺히게 하는 것과 성장을 저해하는 것을 가려내야 한다. 자연을 계발하려면, 오랜 경험을 바탕으로 식물과 그 식물이 자라는 곳에 정통해야 한다. 또한 문화를 계발하려면, 우리 문화의 역사, 그리고 문화를 둘러싼 현재의 위협과 기회에 면밀한 관심을 기울여야 한다. 계발은 보존이다. 우리가 물려줄 세상은 그것이 자연이든 문화든, 우리가 물려받은 것만큼이나 많은 가능성과 탁월성을 지니고 있다.

아이들에게 칠리의 문제든 보수적인 그리스도인들에게 영화의 문제든, 문화에 대한 최초의 본능은 문화를 어떻게 변화시킬 수 있는지 알아내는 것이다. 그럼에도 불구하고 많은 사람들은 대개 문화를 계발하고 보존하는 데 삶을 투자한다. 문화적 동물인 우리에게 주어진 첫 번째 인생 과제는 우리가 태어난 문화를 배우는 것이다. 이 과정은 너무 복잡해서 인간은 다른 피조물에 비해 성장이 매우 더디다. 서구에서는 아이들이 선천적으로 창조성을 지닌 존재라고 상상하기를 좋아한다. 어른들을 괴롭히는 검열적인 자기인식이 아이들에게는 없기 때문이다. 그리고 아이들은 일찍부터 세상을 새롭게 만들고자 하는 창조적인 충동을 분명하게 표현한다. 하지만 근본적으로 어린 시절에는 **창조**보다는 **모방**의 태도가 훨씬 더 많이 나타난다. 언어를 배우는 것, 우리 문화의 수많은 이야기와 속담과 상징을 배우는 것, 도로 표지판과 정지 신호의 의미를 배우는 것, 야구 규칙을 배우는 것, 줄넘기와 농구공 드리블을 배우는 것. 이 모든 것은 엄밀히 말해 문화를 만드는 행위라고 할 수는 없다. 하지만 이 모든 것은 문화를 지키는 필수불가결한 행위이며, 아이가 자라 문화적 영역에 무언가를 기여하려면 반드시 필요한 것이다. 우리는 계발하는 것을 배웠던 곳에서만 창조할 수 있다.

계발 중에서도 가장 어려운 형태는 **훈련**이다.[6] 훈련이란 문화적 형태의 기초를 오랜 시간에 걸쳐 습득하는 것, 혹은 작은 일을 반복해서 연습하여 우리 안에 새로운 능력을 창조하는 것을 말한다. 거의 모든 문화 영역에는 자체적인 훈련이 있다. 그리고 미술이나 음악처럼 우리가 가장 '창조적'이라고 생각하는 영역에 가장 힘든 훈련이 요구된다는 것은 흥미로운 사실이다. 연주자는 악기의 바탕음을 매일 연습하거나 눈과 손이 계발될 때까지 길들인다. 요리사는 칼질을 훈련한다. 의사는 의학 잡지를 지속적으로 섭렵한다. 이러한 행동은 문화를 만드는 것이 아니라, 다만 문화를 지키는 데 필수적이다.

연습실에서 피아니스트가 혼자 음계 연습 하는 것을 듣는 것보다 더 따분한 일이 있을까? 열 살짜리 우리 아들은 음계 연습이야말로 가장 따분한 일이라는 사실을 내게 확신시켜 준다. 아이는 음계 연습을 그만두고 '진짜 음악'을 연주할 날이 오기를 학수고대한다. 하지만 나는 아들에게 피아노 연습에 진지해진다면 더 많은 음계를 연습하게 될 것이라고 말해 주었다. 직업 연주가는 매일 30분 혹은 그 이상, 악기의 기초를 연습하기 때문이다. 음계 훈련은 피아노 연주 실력을 향상하는 데 없어서는 안 되며, 새로운 곡을 만들거나 창조성과 정확성을 갖춘 오래된 곡을 연주할 수 있도록 준비시켜 준다.

사소하고 겉으로는 중요해 보이지 않는 것들의 반복이지만, 훈련은 강력한 문화적 영향력을 행사할 수 있다. 내가 가족을 위해 오늘 밤 저녁 식사를 준비한다면, 그것만으로는 우리 가족의 문화를 변화시킬 수 없을 것이다. 하지만 오늘 밤, 내일 밤, 다음 화요일뿐 아니라 우리 아이들 인생에서 앞으로 15년 동안, 내가 날이 갈수록 자라나는 창조성과 재능, 관대함으로 계속해서 저녁식사를 준비한다면, 비록 지금은 볼 수 없다 해도 그러한 훈련을 통해 결국 가능성과 불가능성의 지평선이 변화될 것이며, 강력한 가족 문화를 형성할 것이다. 물론 내가 선구적인 요리사가 아닌 늘 전통을 따르는 요리사가 될 수도 있지만 말이다.

그러므로 우리는 문화를 만드는 모든 행위의 표면 아래에서 문화를 지키고 있는 작은 행위들을 수없이 발견한다. 그것이 바로 좋은 시나리오 작가가 앞서 수많은 영화를 보았던 이유이며, 새로운 기술을 개발한 외과 의사가 앞서 수많은 평범한 수술을 했던 이유이며, 곧 시작할 사업에 자금을 제공한 투자자가 앞서 수많은 대차대조표를 연구했던 이유다. 문화적 창조성은 문화적 성숙도를 요구한다. 언젠가 우리 아이들은 나를 위해 훌륭한 식사를 준비할 것이다. 하지만 그때쯤에는 또한 칠리를 좋아하는 법도 배우게 되었을 것이다. 운이 따른다면, 우리 아이들은 문화를 지키는 계발자요 문화를 만드는 창조자가 될 것이다. 아이들은 문화를 최고 상태로 보존하고, 또 새로운 무언가를 제공하여 세상을 더 나은 곳으로 변화시키는 이들로 준비될 것이다.

5장
제스처와 자세

그리스도인은 거대하고 복잡한 문화 활동과 어떤 관련을 맺고 있는가?[1] 그 답은 그리스도인이 살아 온 시대와 장소만큼이나 가지각색이다. 태국의 산악 지대에 있는 마을이든 뉴욕 이스트 빌리지에 있는 태국 퓨전 레스토랑이든, 그리스도인은 새로운 문화 환경을 접할 때 세상을 만들어 온 풍성한 과거 유산을 보게 된다. 4장에서 살펴보았듯이 문화에 대해 한 가지 주목할 만한 사실은, 문화가 모자라거나 불충분하지 않다는 것이다. 문화는 언제나 충만하다. 인간은 언어, 음식, 옷, 이야기, 예술, 의미 등의 문화를 너무 필요로 하기 때문에 문화가 없는 상태를 견디지 못한다. 그러므로 기독교 신앙은 초기에 팔레스타인에 정착하던 때부터 전 세계 수많은 나라로 흩어진 때까지, 언제나 잘 발달한 안정적이고 견실한 문화 체계와 싸워야 했다.

그리스도인들은 세상을 어떻게 이해했는가? 사복음서를 한번 생각해 보자. 각 복음서는 복음을 문화적으로 적절하게 소개하기 위해 기록한 문화적 산물이다. 마태는 복음서를 이렇게 시작한다. "아브라함과 다윗의 자손 예수 그리스도의 계보라"(마 1:1). 마태의 이야기는 유대 상징주의와 성경 본문 해석이라는 의미 구성 체계 안에서 이해할 수 있다. 마태가 보는 예수님은 유대 역사의 핵심 인물인 시내 산의 모세와 다윗 왕과 매우 밀접한 관련이 있으며, 잘 알려진 이야기들을 실현하고 오랫동안 간직해 온 기대를 성취한 인물이다. 마가는 예수님의 유대적 유산을 잘 알고 있었지만, 로마의 문화적 유산에 좀더 많은 관심을 기울였던 것 같다. 그는 이렇게 시작한다. "하나님의 아들 예수 그리스도에 대한 기쁜 소식의 시작이다"(막 1:1, 현대인의 성경). 이 본문에서는 헬라어 '유앙겔리온'(euangelion)을 '기쁜 소식'으로 번역했지만 보통은 '복음'이라고 번역하는데(마가는 자신의 저작을 '복음'이라고 부른 첫 번째 복음서 기자다), 이 헬라어 단어는 본래 기쁜 소식의 공식 선언을 뜻하며, 특히 사자를 보내어 적에 대한 승리를 알리는 로마 관습을 지칭할 때 사용한다. 하지만 여기서 말하는 '유앙겔리온'은 상당히 다른 종류의 승리다. 로마에게 명백히 패배한 순간이 바로 승리의 순간이라는 역설적인 뜻을 담고 있다. 마가복음은 마태복음과 달리, 실현된 기대에 대한 이야기가 아니라 터무니없는 기대에 대한 이야기를 전개한다.

한편 헬라 역사가의 임무를 떠맡은 누가는 자신의 독자를 '데오빌로 각하'라고 부르면서(눅 1:3), 헬라인 독자에게 익숙한 편지 서문으로 운율이 살아 있는 장엄한 이야기를 시작한다. 그는 다양한 근거를 참고했다면서, 복음서와 그 속편 사도행전에서 의술, 사업, 정치, 지리 등의 상세한 부분을 면밀히 살핀다. 요한은 필로(Philo) 같은 사상가의 유대 철학 전통을 받아들여, 히브리 창조 이야기("태초에…")와 헬라 형이상학의 고상한 표현["말씀(logos)이 계시니라"]이 어우러진 첫 문장으로 복음서를 시작한다.

결국 복음서 기자들 역시 당시 우세했던 문화에 각기 다른 태도를 취한다. 누가는 주요 독자였던 의로운 이방인들에게 대체로 호의적이다. 그는 지배 문화의 중심지인 로마로 향하는 사도 바울의 여행을 추적하면서, 그 여행을 기점으로 지구 반대편까지 복음이 전해질 것이라는 분명한 소망을 나타낸다. 마태와 마가와 요한은 자신들이 속해 있는 문화에서 복음 메시지가 틀림없이 환영받을 것이라고 생각하지는 않았던 것 같다. 요한복음 3:16에서 "하나님이…이처럼 사랑하사"라고 표현한 세상은 요한복음 15:18에서 "너희보다 먼저 나를 미워[한다]"는 세상과 같은 곳이다. 마태가 그토록 숭상했던 유대 전통은 또한 예수님이 호되게 비난하신 바리새주의의 근원이다. 마가의 '유앙겔리온'은 왕이 용감하게 승리를 쟁취하기보다 패배를 자처한다는 역전된 기쁜 소식으로, 친구들의 기대는 물론 적의 기대까지 무너뜨린다.

영감을 받아 예수님의 이야기를 기록한 네 복음서는 문화에 대해 서로 다른 접근법을 취한다. 또한 서구 세계의 2천 년 기독교 역사를 살펴보면 관점의 차이가 좀더 드러난다. 그리스도인들은 처음 4세기 동안 로마제국이라는 강력한 지배 문화의 한가운데 살았다. 로마제국의 엄청난 기술적, 정치적 위업은 점점 증가하던 분열과 붕괴의 조짐을 감추고 있었다. 그 후, 콘스탄티누스 황제의 즉위로 기독교가 제국의 국교가 되는 놀라운 발전이 있었다. 1,500년 동안, 동쪽 비잔틴 제국과 유럽에서는 기독교와 문화라는 말이 거의 동의어처럼 쓰였다. 이는 초대 그리스도인들이 결코 상상할 수 없었던 방식으로 이루어진 일이었다. 하지만 하나의 거룩한 가톨릭 교회가 둘로 나뉜 1054년 초부터 기독교와 문화의 만족스러운 융합에 서서히 균열이 생기기 시작했다. 그 균열은 신앙과 실천 사이의 경쟁적인 표현이 유럽 정치 구조를 분열시킨 종교개혁 시기에 크게 확산되었다.

종교개혁과 르네상스는 엄청난 문화 에너지를 폭발했다. 하지만 이러한 에너지는 대체로 기독교 신앙에서 문화의 성과를 분리시키는 부작용을 낳았다. 탈종교개혁 시대의 유럽인들이 새로운 무언가를 만들기 위해 활용했던 세상은 더 이상 통합된 신앙을 보존할 수 없었다. 그들은 새로이 출현한 과학과도 씨름해야 했다. 문화 만들기의 한 형태인 과학은 인간 역사상 그 어떤 것보다도 자연이라는 세상을 인간의 목적에 맞게 이용하는 일에 효과적이었으며, 성경 이야기나 성경을 기초로 한 신학과 종종 상반되는 것처럼 보였다. 하지만 좀더 자세히 들여다보면, 과학은 인간 문화가 **새로운 무언가를 만들** 수 있을 뿐 아니라 자연계를 **전적으로 지배할** 수 있다고 약속하는 것 같았다. 초월적인 창조자의 신학에서 비롯된 겸손, 또한 자연의 압도적인 힘 앞에서 우리가 얼마나 작은 존재인지 매일 경험하는 데서 비롯된 겸손은 점점 힘을 잃어 가는 것 같았다.

미국 그리스도인과 문화

20세기 초 유럽, 특히 특권층 집단 내에서 계몽 운동 이래로 대륙을 풍미했던 기독교의 쇠퇴 현상이 장기 국면으로 접어들고 있을 때, 미국은 복음주의 개신교도들이 이례적으로 문화를 점유했던 기간으로부터 벗어나는 중이었다. 종교적 우파는 '건국자들의 신앙'을 강조하는데, 이는 미국 신앙의 전성기가 건국 시점이 아니라 남북전쟁 이후라는 사실을 종종 희석시켜 왔다. 남북전쟁이 일어난 무렵, 개혁 운동, 제도 구축, 문화적 창조성의 물결이 활기를 띠었던 것은 복음주의 신앙의 영향이었다. 뉴잉글랜드에 (1865년 미국의 첫 번째 무종파 대학으로 세워진 코넬 대학을 비롯하여) 부분적으로 세속화된 탈청교도 자유주의 요새들이 생겨나는 사이, 19세기 후반 진지한 그리스도인 혹은 적어도 그런 체하며 품위를 유지하는 사람들이 일어나 수많은 전문대학과 종합대학을 설립했다. 무엇이 번창할 때는 늘 그렇듯이, 이 사업의 핵심 인물들을 지지하고 따르는 사람들이 우후죽순 생겨났지만 얼마 지나지 않아 그 거품도 사라졌다.

유럽의 세속 문화가 마침내 미국에 상륙했을 때, 그것은 놀라운 속도로 미국의 엘리트들을 집결시켰다. 특히 다윈주의의 과학 운동과 성경 비평의 신학적-역사적 운동이라는 두 가지 지성 운동이 그 동력이 되었다. 일상 생활에 정밀한 과학 방법론을 적용한 새로운 기술이 출현하자 문화는 더욱 급속하게 변화했다. 한 세대가 채 지나기 전에, 전통적인 개신교도의 수중에 안전하게 머물러 있었던 여러 기관들은 자유주의의 현대성에 훨씬 더 유연한 태도를 보이는 새로운 개신교 집단에게로 양도되었다. 미국의 두 주요 대학인 남부의 듀크 대학과 북부의 프린스턴 대학만 보더라도, 전통적인 개신교인들은 문화의 주도적 위치에서 물러났음을 알 수 있다. 또한 이러한 기관들의 설립 허가서에는 흔적만 남은 기독교적 정체성이 좀더 포괄적이고 모호한 표현으로 재해석되어 있었다. 이와 동일한 영향력은 병원, 자선 단체, YMCA와 YWCA와 같은 자발적 기구 및 개교회에도 작용하기 시작했다. 이들은 오늘날 '근본주의자와 현대주의자의 분열'로 기억되는 두 가지 입장으로 신속하게 나뉘었다. 한쪽 입장에는 현대(그리고 세속화된) 문화를 받아들이고 싶어 하는 그리스도인들이 있었다. 이들은 이러한 문화 역시 "하나님의 아버지 되심 아래 온 인류의 형제됨"이라는 복음을 진보시킬 것이라고 확신했다. 다른 한쪽 입장에는 신앙의 자세한 내용보다 문화적 타당성을 기꺼이 희생시키고자 하는 그리스도인들이 있었다.

이렇게 '근본주의자'라는 문화적 망명자들이 생겨났다.「근본주의」(The Fundamentals)라는 소책자 시리즈에서 나온 '근본주의자'라는 용어는, 저명한 자유주의자 해리 에머슨 포스딕(Harry Emerson Fosdick)이 1922년 뉴욕 리버사이드 교회에서 "과연 근본주의자들이 승리할 것인가?"라는 감동적인 설교를 한 이후로 가장 널리 알려졌을 것이다. 포스딕의 일생 동안, 그 어떤 일반 기준으로 봐도 근본주의자들은 문화적 영향력 면에서 '승리'하지 못했다. 주류 교단—그들의 영광이 퇴색되기 전 영속성과 권위를 뜻했던 시절에 붙여진 명칭이다—의 훌륭한 대형 교회들은 대부분 온건한 현대주의로 넘어갔다. 사실, 근본주의자들 중 솔직한 몇몇 인물을 제외하면, 그들이 '승리'에 관심이 있었는지는 확실치 않다. 그들은 수많은 전통적 신앙 문제들을 폄하하는 것처럼 보이는 '사회적 복음'에 반발했으며, 그들이 이해하는 복음에 입각하여 문화의 힘을 의혹의 눈길로 바라보았다. 게다가 그들은 초기 복음주의 세대가 공들여 만든 관료 절차에 의존하며 정치적인 전략을 쓸 생각도 없었다. 포스딕이 설교했을 당시, 어차피 승부는 이미 나 있었다.

주류 그리스도인들에게 칠리는 아무 문제가 없었다. 그들은 문화 권력에 딸려오는 것들을 누렸다. 일류 대학에 보장된 높은 지위, 시내에 있는 아름다운 건물, 부유하고 능력 있는 이들과의 관계가 바로 그것이었다. 그들이 지불한 대가는, 기독교의 내용이 최소한 문화 권력의 새로운 중심에서 흘러나오는 내용에 적응할 필요가 있음을 받아들이는 것이었다. 그 중심에 있는 것들은 자연 과학과 그것을 모방한 새로운 형태의 학문인 '사회 과학'이었다. 당시 그 대가는 지불할 만한 가치가 있는 듯이 보였고, 기독교 신앙을 새로운 문화적 발전에 적응시키는 프로젝트는 자유주의 개신교 지도자와 목회자들에게 활기를 주었다.[2] 15년 전 나는 주류 신학교의 학생이었는데, 1948년에 폴 틸리히(Paul Tillich)의 "그대는 받아들여졌다"라는 유명한 설교를 들었던 때를 존경어린 마음으로 기억하는 교수님들이 있었다. 정신요법이 보편화된 시대에 그의 설교는 기독교 복음에 대한 훌륭한 재해석이었다.

하지만 주류 개신교도들은 특정 문화적 순간이 영속되리라고 철석같이 믿었다. 지금까지는 사상의 영역을 이야기했지만, 이것은 콘크리트와 같은 구체적인 문화 형태에도 적용할 수 있는 이야기다. 20세기 후반 몰라 볼 정도로 변한 도시 지역에서는 교회 건물에 엄청난 자산을 투자했다. 나는 몇 년간 보스턴 시내에 있는 올네이션스 연합 감리교회에 출석한 적이 있다. 보스턴의 사우드 엔드 지역은 한때 유럽인 이주자들을 위한 사역이 활발히 진행됐던 곳이다. 20세기 초 올네이션스 교회는 수많은 사회 복지 사업을 통해[그중 한 사역은 나중에 굿윌 인더스트리스(Goodwill Industries)가 되었다] '사회 복음'을 실천하며 인근 지역에 문화적인 힘을 행사했다. 하지만 매사추세츠 고속도로의 확장 공사가 보스턴 시내까지 이어질 예정이었는데, 교회 건물과 그 주변 지역은 그러한 도시 개조 계획에 걸림돌이 되었다. 교회 성도와 지역 주민들은 고속도로 확장에 맞섰지만, 고속도로를 확장하는 타당성에 도전할 수는 없었다. 결국 고딕 양식의 아름다운 교회 건물은 완전히 철거되었고, 회중은 적당한 금액을 보상받았다.

그때 교회는 철저히 주류에 따르는 불운한 문화적 선택을 했다. 교회 지도자들이 건축회사를 고용해서 초현대적인 건물을 설계했다. 이 회사는 벽돌이 깔린 광장 한가운데 단순한 형태의 2층짜리 원형 건물을 세웠다. 둔탁한 벽돌을 사용했으며, 창문은 한 개도 없었다. 그 건물은 마치, 적대적인 환경에서 자기 보호 기능을 갖춘 작은 요새, 들어 올리는 다리가 입구를 막고 결코 내려오는 법이 없는 성, 혹은 감옥과 같았다. 내부 벽면은 예배당을 빙 돌아 곡선을 이루며 압출성형 콘크리트(extruded concrete)로 만들어졌다. 예배당 안쪽으로는 바닥에 빽빽이 융단이 깔려 있는 데다 평행한 반사면이 없어, 맞은편 방에서 이따금씩 웅웅거리는 소음이 들려오는 것을 빼면 거의 아무런 소리도 들리지 않았다. 자연광도 없었다. 그래서 교회 안에서 무슨 일을 하든지 계속 인공 조명을 켜야 했고, 그 때문에 상당히 많은 전기요금이 들었다.

수많은 신실한 회중이 그 건물에서 35년 넘게 교회 생활을 유지해 왔지만, 교회의 운명은 1960년대 후반 단 한 번의 건축학적 선택으로 결정되었다. 20세기 중반, 작은 지역의 주류 개신교회였던 올네이션스는 교회의 성공을 전혀 보장해 주지 않는 세상 문화에 제압되었고, 그 문화의 가장 나쁘고 덧없는 특징을 모방하고자 했다. 그러한 문화의 특징이란 산업에 대한 과도한 자신, 고속도로 건축, 도시 빈곤층에 대한 걱정이었다. 도시의 수많은 주류 교회 회중이 느끼는 것과 마찬가지로, 목회자가 설교하는 신앙이 정통적이며 복음주의적이었다는 것은 전혀 중요하지 않았다. 교회의 운명을 좌우하는 것은 신학이나 이데올로기가 아니라, 문화의 포로가 되었다는 사실이었다. 효과적인 복제 건물을 세우기 위해 공동체를 불도저로 밀어 버리느라 바쁜 그런 문화 말이다. 문화는 균형을 이루려는 강한 본성을 지니고 있다. 머지 않아 보스턴은 곧 현대적인 건축물과 '도시 개조'라는 의심스러운 구실의 유혹에서 벗어나, 굉장히 많은 역사적 유산을 되찾았다. 하지만 올네이션스 교회는 너무 연약했기에 교회 주변의 도시가 건강하게 회복되기까지 동행하지 못했다. 몇 년 전, 교회는 완전히 문을 닫았다.

포스딕의 설교 이후 90년이 지났다. 미국 그리스도인과 미국 문화에 대한 질문을 던지기 시작한 이때에, 우리는 근본주의자들과 그 자녀들, 또 그 자녀들의 자녀들에게 좀더 주목해야 한다. 전통 신학을 따르는 그리스도인들은 문화와 점점 무관해지기보다, 19세기부터 지금까지 가장 탁월한 문화의 혜택을 누려 왔다. 비록 오늘날 19세기 스타일은 더 이상 찾아볼 수 없지만 말이다. 주류 개신교가 문화에 참여했던 이야기는 주로 한 방향으로만 전개된다. 역설적인 이야기지만, 문화에 더 많이 적응할수록 문화에 대한 영향력은 점점 더 줄어든다. [몇몇 예외가 있는데, 특히 듀크 대학 신학부의 윤리학자 스탠리 하우어워스(Stanley Hauerwas)와 제자들의 경우가 그 좋은 예다.] 보수 개신교인들과 문화의 관계 이야기는 마치 롤러코스터를 타는 것처럼 전개된다. 4장에서 언급한 태도가 한 세기 안에 모두 압축되어 있기 때문이다.

문화 비난: 근본주의자들의 후퇴

20세기 기독교 근본주의자의 전형적인 이미지는 땀에 젖은 채 오늘의 문화적 혁신을 헐뜯는 설교자다. 그리고 일반적으로는 근본주의자를 문화를 멀리하고 성스럽고 안전한 신자들의 세상에 모여 있는 존재로 생각한다. 물론, 근본주의자는 튼튼한 교회 건물이나 정숙한 옷차림 같은 문화 재화를 비난하지는 않았다. 라디오나 텔레비전처럼 새로운 의사소통 기술을 사용한다는 측면에서는 그들도 동일한 혁신자였다. 게다가, 근본주의자들이 문화를 멀리했다는 것은 사실이 아니다. 문화를 멀리한다는 것은, 벌거벗은 채 열대 우림이나 사막을 어슬렁거리고 다시는 모습을 드러내지 않는 사람들에게나 어울리는 말이다. 실제로 그렇게 행동한 사람들이 있긴 했지만, 근본주의자와는 관련이 없었다. 근본주의자는 우리 모두와 마찬가지로 문화적 존재였다.

하지만 그들이 문화를 멀리하거나 비난한다는 묘사는 완전히 틀린 말은 아니다. 첫째, 근본주의자는 신앙이라는 기치하에 엔터테인먼트에서 정치에 이르기까지 문화와 관련한 수많은 기관에서 손을 뗐다. 그들의 부재가 자발적이든 강요된 것이든, 혹은 애석한 일이든 기쁜 일이든, 정통 신학을 믿는 세기 중반의 그리스도인은 두 세대 전 그들이 지배했던 기관, 즉 미국 동부의 대학, 신문사와 출판사, 심지어 YMCA와 YWCA 등에서 자취를 감추었다.

둘째, 근본주의자에게 '거룩'이란 개념은 무언가를 거부하는 선택과 밀접하게 연관되어 있었다. 그들은 춤을 추거나 극장에 가는 문화 활동을 피하려 했다. 나는 근본주의 기독교와 상관없는 배경에서 자라났다. 하지만 내 주위에는 세상의 **즐거움**에 대한 설교는 전혀 듣지 못하고 세상의 **위험성**에 대한 설교만 기억하는 친구들이 있었다. 근본주의자는 현대주의자와 마찬가지로, 교회와 문화 사이의 흥미로우면서도 허울 좋은 구별을 즐겼다. 그들은 '문화'를 일상 생활과 활동에서 구별할 수 있으며, 단절과 거부와 비난의 대상이 될 수 있다고 암묵적으로 가정했다. 이런 점에서 그들은 주변 모든 사람들처럼 현대적이었으며, '거룩'과 '세속'의 구별을 너무 쉽게 비판 없이 받아들였다. 이러한 구별은 그들에게 이득을 주었다. 자유주의자에게는 종교나 종교 논쟁에 말려들 필요가 없는 공적 생활의 장을 만들어 주었고, 근본주의자에게는 모든 '세속적' 추구를 피할 수 있다는 확신을 심어 주었다.

그러므로 엄밀히 말해, 근본주의자가 '문화를 비난했다'는 것은 사실이 아니다. 문화에 대한 그들의 기본 자세나 태도는, 온전히 회심한 그리스도인이 참여하지도 않을 뿐더러 성경적 근거로 정당화하지도 않는 모든 인간 활동에 대한 의심과 비난 중 하나라고 보는 편이 더 공정할 것이다. 근본주의 운동이 20세기에 비해 축소된 것은 사실이지만, 이러한 의심을 제2의 천성으로 지닌 그리스도인은 가까운 곳에서도 만날 수 있다.

문화 비평: 복음주의적 참여

근본주의 제2세대는 문화 비난의 한계를 재빠르게 인식했다. '신복음주의자'(neo-evangelicals)들은 문화에 좀더 창의적이고 참여적인 19세기 개신교도와 입장을 같이하기 위해 그런 호칭을 선택하고, 근본주의자 공동체를 향해 문화와의 관계를 회복하라고 요구하기 시작했다. 제2차 세계대전 후에는 수많은 복음주의 기관이 일어나 세상을 밀어내는 것과 세상에 참여하는 것 사이의 중도적인 입장을 공격하려 했다. "크리스채너티 투데이"의 초대 편집장 칼 헨리(Carl F. H. Henry)는 「현대 근본주의의 불편한 양심」(The Uneasy Conscience of Modern Fundamentalism, 한국 IVP 역간 예정)이라는 획기적인 책을 저술했는데, 그는 이 책에서 노동 운동이나 전쟁 윤리와 같은 사회 이슈를 회피하는 수많은 근본주의 교회 지도자들에게 이의를 제기했다. 중요한 사실은, 헨리가 같은 세대의 많은 사람들처럼 확실히 비근본주의 기관(보스턴 대학)에서 교육을 받았다는 것이다. 그는 현대주의 그리스도인과 대화를 시도했고, "크리스채너티 투데이"가 다루는 내용이 교회 내의 신학 논쟁을 훨씬 넘어선다는 것을 분명히 보여 주었다.

하지만 문화에 대한 보수 그리스도인의 자세가 달라졌음을 널리 알린 계기는, 지적 모험을 좋아하는 복음주의자 프란시스 쉐퍼(Francis Schaeffer)와 그의 아내 에디스(Edith)가 시작한 운동이었다. 그들은 스위스 어느 산기슭에서, 신앙 유무와 상관없이 수많은 구도자들을 끌어들인 라브리라는 공동체를 만들었다. 쉐퍼 부부가 본을 보인 문화에 대한 자세는 근본주의자들의 자세와 차이가 있었다. 그들은 문화에 '참여'하려고 노력했는데, 참여라는 용어는 모든 복음주의 세대의 모토가 되었다. 쉐퍼는 특히 현대적 성향이 강한 철학, 미술, 음악, 영화에 관심을 가졌다. 그는 문화를 비난하고 회피해야 할 것으로 여기지 않았다. 그에게 문화란 그 시대의 지배적 철학 가정에 대한 접근법이었다. 그뿐 아니라 문화는 훌륭한 대화 파트너였다. 회의적인 현대인에게 현실에 대한 가장 설득력 있는 설명이 바로 복음이라는 것을 확신시키는 최선의 방법이 무엇인지 실마리를 제공해 주기 때문이었다. 쉐퍼와 그의 동료들은 문화 인공물이 무시하기보다는 관심을 가져 볼 만한 뿌리 깊은 철학 신념의 표현임을 주장하기 위해 '세계관'이라는 독일의 개념을 수용했다.

근본주의의 부정론으로부터 이처럼 극적이고 긍정적인 이동이 일어났다. 하지만 모든 운동이 그렇듯이, 라브리를 시작한 세대의 기질에 따라 운동의 능력과 한계가 정해졌다. 그들이 운동 대상인 문화를 대할 때 가장 중요하게 생각했던 자세는 분석이었다. 그들의 분석은 종종 정교한 차이를 다루는 뛰어난 학문적 경향을 보였다. 과거나 지금이나, 문화에 '참여'하는 것은 문화에 대해 **생각**하는 것과 동의어다. 앞서 살펴보았듯이, 생각에서 행동이 나오고, 정보에서 변화가 나온다. 하지만 가장 발전적이고 높이 평가되는 그들의 능력은 다원적인 세상에서 문화적 창조성의 혼잡한 상태에 어떻게 참여할지 알아내는 것이 아니라, 분석하고 비평하는 것이었다. 오늘날까지도 쉐퍼 부부와 수많은 제자들의 영향 아래 있는 복음주의 진영에서 훌륭한 예술가보다 훌륭한 예술 비평가를 많이 배출한다고 보는 것은 공정한 평가인 것 같다.

문화 모방: 예수 운동과 CCM

1960년대와 1970년대에 전성기를 누린 예수 운동은 뜻밖의 수확이었다. 반문화의 한가운데서 일어난 부흥으로 수많은 젊은이들이 신학의 전통을 따르는 기독교 신앙을 받아들였다. 하지만 예수 운동은 문화의 전통을 따르고 있지 않았다. 우리 시대는 반문화에 꽤 길들어 있어서, 오늘날 대부분의 중산층 교회에서는 목회자들이 하와이안 셔츠를 입고 찬양단 사이에 끼어 있는 경우도 많다. 그래서 엄격하게 전통을 지키는 교회가 젊은이들의 장발과 목걸이, 심지어 전자기타와 드럼까지도 반대했다는 것을 기억하기란 쉽지 않다. 하지만 사실 교회 문화와 일반 문화 사이에는, 특히 음악과 옷차림 문제에서 감당하기 힘든 큰 격차가 있었다. 이것은 그 문제를 강하게 밀어붙인 기독교 반문화가 출현하기 전에도 마찬가지였다. 스윙, 재즈, 비밥, 록큰롤 등 미국 팝 음악이 다양하게 쏟아져 나오던 창조적인 시기에도, 교회 음악은 확고하게 고전적인 상태를 유지했으며 최소한 그러한 경향을 따랐다. 첫 그리스도인 록 가수가 등장해 파워 코드(power chord, 록 음악에서 많이 사용되며, 공격적인 반주를 위해 화성을 최소화하는 코드—역주)로 곡을 연주하기 전에도, 이미 미국 기독교는 주류 음악 언어로 자리 잡은 문화적 형태에서 차단되어 있었다.

마르틴 루터의 말을 빌려 "왜 좋은 음악은 사탄이 전부 독점해야 하는가?"라는 표어를 들고 나온 예수 운동은 사탄의 음악이라는 낙인이 찍힌 록의 리듬에 대한 온갖 비난을 감수하며 상황을 변화시켜 나갔다. 그리스도인 록 가수들은 록큰롤의 생활양식과 가사가 기독교와 상반된다는 사실을 부정할 수 없었다. 하지만 그들은 간단한 해결책을 제시했다. 형식은 받아들이되 내용을 바꾸었던 것이다. 1970년대에는 폐차 직전의 승합차를 타고 다니는 골칫거리였던 몇몇 밴드가 음악 운동을 시작했다. 그 운동은 점차 성장하여 '현대 기독교 음악'(Contemporary Christian Music, CCM)이라 불리는 '산업'을 일으켰다.³

우리가 오늘날 아는 대로, CCM의 등장은 복음을 표현하는 전환점이 되었다. 이 기독교 운동은 20세기에 주류 문화의 에너지를 가장 재치 있게 차용했다. 이제 그리스도인들은 더 이상, 근본주의자들처럼 완강하게 조류를 거스르고자 하지 않았고, 또한 쉐퍼처럼 현대 구도자들을 다른 방향으로 인도하기 위해 현대 문화의 조류를 가로질러 나아가지도 않았다. CCM 제작자와 가수들이 인기곡 순위를 올리는 문화 형태와 예수님을 조화시키는 방법을 발견하면서, 그리스도인들은 순풍을 타고 전속력으로 항해했다. 단 한 가지 그들에게 필요한 것은 문화 흐름을 감지하는 예리한 능력이었다. '세속 음악'에서 전향해 온 이들과 문화 비평을 준비해 온 복음주의 청년 세대가 계속 유입되었기 때문에 이런 능력은 충분히 채워졌다. 1980년대 초반, 내가 그리스도를 인격적으로 믿게 된 13세 때, 매일 아침 라디오에서 흘러나오는 팝 음악과 비슷한 기독교 음악 세계가 있음을 발견하고 형언할 수 없는 기쁨을 느꼈다. 주류 팝 음악의 성적 암시를 기독교적 암시로 바꾸어 신앙을 솜씨 있게 표현한 노래들이었다. "내 온몸 위로, 내 온몸 위로/순결한 이의 피가 흐른다네 내 온몸 위로."⁴

CCM과 거기서 비롯된 다른 수많은 작은 산업들은 문화를 대할 때 근본주의자의 비난이나 복음주의자의 비평과는 매우 다른 자세를 보여 주었다. 그들은 일반 문화가 선택하는 문화 형태를 본질적으로, 때로는 무비판적으로 받아들였다. CCM이 최고의 복음주의 문화 비평가들과 공유했던 것은, 가장 있음직하지 않은 곳에 존재할 수도 있는 '일반 은총'에 대한 열린 태도였다. 하지만 CCM은 비평가들보다 좀더 나아가서, 그러한 문화 형태를 그저 멀찍이서 조사하기보다는 활발하게 참여하는 데까지 이르렀다. 그러나 형식 면에서는 이처럼 열린 태도를 보였지만, 내용 면에서는 거의 청교도적으로 접근했다. 그래서 CCM 시장에서 성공하려면 가사에 '예수의 비중'을 채운 음반을 제작해야 한다는 믿음이 널리 공유되었다. 세속 음악을 CCM으로 전환시키려 했던 음악가들에 대해서는 과거의 연주 목록을 포기해야 한다는 분명한 지적이 있었다. 그렇지 않았기 때문에 1960년대 록 가수 디온[Dion, "방랑자"(*The Wanderer*)라는 공전의 히트곡이 있다]은 교회 예배당에서 듣기엔 좀 어중간한 노래를 진지하게 연주하여 난처한 풍경을 연출했다.

문화 소비: 복음주의가 당면한 현재의 갈등

이렇게 질질 끄는 성속의 분리가 불편하다는 이유로 수많은 그리스도인 모임에서 CCM을 조롱하는 태도가 유행처럼 번졌다. 또한 예수에 대한 부담을 버리고 주류 음악에 성공적으로 안착한 수많은 '크로스오버' 행위뿐 아니라 CCM이 상업적으로 크게 성공을 거두었다는 점도 조롱거리가 되었다. 문화를 모방하는 것은 비평이나 비난과 마찬가지로, 미국의 보수 기독교가 지닌 문화에 대한 자세다. 하지만 유사한 접근법이 그것을 대체했다. 그 새로운 접근법이란, 그리스도인들이 소비할 수 있도록 문화 형태를 재포장하는 기독교 중개인들을 없애고 그 근원인 '세속' 문화로 곧장 뛰어드는 것이었다. 오늘날 자칭 복음주의자들 사이에서 두드러지는 자세는 비난이나 비평도 아니고, CCM 같은 모방도 아니다. 문화에 대한 그들의 자세는 소비다.

근본주의자들은 "극장에 가지 말라"고 했다. 복음주의자들은 "극장에 가서 특히 잉마르 베르히만(Ingmar Bergman)의 흑백영화를 보고 영화에 나타난 세계관을 살펴보라"고 했다. 아마 CCM식으로 영화에 접근하는 이들은 "영화의 형식을 빌려 복음을 부드럽게 재구성한 '조슈아'(Joshua) 같은 영화를 보러 가라"고 말할지도 모른다. 하지만 오늘날 대부분의 복음주의자는 더 이상 극장 출입을 금하지 않으며, 우리 역시 영화를 보고 나서 프란시스 쉐퍼의 방식을 따라 진지한 비평을 하려 하지 않는다. 그냥 극장에 가서, "와!" 하고 탄성을 지를 뿐이다. 우리는 신앙이 없는 다른 소비자들과 다를 바 없이 영화에 완전히 정신이 팔려, 유쾌하고 설레며 다소 흥분된 기분으로 극장을 나선다. 아무튼 복음주의 그리스도인들과 함께 있을 때면, 나는 그들이 비그리스도인보다 상업 문화가 내놓는 최신작을 더 열심히 소비하는 것을 발견한다. 그것이 영화 "캐리비안의 해적"(Pirates of the Caribbean)일 수도 있고, TV 애니메이션 시리즈 "심슨 가족"(The Simpsons)일 수도 있고, 드라마 시리즈 "소프라노스"(The Sopranos)일 수도 있다. 그들은 다른 미국인들처럼 사는 데 그저 만족한다. 혹은 세련되지 못한 과거 세대에 대한 수치심 때문에, 오히려 다른 누구보다도 더 동료 미국인들과 비슷하게 살고 싶은 것인지도 모른다.

자세와 제스처

나는 **자세**(posture)라는 단어가 이러한 다양한 반응을 잘 설명한다고 생각한다. 우리의 자세는 점점 몸에 익어 무의식적으로 굳어진 상태, 즉 우리의 자연스러운 모습이다. 자세는 우리가 주의하고 있지 않을 때 우리 몸이 취하는 상태이며, 우리가 삶을 대하는 기본 태도다. 종종 우리 자세를 분간하는 것은 쉽지 않다. 서툴고 키만 커다란 10대였을 때 나는 거의 무의식적으로 키를 좀 낮추려고 구부정한 자세를 취했다. 어머니가 지적해 주지 않았다면 전혀 몰랐을 것이다. 의식적으로 상당히 노력한 끝에, 좀더 표면으로 드러나는 자신감 있는 자세를 갖게 되었다.

나는 오늘 하루를 살면서 꽤 많은 **제스처**(gesture)를 사용할 것이다. 몸을 구부려 우편함에서 편지를 꺼내거나, 딸아이를 무릎에 앉히고 커다란 의자에 파묻혀 책을 읽어 줄 수도 있다. 또한 책장 꼭대기로 팔을 뻗어 책을 꺼낼 수도 있다. 운이 좋다면 아내를 품에 안고, 운이 나쁘다면 어떤 가해자의 공격을 피하기 위해 두 손을 번쩍 들지도 모른다. 이 모든 제스처는 우리가 매일 경험하는 레퍼토리의 일부다.

시간이 흐르면서, 특정한 제스처는 습관이 된다. 다시 말해, 제스처가 자세로 변한다. 나는 해군 특수부대 출신의 한 남자를 만난 적이 있는데, 그는 불시의 공격이나 방어를 준비하는 듯한 불분명한 태도로 몸을 낮춘 채 세상을 살고 있었다. 모델이나 배우들을 만난 적도 있는데, 그들은 집에 있을 때도 무대에 서 있는 것처럼 행동했다. 또 내가 아는 축구선수들은 어딜 가든 민첩하고 날렵하게 발로 공을 차올리곤 했다. 비디오 게임에 중독된 십대들은 늘 엄지를 움직이면서 마치 화면을 보는 것처럼 어깨를 구부정하게 하고 있었다. 이런 것들은 특정 기회와 도전에 맞서는 임시 제스처로 시작했다가, 결국 세상을 대하는 기본 접근법이 되었다.

나는 미국 그리스도인이 문화에 참여하는 각 단계에서 이와 비슷한 일이 일어났다고 생각한다. 특정 문화 재화에 대한 그리스도인의 제스처는 시간이 흐르면서 각 문화의 상황과 환경에 무의식적으로 적응하는 자세가 될 수 있다. 비난, 비평, 모방, 소비와 같은 다양한 자세가 갖고 있는 힘—우리가 여전히 이 모든 것을 사용하는 이유—은 이런 반응이 특정한 때와 특정한 문화 재화에 필요한 제스처라는 데 있다.

문화 비난. 비난받을 수밖에 없는 문화 인공물이 있다. 전 세계의 섹스 산업을 유지시키는 국제적 폭력과 불법의 망도 결국 문화다. 하지만 가능한 한 빠르게 효과적으로 그것을 뿌리 뽑는 수밖에 별 도리가 없다. 그리스도인이 할 수 있는 유일한 일은 그 문화를 거부하는 것이다. 이와 마찬가지로, 특정 문화만 떠받들고 다른 것들을 파괴하려는 자의식적 시도인 나치주의 역시 그리스도인의 비난을 불러일으키는 광범위한 문화 현상이었다. 1930년대에 칼 바르트(Karl Barth)와 디트리히 본회퍼(Dietrich Bonhoeffer)를 비롯하여 다른 용기 있는 그리스도인들이 이에 대한 비난에 참여했다. 그들은 나치 당원 중 유망한 이들의 영적 필요를 채워 줄 수 있도록 '나치 신우회' 같은 모임을 조직하는 데서 만족하지 못했을 것이다. 대신, 바르트와 본회퍼는 독일 나치주의와 관련한 모든 문화 조직을 분명하게 거부하며 바르멘 선언(Barmen Declaration)을 주도했다.

지금 우리 주위에 널리 퍼진 문화 유산 가운데, 어떤 것들은 분명 비난을 받을 만하다. 어마어마하게 크고 강력한 산업으로 성장한 포르노그래피는 아무런 선한 영향력도 미치지 못하며 오히려 많은 이들의 삶을 파괴한다. 우리 경제는 노동자를 거의 노예처럼 부리며 착취하는 먼 나라의 공장들에 크게 의존하고 있다. 우리 국가는 뱃속에 있는 아이들의 살인을 허용하고, 극빈층 거주 지역에 인접한 산업 공장들이 갓난아기들의 환경을 오염해도 이를 못 본 체한다. 선량한 인간의 삶을 그토록 지독하게 파괴하는 것들을 향한 적절한 제스처는, 우리가 동원할 수 있는 적법한 모든 힘을 등에 업고 단호히 이를 '중단'시키는 것이다.

문화 비평. 어떤 문화 유산들은 비평을 받을 가치가 있다. 가장 분명한 예는 예술일 것이다. 예술이 존재하는 이유는, 생각과 이상에 관한 대화를 자극하기 위해, 우리 문화의 여러 국면에 대한 질문을 제기하기 위해, 자연과 문화를 바라보는 새로운 방식을 촉구하기 위해서다. 적어도 르네상스 이후, 서구 전통에 속한 예술가들은 누군가가 자기 작품을 비평해 주길 원한다. 그들이 만들어 낸 것을 다시 새롭게 하기 위해, 그들의 작품과 예술의 전통뿐 아니라 전반적으로 문화를 변화시키는 큰 흐름 사이의 연결고리를 만들기 위해서다. 예술과 관련한 바람직한 일은 그리스도인 혹은 인간으로서 그것을 비평하는 것이다. 사실 더 나은 예술일수록 더 많은 비평을 요구한다. 현실을 도피하고 싶어서 블록버스터를 관람할 때는 그저 생각 없이 웃고, 극장을 나선 후에는 영화에 대해 한마디도 하지 않을지 모른다. 하지만 깊이 있고 훌륭한 영화일수록, 우리는 서로 "그 영화 어떻게 생각해?"라고 질문하고 싶어질 것이다. 비평은 예술과 예술가들의 특별한 소명에 부합하는 제스처다.

같은 이유로, 예술에 대한 다른 '제스처'들은 거의 항상 요점을 벗어나 있다. 진지한 예술 작품은 우리 일상에 아무렇게나 불쑥 끼어드는 '소비'를 목적으로 만들어진 것이 아니다. 이러한 작품을 기독교적 용도로 쉽게 '모방'하거나 도용하는 것은 법률상 금지되어 있다. 문화에 대한 제스처 중에서 특히 '비난'은 예술에 적용될 경우 대체로 과장되고 어리석은 듯한 인상을 준다. 주목받고 싶어 하는 현대 예술가가 배설물을 뿌린 마돈나의 초상화나 방부 처리하여 토막 낸 상어를 작품으로 한다면, 이것이 실제로 우리에게 어떤 해악을 끼쳤다고 볼 수 있을까? 그러한 작품들은 우리 아이들을 위험에 빠뜨릴 만한 장소나 대로에 있지 않고 두둑한 입장료를 받는 미술관 내부에 안전하게 감춰져 있다. 게다가 예술 작품에 대한 비난은 그 작품과 예술가의 평판을 크게 훼손하는 것 외에는 별 다른 효과가 없다.

문화 소비. 어떤 문화 재화에 대한 가장 적절한 반응이 소비로 나타나는 경우도 많다. 차를 끓이거나 빵을 구울 때, 나는 그것이 영적인 것과 차별되는 '세속의' 위안거리라고 비난하거나, 실재에 대한 그것의 '세계관'과 가정을 검토하지도 않는다. 내일이면 차가 씁쓸해지고 빵이 딱딱해질 것을 알기에, 차를 마시고 빵을 먹으면서 곧 사라져 버릴 그 따뜻함과 부드러움을 즐긴다. 이러한 문화 재화와 관련한 유일한 제스처는 소비다.

문화 모방. 주류 문화에서 빌려온 형태에 기독교적인 내용을 끼워 넣어 문화 재화를 모방하는 것도 제스처의 한 종류다. 우리가 누군가와 소통하려 하거나 복음을 따라 살려고 할 때, 완전히 처음부터 시작하지는 않는다. 지금은 교회 건물과 할인매장 건물을 거의 구분하기 어렵게 됐지만, 과거의 교회 건축가는 '세속' 건축가에게서 아이디어를 차용했다. CCM 산업이 주류 음악의 경향을 모방하여 독자적으로 탁월한 역량을 개발하기 훨씬 전에, 바흐와 웨슬리 형제 등 교회 음악가들은 잘 알려진 곡을 차용하여 전례를 위한 용도로 다시 만들었다. 왜 교회는 예배나 제자훈련을 위해 문화 형태를 차용해서는 안 되는가? 우리를 깜짝 놀라게 하고 세상에 대한 우리의 가정을 완전히 뒤바꿔 놓은 복음 메시지를 잘 곱씹어 보면, 결국 교회가 하는 일은 세상을 새롭게 만드는 데 관심을 기울이며 문화 만들기에 참여하는 것이다. 문화의 모방은 전성기에 있는 문화를 예우하는 방식이며, 모든 인간의 언어와 모든 문화의 형태로 복음을 전하는 것이 가능하다는 오순절의 교훈을 입증하는 방식이기도 하다.

제스처에서 자세로

문제는 비난, 비평, 소비, 모방과 같은 제스처가 아니다. 각각의 제스처는 특정 문화 재화에 대한 적절한 반응이 될 수 있다. 하지만 이러한 제스처가 우리에게 너무 익숙해지고, 우리가 문화에 반응할 때 떠올리는 유일한 방식이 되고, 세상을 향한 우리의 무의식적 입장이 뚜렷이 각인되고, 그래서 결국 자세가 형성될 때 문제가 생긴다.

왜냐하면 인간 문화에 비난거리가 많이 존재하는 한, 비난의 자세는 수많은 문화 형태 안에 있는 아름다움과 가능성, 은혜와 자비로부터 우리를 차단시키기 때문이다. 우리가 문화에서 자유로울 수 없기 때문에, 비난은 또한 우리를 위선자로 만든다. 교회와 기독교 공동체의 문화는 우리가 불평하는 '세속' 문화만큼이나 형편없으며, 우리 이웃들은 그것을 너무나 잘 알고 있다. 특정한 문화 산물을 폐기해야 한다는 점을 이웃에게 납득시키려 할 때도, 비난하는 자세는 우리를 아무것도 제공할 것이 없는 상태로 만든다. 그리고 가장 근본 문제는, 비난을 우리의 자세로 채택하는 일이 하나님의 형상을 반영할 수 없게 한다는 것이다. 하나님은 피조물을 보시고 "심히 좋았다"고 말씀하셨고, 홍수로 심각하게 문화가 파괴된 후에 인류와 인간 문화를 다시는 그렇게 철저히 파괴하지 않겠다고 약속하셨다. 대부분의 그리스도인이 인간의 모든 프로젝트에 흠집을 내는 능력으로 유명해진다면, 아마도 하나님의 소망과 자비를 전달하는 사람으로 알려지기는 힘들 것이다.

물론, 특정 문화 재화를 비평하는 데는 그럴 만한 이유가 있다. 하지만 비평이 자세가 된다면, 우리는 묘하게도 문화가 뭔가 이야기할 만한 새 아이템을 내놓기만을 기다리는 수동적인 존재가 될 것이다. 비평하는 자세는 비난하는 자세보다 발전된 형태이기는 하지만, 문화 재화의 '세계관'과 '전제'를 따져 묻는 일에 몰두한 나머지 그것을 순수하게 **누릴** 수 없게 만든다. 비평하는 자세는 또한 무언가를 분석해 놓고 나서 그것을 이해했다고 믿는 이론적 오류로 우리를 유혹한다. 어떤 사람이나 문화 재화에 대한 진정한 이해는 종종 참여를 요구한다. 마치 수상하게 여기고 감시하는 도서관 직원처럼 어떤 사람이나 사물 외부에 지적이고 분석적인 우리의 일부를 남겨 두지 말고, 그 대상의 즐거움과 경험 속으로 우리 자신을 완전히 던져 넣어야 하는 것이다.

또한 문화의 모방은 제스처로는 좋지만 자세로서는 그렇지 못하다. 우리 문화의 수많은 탁월한 요소들을 기독교 공동체 안으로 가져와 존중을 표하는 것은 좋은 일이다. 한국계 미국인 요리사들이 불고기나 쌈장으로 교회에 풍성한 저녁식사를 대접하는 것도 좋은 일이고, 가닥가닥 땋은 레게 머리의 전자 기타리스트가 진공관 앰프를 통해 슬픔과 희망을 표현하는 것도 좋은 일이다.

하지만 모방이 자세가 될 때, 수많은 불필요한 결과가 잇따른다. 우리는 마치 비평가처럼, 다음에는 어떤 흥미로운 문화 상품이 흉내 내기와 도용을 위해 나타날지 수동적으로 기다리게 되는 것이다. 빠르게 변하는 문화의 영역 안에서 모방을 자세로 삼는 사람들은 계속 조금씩 시대에 뒤쳐질 수밖에 없고, 그 때문에 교회 예배 음악은 몇 년 전에 사라져 버린 양식이 주를 이루는 경향이 있다. 문화에 언제나 한발 늦는 사람이 되는 것은 분명 거북한 일이지만, 물고기 모양 범퍼 스티커를 부착한 차들만 이용 가능한 사설 도로가 있다는 사실에 비하면 아무것도 아니다. 우리의 모방 문화는 어차피 주류 문화에 노출될 일도 없을 것이다. 이처럼 우리가 행하는 **모든 것**이 기독교적 목표를 위한 모방 문화일 때, 문화의 모방은 우리 이웃을 사랑하거나 섬기는 데 실패한다.

자세로서의 모방 문화가 갖는 가장 큰 위험은, 때로 그것이 크게 성공할 수도 있다는 점이다. 그리스도인은 자신이 모방하는 일반 문화에 참여하지 않으면서, 그리스도인이 편안하게 활동할 수 있고 기독교적 본질도 지닌 완전한 하위문화 세계를 만들어 낸다. 우리가 길러내는 세대는 현실보다는 복제를, 복잡성보다는 단순성을(문화의 모방은 길려오려는 특정 문화 재화의 불편하고 생소한 부분을 문질러 없애기 때문에), 참신함보다는 익숙함을 선호하게 된다. 그러한 세대는 문화를 만들어 가는 인간 드라마에 성실하게 창조적으로 참여하지 못하며, 확실하지도 않고 예측할 수도 없는 하나님에게서 위태로울 만큼 멀어진다.

문화 모방을 자세로 삼는 것이 위험한 것과 관련하여 한 가지 교훈이 있다. 메이저 제작사들이 수없이 많은 속편과 개작 시리즈를 만들어 내고 원작 부족으로 얼어붙어 있던 1990년대와 2000년대의 할리우드를 살펴보자. 그리스도인들에게 **특별히** 사랑받았던 영화조차도 이러한 유혹의 희생물이 되었다. 영화 "나니아 연대기"(Chronicles of Narnia)의 원작은 문화에 모방적인 자세를 취하지 않았던 한 옥스퍼드 대학 교수의 소설이었다. 하지만 소설에 바탕을 둔 영화는 원작을 거의 정확하게 모방해야 했다. 왜냐하면 원작이 가능성과 불가능성의 새로운 영역을 개척하는 데 성공했기 때문이다. 그 영화들이 인상적인 문화 인공물도 아니고, 기술과 성과와 목적 면에서 성공적이지 못했다는 뜻도 아니다. 하지만 그것들의 특성은 어떤 매체의 원작을 또 다른 매체의 파생된 작품으로 충실하게 변형시킨 것이다. 제스처로서 나니아 관련 영화들은 꽤 매력적이다. 하지만 모방 자세를 나타내고 영속시킨다면, 그것들은 새로운 이야기를 전달하는 방법을 잊어버린 문화의 빈곤 상태를 더 부채질할 뿐이다.

마지막으로, 소비는 문화의 단골 소비자들이 지닌 자세다. 색다른 경험, 위험이 없는 자극, 고통 회피와 관련한 정보를 여기저기 퍼뜨리는 자들이 내놓는 모든 것을 쉽게 이용하는 사람들 말이다. 소비자들이 문화를 향한 태도에서 분별력이 없다는 것은 완전히 옳은 말이라고 볼 수 없다.

왜냐하면 소비 문화의 중심부에서 일종의 분별력이라는 것이 작용하기 때문이다. 소비 문화는 우리가 선호하고 욕망하는 것에 최고의 관심을 기울이라고 가르친다. 소비를 자세로 취하는 사람은 최신 유행의 독특한 휴대전화를 찾는 데 많은 시간을 들일지도 모른다. 혹은 에스프레소 샷, 레귤러와 디카페인, 전지우유와 탈지우유, 아마레토와 초콜릿을 어떻게 정확히 배합해야 완벽한 라테가 만들어지는지 알고 있을지도 모른다. 혹은 원하는 지역에서 살기 위해 엄청난 대출금과 긴 통근 시간을 감수할지도 모른다. 하지만 이 모든 것은 우리가 '문화 참여'라고까지 말하는 관심과 노력을 요하는 반면, 소비 문화의 핵심 전제로부터 벗어날 수 없게 만든다. 그 핵심 전제란, 누군가가 만든 무언가를 구입하고 있을 때 가장 인간답다는 것이다.

문화에 대한 한 가지 자세인 소비는 문화에 이미 존재하는 가능성과 불가능성의 지평선 안에서 가장 분별없는 상태로 존속한다. 문화를 비난하는 사람은 어떤 가치와 장래성이라는 이름으로 그렇게 행한다. 비평의 목적은 좋든 나쁘든 기존 문화가 창조한 지평선을 인식하게 하는 것이다. 문화를 모방하고 그것을 기독교 공동체의 생활로 가져오는 것 역시 좀더 진실하고 영속적인 일에 문화를 사용하려는 것이다. 하지만 자세로서의 소비는 무조건적인 항복이다. 즉 문화로 하여금 조건을 정하게 하는 것이다. 또한 문화가 무엇이 최선인지 안다고 가정하며, 우리의 가장 깊은 갈망(아름다움, 진리, 사랑에 대한 갈망)과 가장 깊은 두려움(고독, 상실, 죽음에 대한 두려움)이 우리 문화의 지평선 안에 완벽한 해결책을 가지고 있다고 가정한다. 우리에게 구매력이 있기만 하다면 말이다.

예술가와 정원사

한동안 주변 문화에 대해 의심이라는 자세를 취한 적이 있다. 나는 천박한 상업성에 대해 뭔가를 끼적이며 쇼핑센터를 걷곤 했다. 누군가가 상당한 문화적 영향력을 쥐고 있다는 얘기를 들으면, 그에게서 맹목성, 자기만족, 허영심의 신호를 검열했다. 나는 신문을 꼼꼼히 읽으면서 부고면뿐 아니라 제1면에서도 사망 기사를 찾으려고 했다. 문화의 쇠퇴와 약화에 관한 신호를 말이다. 물론 나는 십중팔구 그런 신호들을 발견했다. 쇼핑센터는 상업성으로 가득 차 있고, 문화의 영웅이라는 자는 거만하기 이를 데 없으며, 신문은 예외 없이 나쁜 뉴스들을 싣기 때문이다.

하지만 의심과 비평의 **자세**를 받아들일수록 뭔가를 놓치고 있는 듯한 느낌에 사로잡혔다. 나의 소비를 설명하는 데 난항을 겪었던 것이다. 애플 노트북으로 인한 나의 기쁨은 단순히 내가 소비 문화의 유혹에 항복했다는 신호였을까? 불안하게도 종종 나는, 문화적 창조성으로 충만한 사람들을 만났다. 그들은 맹목적인 심취자라고 하기엔 너무 충실하고 진실하게 자신을 누리는 것 같았다. 그리고 또 다른 문화의 붕괴 소식을 전하는 바로 그 신문에서, 동시에 희망의 이유를 발견했다. 한 예술가가 전쟁 지역에 가서 아름다움을 창조하기 위해 일하고 있다는 기사, 허리케인 피해를 입은 해안 지역에 봄방학을 맞은 자원봉사자들이 수만 명 찾아갔다는 기사, 대형 할인 소매점에서 직원들에게 급료를 많이 주고 건강 보험도 들어 주면서 최고급 와인을 덤핑 가격에 팔았다는 기사를 읽었다.

나는 세계 일류 대학에서 캠퍼스 사역을 했던 때를 회상했다.[5] 수년 동안 우리는 하버드의 자부심을 해체하고 하버드의 권력을 약화시키는 (우리는 이에 해당하는 단어로 '전복시키는'이라는 말을 쓰길 좋아했다) 하나님 나라의 반문화적 삶으로 학생들을 초청하는 데 정통해 있었다. 하버드 비평에 관한 우리의 전문성은 이런 저런 이유로 하버드에 반감을 가진 학생들을 끌어당겼다. 하지만 우리는 신앙의 언어로 하버드와 같은 곳의 즐거움을 설명하는 데 어려운 시간을 가졌다. 잘 준비된 연구소에서 연구하는 스릴, 도서관 서고의 형언할 수 없는 기쁨, 새벽 5시 30분에 찰스 강에서 6인용 보트를 노 젓는 일의 피로와 상쾌함 같은 것들. 우리 공동체에 들어온 수많은 학생들은 아마도 문화를 비평하는 분위기에 경도되거나, 그냥 대충 따라오거나, 우리의 자신 없는 모습에 당황하거나, 우리의 명백한 위선에 불쾌함을 느꼈을 것이다. 하버드가 그렇게 나쁘다면, 왜 우리는 학생들에게 가난한 사람들에게 학비를 주고 학교를 떠나라고 권하지 않았는가?

내가 놓친 것은, 가장 성경적인 두 자세였다는 것을 알게 되었다. 지난 세기에 그리스도인들이 거의 관심을 갖지 않았던 자세 말이다. 창세기에 따르면, 그것들은 인간 역사가 시작될 때 발견되었다. 그것은 바로 우리의 첫 번째 조상처럼, 우리가 창조자이며 계발자가 되어야 한다는 것이다. 혹은 좀더 시적으로 표현하자면, 우리는 예술가이자 정원사이다.

예술가와 정원사의 자세에는 공통점이 많다. 둘 다 이미 존재하는 것에 깊은 관심을 기울이는 관상으로 시작한다. 정원사는 경관을 조심스럽게 바라본다. 꽃과 잡초를 비롯하여 정원의 식물들을 보고, 햇빛이 땅에 어떻게 비치는지를 관찰한다. 예술가는 대상과 캔버스, 물감으로 무엇을 할 수 있는지 생각해 내려고 그것들을 유심히 주목한다.

관상 후에, 예술가와 정원사는 둘 다 목적한 일에 대한 자세를 취한다. 그들은 자기 소명에 창의성과 노력을 불어넣는다. 정원사는 아름다운 것을 더 잘 가꾸고, 지저분하거나 쓸모없는 것은 뽑아 버리면서, 과거에 누군가가 만들어 놓은 정원을 돌본다. 예술가는 좀더 용감하다. 그들은 빈 캔버스와 단단한 돌조각으로 시작해서 전에는 존재하지 않았던 것을 만들어 낸다. 그들은 세상을 향해 존재하라고 명하시고 흙에서 피조물을 만드시기 위해 몸을 구부리셨던 분의 형상을 따라 행하고 있다. 그들은 본래의 창조자께서 만드셨던 세상을 돌보며 구체화하는, 피조된 창조자들이다.

나는 우리 그리스도인들이 교회 밖 세상에서 어떻게 알려져 있는지 궁금하다. 우리는 문화 비평가, 소비자, 모방자, 비난자로 알려져 있는가? 아무래도 그런 것 같다. 왜 우리는 인간 문화에서 가장 좋은 것을 돌보고 키우며, 우리보다 앞선 사람들이 이루어 놓은 최고의 것을 보존하기 위해 열심히 애쓰는 계발자로 알려지지 못하는가? 왜 우리는 아무도 생각지 못하고 실천하지도 못했던 일, 그리고 세상을 좀더 기분 좋고, 감동적이고, 아름다운 곳으로 만드는 일을 용기 있게 생각하고 행하는 창조자로 알려지지 못하는가?

자유의 자세

좋은 자세를 갖게 되면 수많은 제스처를 자유롭게 사용할 수 있다(어려서부터 어머니에게 귀에 못이 박히도록 들은 이야기다). 숙련된 무용가나 운동선수를 만날 때마다 깨닫는 것처럼, 좋은 자세는 우리 몸의 기본적인 자유를 보호한다. 그리고 변화하는 환경에 유연하고 우아하게 대처할 수 있게 한다. 하지만 나쁜 자세—좀처럼 고쳐지지 않는 특정 상태로 다시 돌아가는 것—를 가지게 되면 모든 동작을 취하는 데 제한이 생긴다. 자세가 좋으면 어떤 제스처든 가능하지만, 자세가 나쁜 상태로 시간이 흐르면 과거에 했던 제스처를 약간씩 변형하는 것 외에는 불가능하다.

주류 문화에서는 계발과 창조가 다른 제스처에 타당성을 부여하는 자세들이라는 것이 잘 알려져 있다. 자신을 문화의 청지기이자, 지역과 기관, 문화의 실천 영역에 무엇이 최선인지 고민하는 관리자로 여기는 사람들은 주변 동료들의 존경을 얻는다. 좀더 나아가, 새로운 문화 재화를 만드는 일과 관련하여 단순한 몽학선생 이상의 역할을 하는 사람들은 온 세상의 주목을 받는다. 실제로, 이와 같은 계발자와 창조자만이 비난할 자격이 있다. 그들은 비난하는 일이 드문 편이지만, 필요한 경우 신중하게 기회를 선택하기 때문에 그들의 발언은 큰 영향력이 있다. 계발자와 창조자들은 비평을 요구받은 사람들이며, 그들의 비평은 감동적이고 효과적인 경우가 많다. 계발자와 창조자들은 모방자가 되지 않고도 모방을 할 수 있으며, 다른 이들의 작품을 이용하면서도 새롭고 흥미로운 방식으로 그것을 확장시킨다. 최고의 힙합 문화인 샘플링(sampling)을 생각해 보자. 샘플링은 재즈와 R&B의 거장들을 흉내 내는 데 만족하지 않고 그들이 만든 곡을 새로운 음악적 맥락에 놓는 작업이다. 또한 계발자와 창조자들은 단순한 소비자가 되지 않고도 소비할 수 있다. 그들은 '무엇을 소비하느냐'가 아니라 '무엇을 창조하느냐'에서 자신의 정체성을 찾는다.

깨어져 있지만 아름다운 우리 문화 한가운데서 그리스도인이 나아갈 건설적인 길이 존재한다면, 그 길이 우리에게 요구하는 것은 아마도 계발과 창조라는 두 가지 성경적 자세의 회복일 것이다. 그리고 그러한 회복에는 성경 이야기를 다시 살펴보는 일이 포함되어 있을 것이다. 성경에는 우리가 믿는 것 이상으로, 하나님이 문화에 친밀하고 변함없는 관심을 갖고 계신다는 사실이 나타나 있다.

제2부 복음

6장
동산과 도시[1]

지금 나는 형태가 가지각색으로 변화하는 문화에서 하나의 특정한 문화 재화로 급커브를 틀고자 한다. 그 문화 재화는 바로 성경이다. 시와 역사, 잠언, 편지, 노래와 같은 문화 인공물의 다양한 집합체인 성경은 천 년이 넘는 시간 동안 기록되고 축적되었다. 큰 영향력을 행사하는 다른 문화 재화와 마찬가지로 성경은 인간의 무한한 창조성을 자극했다. 이처럼 복잡하고 까다로운 책에 해설을 덧붙이는 것은 다소 망설여지는 일이다. 하지만 우리가 기독교의 독특한 방식으로 문화에 다가가려 한다면, 성경이 정말 그 주제에 특수한 접근법을 제시하는지 검토해 보아야 한다. 실제로 성경은 그것을 제시한다. 하지만 아직 수많은 그리스도인들이 문화에 대한 성경의 시각이 얼마나 놀랍고 급진적인지 깨닫지 못하고 있다. 그래서 앞으로 이어질 몇 장에서는, 내가 끊임없이 성경을 탐독할 수 있도록 큰 동기를 제공한 몇 가지 발견에 대해 이야기하려고 한다. 물론 내가 처음 언급하는 내용은 아니지만, 대부분의 사람들에게 이 발견들은 아직 친숙하지 않을 것이다.

문화에 대한 성경적 관점을 고찰하려고 할 때, 성경의 시작 부분은 아주 훌륭한 출발점이다.

성경의 시작 부분에서 문화에 대한 실마리와 관련하여 무엇을 발견할 수 있는가? 인간이 **세상을 새롭게 만드는 것**이 문화라면, 세상에서 펼쳐지는 드라마에 인간이 등장한 순간이 바로 첫 번째 실마리를 얻을 수 있는 지점일 것이다. 그 실마리는 창조의 여섯째 날을 묘사하며 인간을 처음으로 언급한 창세기 1장에 나타나 있다.

> 하나님이 이르시되 "우리의 형상을 따라 우리의 모양대로 우리가 사람을 만들고 그들로 바다의 물고기와 하늘의 새와 가축과 온 땅과 땅에 기는 모든 것을 다스리게 하자" 하시고 하나님이 자기 형상 곧 하나님의 형상대로 사람을 창조하시되 남자와 여자를 창조하시고 하나님이 그들에게 복을 주시며 하나님이 그들에게 이르시되 "생육하고 번성하여 땅에 충만하라, 땅을 정복하라, 바다의 물고기와 하늘의 새와 땅에 움직이는 모든 생물을 다스리라" 하시니라
> (창 1:26-28).

히브리 원문의 번역본에서 이야기를 서술하는 방식만 봐도 문화의 영향력을 알 수 있다. 볼드체나 대문자 혹은 문자화된 모음조차 없던 시대에는 성경 내용에서 특별히 중요한 부분을 독자에게 어떻게 전달할 수 있었을까? 종이가 발명되기 전에는 파피루스와 양피지가 너무 비쌌기 때문에 필자가 무언가를 쉽게 반복하지 못했다. 하지만 성경 기자들과 그들이 참고한 구두 전승들은 이야기의 가장 중요한 부분에 심혈을 기울여 많은 공간과 시간을 할애했다. 지금까지 창조의 각 '날'을 설명할 때는 단어의 분량을 신중하게 제한했다. 하지만 여섯째 날은 그 전의 닷새를 다

합친 길이만큼 성경의 첫 페이지에서 길게 설명하고 있다. 그리고 26절부터 28절까지의 절정 부분에서는 두 가지 주요 개념이 반복된다.

그중 첫 번째 개념은 두 번 등장하는데, 한 번은 하나님의 의도로 다른 한 번은 하나님의 명령으로 제시된다. 하나님의 모양대로 만들어진 인간이 하늘과 바다와 땅에 있는 생물을 '다스리게' 된다는 것이다. 우리는 이 세 영역의 분류를 너무 쉽게 지나쳐서는 안 된다. 창세기 기자는 우리가 인간의 책임 한계를 분명히 이해하기 원했다. 인간은 소, 닭, 금붕어와 같이 집에서 기르는 가축뿐 아니라 전체 생물계를 다스리도록 지음받았다. 사실 비행기나 잠수함을 본 적도 없고 기껏해야 작고 원시적인 형태의 배를 사용했을 창세기 기자가, 물고기와 새를 '주관할' 능력을 지닌 인간을 예측할 수 있었다는 사실이 놀라울 따름이다. 우리는 다스림과 주관이라는 말을 들을 때 노골적인 권력 행사를 연상하지만, 아마 그에게는 훨씬 강도가 낮은 개념이었는지도 모른다. 아니면 인간이 지구상에 있는 모든 종의 운명을 결정지을 만한 힘을 소유하기까지 수천 년간 발전을 거듭할 문화를 미리 예상했는지도 모른다. 혹은 두 가지 모두 사실일 수도 있다. 어쨌든 창세기 기자의 반복적이고 포괄적인 설명을 통해 분명해진 한 가지 사실이 있다면, 그것은 인간이 자기 주변에 있는 것뿐 아니라 피조물 전체에 책임을 져야 한다는 것이다.

생물계에 대한 두 번의 설명과 흡사하게 또 다른 네 번의 반복이 등장한다. 인간이 하나님의 '형상'과 '모양'을 따라 만들어졌다는 말이 네 번이나 등장한다. 다스림이라는 말처럼, 모양이라는 말 역시 두 가지 상황에서 반복된다. 처음에는 하나님의 의도를 나타내기 위해, 그 다음에는 하나님이 하신 일의 결과를 요약하기 위해 사용된다. 각 상황에서 형상이나 모양이라는 말은 연속적으로 두 번씩 나타난다. 이전까지는 피조 세상이 창조자와 비슷한 속성을 지니고 있다는 암시를 전혀 발견할 수 없었다. 하나님은 세상을 거니시고 만드셨으며, 그 탁월함을 기뻐하셨다. 하지만 그 속에서 자신의 형상을 발견하지는 못하셨다. 이제, 창조의 절정에서 하나님은 자신의 형상을 닮은 새로운 종류의 피조물을 창조하셨다.

하지만 **형상**과 **모양**이라는 말은 정확히 무엇을 의미하는가? 여러 세대에 걸쳐 많은 사람들이 주해를 달거나 상상력을 발휘하여 이에 대한 해석을 내놓았다. 하나님의 형상을 지닌 존재의 창조를 요약해 봤을 때, 우리는 인간이 '남자와 여자'로 창조되었음을 알게 된다. 이것은 유사점과 차이점을 동시에 나타내는 피조물만이 하나님의 형상을 매개할 수 있음을 암시한다. 남자와 여자는 창세기 1:26의 '우리'를 반영하며, 또한 하나님이 한 분 이상의 존재라는 훗날의 기독교적 확신을 충실히 반영한다. 아우구스티누스는 본문에 지나치게 매이지 않은 해석을 내놓았다. '이마고 데이'(*imago Dei*)를 인간의 이성 능력, 즉 논리적 추론 능력으로 요약할 수 있다는 것이다. 또한 성경학자 리처드 미들턴(Richard Middleton)은 하나님의 형상을 설명하기 위해, 먼 지역에서 왕을 대신하여 통치하며 왕의 형상을 담지하는 인물인 '총독'과 유사한 개념을 고대 근동 세계에서 찾아냈다.[2] 사실 창세기 1장은 매우 세심한 고안물이기에, 이러한 모든 통찰의 진리가 어느 정도씩 담겨 있다.

하지만 창세기 1장에서 하나님에 대해 가장 확실한 부분은 무엇인가? 놀라움으로 가득했던 엿새 동안 반복적으로 볼 수 있는 하나님의 특징은 무엇인가? 우리가 가장 분명하게 본 것은 "태초에 하나님이 천지를 창조하셨다"라는 사실이다. 세 분 하나님의 차이점에 대한 암시, 이성과 추론 능력에 대한 인식, 혹은 고대 근동 제국의 흔적과 같은 것은 발견할 수도 그렇지 않을 수도 있지만, 창세기 1장 전체에 걸쳐 나타나 있는 것은 하나님이 지니신 창조에 대한 단호하면서도 강렬한 소망이다.

그러므로 '하나님의 형상'을 따라 남자와 여자로 창조된 인간에 대한 주된 함의는 그들을 만드신 이의 창조적인 특성을 반영하고 있다는 점이다. 창세기 1장은 하나님의 형상을 지닌 자들에게 그대로 반영된 몇 가지 특성을 보여 준다.

창조는 무에서 유를 만들어 내는 것이다. 하나님이 아무것도 없던 곳에 물질이 있게 하실 수 있는 반면, 한낱 인간은 하나님이 주신 세상을 이용해 훨씬 제한적으로만 창조에 참여할 수 있다는 말에 기독교 진영의 필자들은 으레 이의를 제기한다. 하지만 그 말은 완전히 틀리다고 볼 수 없다. 히브리어 '바라'(bara)는 '창조'로 번역되는데, 이는 히브리 성경에서 주어가 하나님일 때만 사용하는 말이다. 하나님만이 하실 수 있는 창조가 있다. 하나님이 창조를 시작하실 때는 영원하며 사랑이 풍성한 하나님 이외에는 아무것도 필요치 않았다. 한편 우리는 하나님이 주신, 그리고 이전 세대가 남긴 원료를 사용하여 항상 어떤 것의 중간에서부터 시작한다. 문화는 우리가 순수한 상상력을 동원해 만든 것이 아니라, 다만 **세상을 새롭게 만든 것이다.** 창세기 앞부분에서 인간과 하나님에 모두 사용된 히브리어 '아사'(asab)는 이런 의미에서 '만들다'라는 뜻이다.

그렇지만 '무에서'라는 뜻을 가진 '엑스 니힐로'(ex nihilo)라는 단어는 인간의 창조성을 표현할 때도 사용할 수 있다.[3] 언어학자들의 주장에 의하면, 인간의 언어는 놀라운 결실의 힘이 있어서 초보적인 언어 능력만 갖추면 누구나 완전히 독창적인 문장을 표현할 수 있다. 아무도 창조한 적 없는 단어의 조합을 만들어 내는 것이다. '창조적인 사람'들만 창조성을 지니고 있는 것은 아니다. 사람은 누구나 세상이 들어 본 적도 없고 다시는 듣지 못할 문장들을 만들어 본 적이 있다. 시시한 일이나 시시한 친구들 사이에 파묻혀 있지만 않았다면, 우리는 바로 오늘 그렇게 했을 것이다. 그 문장은 어디에서 왔는가? 그것은 우리 언어의 문법과 어휘 속에 잠재적으로 존재해 왔다. 그것은 다른 사람들이 이전에 생각하고 말했던 것과 유사할지도 모른다. 하지만 그것은 과거에는 존재하지 않았고 지금은 존재한다. 우리가 말하지 않았다면, 그것은 그저 침묵 속에 지나가 버렸을 것이다.

창조는 관계적이다. 창세기 1:26에서 하나님은 자신을 복수형으로 말씀하신다. 이는 천상회의에 대한 고대 사상(고대인들은 하나님이 인간의 창조와 같은 어떤 중대한 사안을 결정하실 때 천상의 존재들과 모여 회의를 거치신다고 생각했다—역주)을 반영하며, 하나님이 한 분 안에 계신 세 분이라는 기독교적 인식의 전조가 되기도 한다. 또한 하나님은 창조의 다양한 요소가 **서로를 위해** 만들어졌다고 말씀하신다. 첫째 날에는 열과 에너지, 정보를 포함한 가장 기본 요소인 빛이 창조되었고, 둘째 날에는 창조성의 보고인 "물 가운데" 공간이 창조된 후 다른 모든 것은 철저하게 순서를 고려해 창조되었다. 셋째 날에는 뭍이 창조된 다음, 뭍에 뿌리를 내릴 채소와 나무가 창조되었다. 뭍은 채소를 위한 것이며, 그 씨와 열매는 뭍에 떨어져 또 다른 것들을 생겨나게 한다. 인생의 망 역시 이처럼 촘촘히 조직화되어 있어서 그 어떤 부분도 독립적일 수 없다. "하늘의 궁창에 [있는] 광명체들"은 독립적으로 존재하도록 창조되지 않았다. 그것들의 목적은 "땅을 비추[기]" 위해서였다. 다시 말해, 광명체들은 뭍과 바다 위에서 전개되는 모든 이야기에 빛을 비추도록 창조되었다. 물고기들은 바다를 서식처로 삼았다. 새들은 하늘을 가득 채우며 번식하라는 명령을 받았다. 식물은 모든 종류의 생물에게 양식이 되었다. 이와 마찬가지로, 인간 역시 다른 피조물과 관계를 맺지 않는다면 존재할 수 없다. 오히려 다른 피조물에 깊이 의존하며, 피조물에 큰 책임감을 지닌다. 그리고 창조의 절정에서, 인간이 비교적 쉽게 통제할 수 있는 부분(가축과 채소)과 인간이 전적으로 의존하지만 통제할 수는 없는 부분(해와 달, 지구의 궁창 위로 조심스럽게 놓여 있는 물—현대 용어로는, 생명을 보호하는 대기의 얇은 막)을 포함한 세상 전체의 창조 목적이 분명히 드러난다. 이 모든 것은 관계적 하나님의 형상을 지닌 인간, 즉 매우 뛰어난 관계적 피조물인 인간의 번영을 위해 만들어졌다.

인간의 창조성이 생명과 사랑이 충만한 공동체에서 나타날 때 그것은 하나님의 창조성을 생생하게 드러낸다. 그러나 인간의 창조성이 더 빛을 발하는 순간은 과거의 잠재성을 온전히 드러내고 미래의 가능성을 창조하는 일에 동참할 때다. 창조성이 손상되어 있거나 하나님의 의도와 어긋날 때, 인간은 과거로부터 내려온 것들을 존중하지도 않고, 미래에 나타날 피조물을 위한 생육 환경을 창조하지도 못한다. 엄청난 규모의 벌목 작업처럼 생태계를 파괴하거나 자원을 착취하는 환경오염도 그런 이유에서 발생한다. 케이지와 불레즈의 음악은 관계적이지 않았기 때문에 결국 사람들을 충분히 납득시키지 못했다. 그들의 음악은 과거로부터 이어져 온 것을 회피했고, 미래의 수많은 작곡가와 음악가들을 위한 공간도 마련해 주지 못했다. 브루탈리즘 건축(brutalist architecture, 사용자의 시각적 즐거움에 큰 의미를 두지 않고, 시공 과정에서 콘크리트와 같은 구조재나 설비 등을 표면에 내세우는 건축 사조—역주)도 마찬가지다. 브루탈리즘 건축은 20세기에 잠시 인기를 끈 콘크리트 구조물로, 거주자를 만족시키기보다는 거주자의 존재를 마지못해 인정하는 것처럼 보인다. 이러한 문화 형태는 창세기의 창조 설명에서 풍겨져 나오는 쾌적하고 우아한 상호 의존성에 전혀 영향을 받지 않은 것 같다.

이미 존재하는 것을 여러 생육 환경으로 분리하고 관리하는 데 관심을 기울인다는 의미에서, 처음부터 **창조는 계발을 요구한다**. 창조의 첫째 날에, 하나님은 빛이 있게 하셨을 뿐 아니라 빛과 어둠을 '분리'하셨다. 둘째 날과 셋째 날, 물이 분리되지 않았다면 미래의 생명체가 모두 휩쓸려 떠내려갔겠지만, 태초의 물은 하늘과 바다로 분리되고 그 사이로 뭍이 드러났다. 창세기 기자는 창조 과정에서 물고기와 새, "가축과 기는 것과 땅의 짐승"을 구분한 사실에 주목한다. 원예학자나 동물학자가 생물의 각 종과 그것들이 창조 질서 속에서 점유할 적절한 환경에 민감한 관심을 보이듯, 하나님은 이 일을 그저 임의로 혹은 무질서하게 처리하시지 않고 계발을 위한 계획 가운데 진행하셨다. 사실, 창조자에게 질서는 그 자체로 선물이자 또한 생육 환경이었다.

'창조성'이 종종 질서의 거부를 연상시키는 오늘날, 예술가들이 앞다퉈 혼란을 조장하며 도발 행위를 일삼는 때에 이것은 매우 중요한 문제다. 몇 년 전 트레이시 에민(Tracey Emin)이 휘트니 비엔날레(Whitney Biennial)에 제출했던 정돈되지 않은 침대(얼룩 묻은 시트와 베개, 더러운 속옷, 사용한 콘돔, 빈 보드카 병, 담배꽁초, 두통약, 슬리퍼 등이 흐트러져 있는 자신의 잠자리를 전시장에 그대로 옮겨 놓은 설치물이다—역주)와 같은 난잡한 예술의 자리가 분명 존재한다. 사람들은 "생물을 번성하게 하라"는 메시지를 더 이상 이해하지 못할 뿐 아니라 눈부시게 아름다운 이 세상의 다양성을 보지 못한다. 게다가 세상의 창조자가 하찮은 창조 세계의 정돈된 구조에 깊은 관심을 갖는다는 것도 전혀 상상하지 못한다. 하지만 사실 창조 과정에서 본질적인 작업은 분류하고 나누면서 어떤 것을 위해 다른 것들을 제외시키는 일이다. 고대인들이 끝없이 깊고 넓은 것으로 인식했던 '물'은 창세기 본문에서 광대함과 무한함을 상징한다. 둘째 날 하나님이 하신 일이 바로 그 물의 한계를 정하고 더 많은 피조물이 번성할 수 있도록 하늘과 땅을 창조하신 것이었다.

창조자이신 하나님조차 제한된 캔버스에 그림을 그리신다면, 우리는 말할 것도 없다. 우리는 그저 수많은 상품을 만들고, 수많은 법을 제정하고, 수많은 그림을 그릴 뿐이다. 하지만 최고의 창조성이란 최고에 미치지 못하는 것을 버리고, 이미 주어진 세상으로 만들 수 있는 최고의 문화 재화들을 위해 자리를 마련하는 것이다.

창조는 축하로 이어진다. 최고의 상태로 이루어진 창조는 우리에게 싫증이 아니라 기쁨을 준다. 자신의 작은 노력으로 이룬 수많은 결실을 보는 창조자들에게 즐거움과 놀라움을 선사한다. 문화 창조는 분명 피곤하고 힘든 일이다. 하늘의 창조자가 쉼을 선택하셨다면, 인간 창조자들 역시 창조성을 유지하기 위해 일에서 물러나 쉼을 누려야 한다. 성경에서는 일주일에 하루뿐 아니라 더 자주 더 긴 시간 동안 쉼을 누려야 한다고 말한다. 그래서 하나님은 땅과 농부가 모두 원상태로 회복될 수 있도록 49년마다 한 번씩 돌아오는 '희년'을 지키게 하셨다. 하지만 창조 작업이 우리를 끊임없이 우울하고 지치게 만든다면, 뭔가 크게 잘못된 것이다. 창조는 인간의 기준에서도 "심히 좋았더라"라는 기쁜 탄성으로 마무리되어야 한다.

창세기 2장: 흙과 동산

창세기 1장에서 압도적인 와이드스크린에 높은 곳으로 초점을 이동하며 펼쳐지는 웅장한 이야기가 끝난 후, 2장에서는 나지막한 호흡으로 땅을 파헤치는 손을 아주 가까이에서 비춰 준다.

> 여호와 하나님이 땅의 흙으로 사람을 지으시고 생기를 그 코에 불어넣으시니 사람이 생령이 되니라 여호와 하나님이 동방의 에덴에 동산을 창설하시고 그 지으신 사람을 거기 두시니라…여호와 하나님이 그 사람을 이끌어 에덴동산에 두어 그것을 경작하며 지키게 하시고 (창 2:7-8, 15).

창세기 1장이 우주에서 인간이 차지하는 고귀한 위치를 설명한다면, 창세기 2장은 문화에 대한 인간의 소명을 이야기한다. 창세기 1장이 서론, 즉 하나님의 탁월한 창조성과 더불어 하나님 형상의 담지자들이 그 모든 위대한 과정에서 차지하는 중심적인 위치를 웅장하게 보여 주는 장면이라면, 창세기 2장부터는 정식으로 이야기를 시작한다. 여기서 첫 인류가 등장한다. 첫 인류는 처음 6일간 조성된 전 우주적인 활동 무대로 인도될 뿐 아니라, 인간에게 맞는 규모의 환경에 거하게 된다. 우리는 에덴동산에 있는 연약한 한 개인[히브리어로 '아다마'(adamah)라고 하며, 아직 남자와 여자로 나뉘기 이전의 존재를 말한다]에서 시작했다. 물론 에덴동산은 단순한 자연이 아니라, **문화가 있는** 자연이었다.

남부에 사는 나의 친척이 좋아하는 이야기가 있다. 도시 물을 먹은 어떤 사람(아마 나를 염두에 두는 것 같다)이 외딴 시골에 있는 농장을 방문한다. 그가 잔뜩 경외감에 휩싸여 "하나님이 창조하신 세상은 정말 아름다운 것 같아요"라고 말하자 농부는 미심쩍은 눈빛으로 이렇게 대꾸한다. "그건 하나님이 혼자 세상을 가꾸시고 계셨을 때 얘기죠."

하지만 창세기 2장에서 하나님은 이미 손에 흙을 묻히시고, 인간뿐 아니라 인간을 위한 최초의 문화 환경을 만드셨다. 이를테면, 하나님은 문화 재화라는 씨앗을 세상에 뿌리셨다. 아담은 아직 존재하지 않는 동산을 조성하기 위해서 황무지를 일구어야 할 필요가 없었다. 인간은 태초부터, 창조자가 시작한 문화의 혜택을 누리고 있었다. 여기서 우리는 **세상을 새롭게 만드는 일**이라는 문화의 정의에 대한 잠재적인 오해를 바로잡을 수 있다(또한 농부가 흔히 품는 의심의 태도를 부드럽게 경책할 수 있다). 하나님이 인류에게 주신 선물은 자연만이 아니었다. 문화도 하나님의 선물이었다. 성경적인 관점에서 문화란 인간이 스스로의 힘으로 형성한 것만을 말하지 않는다. 최초의 정원사이자 문화 창조자이신 분은 하나님이었다. 창세기 1장과 마찬가지로 하나님이 우리에게 요구하신 것은, 완전히 새로운 일을 하는 것이 아니라 그분을 모방하는 것이었다. 창세기 1장이 하나님의 창조성과 피조물을 향한 자비로운 다스림을 모방하는 것에 대해 이야기한다면, 창세기 2장은 하나님의 첫 선물인 잘 갖춰진 동산을 계발하며 그분을 모방하는 것에 대해 이야기한다. 이 동산은 이미 지성과 기술과 상상력을 통해 새롭게 만들어져 가고 있는 세상이었다.

창세기 1장은 창조자의 창조성과 그분의 형상을 지닌 인간의 창조성을 강조한다. 피조물을 적절하게 돌보는 계발의 역할도 강조하지만 이는 부차적이다. 하지만 창세기 2장의 주된 강조점은 **계발**이다. 창조자 하나님은 또한 계발자가 되셔서 동쪽에 동산을 "창설하시고" 그 안에 채울 것들을 배치하셨다. "여호와 하나님이 그 땅에서 보기에 아름답고 먹기에 좋은 나무가 나게 하시니"(창 2:9). 잘 가꾸어진 동산처럼 아름다움과 유용성이 어우러져 있는 상태를 강조한 것에 주목하라. 하나님은 동산의 위치를 신중하게 선택하셨다. 에덴동산은 강과 인접해 있고, 귀중한 광물이 매장된 곳이었으며[4], 진주와 비슷한 베델리엄이라는 물질을 만들어 내는 향기로운 고무나무들이 있었다. "그 땅의 금은 순금이요 그곳에는 베델리엄과 호마노도 있으며"(창 2:12). 이는 '엑스 니힐로'의 창조가 아니다. 여기서 하나님은 이미 존재하는 것을 바라보시며 그것을 가장 풍성하고 아름답게 사용하는 문제에 관심을 두신다. 무엇보다도, 곧 창조하실 인간을 가장 번영하게 할 만한 것에 관심을 두신다.

창세기 1장에 나타난 창조 교향곡에서 계발이라는 부차적인 테마를 연주하는 것처럼, 동산 계발을 주선율로 하는 창세기 2장에서도 창조에 대한 줄거리가 분명히 이어지고 있다. "그것을 경작하며 지키게 하시고"라는 표현에만 편협하게 초점을 맞춘다면, 우리는 문화의 본질적인 과업이 그저 망치지 않는 것이라고 생각하게 될 것이다. 우리는 이렇게 말씀하시는 하나님을 상상할지도 모른다. "아담아, 내 말을 잘 들거라. 내가 굉장히 신경 써서 동산을 손질해 놨단다. 그러니까 아무것도 마음대로 건드려서는 안 돼. 네가 할 일은 그냥 있는 그대로 지키는 것이라는 점 잊지 말고, 항상 뱀 조심하렴."

하지만 우리는 창세기 2장에서 눈에 띄는 장면을 볼 수 있다. 아담을 충실한 보호자로 여기기보다 문화 행위자로 세우시려는 하나님의 의도가 역력하게 나타나는 장면이다. 하나님이 아담의 반려자이자 파트너인 여자로 그의 인간성을 완성하시기에 앞서 동물을 창조하실 때, 우리는 성경에서 놀랄 만한 진술을 보게 된다.

> 여호와 하나님이 흙으로 각종 들짐승과 공중의 각종 새를 지으시고 아담이 무엇이라고 부르나 보시려고 그것들을 그에게로 이끌어 가시니 아담이 각 생물을 부르는 것이 곧 그 이름이 되었더라(창 2:19).

여기서 우리는 성경 기자가 값비싼 파피루스는 개의치 않고, 중요한 개념을 반복해서 말하는 장면을 다시 한 번 보게 된다. 이번에는 엷은 미소를 띠고 있는 그의 모습을 어렵지 않게 추측해 낼 수 있다. 이제 막 생기를 불어넣은 진흙투성이 인간 앞에 엄청난 장관을 이루는 수많은 동물과 각종 새들을 데려가서서 그가 "무엇이라고 부르나 보시려고" 기다리시는 하나님의 모습에는 분명 이해하기 힘든 면이 있다. 과연 하나님은 낙타가 낙타라는 사실을 모르셨을까? 과연 하나님은 코카틸 앵무새와 바퀴벌레와 가재의 이름을 가르쳐 줄 존재가 꼭 필요하셨을까? 창세기 기자는 우리가 잘못 이해했을까 봐 다시 분명히 못을 박는다. "아담이 생물을 부르는 것이—이 부분을 기록하면서 그는 어깨를 으쓱했을 것이다—곧 그 이름이 되었더라."

도대체 무슨 일이 벌어지고 있는 것일까? 사실 창세기 2장 전체의 핵심인 이 부분은 하나님이 자신의 형상을 지닌 인간을 위한 **공간을 마련하신다는 것**을 나타내고 있다. 이는 인간으로 하여금 창세기 1장에서 드러난 우주적 목적을 이루게 하시려는 것이었다. 하나님이 스스로 모든 동물에게 이름을 붙이신 후 아담에게 그저 사전만 건네주실 수도 있었다. 하지만 그렇게 하지 않으셨다. 그분은 아담의 창조성을 위한 공간을 마련하셨다. 아담이 이미 존재하는 퀴즈 정답을 내놓을 때까지 기다리시지 않고, 과거에 존재하지 않았던 수많은 이름을 말하여 진정 무에서 유를 만들어 내는 사람이 되게 하셨다. 또한 생물마다 아담이 말한 이름을 부여하셨다. 하나님이 동산과 동물들, 아담의 생명과 같은 원료를 주셨다는 것은 부인할 수 없는 사실이다. 하지만 바로 그 창조자가 인간에게 창조자가 되는 것이 어떤 것인지 가르쳐 주기 위해, 이번에는 한 발짝 뒤로 물러나 있다. 아담은 그의 창조자와 마찬가지로 정원사이자 시인이 될 것이며, 창조자이자 계발자가 될 것이다. 창조자 하나님은 그걸 바라보고 들으셨다. 그리고 그것들은 보시기에 좋았다.

창세기 2장에서도 언뜻 알 수 있지만 창세기 3장에서 더욱 분명하게 나타나는 사실이 있다. 인간이 창조자와 계발자의 역할을 풍성히 감당하려면, 하나님이 피조물로부터 자발적으로 물러나 계셔야 한다는 것이다. 하나님은 인간이 각 생물의 이름을 지을 수 있는 공간뿐 아니라, 남자와 여자가 서로 알아 가며 동산을 개척할 수 있는 공간도 마련해 주셨다. 하나님은 인간에게 자유까지 허락하셨다. 그들이 창조와 계발 능력을 악용할 소지가 있음에도 불구하고 말이다. 하나님은 항상 현존하시며 바람이 불 때 동산을 거닐곤 하셨지만, 또한 인간에게 그들만의 문화가 현존하도록 허락하셨다. 이처럼 공간에서 물러나시는 은혜가 없었다면, 인간은 하나님의 형상을 지닌 존재로 살아야 할 운명을 실현할 수 없었을 것이다. 야생 그대로의 땅과 바다로부터 보호된 동산이라는 선물이 없었다면, 인간은 아마 압도되어 완전히 질려 버렸을 것이다. 하나님이 인간에게 주신 첫 번째 최고의 선물은 다름 아닌 문화다. 그 속에서 인간은 자연 세상의 창조자이자 계발자인 하나님의 우주적 목적에 공헌하는 또 다른 창조자와 계발자가 될 것이다.

황무지와 테마파크 사이[5]

창세기 3장으로 넘어가기 전에, 창조자 하나님이 인간 문화의 번영을 위한 장소로 예정하신 동산의 중요성을 깊이 생각해 볼 필요가 있다.

오늘날 북미 지역에서 황무지를 찾기란 쉽지 않다. 하지만 와이오밍의 그랜드티턴 국립공원으로 도보 여행을 간다면 황무지가 어떤 곳인지 짐작해 볼 수 있다. 우리 부부의 신혼여행지가 바로 그곳이었다. 열흘 정도 머물면서 곰과 사슴이 지나간 산길을 걷기도 하고, 들판에 나가 심는 사람도 돌보는 사람도 없는 화려한 야생화 사이를 거닐기도 했다. 설령 아무도 발을 들여 놓은 적이 없다 해도, 그 들판은 찬란함을 한껏 드러내고 있을 것 같았다. 우리는 희박한 공기 때문에 숨이 찼고, 높은 고도에서 내리쬐는 강렬한 태양빛에 눈을 가렸다.

그 후에 우리는 산 아래로 내려와 아늑한 숙소에서 뜨거운 물로 샤워를 했다. 나야 원래 뜨거운 물로 하는 샤워라면 사족을 못 쓰긴 하지만, 신혼여행 중이었으니 오죽했겠는가. 우리 친구 부부는 샤워기라곤 구경도 할 수 없는 촌구석에서 2주 동안 신혼여행을 한 적이 있다. 당시에는 말도 안 된다고 생각했지만, 결혼 10년차가 된 지금은 그렇게 하는 것도 함께 살아가기 위한 좋은 준비라는 생각이 든다.

나는 더 혹독한 모험도 극복할 수 있고 또 그런 것을 즐기는 사람이지만, 한 가지 사실만큼은 분명히 알고 있다. 그저 우리 힘과 정신력으로만 그곳에서 무더운 여름날을 보내야 했다면 그랜드티턴 여행이 썩 유쾌하지만은 않았을 것이라는 점이다. 그것은 신혼여행이라기보다 지옥에 가까웠을 것이다. 황무지란 원래가 인간이 오랫동안 지낼 수 있는 장소가 못 된다.

우리는 문화의 첫 번째 과제 중 하나가 황무지를 길들이는 것임을 역사를 통해 알 수 있다. 이는 황량하게 펼쳐져 있는 자연을 인간에 맞춰 새롭게 바꾸는 것을 의미한다. 나는 지금 어느 겨울 오후, 화로 앞에 앉아 이 글을 쓰고 있다. 장작이 따스한 온기를 내며 잔잔한 불길로 타오르고 있다. 필요 때문이 아니라 그저 기분을 내기 위해 화로를 이용하는 요즘 같은 중앙난방 시대에도, 불을 피우고 잘 지키는 것은 놀랍게도 인간이 해야 할 몫이다. 나는 붉은 장작이 활활 타오르다가 흔들리며 꺼져 가는 것을 지켜보기 좋아한다. 물론 내가 불을 좋아하는 것은 그것이 제 위치에, 즉 화로 안에 있을 때다. 화로에서 튄 불꽃이 우리 집 나무 바닥과 같이 부적합한 곳에 떨어진다면, 불은 순식간에 기쁨에서 재앙으로 바뀔 수 있다. 불은 잘 억제되어 있을 때에만 우리에게 안락함을 선사한다. 정신이 온전한 사람이라면 산불이 났는데 그 앞에서 천진난만하게 불을 쬐지는 않을 것이다.

불에서 화로로의 여정은 황무지에서 동산으로, 자연에서 문화로의 여정이다. 어떤 것들은 그렇게 변하는 데 수천 년씩 걸리기도 하지만, 늑대에서 개로, 폭포에서 댐으로, 번갯불에서 전기불로의 여정도 모두 비슷한 맥락이라고 할 수 있다.

하지만 종종 많은 이들에게 황무지에서 문화로의 여정은 마치 포장마차(covered wagon, 포장을 둘러친 대형 마차로 미국에서 18세기경부터 사용하기 시작했다—역주)가 로키 산맥의 위험한 길을 누비던 시절만큼이나 먼 옛날 이야기로만 느껴진다. 지난 세기 과학 기술이 급속하게 성장하면서, 현대 서구인들은 유례없이 야생 상태에서 분리된 채 살게 되었다. 인류는 이미 아주 오래 전에 불을 길들여 추위를 극복했지만, 지난 수백 년간 인간은 냉방 장치로 더위를 없애는 방법을 발견했다. 나처럼 근시인 사람들은 수백 년 전부터 안경을 착용했지만, 지난 50년 사이 콘택트렌즈가 상용화되었다. 교역하거나 서로 정복하려 했던 공동체가 존재하던 시절부터 길이 존재했지만, 지난 세기에 발명된 아스팔트 포장으로 몇 군데서 잠깐씩 덜컥거리는 것을 제외하면 대서양 지역에서 태평양 지역까지 아주 편안히 이동할 수 있게 되었다. 눈에 잘 보이지 않는 우리 주변에서 번식하는 병원균에 대한 처리법은 급한 대로 약물을 사용하는 것이었지만, 지난 세기 동안 우리는 병원균을 당장이라도 죽일 수 있는 항생 물질을 갖게 되었다.

이와 같이 우리는 야생 상태와 확연하게 분리되었다. 이러한 분리가 현 세대를 우리 선조나 후손 세대와 뚜렷하게 구별 짓는 만큼, 여기에 이름을 붙여도 좋을 것이다. 그렇다면 월트 디즈니가 처음 만든 훌륭한 현대 문화의 발명품인 '테마파크'라는 이름을 한번 사용해 보도록 하자.

테마파크에서는 자연에 대한 문화의 승리가 압도적인 것처럼 보인다. 실은 여기서 **테마**는 **파크**보다 더 중요한 개념인데, 디즈니월드의 관목이 디즈니 캐릭터처럼 보인다는 것만으로도 알 수 있는 사실이다. 테마파크는 야생의 모든 흔적을 신중하게 제거한다. 어떤 놀이기구도 두려워할 필요가 없다. 그런 기구들은 우리를 오싹하게 하지만, 테마파크는 실제적인 위험 요소들을 제거한 상태로 설계한 것이다.

인간은 황무지보다 테마파크에서 더 안전하게 머물 수 있다. 하지만 정말 그럴까? 창세기가 인간을 이해하는 방식에 따르면, 인간에게 테마파크처럼 나쁜 조건을 지닌 곳도 없다. 인간이 하나님의 형상을 지닌 존재, 다시 말해 하나님의 피조물을 창조적으로 계발하는 자로 지음받았다고 할 때, 테마파크에는 그런 인간을 위한 공간이 턱없이 부족하기 때문이다. 테마파크에는 내가 창조할 수 있는 것도, 돌볼 수 있는 것도 존재하지 않는다. 직원들이 나를 대신해서 창조하고 돌봐 주는 일을 한다. 에덴동산과 달리 테마파크는 다칠 수도 없는 공간이다. 만약 거기서 다친다면 그것은 우리 잘못이 아니기 때문에 소송을 제기해도 된다. 테마파크에서는 부상 방지를 위해 사람들을 절대 혼자 내버려 두지 않는다. 당신 주위에는 테마파크를 방문한 수많은 인파가 있고, 소유주가 바라는 방식으로 테마파크를 즐기고 있는지 확인하거나 (필요하다면) 그것을 강요하는 직원들이 도처에 있다.

하지만 에덴동산의 경우는 다르다. 그곳은 물론 보호를 받는 장소이긴 하지만, 동시에 엄격한 도덕성을 요구하는 곳이기도 하다. 그곳에는 창조자 하나님이 거하시기 때문이다. 하나님은 좋은 삶에 필요한 모든 것을 제공하시며, 그와 동시에 위험과 선택(이것 말고 뱀의 존재를 달리 설명할 길이 있을까?)을 허락하신다. 또한 하나님의 형상을 지닌 인간이 문화에 대한 부르심을 성취할 수 있도록 당분간 물러나 계셨다가도 다시 돌아오셔서 "바람이 불 때" 동산을 거니신다. 이처럼 자비로우면서도 위험한 물러나심이 있었기에, 뱀은 인간을 유혹할 기회를 포착했다. 또한 창조자 하나님의 일시적인 부재 때문에, 인간은 자신에게 내재된 하나님의 형상을 왜곡하고 타락시킬 기회를 얻었다. 뱀의 교묘한 속임수를 좇아 "하나님과 같이 되어 선악을 알[게]" 해준다는 열매에 손을 뻗었다. 뱀의 이 말은 마치 지식만 "하나님과 같이" 되는 것이고, 창조성과 문화적 책임감은 그에 못 미친다는 암시를 내포하고 있다.

우리가 이 이야기를 진지하게 받아들인다면, 황무지도 테마파크도 진정한 인간성을 누리기에는 그리 좋은 장소가 아니라는 결론에 도달한다. 두 장소 모두 즐기기 좋은 장소일지는 몰라도(개인적으로 테마파크가 그리 즐거운지는 잘 모르겠다) 그러한 곳들을 즐기기 위해서는 인간됨의 동산인 문화만이 제공할 수 있는 조건들이 필요하다. 지도와 나침반, 하이킹 부츠와 텐트, 인적 없는 곳에서 살아남는 방법에 관해 수천 년에 걸쳐 축적된 지혜와 같은 문화적 자원을 이용하지 않고 황무지로 무모한 여행을 떠나는 이들에게 화 있을진저. 자녀들에게 창조와 계발 능력을 전혀 길러 주지 못한 관광객 부모들에게 화 있을진저. 이런 부모들은 결국 따분하다는 끝없는 불평을 단박에 해소해 주는 곳, 즉 디즈니가 정교하게 다듬어 놓은 천국을 배회하게 될 것이다.

우리의 세상은 황무지와 테마파크 사이에 고르지 않게 나뉘어 있다. 대부분의 사람들은 황무지와 아주 가까운 곳에 살고 있다. 본래 창조 세계는 훌륭한 야생성을 지니고 있었지만, 타락을 기점으로 인간 번영에 무자비한 적대성을 지니게 되면서 인간은 결국 이러한 창조 세계에 휘둘리게 되었다. 반면, 특권을 누리는 10억 정도의 인구에게는 테마파크에 살 수 있는 선택권이 있다. 그들은 창조된 세상의 아름다움도, 타락한 세상의 위험도 침범해 들어올 수 없는 그들만의 가공된 위락 환경에 살고 있다. 하지만 우리는 테마파크나 황무지가 아니라, 창조자이자 계발자가 되어야 할 곳에 거하도록 지음받았다.

열매와 타락, 무화과나무 잎

뱀은 창조자가 자발적으로 물러나실 때를 노리며 에덴동산에 숨어 있었다. 뱀이 인간을 유혹할 때 창조가 아니라 소비를 권유한 점에 주목하라. 그런 식으로, 동산 나무의 올바른 사용법과 그릇된 사용법을 식별하며 계발자의 임무에 충실하려는 인간을 훼방하고자 했다. 우리는 이미 최초의 인간에게 주어진 창조의 자유에 왜곡 가능성이 포함되어 있었다는 사실을 잘 알고 있다. 곧 살펴보겠지만, 창세기를 몇 장만 더 넘기면 심하게 비뚤어져 가는 인간의 창조성이 점점 윤곽을 드러낸다. 뱀은 계발자의 임무에 정면으로 도전할 수도 있었다. 하지만 그 대신 매우 수동적이고 극히 작은 불순종의 방법으로 소비를 부추겼다. 그것은 하나님과 인간의 신뢰를 깨뜨릴 수 있는 가장 쉬운 방법이었다. 그러면서 뱀은 "하나님이 참으로…하시더냐"라고 비평했다. 하나님은 비평과 소비를 금하신 적이 없다. 다만 여기서 뱀은 아담과 하와가 이러한 제스처를 자세로 굳히도록 유혹한다. 하나님(과 이런저런 것들)을 비평하고, 열매에서 지혜를 구하기 시작하라는 것이었다. 우리는 열매를 통해 '지혜'를 얻을 수 있다는 발상을 곧이곧대로 받아들인 아담과 하와를 보며 실망스런 한숨을 짓는다. 현대의 영리한 광고주들이 화장품이나 자동차 혹은 담배를 소비한다면 생각지도 못한 결과를 얻게 될 거라고 우리를 설득하려는 순간에도 그와 같은 느낌에 사로잡힌다.

우리의 연구 목적과 관련하여 가장 중요한 부분은 바로 다음에 이어지는 내용이다. 자세가 일단 기형적으로 변하고 하나님과의 관계가 깨지고 나면, 서로의 관계도 깨지고 만다. "이에 그들의 눈이 밝아져 자기들이 벗은 줄을 알고 무화과나무 잎을 엮어 치마로 삼았더라"(창 3:7).

그들은 무화과나무 잎을 엮었다. 열매를 따먹은 후에 인간이 처음으로 한 행동은 **문화적인** 행동이었다. 그들은 의복이라는 기본적인 문화 재화를 창조했다. 세상을 새롭게 만들었다. 하지만 그들은 더 이상 자유롭게 하나님의 훌륭한 피조물에 이름을 붙이거나 아름다운 동산을 계발할 수 없게 되었다. 그들은 자신의 몸과 서로에게 느끼는 갑작스런 소외감으로부터 자신을 보호할 뿐이었다. 하지만 그들이 행한 것은 여전히 창조와 계발을 수반한 문화였다.

이는 인간의 특성에 문화가 얼마나 깊이 뿌리박혀 있는지 보여 준다. 문화는 죄에 대한 첫 반응이었으며, 하나님과의 내적 소외감이 외적으로 처음 표출된 지점이었다. 앞으로 펼쳐지는 창세기의 내용은 이러한 문화 만들기가 최악으로 치닫는 모습을 보여 준다. 물론 인간은 세상을 좋은 방향으로 새롭게 만드는 일도 멈추지 않았다. 그들은 가축을 길들이고 땅을 가꾸었으며(아벨과 가인, 창 4:2), 현악기와 관악기를 연주했고(유발, 창 4:21), 도구를 만들었다(두발가인, 창 4:22). 하지만 첫 번째 살인은 "[경작한] 들에서" 일어났으며 도구들은 무기와 폭력에 사용되었다. "이 세대에서…의로움"(창 7:1)을 지닌 자로 여겨졌던 유일한 인물인 노아는 홍수의 심판이 있고 난 뒤, 포도나무를 심어 에덴동산에 대한 기억을 외형적으로 복원했다. 하지만 바로 그 포도나무에서 만든 포도주에 취해―단순히 즐기는 수준을 넘어 맹목적 필요를 채우려는 소비―하체를 드러내어 자신뿐 아니라 자녀들까지도 부끄럽게 했다. 무화과나무 잎을 엮은 때로부터 문화는 점점 죄와 뒤엉켰다. 문화는 이처럼 인간이 하나님에 대한 반항과 서로에 대한 소외감을 표면적으로 드러낸 곳이다. 창세기 3장에서 11장까지, 에덴동산의 창조성과 계발에서부터 무모하고 폭력적인 문화의 오용으로 이어지는 문화의 내러티브는 점진적인 하향 곡선을 그린다. 그리고 이 이야기는 자기 정당화와 수치, 맞비난으로 얼룩져 있다.

반역의 도시

창세기 앞부분에서 최악의 지점은 단연 창세기 11장이다. 이 장에서 시날 평지에 도달한 인간들은 하나님과의 소외감을 더욱 공고히 하는 일에 자신들의 가장 진보된 문화를 조직적으로 활용했다.

> 온 땅의 언어가 하나요 말이 하나였더라. 이에 그들이 동방으로 옮기다가 시날 평지를 만나 거기 거류하며 서로 말하되 "자, 벽돌을 만들어 견고히 굽자" 하고 이에 벽돌로 돌을 대신하며 역청으로 진흙을 대신하고 또 말하되 "자, 성읍과 탑을 건설하여 그 탑 꼭대기를 하늘에 닿게 하여 우리 이름을 내고 온 지면에 흩어짐을 면하자" 하였더니 여호와께서 사람들이 건설하는 그 성읍과 탑을 보려고 내려오셨더라. 여호와께서 이르시되 "이 무리가 한 족속이요 언어도 하나이므로 이같이 시작하였으니 이 후로는 그 하고자 하는 일을 막을 수 없으리로다. 자, 우리가 내려가서 거기서 그들의 언어를 혼잡하게 하여 그들이

서로 알아듣지 못하게 하자" 하시고 여호와께서 거기서 그들을 온 지면에 흩으셨으므로 그들이 그 도시를 건설하기를 그쳤더라. 그러므로 그 이름을 바벨이라 하니 이는 여호와께서 거기서 온 땅의 언어를 혼잡하게 하셨음이니라. 여호와께서 거기서 그들을 온 지면에 흩으셨더라(창 11:1-9).

너무도 유명한 이 이야기는 문화에 대한 내용으로 가득하다. 이것이 성경에 등장하는 첫 번째 도시 이야기인데, 도시란 문화가 포화 상태에 이른 장소―문화가 인간이 새롭게 만들어야 할 최고의 실재인 자연을 앞지르게 된 장소―이기 때문이다. 읍과 도시 모두 도로가 있지만, 읍에서는 도로를 따라가다 보면 시골이 나오는 반면, 도시에서는 더 많은 도시로 연결된다. 샌프란시스코 같은 곳에서도 멋진 고갯길이 일상 생활에서 도로망이나 전찻길만큼 중요하지는 않다.

바벨론은 모르타르, 잘 마른 벽돌, 도시적인 건축물 같은 과학기술을 바탕으로 세워졌다. 모르타르와 벽돌과 도시 건물이 자연과 맺는 관계는 동산과 자연의 관계와는 분명한 차이가 있다. 동산은 본질적으로 주어진 자연 재화를 잘 배치한 곳이지만, 도시는 벽돌처럼 자연과 상당한 거리가 있는 문화 재화를 바탕으로 세워진다. 벽돌은 기초 재료인 진흙과 역청을 사용하여 완전히 새로운 고안물로 탄생시킨 것이다. 따라서 창세기에 나온 원시 역사는 자연을 가꾸어 가는 동산 이야기에서 시작하여 자연을 대체하는 도시 이야기로 끝을 맺는다고 할 수 있다.

하지만 이러한 문화적 진보보다 더 중요한 것이 있다. 그것은 바로, 문화가 바벨론 사람들에게서 하나님을 의지하는 마음을 완전히 앗아갔다는 것이다. 그들의 목표는 단순히 '도시[성읍]'를 건설하는 것이 아니라, 꼭대기가 하늘에 닿는 '탑'을 건설하는 것이었다. 여기서 창세기 기자와 원 독자는 분명 하늘로 계단이 뻗어 있는 피라미드 형태의 거대한 건축물인 바벨론의 지구라트(ziggurat)를 떠올렸을 것이다. 창조의 둘째 날, 하늘과 땅이 분리된 것은 하나님이 주신 좋은 선물이었다 이러한 분리로 인해 인간은 '내려오시는' 하나님을 의지해야만 했다. 반면, 바벨탑을 완성했다면 바벨 지도자들은 천상과 의사소통하는 역할을 떠맡을 수 있었을 것이다(물론 이것은 그들만의 상상이었다). 그렇게 되면 하나님이 그들에게 오시기를 기다리지 않고, 창세기 1장에서 그리는 천상 호의에 직접 들어가는 것이다. 탑뿐 아니라 도시 전체를 대상으로 하는 이 거대한 문화 프로젝트는 정말 그들의 말처럼 "우리 이름을 내고 온 지면에 흩어짐을 면해[게]" 할 것 같았다. 그들은 정체성과 안전성을 스스로 통제하려 했다.

그러므로 바벨 도시는 결과적으로 하나님으로부터의 독립을 장엄하게 선포하는 것이었다. 이 도시는 놀라움과 두려움의 대상인 세상에 대처하려는 오만한 시도이자, 놀라움과 두려움의 대상인 하나님과 거리를 두려는 시도였다. 바벨 도시와 탑은, 자신의 모습과 죄를 처음 깨달은 인간이 무화과나무 잎을 엮으면서 시작된 과정의 논리적 귀결이었다. 문화 프로젝트의 완성물인 도시만 봐도 그렇다. 도시의 가장 중요한 목적은 창조자와 타인으로부터 거주민을 보호하고 가리고 숨겨 주는 것이었다.

이처럼 무화과나무 잎에서 바벨탑까지의 이야기는 창세기 1-11장에서 큰 줄거리를 이룬다. 그들은 문화를 통해 죄의 결과를 해결하고자 했다. 하지만 이는 교만하고 자기중심적이며 무익한 시도였다. 세상을 새롭게 만들려는 인간의 시도는 창조자로부터의 소외감과 독립을 한층 더 심화시켰을 뿐이다. 이것이 바로 우리가 어떤 문화를 비난할 때 그 비난 가운데 담겨 있는 기본 진리다. 아름답고 창의적인 그 모든 순간에도 불구하고, 문화는 쉽게 바벨이 될 수 있다. 위협적인 태도를 취하며 하나님의 역할을 대신 떠맡으려는 시도 말이다.

    이러한 문화는 즉각적인 심판을 받는다. 하나님은 사람이 "손을 들어 생명나무 열매도 따먹고 영생할"(창 3:22) 것을 우려하여 에덴동산으로 오는 길을 막으셨다. 이는 하나님의 자비로운 제스처였다. 선과 악에 대한 지식이 선을 **선택하고** 악을 거절하는 능력과 매우 다르다는 것을 알지 못한 채, "하나님과 같이 되어 선악을 알[고자]" 부질없이 노력하며 영원히 살 수도 있었던 인간을 막으신 것이었다. 하나님은 바벨탑을 보시면서 "이후로는 그 하고자 하는 일을 막을 수 없으리로다"라고 다소 비꼬는 듯한 발언을 하셨다. 이러한 말씀을 하신 것은, 그들의 야심찬 계획에 위협을 느꼈기 때문이 아니라, 문화적 자만심이 초래할 대혼란을 짐작하셨기 때문이다. 바로 이 시점에서 하나님은 인류를 수많은 언어문화 집단으로 흩으시며 간섭하셨다. 그렇게 하나님은 인간의 놀라운 창조력(오늘날의 인간은 아예 창조의 노예가 되었지만)이 악용되는 것을 막으셨다. 또한 서로 이해할 수 없는 언어들을 주셔서 그들이 하나님과 타인으로부터 소외되었음을 알리는 표지로 삼으셨다. 하나님의 창조적 언어를 가장 잘 반영했던 인간의 언어는 이제 죄를 상기시켜 주는 흔적이 되었다.

    창세기 11장에서 이미 문화 이야기가 담고 있는 무익함이 정점에 달한 것처럼 보이지만, 놀랍게도 이것은 시작에 불과하다.

쉬어 가는 이야기
원시 역사[1]

인류의 첫 인간이 마치 갓난아기처럼 불시에 탄생했다는 창세기의 명확한 창조 이야기를 고고학자와 인류학자들의 이야기와 조화시키기란 쉽지 않다. 우리는 창세기 1장에 등장하는 '날'이 반드시 24시간이라고 단정할 필요는 없다. 왜냐하면 처음 두 '날'은 해와 땅이 창조되기 전에 지나갔기 때문이다. 하지만 창조자가 자신의 형상을 지닌 인간을 흙으로 만들었다는 창세기 2장의 기사를 읽을 때마다, 그것이 시간의 그늘 아래에 있다가 서서히 그 실체를 드러내는 인류 역사의 고고학 기록과 다소 불일치한다는 인상을 지우기가 어렵다. 대체 아담과 하와는 언제, 어디에 있었을까? 인간 문화의 역사는 우리가 믿는 창세기 이야기보다 좀더 복잡하고 점진적이지 않은가?

성경을 곧이곧대로 믿는 사람들은 창세기의 창조 이야기에 나타난 세부 내용을 현대의 우주론과 고고학 이야기에 일일이 끼워 맞추려고 애쓰지만, 나는 개인적으로 이런 가상한 노력에 수긍할 수가 없다. 또한 창세기 1-11장이 우주론의 역사를 고스란히 담고 있지 못하다고 해서 성경 기자들이 크게 상심할 거라고 생각하지도 않는다. 에덴동산을 네 강이 교차하는 지점에 위치한 것으로 묘사하지만, 사실 고대인들은 그러한 교차점이 존재하지 않는다는 것을 알고 있었다. 우리는 에덴동산부터 바벨탑 사건에 이르는 창세기의 '원시 역사'를 읽을 때, 성경 기자들이 전혀 알지 못했던 고고학 증거로 무장한 현대의 견해에 근거를 둘 것이 아니라, 성경 기자들이 자신들만의 창조 이야기로 고대 창조 신화를 논박하려고 했다는 맥락에서 살펴보아야 한다.

그럼에도 불구하고, 창세기 1-11장의 이야기가 동시대 고대 근동 지역에 널리 퍼져 있던 대부분의 창조 신화들에 비해 우주와 인간에 대한 현대적 관점에 더 가깝다는 사실은 많은 지성인들을 놀라게 한다. 빛, 행성, 식물과 좀더 복잡한 생명체, 인간 순으로 우주가 점진적으로 진화했다는 현대의 추측과 창세기 1장이 묘사하는 창조의 순서 사이에는 느슨한 유사성이 있다. 또한 일부 고대 종교와 달리, 창세기 2장은 인간을 다른 생명체와 구별된 존재 즉 신의 자손으로 묘사하지 않는다. 물질로 만들어진 주변 세계와 마찬가지로 우리는 흙으로 만들어졌다. 놀랍게도 이것은 사실로 판명되었다. 수많은 고대인의 직관에는 어긋나는 것이었지만 말이다.

고고학은 "인간의 구별되는 특성은 무엇이며, 그것은 언제, 어떻게 이루어졌는가?"라는 흥미로운 질문에도 답을 내놓지 못한다. 고고학과 인류학은 문화에 대한 인간의 왕성한 욕구를 증명할 수 있지만, 그러한 욕구의 기원은 설명하지 못한다. 생물학적으로 인간과 가장 가까울 뿐 아니라 미발달 언어를 사용하고 도구를 만들 수 있는 오랑우탄이나 침팬지들에게서조차, 자신이 물려받은 것 이상으로 문화를 확장하거나 끊임없이 세상을 창조하고 재구성하려는 지속적인 추진력을 찾아볼 수 없다. 양치기 개와 마찬가지로 침팬지는 세상에 호기심을 보인다. 하지만 세상의 의미를 깊이 고민하는 흔적은 찾아볼 수 없다. 또한 인간 문화 역사의 초창기에 존재했던 라스코 동굴의 화가들처럼 복잡하고 아름다운 방식으로 세상을 해석하려는 시도 역시 찾아볼 수 없다.

인간에게는 흙으로 환원할 수 없는 무언가가 존재한다. 그것은 바로 언어 능력과 문화에 대한 목적성을 지닌 창조적 정신이다. 우리는 문화적 창조성의 흔적을 발견하는 모든 시공간에서 인간이라는 존재를 발견하게 되는데, 창세기는 이러한 창조성이 우리의 육신만큼이나 실제적인 것에서 기원한다고 말한다. 우리는 창세기 1장에서 이 세상이 창조자의 작품이라는 것을 알 수 있다. 그 창조자는 이미 이 세상을 아름답고 질서 있고 의미 있게 만들려는 창조적 공동체("우리의 형상을 따라…우리가 사람을 만들[자]")의 일부였다. 우리는 창세기 2장에서 우리의 창조적 정신(spirit)이 단순히 흙에서 생겨나지 않고 하나님의 영(Spirit)이 우리에게 생기를 불어넣은 순간 생겨난 것을 알 수 있다. 어둡고 공허한 혼돈 위를 운행하셨으며, 갑작스럽고 단호한 말씀으로 창조를 진행해 나가셨던 바로 그분이 하신 일이다.

물론 창세기 1장과 2장에서 이러한 사실들을 '알게 되는' 것은, 전파망원경으로 산출한 데이터를 연구하여 빅뱅을 '알게 되는' 것과 엄연히 다르다. 후자의 방식으로는 알 수 없는 것들이 무수히 많다. 인생에서 가장 중요한 것들은 실험의 결과가 아닌 신뢰를 통해 알게 된다.

원시 역사를 기록한 창세기 1-11장은 창세기 12장 이후의 장들과는 형식과 문체와 내용 면에서 분명한 차이점이 있다. 창세기 1-11장은 훌륭하게 문서화된 역사라기보다 우리의 신뢰를 요구하는 이야기다. 이런 면에서 그것은 성경의 마지막 책인 요한계시록과 그 맥을 같이한다. 우주의 최종 목적지에 대한 비전을 제시하는 요한계시록 역시 기록된 인류 역사에 포함되지 않는 이야기로, 조사와 연구만으로는 결코 얻을 수 없는 내용을 담고 있다. 성경의 처음과 마지막을 장식하는 이 이야기들은 신뢰할 만한가? 나는 그렇다고 생각한다. 언젠가 새 하늘과 새 땅에서, 아름답지만 깨어져 있는 이 우주에 대한 이야기를 모두 듣게 된다 하더라도, 나는 성경 기자들이 우주와 인간의 창조에 대한 세세한 내용을 빠뜨렸다는 이유로 놀라지는 않을 것이다. 나는 그들에게 속았다고 느끼지 않을 것이라고 확신한다. 성령에 감화되어 이 세상을 최대한 잘 이해할 수 있는 이야기를 들려준 그들에게 나는 분명 무한히 감사할 것이다.

내가 이러한 신뢰를 표현하는 이유는 성경의 처음과 마지막 사이를 채우는 여러 책들 때문이기도 하다. 이 책들은 이스라엘 백성, 애굽 종살이에서의 탈출, 이스라엘이 받은 약속을 모두 성취할 존재로 예언된 이의 궁극적 출현과 같이 역사적으로 접근과 확인이 가능한 이야기를 기록하고 있다. 예수님이 죽음에서 부활하셨다는 역사상 가장 혁명적인 순간에 대한 주장을 펼치는 이 이야기는 검증 가능하며 신뢰할 만하다는 것이 입증되었다. 이로 인해 나는 성경 자체는 물론, 성경의 처음과 마지막 부분이 우리의 시작과 결말에 대해 특유의 진실을 알려 주고 있다고 확신한다.

7장
가장 적은 민족

재미있는 이야기에는 반전이 있기 마련이다.[1] 제인 오스틴(Jane Austen)의 「오만과 편견」(Pride and Prejudice)의 중간쯤에는, 엘리자베스 베넷이 다아시에게 절대로 결혼하고 싶지 않은 최악의 남자라고 차갑게 쏘아붙이는 장면이 나온다. 하지만 전 세계 고등학교 2학년생이라면 다 아는 것처럼—영화를 봤거나, 클리프 노트(Cliff's Notes, 고전명작이나 철학서, 수학, 과학서 등 원전의 내용을 요약해 놓은 해설서—역주)에서 읽었거나, 인터넷에서 스포일러성 글을 훑어봤거나—다아시는 엘리자베스의 마음을 결국 사로잡은 바로 그 남자다. 「오만과 편견」의 처음과 마지막 부분을 읽어 보면 이야기의 결말을 알 수 있지만, **어떻게 해서** 그렇게 되었는지는 알 수 없을 것이다. 다아시가 (물론 상당한 재력가이긴 하지만) 냉담하고 비열한 사람이라고 생각했던 엘리자베스의 마음을 바꾼 것은 무엇일까? 그 답을 찾으려면 책을 읽거나, 최소한 인터넷에라도 들어가 봐야 할 것이다.

단순히 결말을 아는 것만으로는 충분하지 않을 때가 있다. 이야기가 처음부터 끝까지 진행되는 과정에서만, 인물들의 오만과 편견이 예기치 못하게 무너질 때의 재미와 타당성을 발견할 수 있다. 독자의 오만과 편견에 대해서도 마찬가지다. 제인 오스틴 같은 소설가, 알프레드 히치콕(Alfred Hitchcock)과 브래드 버드(Brad Bird) 같은 영화감독, 루드비히 판 베토벤(Ludwig van Beethoven), 이고르 스트라빈스키(Igor Stravinsky), 마일즈 데이비스(Miles Davis) 같은 작곡가가 찬양을 받는 이유는, 작품의 결말뿐 아니라 그 중간 과정이 사람들에게 만족을 주기 때문이다. 그러한 과정은 예측을 거부하지만, 돌이켜보면 필연처럼 보이는 방식으로 처음부터 끝까지 전개된다.

하지만 그 어떤 소설이나 영화 혹은 재즈의 즉흥연주도, 우리가 성경의 시작 부분에서 결말 부분으로 곧장 넘어갈 때 느끼는 놀라움을 초월할 수 없다. 우리가 알듯이, 창세기 1-11장은 에덴동산에서 바벨 도시로, 하나님의 본래 선하신 의도에서 창조자에 대항한 인간의 철저한 반역으로 이어지는 하향 곡선의 문화를 그린다. 하지만 당신이 성경 이야기의 중간 과정을 전혀 모른다고 상상해 보라. 당신이 소유한 유일한 성경책에서 창세기 12장과 요한계시록 20장 사이의 내용이 사라졌다고 생각해 보라. 바벨에서 인간이 흩어졌다는 것을 읽은 다음, 성경의 뒷부분으로 넘어가면 기쁜 소식을 담은 반전이 등장한다. "또 내가 새 하늘과 새 땅을 보니 처음 하늘과 처음 땅이 없어졌고 바다도 다시 있지 않더라"(계 21:21). 그러면 아마 당신은 이렇게 생각할 것이다. '하나님이 노아 홍수 때처럼 이번에도 모든 것을 다시 시작하시려는 걸까. 하지만 다시는 세상을 멸하지 않겠다고 약속하셨으니, 단순한 파괴나 멸망이 아닌 게 분명해. 그래, 이건 재창조를 뜻하는 거야. 재창조된 이 세상의 한가운데 다시 한 번 멋진 동산이 만들어지겠지. 구속된 인류는 그 동산에서 하나님과 친밀한 관계를 누리고, 창조자와 계발자로서의 임무를 다시 받아들이게 될 거야.'

그렇다. 당신은 진실에 거의 근접했다.

하지만 곧 요한계시록 21:2에서 다음과 같은 말씀을 읽게 될 것이다. "나 요한이 보매 거룩한 도시 새 예루살렘이 하늘에서 하나님께로부터 내려오는데 그 예비한 것이 신부가 자기 남편을 위하여 단장한 것 같더라"(흠정역).

'뭐라고? 거룩한 **도시**라고?'

창세기 1-11장을 꼼꼼히 읽은 독자라면, 요한계시록 21:2 같은 말씀을 전혀 예상하지 못했을 것이다. 하나님이 기뻐하시는 창조의 중심에 동산이 아닌 도시가 있다니. 분명 도시는 문화가 포화 상태에 이른 곳이다. 우리가 새롭게 만들어야 할 가장 중요한 자연 세상이 문화로 인해 그 광채를 잃어버린 곳이다. 인간 문화가 집중적으로 녹아 있는 도시는 본래 죄와 심판의 장소였지만, 은혜의 궁극적인 표현으로 바뀌었다. 도시는 "하늘에서 하나님께로부터 내려오는" 선물이 된 것이다.

미국의 기독교 문화는 향수를 불러일으키는 전원 이미지가 가득하다. '빛의 화가' 토마스 킨케이드(Thomas Kinkade)가 화폭에 옮긴 그윽한 불빛의 아늑한 오두막도, "저 장미꽃 위에 이슬 아직 맺혀 있는 그때에 동산으로 홀로 나아왔으니"("동산으로 홀로 나아왔으니"라는 부분은 영어 가사에만 있다―역주)라는 찬송가 가사도 모두 그러한 인상을 담고 있다. 하지만 성경 이야기의 마지막 부분에서 볼 수 있듯이, 하나님이 구속된 인류 가운데 다니시는 곳은 동산의 작은 길이 아니라 도시의 큰 거리다.

우리는 10장에서 요한계시록이 구속된 문화를 얼마나 놀랍게 묘사하는지 살펴볼 것이다. 정상적인 호기심을 가진 사람이라면 엘리자베스가 다아시에 대한 마음을 바꾸게 된 이유가 대체 무엇인지 궁금할 것이다. 마찬가지로, 요한계시록 21장의 예기치 못한 결말을 보며 이 이야기의 중간 과정이 궁금해지는 것은 당연한 일이다. 창세기 11장과 요한계시록 21장 사이에 있는 내용은, 하나님이 그저 인간만 구원하시지 않고 바벨탑의 무익함에서 인간 문화 전체를 구원하셨음을 보여 준다. 그리고 이미 밝혀진 것처럼, 첫 번째 실마리를 얻기 위해 멀리까지 살펴볼 필요가 없다. 훌륭한 이야기들이 그렇듯이, 이 이야기의 중요한 반전에 대한 첫 번째 실마리는 거의 시작 부분에 나타나 있다. 그것이 실마리라는 것을 전혀 깨닫지 못했을 수도 있지만 말이다.

무화과나무 잎 대신 가죽옷을

타락 이야기인 창세기 3장은 온갖 나쁜 소식으로 가득 차 있다. 문화에 대한 내용도 예외는 아니다. 인간은 죄에서 비롯한 갑작스런 소외로부터 스스로를 보호하기 위해 즉각적으로 문화—잎으로 만든 간단한 의복—에 의지했으며, 하나님은 타락에 뒤따르는 심판의 표지로 자연과 문화가 모두 손상될 것이라고 선포하셨다. 하나님은 여자에게 출산이라는 정상적인 과정이 비정상적으로 고통스러워질 것이라고 경고하셨다. 그러는 사이 가족이라는 문화 제도도 예전과 같은 온전함을 잃어버렸다. "너는 남편을 원하고 남편은 너를 다스릴 것이니라"(창 3:16). 하늘과 땅과 바다의 생명체를 다스렸던 인간은 곧 서로를 다스리게 되었고, 특히 이것은 남자와 여자 사이에 적용되었다.

하나님은 남자에게도 자연적, 문화적 심판을 선언하셨다. 자연은 인간에게서 등을 돌렸다. "땅은 너로 말미암아 저주를 받고 너는 네 평생에 수고하여야 그 소산을 먹으리라"(창 3:17). 들도 경작자에게서 등을 돌렸고, 세상을 새롭게 만드는 일은 에덴동산에서만큼 녹록지 않았다. "네가 흙으로 돌아갈 때까지 얼굴에 땀을 흘려야 먹을 것을 먹으리니"(창 3:19).

하지만 뱀이 남자와 여자처럼 심판을 선고받은 후, 주목할 만한 일이 일어났다. 하나님이 에덴동산에서 그들을 내쫓기 전, 인간이 몸을 가리기 위해 처음 사용했던 초라한 무화과나무 잎을 다른 것으로 바꿔 주셨다. "여호와 하나님이 아담과 그의 아내를 위하여 가죽옷을 지어 입히시니라"(창 3:21). 무화과나무 잎만으로는 가시덤불과 엉겅퀴가 두성한 황무지에서 멀리 가지 못했을 것이다. 하나님은 자비롭게도 그들의 문화를 개선하셨다. 무화과나무 잎 대신 입히신 가죽옷은 곧 직면할 실제적인 위기에서 그들을 보호할 만한 튼튼한 의복이었다. 그 위기란 모진 환경이기도 하지만, 벌거벗은 상태를 약점 노출과 수치로 느끼게 하는 왜곡된 관계를 뜻하기도 한다.

창세기 2장에서처럼 여기서도 하나님을 문화 창조자로 묘사한다. 창세기 3장에서 문화는 하나님에 대한 인간의 반역과 죄에 대한 하나님의 심판이 나타난 장이기도 하지만, 하나님의 자비가 드러난 장이기도 하다.

자세히 들여다보면 창세기 3-11장의 음울한 내러티브에는 이러한 문화적 자비가 밝은 색깔의 실처럼 엮여 있다. 가인을 심판하신 후에도 하나님은 그가 복수를 당하지 않도록 '표'를 주셨다. 이것 역시 문화적 자비의 제스처라고 할 수 있다. 또한 홍수로 이 땅의 죄를 쓸어버리고자 하셨던 하나님은 노아에게 배를 만들라고 지시하셨다. 배는 하나님의 극심한 진노에서 인간을 보호해 줄 문화 인공물이었다. 창세기 3-11장의 매 순간, 인간 문화의 가장 음울한 순간들은 하나님의 확고하면서도 슬픔이 깃든 심판을 자극하기도 했지만, 문화적 대책을 촉진하기도 했다. 인간의 선택으로 빚어진 최악의 결과로부터 그들을 보호하기 위해 하나님이 내놓으신 새로운 문화 인공물 말이다. 하나님은 인간 문화를 반역과 심판의

장으로만 남겨 두지 않으셨다. 인간 문화는 처음부터 은혜의 흔적을 지니고 있었다.

하나님이 창세기 11장에서 인류 역사상 가장 치밀하고 반역적인 문화 프로젝트를 중단시키신 후, 가장 대담한 시도로 문화적 자비를 보이신 것은 어찌 보면 놀랄 일이 아니다. 이러한 시도는 요한계시록 21장에서 하나님이 구속된 세상에 허락하신 최고의 선물이 왜 동산이 아니라 도시인지 그 이유를 이해하는 열쇠가 된다.

축복받은 민족

무화과나무 잎 대신 가죽옷을 제공하는 것은 어려운 일이 아니었다. 다시 말해, 그것은 제법 간단한 문제에 대한 간단한 해결책이었다. 인간 문화의 부족함이 이제 막 드러난 시점이었기 때문이다. 하지만 바벨탑 사건은 인간의 교만과 어리석음을 극명하게 보여 준다. 그렇다면 창세기 11장의 이같이 엄청난 반역과 심판에 상응하는 문화적 자비 행위는 무엇이었을까? 그 답은 창세기 12장에 나오는데, 그 전에 성경의 문화적 특징을 가장 잘 드러내는 족보가 길게 삽입되어 있다. 바벨탑의 거만한 드라마가 끝난 직후, 우리는 다음과 같은 구절을 보게 된다.

> 셈의 족보는 이러하니라. 셈은 백 세 곧 홍수 후 이 년에 아르박삿을 낳았고 아르박삿을 낳은 후에 오백 년을 지내며 자녀를 낳았으며 아르박삿은 삼십오 세에 셀라를 낳았고(창 11:10-12).

그렇게 족보는 계속 이어진다.

이처럼 상세하면서도 이상하리만치 불충분한 족보는 성경을 읽으려는 현대 독자에게 마치 식이섬유와 같다. 성경에서 족보 부분이 나오면 다른 유익한 본문으로 그냥 건너뛰고, 기껏해야 의무적으로만 읽는다. 대체 족보가 무엇에 필요하단 말인가? 하지만 오늘날에도 현대화가 완전히 이루어지지 않은 사회에서는 족보에 열심히 귀를 기울이는 구성원들이 많다. 족보에 담긴 이야기는 단순히 시대를 초월한 전설이 아니다. 그것은 특정한 장소에 살았던 특정한 사람들과 단단히 연결되어 있다.

창세기 12장에서 하나님은 황량한 바벨에서 널리 흩어졌던 사람들 중 한 가문을 택하셨다. 하란 지역에 정착한 대가족인 데라 가문이 택함을 받았는데, 아브람이 이 가문에 속해 있었다.

> 여호와께서 아브람에게 이르시되 "너는 너의 고향과 친척과 아버지의 집을 떠나 내가 네게 보여 줄 땅으로 가라. 내가 너로 큰 민족을 이루고 네게 복을 주어 네 이름을 창대하게 하리니 너는 복이 될지라. 너를 축복하는 자에게는 내가 복을 내리고 너를 저주하는 자에게는 내가 저주하리니 땅의 모든 족속이 너로 말미암아 복을 얻을 것이라" 하신지라 (창 12:1-3).

아브람을 향한 부르심과 약속의 핵심은 무엇인가? 그것은 바로 "내가 너로 큰 민족을 이루고"라는 말씀이다. 성경에서 쓰이는 **민족**이라는 용어는 오늘날과 달리 정치적, 지리적 관련성이 희박하다. 내가 이 글을 쓰는 지금, 중동 지역의 쿠르드 족은 민족 국가의 형태를 갖추고 있지 않다. 하지만 성경적인 관점에서 볼 때, 독자적인 언어와 수세기에 걸쳐 형성된 특수한 문화를 소유한 쿠르드 족은 분명 '민족'이라고 할 수 있다. 근본적으로 민족은 시간이 축적된 문화라 할 수 있다. 다시 말해, 민족은 여러 세대에 걸쳐 특수한 정체성을 보존할 만큼 광범위하고 복잡한 문화를 가리킨다.

바벨탑의 몰락으로 인류가 흩어지면서 세상은 종족언어 집단인 '민족'으로 넘쳐나게 되었다. 모두 바벨의 반역과 심판을 상속받은 이들이었다. 하나님은 민족들로 가득한 세상에, 아브람을 통해 새롭고 더 나은 민족을 준비시키셨다. "땅의 모든 족속이⋯복을 얻[게]" 할 수 있는 그런 민족 말이다. 무화과나무 잎 대신 가죽옷을 주셨던 것처럼, 하나님은 자비를 보여 주시기 위해 다시 한 번 문화를 선택하셨다. 이번에는 훨씬 더 웅장하고 큰 규모였다. 이러한 자비는 어떤 형태로 나타났을까? 이 땅의 민족들은 하나님이 선택하신 민족을 통해 어떻게 복을 얻게 되었을까? 세상과 세상 문화의 한가운데서, 아브람 가문은 바벨이 망각한 것을 분명하게 보여 주었다. 그것은 바로, 세상의 창조자를 의지하는 민족이 되는 방법이었다. 그렇게 할 때 민족은 정체성과 안전성을 확보하고 존속을 보장할 수 있었다. 바벨이 하나님으로부터의 독립을 문화로 구현했다면, 이스라엘은 하나님을 의지하는 삶을 구현해 나갔다. 창세기 32장에 보면, 아브라함의 손자 야곱은 관계가 틀어져 불구대천의 원수가 되어 버린 형 에서와 만나려던 때에 얍복강에서 누군가와 씨름을 한다. 이스라엘은 역사와 문화 가운데서 이 씨름을 끊임없이 재현했다. 이스라엘 민족은 존속에 심각한 위협을 느낄 때마다 하나님을 붙들고 씨름하며 이렇게 말했다. "당신이 내게 축복하지 아니하면 가게 하지 아니하겠나이다"(창 32:26). 이스라엘 문화는 하나님과 겨룬 수많은 시합으로 정의할 수 있다. 어떤 시합은 승리했고 어떤 시합은 패배했다. 이스라엘 민족은 보이지 않는 창조자를 신뢰하는 것이 가능하다는 사실을 많은 민족에게 보여 주는 표지가 되었다. 성경의 용어를 사용하자면, 이스라엘은 **믿음**으로 정의된 문화였다.

문화의 궁극적인 문제—바벨탑 사건에서 나타난 것처럼, 자신을 지키기 위해 스스로 대책을 마련하고 변호하면서 상호 대립하는 민족들로 가득한 세상—에 대해 하나님은 철저히 문화적인 해결책으로 반응하셨다. 그것은 근본적으로 **창조적인** 해결책이었다. 이스라엘 전 역사에 걸쳐 하나님은 문화를 위해 가능한 한 수많은 제스처들을 사용하셨다. 하나님은 때로 **비난**을 사용하기도 하셨다. 앗수르나 바벨론과 같은 원수의 손에 이스라엘 전체의 구원을 맡기셨던 것이 그 한 예다. 선지자들은 이스라엘과 그 주변 국가들에 대한 하나님의 **비평**의 메시지를 가져왔다. 또한 하나님의 영은 이스라엘이 문화적 정체성을 확립해 가는 과정에서 주변 문화의 특색을 **모방**할 수 있게 하셨다. 이스라엘은 셈족의 언어 형식을 빌려와 모국어를 만들었고, 이집트의 지혜 문학을 빌려 궁정시를 지었고, 레바논의 목공 기술을 빌려 성전을 건축했으며, 메소포타미아의 조약문을 빌려 국제 관계나 하나님과의 관계를 묘사했다. 이스라엘이 최고 권력을 구가하면서 주변 국가의 문화적 산물을 **소비**할 수 있었던 능력은 하나님의 축복의 표지였다. 시편 기자가, 수입한 오빌의 금으로 꾸민 왕가의 결혼식을 찬양했던 것이 그 대표적 예다.

하지만 이스라엘을 향한 하나님의 가장 중요한 목적은 전에 없었던 새로운 것을 창조하는 것이었다. 즉 하늘과 땅의 창조자에게 특별한 방식으로 속해 있는 민족을 만들고자 하셨다. 이러한 관점에서 볼 때, 성경 이야기의 여러 특징을 새롭게 이해할 수 있다.

시간

먼저, 이스라엘에 관한 놀라운 문화 프로젝트는 여러 세기에 걸쳐 진행될 수밖에 없었다. 왜냐하면 세상을 새롭게 만드는 인간 능력의 최고치를 나타내는 복합적인 문화의 집합체가 문명이라고 할 때, 위대한 문명 사이에서 세상의 창조자를 확실히 증거하기 위해서는 그러한 문화 프로젝트가 충분히 복합적이고 깊이 있으면서도 풍성해야 하기 때문이다.

순식간에 생겨난 문화란 없다. 새로운 '민족'과 새로운 문화적 전통을 만드는 데는 시간이 필요하다. 중동의 한 유목민 가족이 그들 삶에 깃든 하나님의 간섭하심을 받아들이고 묵상하며 그것에 반응하는 데는 여러 세대에 걸친 시간이 필요했다. 역사의 수많은 세대를 지나며 문화적 깊이가 쌓인 민족만이 다양한 인간 경험뿐 아니라 인간이 새롭게 만들어야 할 세상의 다양한 특징에 호소력 있는 답을 제시할 수 있었다. 어떻게 하면 한 민족이 성실하게 경축하고, 애도하고, 씨를 뿌리고, 추수하고, 정복하고, 패배할 수 있을까? 전도서 기자는 이렇게 기록한다. "범사에 기한이 있고 천하만사가 다 때가 있나니"(전 3:1). 모든 기한과 '천하만사'를 제대로 평가할 수 있을 만큼 풍성한 문화적 전통을 만드는 일은 한 세대나 몇 세대가 아니라 아주 긴 시간 동안 지속되어야 할 과업이다. 모든 족속의 축복의 통로가 되는 큰 민족으로 만들어 주시겠다는 아브람을 향한 하나님의 약속도, 문화 프로젝트에 타락이 깊이 뿌리 내린 바벨탑 사건 이후 꽤 오랜 시간이 지나서야 이루어졌다.

이러한 입장에서 바라볼 때, 히브리 성경에서 불필요해 보이는 부분이 새로운 의미를 갖게 된다. 많은 현대 독자들에게 지루하게만 느껴졌던 족보는, 수많은 세대가 문화를 형성해 가는 동안 하나님이 보이신 신실하심을 증거해 준다. 또한 족보는 하나님이 역사의 바깥에서 역사와 상관없이 영적인 방식으로 일하시는 분이 아니라, 역사의 한가운데서 일하시는 분임을 드러내는 표지가 된다. 열두 지파의 인구조사와 이스라엘 백성에 대해 별 쓸모없어 보이는 내용을 상세히 열거해 놓은 민수기는 마치 열성적인 부모들이 자랑하는 아기 사진과 흡사하다. 민수기는 이스라엘 민족 형성 초창기를 담고 있다. 자녀가 없는 사람에게는 아기 사진이 다 비슷비슷해 보일 수도 있겠지만, 이스라엘 문화 프로젝트의 수혜자들에게는 자신들의 기원이 그저 놀랍고 소중했을 것이다. 아기 사진이 썩 재밌지는 않더라도, 얼마나 다르게 변하고 자랐든 그 사람의 시작을 보여 준다는 면에서 의미 있는 것처럼 말이다.

성경을 통독하겠다는 포부를 늘 무참히 꺾어 버리는 레위기는 사실, 고대 근동 지역이라는 환경에서 구별된 민족을 형성하는 것에 대한 설명서다. "네 이웃 사랑하기를 네 자신과 같이 사랑하라"라는 다소 포괄적인 윤리 강령에서부터 고기와 우유를 함께 먹어서는 안 된다는 아주 구체적인 지시 사항에 이르기까지, 아브람의 자손들은 여러 계명과 금지 조항을 준수하면서 자신들만의 독특한 문화 정체성을 형성할 수 있었다. 레위기 법전에서 가장 알쏭달쏭하고 이해하기 힘든 특징들도 이스라엘이 그저 주변 문화를 흡수하고 모방하기보다 계시하시는 하나님을 의식적으로 의지하도록 요구하고 있다.

장소

하나님이 자기 백성을 위해 선택하신 위치는 역사적으로 상당히 중요하다. 고대는 물론 오늘날도 요단강 계곡은 주요 무역로가 교차하는 지점에 있으며, 강대국들을 끼고 있는 전략적 요충지다. 고대 근동 지역의 중심부에 위치한 탓에 이스라엘의 존립은 항상 위태로웠다. 지난 수세기 동안 이 작은 나라에 끊임없이 눈독을 들였던 애굽, 앗수르, 바벨론, 로마와 같은 제국들은 정기적으로 군사를 보내 이스라엘 영토를 짓밟아 더 큰 정복의 발판으로 삼았다.

하지만 이러한 위치 때문에 이스라엘은 당시 대국들 틈바구니에서 '공개적으로' 자신의 독특한 문화적 사명을 감당해야 했다. 이스라엘은 긴 역사에서 언제나 세상의 문화 풍조로부터 완전히 물러나고 싶었을지도 모르지만, 그들에게는 선택권이 없었다. 주변국들이 앞선 기술과 경제적 번영, 정교한 군사 시스템을 갖추고 있었기에, 이스라엘은 신앙의 시험에 계속 노출되어 있었다. 이스라엘이 정치, 경제적으로 살아남으려면 양다리를 걸치고 이방 신들의 권력을 빌려와야 하는가?(왕상 18장) 애굽 종살이에서 해방된 이스라엘이 앗수르 제국의 침공에 맞서기 위해 다시 애굽으로 돌아가 군사 동맹을 맺어야 하는가?(사 31장) 무엇보다도, 앗수르와 바벨론에 짓밟힌 처참한 경험에 어떻게 반응해야 하는가?

하지만 하나님의 선택을 받은 구속적 민족이 스위스 알프스 산맥이나 네팔 산맥 혹은 브라질의 열대 우림과 같은 외딴 곳에 위치해 있었다면, 애초에 이 같은 시험은 피할 수 있었을 것이다. 이스라엘이 고립된 곳에 있었다면, 번영을 누리던 왕들이 불명예스럽게 타협하고 지도자들이 바벨을 연상시키는 이름을 가진 도시로 끌려가는 역사상 최악의 순간은 면했을지도 모른다. 하지만 그런 위치에서는, 자신들의 지방 신이기도 하지만 세상의 창조자이기도 한 여호와를 섬겨야 한다는 이스라엘의 독특한 주장이 역사의 흐름에 큰 영향을 미치지 못했을 것이다.

이스라엘의 문화적 창조성이 주변 민족에 크고 작게 통용되었던 것은 언제나 이와 같이 엄청난 정치·경제적 억압을 당하는 '공개적인' 상황에 처해 있었기 때문이다. 이스라엘 문화는 약자에 대한 정의와 책임을 중요시하는 법규, 찬양과 감사와 애가의 시, 한 분이신 참 하나님의 성품을 증거하는 성경을 포함하고 있었다. 만일 문화적 억압이라는 상황이 없었다면 이스라엘 문화는 애당초 그리 창조적이지 않았을지도 모른다. 바벨론에 포로로 잡혀간 것은 이스라엘에게 치명적인 타격이었다. 그것은 20세기의 홀로코스트와 비견할 만한 문화 말살 시도였기 때문이다. 하지만 이러한 포로 생활을 통해 이스라엘은 자신의 영토를 넘어선 곳에서 신앙이 어떤 의미를 지니는지 고민하게 되었고[2], 왕과 제사장들이 실권을 잃은 디아스포라 상황에서 어떻게 신실함을 지켜야 할지 질문하게 되었다. 그리고 "우리가 이방 땅에서 어찌 여호와의 노래를 부를까"(시 137:4)라고 외치며 그 답을 찾기 시작했다.

크기

이스라엘에 나타난 하나님의 문화적 창조성에 관해 우리는 또 하나의 놀라운 사실을 주목하게 된다. 신명기 7장에서 모세는 주변 국가의 문화에 동화되지 말라고 이스라엘 백성에게 경고했다. 가나안 문화가 우위에 있기 때문에 이스라엘이 분명 종교 혼합주의와 통혼의 유혹을 받게 되리라고 정확히 예상했던 것이다. 모세는 또한 날로 번영하는 이방 문화를 접하게 되면, 보이지 않는 하나님에 대한 이스라엘의 확신이 쉽게 흔들릴 것이라고 생각했다. 하나님은 함께하시고 공급하신다는 것을 입증하기 위해 높은 곳에 신상이나 기둥을 세워 그들을 안심시키시는 분이 아니었기 때문이다.

하지만 모세는 그들에게 확신을 심어 주었다. "여호와께서 너희를 기뻐하시고 너희를 택하심은 너희가 다른 민족보다 수효가 많기 때문이 아니니라. **너희는 오히려 모든 민족 중에 가장 적으니라**"(신 7:7). 하나님이 아브람을 택하셨을 당시, 수많은 민족과 지파와 족속이 있었다. 그러한 문화 집단들과 비교했을 때, 아브람과 사래는 '가장 적은' 민족이었다. 최강의 군대를 보유한 애굽에서 탈출한 오합지졸 히브리 노예도 힘으로나 숫자로나 열세이기는 마찬가지였다. 그럼에도 불구하고 하나님은 문화 창조를 위해 가장 적은 '민족'을 택하셨다. 하나님은 크고 강한 민족이 아니라 가장 적은 민족으로 문화를 만들기 시작하셨다. 가장 의외의 민족을 택하셨다.

그렇다면, 이스라엘에서 감행하신 하나님의 문화 프로젝트는 훗날 바울이 예수님의 사역과 죽음과 부활에 대해 말하게 될 내용을 예견한 것이었다. "그러나 하나님께서 세상의 미련한 것들을 택하사 지혜 있는 자들을 부끄럽게 하려 하시고 세상의 약한 것들을 택하사 강한 것들을 부끄럽게 하려 하시며 하나님께서 세상의 천한 것들과 멸시받는 것들과 없는 것들을 택하사 있는 것들을 폐하려 하시나니 이는 아무 육체도 하나님 앞에서 자랑하지 못하게 하려 하심이라"(고전 1:27-29). 이는 단순히 역사와 상관없는 '영적' 원리가 아니다. 바울의 이 말은 창세기 12장 이후로 진행된 하나님의 문화 프로젝트를 정확히 표현한다. 하나님이 선택하신 민족은 지중해 근처의 대제국들 사이에서 가장 약하고 미천하여 항상 경멸과 공격의 대상이던 이스라엘이었다. 아마도 그 까닭은 이스라엘을 비롯하여 "아무 육체도 하나님 앞에서 자랑하지 못하게" 하시려는 것이었다.

하나님이 인간 문화에 간섭하실 때는 어김없이 은혜를 보이신다. 세상이 문화를 변화시키는 방법은 이미 존재하는 힘과 특권을 논리적으로 전개하는 것이지만, 하나님은 꼭 그런 방법으로 일하시지는 않는다. 하나님이 인간 역사 어느 지점에 개입하시든, 산은 낮아지고 골짜기는 돋우어져 "여호와의 영광이 나타날"(사 40:5) 것이다. 그분의 영광은 문화가 어떻게 변할 것인지에 대한 자기 백성의 기대마저도 뒤엎는다. 모든 인간의 삶에서 행하시는 것과 마찬가지로 하나님은 문화 가운데서도 그분의 은혜가 확실히 나타날 수 있도록 작고 천한 것들부터 시작하신다. 달리 말하자면, 모든 신의 창조는 '엑스 니힐로' 즉 무에서 시작하여 기존 상태에서는 전혀 예상과 추론이 불가능한 온갖 좋은 것을 쏟아낸다. 가장 작고 약하고 적은 것에서 시작하는 창조야말로 하나님의 무한하신 창조성을 가장 잘 보여 준다.

역사 속의 이스라엘

따라서 창세기 12장에서 말라기 4장까지 이어지는 전체 히브리 성경은 이스라엘의 신앙 교육에 대한 기록이라고 할 수 있다. 여기서 '신앙'이란 순수하게 영적이고 종교적인 활동을 말하는 것이 아니라, 군사 전략에서 작곡에 이르기까지 세상의 창조자에게 의지하는 문화적 훈련 전반을 말한다. 때로 이 기록은 직접적으로 영감을 준다. 이스라엘은 세상에서 가장 아름다운 시와 그 어느 사회에서도 받아들인 적 없는 가장 엄격한 도덕률을 역사 가운데 내놓았다. 가장 적은 민족인 이스라엘은 작고 무가치해 보이는 것에 대한 하나님의 관심을 가장 잘 구현했다. 나그네와 방랑자의 삶을 살았던 이스라엘 백성은 나그네와 방랑자를 환대하는 방법을 배웠다. 하지만 무엇보다도 이스라엘이 세상에 준 뛰어난 선물은 단일신교에서 유일신교로의 전환이었다. 한 민족 신을 섬겼던 그들이 이사야의 표현처럼 "땅 끝까지 창조하신 이"인 유일하신 한 분 하나님을 선포하게 되었다. 하나님은 이스라엘뿐 아니라 세상을 사랑하는 분이셨다. 하나님은 이스라엘과 특별한 관계를 맺으셨는데, 그 관계의 덤으로 세상을 사랑하신 것도 아니었고, 그러한 관계를 무시한 채 세상을 사랑하신 것도 아니었다. 하나님은 이스라엘과의 관계를 통해서 세상을 사랑하셨다.

하지만 이스라엘 역사에는 우리가 쉽게 받아들이기 힘든 부분도 있다. 우리는 종종 이스라엘의 가나안 정복을 떠올리면서 하나님에 대한 신뢰에서 비롯한 용감한 행위들을 이야기한다. 여호수아가 무기를 사용하지 않고 음악가들에게 의존하여 여리고 성을 무너뜨린 것, 기드온이 원정군의 99퍼센트를 줄이라는 하나님 명령에 순종한 것이 그 예다. 하지만 하나님은 또한 가나안을 정복할 때 모든 종족을 멸하라고 명령하셨다. 오늘날로 따지면 대량학살이나 마찬가지다. 우리는 이러한 성경 윤리를 바라보며 적잖이 놀란다. 아브람 가문을 통해 모든 민족이 복을 얻으리라는 창세기 12장의 약속과 이러한 이야기는 서로 모순처럼 보인다. 다윗 가문이 왕위에 오르는 사건은 이스라엘 역사에서 비교적 덜 충격적인 사건이라 할 수 있지만, 여기에서도 은혜와 죄, 믿음과 어리석음이 당혹스럽게 뒤섞여 있음을 본다. 선지자 사무엘도 잘 알고 있었듯이, 왕정 제도는 불신앙의 상황에 순응했다는 측면에서 무화과나무와 매우 흡사하다. 하나님은 사무엘에게 왕을 달라는 백성의 요구가 그분의 주되심을 인정하지 않은 결과라고 지적하셨지만, 결국 "그들의 말을 들어 왕을 세우라"(삼상 8:22)고 말씀하셨다. 다윗 가문의 이야기는 사무엘하 1-2장과 역대하 1-2장에 걸쳐 두 번 서술되는데, 각 성경 기자는 같은 사건을 전혀 다른 관점으로 제시한다. 또한 히브리 성경은 반쯤 재건된 예루살렘과 역사의 지평선에 불쑥 나타난 로마제국이라는 어정쩡한 결말로 끝을 맺는다.

이스라엘의 문화 프로젝트에서 깔끔한 면을 찾아보기란 쉽지 않다. 우리의 문화 전쟁이나 문화적 후퇴를 정당화하기 위해 본문을 선별적으로 읽는 대신, 전체적인 관점으로 히브리 성경을 읽으면, 이스라엘의 문화 프로젝트 이야기는 상당히 실망스럽게 전개된다. 하나님이 선택하신 백성이 문화를 창조하고 계발하는 데 이 같은 좌절과 실패를 맛보았다면, 각국에 흩어져 있는 그리스도의 제자들이 그보다 더 낫기를 어찌 기대할 수 있는가?

하지만 히브리 성경은 이러한 난국에 처음으로 희망이 보이는 답을 내놓은 사람들을 소개한다. 포로기 이후의 선지자들은 신실한 문화를 창조하고 계발하는 일에 실패한 이스라엘의 이야기를 우리보다 훨씬 더 분명히 알았지만, 그들은 희망의 메시지를 전하시는 이스라엘의 하나님을 만나고 돌아왔다. 그들은 예루살렘 도시의 잔해와 쇠퇴한 예배를 바라보면서도, "공의로운 해가 떠올라서 치료하는 광선을 비추고"(말 4:2) 하나님의 저주가 멈출 때를 여전히 마음에 그리고 있었다. 예루살렘이 온갖 실패를 저지르자 선지자들은 이스라엘의 신실함과 하나님의 자비만큼이나 이스라엘의 반역과 하나님의 심판을 집중적으로 예언했지만, 동시에 그들은 하나님이 모든 민족의 축복의 통로가 될 구속적 민족에 대한 계획을 포기하지 않으셨다고 확신했다. 바벨론에 포로로 끌려갈 것을 강력하게 예언했던 이사야 역시 다음과 같은 때를 마음에 그리고 있었다.

> 여호와의 전의 산이 모든 산꼭대기에 굳게 설 것이요 모든 작은 산 위에 뛰어나리니 만방이 그리로 모여들 것이라. 많은 백성이 가며 이르기를 "오라. 우리가 여호와의 산에 오르며 야곱의 하나님의 전에 이르자. 그가 그의 길을 우리에게 가르치실 것이라. 우리가 그 길로 행하리라"(사 2:2-3).

현재 정치적 실체를 갖춘 이스라엘은 하나님이 선택하신 백성에게 주신 땅을 대부분 차지하고 있다. 그러면서 그들이 주변국과 계속 불편한 관계를 맺고 또 그 땅의 외국인들을 야박하게 대하는 것을 볼 때, 하나님이 선택하신 백성에 관한 이야기는 오늘날까지도 참 복잡한 문제가 아닐 수 없다. 어떤 면에서는 이사야의 예언이 아직 확실히 성취되지 않았다. 하지만 이사야의 예언 이후로 2,600년이 지난 지금, 두 가지 주목할 만한 일이 일어났다. 첫째, 아브라함의 자손은 수많은 역경에도 불구하고 그들의 문화를 말살하려는 반복적인 시도 속에서 살아남았다. 그들의 문화는 지구상의 거의 모든 문화에 영향을 미치고 있다. 그들에게서 파생한 기독교와 이슬람교가 대표적 예다. 둘째, 아브라함의 자손 나사렛 예수를 따르는 이들은 실제적으로든 비유적으로든 "야곱의 하나님의 전"에서 모이고 있다. 그래서 이스라엘의 독특한 문화 이야기는 오늘날 삶의 리듬이나 이야기, 노래나 법률 형태로 수많은 문화에 서서히 영향을 미치고 있다. 그리스도인은 예수님을 역사의 전환점으로 생각한다. 그분은 이스라엘을 구별하셨다는 면에서 하나님의 처음 의도를 성취하셨지만, 그 이스라엘이 '특정 민족'이 아닌 모든 언어와 종족과 민족에 속한 사람들로 이루어진 민족이었다는 면에서는 하나님의 처음 의도를 깨뜨리셨다. 앞으로 살펴보겠지만, 나사렛 예수는 문화를 창조한 가장 중요한 인물로 판명되었다.

8장
문화 창조자 예수

많은 그리스도인이 예수님의 가장 두드러진 특색을 너무 쉽게 간과한다. 그런 실수를 면하기 위해, 일단 우리가 아는 영어 이름을 잠시 접어 두고 그분을 예슈아(Yeshua)라고 불러보자. 예슈아 바르 요세프(Yeshua bar Yosef, 요셉의 아들 예수-역주)라고 불러도 좋고, 좀더 상상력을 동원해서 낮은 식탁 옆에 비스듬히 누워 친구들과 식사를 즐기는 구릿빛 피부의 젊은 중동 남자를 떠올려도 좋다. (비서구인이었던 예수님이 한 번도 의자를 사용해 본 적이 없다는 사실에 강한 인상을 받은 영화제작자 멜 깁슨은 "패션 오브 크라이스트"에 젊은 목수가 의자를 발명하는 장면을 플래시백으로 삽입했다.) 예수님은 집에 계실 때면 우리가 듣도 보도 못한 아람어라는 언어를 사용하셨고, 회당에서는 히브리어 성경을 읽으셨다. 그분의 이야기를 다양하게 각색한 전기(傳記)가 있고 그분의 말씀은 여러 단계에 걸쳐 번역이 이루어졌는데도(아람어에서 헬라어로, 다시 영어로), 예수님의 말과 행동을 보면 여전히 우리와 완전히 동떨어져 있는 인물처럼 느껴진다. 이를 테면 예수님은 무례하게도 어머니를 "여자여"(요 2:4)라고 부르셨다. 요즘 어느 아들이 어머니를 그렇게 부른다면 당장

꾸중을 들을 것이다.

예수님에 대한 네 권의 전기 중 두 권에는 족보가 실려 있다. 마태복음에서는 예수님의 혈통을 더듬어 아브라함까지 올라가고, 누가복음에서는 맨 끝에 있는 아담까지 올라간다. 7장에서 살펴봤듯이, 족보는 성경 기자와 독자들에게 문화적 연속성을 보여 주는 귀중한 표지였다. 마태복음은 첫 번째 구절부터 이러한 의도를 드러내어, 난데없이 "아브라함과 다윗의 자손 예수 그리스도의 계보라"라는 말로 시작한다. 이는 이스라엘을 세운 한 조상과 이스라엘 왕조와 예수님 간의 연속성을 강조한다. 누가복음의 족보는 마태복음과 달리, 예수님의 잉태와 탄생, 유년기의 이야기가 모두 끝나고 나서야 등장하는데, 아주 놀랄 만한 선언으로 시작한다. "[예수는] 사람들이 아는 대로는 요셉의 아들이니 요셉의 위는 헬리요 그 위는 맛닷이요 그 위는 레위요." 이렇게 계속 이어진 족보는 결정적인 말로 끝을 맺는다. "그 위는 아담이요 그 위는 하나님이시니라" (눅 3:23-24, 38).

"사람들이 아는 대로는 요셉의 아들이니"라는 표현은 족보를 시작하는 말 치고는 좀 이상하지 않은가? 누가는 요셉과 아무 관련 없이 예수님이 기적으로 잉태되었다는 사실을 앞에서 매우 자세하게 설명했다. 우리가 믿든 안 믿든, 누가에게는 너무나 분명한 사실이었다. 그의 말이 옳다면, 예수님은 인간 역사에서 부계 족보로 설명할 수 없는 유일한 존재가 된다. 도대체 왜 누가는 족보에 그런 표현을 썼을까?

누가가 헬라어를 매끄럽게 구사하고 헬라 문화의 영향을 받은 것도 사실이지만, 그는 문화의 연속성을 중시하는 히브리 성경을 분명하게 이해하고 있었다. 누가가 기록한 족보는 예수님이 궁극적으로 '하나님의 아들'이라는 것만 이야기할 뿐 아니라 예수님이 모든 면에서 완전한 인간이라고 말한다. 인간이 되었다는 것은 예수님이 문화 유산을 상속받으며, 세상을 새롭게 하는 전통의 일부가 되었다는 뜻이다. 인간이 되었다는 것은 예수님께 아버지가 있다는 뜻이다. 비록 생물학적인 아버지가 없는 특이한 상황이라 하더라도 말이다. 예수님은 아담 이래의 모든 인간과 마찬가지로 넓은 의미의 문화뿐 아니라 특정한 문화의 한가운데 나타나셨다. 가족, 언어, 민족, 국가라는 구체적인 문화의 전통 속에 말이다. 그분은 예수가 아니다. 다시 말해, 하나님의 아들 예수나 메시아 예수가 아니라는 뜻이다. 그분은 "사람들이 아는 대로" 예슈아 바르 요서프, 즉 요셉의 아들 예수다. 하지만 그분의 삶을 처음부터 형성했던 가능성과 불가능성의 지평선인 문화에 관한 한, "사람들이 아는 대로"라고 말할 수는 없다. 그분은 요세프와 미리암의 아들이었고, 문화적 존재였다. 만일 그렇지 않았다면, 그분은 결코 인간이 되지 못했을 것이다.

계발자 예수

예수님은 갓난아기 때 극적인 사건을 겪었고 열두 살에는 예루살렘 성전에서 조숙한 모습을 보이기도 했지만, 서른 살이 되기까지는 그저 예슈아 바르 요세프였다. 성경 기자들이 대체로 이 시기를 대충 넘어가는 것은, 파피루스가 상당히 비싸다는 점을 감안할 때 그리 놀랄 일이 아니다. 물론, 성경이 언급하지 않은 예수님의 30년 생애에 대해 우리가 설교를 거의 듣지 못하는 것도 당연하다. 하지만 성경 이야기에 나타난 문화의 흔적에 초점을 맞추고 있는 우리에게, 그 시기는 살펴볼 만한 가치가 충분하다.

그 30년 동안 무슨 일이 일어났을까? 아이 예수는 언어를 배웠을 것이다. 그는 히브리 성경을 공부하면서, 자기 민족 이스라엘에게 주어진 문화적 과제와 세상의 창조자로부터 받은 특별한 소명 의식에 집중했을 것이다. 그는 결혼식과 장례식에 참여하고, 아버지에게서 목공품 파는 법을 배우고("사람들이 아는 대로"), 음식을 맛보고, 유월절이 되기 전 집 안에서 누룩이 든 음식을 모두 없애는 어머니를 지켜보았을 것이다.

그는 어릴 때뿐 아니라 청년이 되어서도 이런 일들을 했을 것이다. 25세나 28세의 예수는 동년배와 다를 바 없이 성경을 배우는 충실한 학생이자 상인으로 살았을 것이다(한 가지 중요한 예외가 있다면, 그가 결혼한 적이 없다는 사실이다).

예수는 문화 계발자였다. 훗날 세상을 구원하는 진정한 '영적' 사업에 정진할 목적으로 충분한 성숙의 시간을 보내며, 자신의 문화적 유산을 지키고 보존해야 할 책임을 등한시하지는 않았다. 그는 자신의 문화에 적응하고 그것을 실천하고 이용하면서 청년 시절을 보냈다. 그 시기의 예수는 설교와 치유 사역을 감당하지도, 엄청난 혁신을 불러일으켜 민족 지도자들과 갈등을 빚지도 않았다. 수십 년 후 그의 한 제자는 이렇게 썼다. "그는 보이지 아니하는 하나님의 형상이시요 모든 피조물보다 먼저 나신 이시니 만물이 그에게서 창조되되 하늘과 땅에서 보이는 것들과 보이지 않는 것들과 혹은 왕권들이나 주권들이나 통치자들이나 권세들이나 만물이 다 그로 말미암고 그를 위하여 창조되었고"(골 1:15-16). 하지만 이미 20대 시절, 그 놀라운 신성은 겉으로 평범해 보이는 예수님의 삶에 분명히 나타났다. 감추어 있지 않고 행동으로 드러났다. 골로새서의 숭고한 표현에서 25세의 나사렛 청년 예슈아의 일상에 대한 추측으로 방향을 돌리는 것은 마치 창세기 1장에서 2장으로 나아가는 것과 비슷하다. 우주적인 드라마에서 흙 묻은 신의 손으로 전환하는 장면 말이다. 눈에 보이지 않는 형상을 지닌 하나님이 이 땅에 오셨을 때, 그분은 육신뿐 아니라 문화까지 취하셨다.

현대 신약학자 N. T. 라이트(Wright)[1]는 나사렛 예수가 자신의 문화적 상황에 얼마나 깊이 동화되어 있었는지 밝히는 데 크게 기여했다. 라이트는 기념비적인 시리즈 "기독교의 기원과 하나님에 대한 질문"(*Christian Origins and the Question of God*) 중 「예수와 하나님의 승리」(*Jesus and the Victory of God*, 크리스챤다이제스트)[2]에서 예수님을 1세기 유대의 상황에 확고하게 위치시킨다. 그래서 전형적인 개신교 독자들이 라이트의 저서를 접한다면 방향 감각을 잃을지도 모른다. 라이트의 설명에 따르면, 예수님은 1세기 팔레스타인 지역에 거주하는 모든 유대인의 관심사였던 문화적이고 역사적인 질문들과 씨름하셨다. 당대인들과 마찬가지로, 예수님은 이스라엘 땅 깊숙이 들어와 영향력을 행사하는 것들과 대면하셔야 했다. 그것들은 이스라엘 하나님의 능력에 한계가 있다는 절망스러운 암시를 드러내고 있었다. 성전에 가서는 하나님에 대한 예배와 로마 군주들에 대한 유화책이 타협하는 불쾌한 장면을 목격하셨으며, 이스라엘을 압제에서 영원히 해방시킬 메시아의 재림과 그 지연에 대한 분분한 억측 가운데 언제나 파묻혀 계셨다. 이처럼 예수님의 사역은 일반적인 '영적' 문제가 아니라, 당시에 존재한 아주 구체적이고 역사적인 질문들을 다루는 일에 초점이 맞춰져 있었다.

창조자 예수

분명한 것은, 예수님이 문화 유산을 그저 보존하고 이용하신 데 그치지 않았다는 사실이다. 예수님은 이스라엘의 문화 유산을 접할 때마다 그것을 새롭게 하셨다. 사복음서 기자들은 예수님의 가르침이 혁신적이었다고 강조한다. "뭇 사람이 그의 교훈에 놀라니 이는 그가 가르치시는 것이 권위 있는 자와 같고 서기관들과 같지 아니함일러라"(막 1:22). 마태복음에 나오는 예수님의 첫 설교는 "심령이 가난한 자는 복이 있나니 천국이 그들의 것임이요"(마 5:3)라는 말로 시작한다. 이 가르침을 보면 가난한 자들에게 관심을 보이시는 하나님의 예언적 기록이 떠오르지만, 예수님은 그 내용을 완전히 새로운 방식으로 재구성하신다. 또한 누가복음에서 예수님은 랍비들이 흔히 사용하는 이야기를 변형시키셨다. 종교 지도자들이 여리고로 가던 중 크게 다친 어떤 사람을 그냥 지나쳤다는 이야기에서, 도움의 손길을 내민 주인공을 경건한 유대인이 아닌 사마리아인으로 바꾸셨던 것이다.

말과 글의 영역 이외에도, 예수님의 문화 창조성을 보여 주는 것들은 수없이 많다. 그분은 '식사' 관습을 완전히 바꾸셨다. 유대인들에게 식사 관습은 영양분 섭취뿐만 아니라 사회적 경계를 긋기 위한 목적으로서 문화적으로 큰 의미가 있었다. 그것은 한 개인의 교제권에 누가 들어올 수 있는지 '허용'과 '제한'의 기준을 명시하는 가능성과 불가능성의 지평선이었다. 그러한 지평선을 옮기신 예수님은 거리낌 없이 죄인들의 식사 초대를 받아들이셨으며 심지어 그들이 바리새인의 집에 오는 것을 환영하셨다. 그분은 전통 **의식**의 지평선을 확장하셨기에 안식일에 병을 고치셨을 뿐 아니라 제자들이 이삭을 자르는 것도 허용하셨다. 돌아가시기 전날 밤, 아주 중요한 식사 자리에 비스듬히 누우신 예수님은 유월절 의식을 행하시며 그 의미를 새롭게 해석하셨고, 언약의 잔을 드시며 "이 잔은 내 피로 세우는 새 언약이니"라고 말씀하셨다.

그중에서도 가장 중대한 사건은, 1세기 유대교에서 가장 강력한 문화 기관인 예루살렘 성전과 정면으로 충돌하셨던 일일 것이다. 예수님은 성전 바깥뜰에서 장사하는 사람들을 호되게 꾸짖으셨다. 사실 예수님에 대한 비판의 흔적들을 잘 찾아보면, 그분의 말씀보다는 행위를 겨냥한 것이 많다. 예수님의 적들이 가장 분개했던 것은 가르침만큼이나 혁신적인 그분의 행위 때문이었다. 이는 놀랄 일이 아니다. 어떤 문화를 통해 새롭게 만들어진 것을 가장 효과적으로 강화하는 방법은 그 문화를 구체적으로 실천하는 일이기 때문이다. 예수님은 창조적으로 가르치셨을 뿐 아니라 창조적으로 사셨다. 그래서 지평선의 수호자들은 예수님 때문에 불안을 느꼈다.

예수님은 자신의 사명을 간결하게 표현한 **하나님 나라**라는 말을 가슴 깊이 새기고 계셨다. 통치자가 있다 해도 통치자가 사회의 붙박이 장식물에 지나지 않는 시대라면, 나라라는 개념을 되살리기가 쉽지 않을 것이다. 하지만 당시 그 지역에 살던 유대인에게 나라라는 개념은 매우 큰 의미였다. 하나님 나라가 가까이 왔다고 선포하시며 하나님 나라에 대한 비유를 말씀하신 예수님은, 오직 새로운 정보 제공에만 관심이 있다는 듯 '기쁜 소식'을 전한 데서 만족하지 않으셨다. 그분의 기쁜 소식은, 통치권을 세습하던 시대에 사람들이 경험했던 것에 비해, 매우 포괄적인 개혁을 예고하고 있었다. 하나님 나라는 모든 영역과 모든 규모의 문화에 임하여, 결혼 생활과 식사 시간, 로마 점령군에 대한 저항과 성전에서 드리는 기도, 창녀의 사회적 신분과 바리새인의 경건, 청결의 의미와 질병의 해석, 사업의 청렴함과 기도의 정직성을 비롯해서 수많은 것을 새롭게 변화시킬 것이었다.

예수님도 아셨듯이, 이스라엘의 지평선은 잘못된 위치에 있었다. 산상수훈은 예수님이 가능성과 불가능성의 지평선을 옮기신 사례를 보여 준다. 특히 "…하였다는 것을 너희가 들었으나 나는 너희에게 이르노니"라는 반복구는 가장 확실한 사례이며, "…하였다는 것을 너희가 들었으나"라는 부분은 각각 잘못된 지평선들을 가려내고 있다.

> 옛 사람에게 말한 바 살인하지 말라 누구든지 살인하면 심판을 받게 되리라 하였다는 것을 너희가 들었으나 나는 너희에게 이르노니 형제에게 노하는 자마다 심판을 받게 되고 형제를 대하여 라가라 하는 자는 공회에 잡혀가게 되고 미련한 놈이라 하는 자는 지옥 불에 들어가게 되리라. 그러므로 예물을 제단에 드리려다가 거기서 네 형제에게 원망들을 만한 일이 있는 것이 생각나거든 예물을 제단 앞에 두고 먼저 가서 형제와 화목하고 그 후에 와서 예물을 드리라. 너를 고발하는 자와 함께 길에 있을 때에 급히 사화하라. 그 고발하는 자가 너를 재판관에게 내어 주고 재판관이 옥리에게 내어 주어 옥에 가둘까 염려하라. 진실로 네게 이르노니 네가 한 푼이라도 남김이 없이 다 갚기 전에는 결코 거기서 나오지 못하리라(마 5:21-26).

율법의 살인 금지 조항과 그러한 금지를 강화하기 위해 만들어 놓은 사회 구조―살인 가능성의 경계를 가능한 한 가장 멀리 옮기는 것―는 분노와 상해(傷害)라는 더 근원적인 문제를 다루지 않았기에, 살인은 언제든 또다시 발생할 수 있었다. 예수님은 이 문제에 대해 다른 지평선들―그 지평선에서는 분노와 폭력성을 똑같이 심판한다―을 제공하셨을 뿐 아니라 문화적 해결책을 내놓으셨다. 예배의 삶과 재판에 관련한 새로운 실천들을 말씀하신 것이다. 예수님은 산상수훈에서 율법의 계명을 자주 사용하셨다. 그 계명들은 본래 외적 행동에 적용되지만, 사실 마음의 내적 상태에도 적용된다. 하지만 예수님은 마음을 변화시키려면 **문화**를 변화시켜야 한다고 가르치셨다. 기도는 더 이상 큰 거리 어귀에서 할 것이 아니라 조용한 방에서 해야 한다. 율법의 자구(字句)를 구실 삼아 이혼하려고 하는 한, 더 이상 이혼과 재혼을 안일하게 허용해서는 안 된다. 장담하며 맹세하는 문화적 관습은 사라져야 한다. 언어와 기도하는 모습, 금식이 달라져야 한다. 예수님을 따르는 이들은 이웃에게, 심지어 원수에게까지 인생의 새로운 지평선을 나타내야 한다. 평화의 지평선, 하나님을 의지하며 살아가는 진정한 인간성의 지평선을 나타해야 하는 것이다.

물론 예수님의 가장 위대한 혁신은 그분이 제안하신 대안 문화에만 국한되지 않는다. 예수님은 온 세상 앞에서 하나님에 대한 온전한 신뢰를 나타내야 할 이스라엘의 본래 소명이 이제는 예수님께 맡겨졌다고 매우 강하게 주장하셨으며, 실제로 그 소명을 실천하셨다. 이스라엘은 세상에 평화를 주기보다 겁을 먹고 그들과 타협했다. 하지만 예수님은 로마의 잔학한 지배권을 인정하지 않으면서도 로마 군인의 무례한 행동을 관대하게 용서하셨다. 이스라엘은 이웃에게 하나님의 긍휼을 보여 주기보다, 오히려 경건한 체하며 그들과 거리를 유지했다. 하지만 예수님은 이스라엘 민족 5천 명을 먹이신 후에 이방인 지역으로 건너가 '깨끗하지 않은' 사람들 4천 명도 먹이셨다. 이스라엘은 이사야의 예언처럼 하나님의 전에 공간을 마련하여 세상 사람을 맞아들이기보다 성전 바깥뜰을 장사하는 사람들로 가득 채웠다. 하지만 예수님은 성전에서 상인들을 다 내쫓으셨으며, 유대인 회당장뿐 아니라 수로보니게 여인과 로마 백부장, 회당 지도자를 맞아 주시고 치유와 가르침의 은혜를 더하셨다. 예수님의 소명은, 이스라엘에게 주셨으나 그들이 망각해 버린(혹은 들으려 하지 않은) 모든 소명을 이루시는 것이었다. 그 소명은 세상의 빛이 되는 것, 또한 유일한 참 하나님의 가능성의 지평선을 나타내는 표지가 되는 것이었다.

하지만 예수님의 소명은 한 발 더 나아가, 이스라엘이 받은 소명의 본이 되셨을 뿐 아니라 그보다 훨씬 더 많은 것을 이루셨다. 그분의 소명은 이스라엘의 모든 실패, 모든 문화적 곤경을 떠맡는 것이었다. 또한 하나님에게서 독립하고자 하여 영원한 망명 생활로 들어간 그 얼룩진 역사를 떠맡는 것이었다. 예수님이 시작하신 문화 창조 운동을 널리 확장하기 위해서는, 깨진 문화에 정면으로 부딪히셔야 했다. 그래서 예수님은 십자가의 부르심을 받아들이셨다.

문화와 십자가

예수님 이전에도 십자가에 매달린 사람들은 많았다. 로마인들이 볼 때, 십자가라는 문화 인공물은 자기들의 세상을 새롭게 만들기 위한 시도였다. 그들은 제국의 안녕을 해치는 반역자를 공개적으로 잔인하게 처벌하기 원했다. 이런 분명한 필요 때문에 발명된 십자가는 예수님의(또 수많은 이들의) 사건에서 죄 없는 이를 압제하는 무분별한 폭력 도구로 변질되었다. 더욱이, 예수님에 대한 정죄로 이어진 온갖 불의의 배후에는 로마와 유대의 두 지배 계층이 있었다. 양쪽 모두 훌륭한 문화 제도의 수호자가 될 수도 있었지만, 결국 헤어 나올 수 없는 불의의 앞잡이가 되고 말았다.

예수님은 십자가에서 그 어떤 인간도 해낼 수 없는 전무후무한 일을 감당하셨다. 하나님께 반역한 인간 역사의 모든 무게를 짊어지셨다. 그분은 문화가 생산해 낼 수 있는 최악의 도구에 못 박히셨다. 이 고문 도구는 창과 폭탄과 가스실과 물고문처럼, 역사에서 발견되는 다른 모든 문화의 실패작을 대표했다. 다른 폭력 도구와 마찬가지로, 십자가는 문화적으로 볼 때 가장 터무니없고 무익하다. 십자가와 관련하여 무언가를 계발할 수 있는 여지는 전혀 없다. 내세울 만한 장점도, 더 키울 만한 장점도 찾아볼 수 없다. 생명을 죽이기 위해 만들어진 십자가는 숨이 멎을 때까지 냉혹하게 질식시켜 결국 창조성을 말살한다. 십자가는 그 희생자에게 말 그대로 막다른 끝을 상징한다. 그뿐 아니라 세상을 새롭게 단들라는 우리의 소명을 왜곡하고 고갈하기에, 문화의 막다른 끝을 상징하기도 한다.

십자가는 창세기 3장에서 시작한 고통스러운 이야기, 즉 타락한 문화에 관한 이야기의 정점이다. 무엇보다도 십자가는, 우리가 에덴동산으로 돌아가는 길 혹은 하늘 도성으로 나아가는 길을 언제나 즐겁게 계발하고 창조할 수 있다고 유혹하는 문화적 승리주의에 빠지지 않게 해준다. 또한 십자가는 인간이 행복으로 가는 길을 스스로 개선할 수 있다는 진보주의에 반대한다. 문화 계발에서 나사렛 예수보다 신실한 청지기였던 사람이 또 누가 있는가? 예수보다 더 놀라운 문화적 창조성을 표현했던 사람, 예수보다 더 많은 능력으로 심하게 왜곡된 지평선을 하나님의 평화로 옮길 수 있었던 인물이 어디 있단 말인가? 그런데도 예수님은 처형당했다. 지도 계층이 이를 적극 묵인했고, 그를 따랐던 군중마저 수동적으로 행동했기 때문이다. 요한의 말에 따르면, 예수님이 죽음을 앞둔 마지막 순간에 창조 이전의 어두움이 돌아왔다. 예수님이 탄생했을 때는 필립스 브룩스(Phillips Brooks)의 사랑받는 찬송가 가사처럼 베들레헴에서 "오랜 희망과 두려움"이 만남을 이루었지만, 예수님이 십자가에 달리셨을 때 그분의 제자와 민족, 그리고 온 인류가 한 마음으로 공유했던 희망은 산산이 깨지고 말았다.

더욱이, 하나님이 인간 문화에 광범위하게 간섭하시는 긴 역사 속에서 예수님은 자신이 어떤 역할을 감당해야 할지 분명히 인식하고 계셨는

데, 이러한 그분의 소명에 처음부터 십자가가 포함되었다는 것은 확실한 증거들이 뒷받침한다. 마르틴 켈러(Martin Kähler)가 말했듯이, 복음서들은 본질적으로 "긴 서론이 붙은 수난 내러티브"다. 각 복음서 기자들은 예수님이 예루살렘에서 보내신 마지막 주에 엄청난 지면을 할애한다. 예수님의 가르침을 볼 때, 그리고 성전 지도자들이나 로마 통치자들과의 충돌을 피하지 않으시는 그분의 선택을 볼 때, 우리는 그분의 가장 확실한 소명이 계발도, 창조도 아니라는 사실을 알 수 있다. 하지만 이미 살펴본 대로, 그분은 두 가지를 모두 폭넓게 실천하셨다. 예수님의 삶에서 핵심 소명은 그분이 능동적으로 행하신 일이 아니라 오히려 그분이 당하신 일이었다. 성경 이야기에서 가장 이상하고도 놀라운 역설은 가장 중요한 순간에 능동이 아닌 수동, 즉 행동이 아닌 고난을 발견하게 된다는 것이다.

부활의 여진

초대 그리스도인들은 에덴동산의 '첫 번째 아담'과 겟세마네 동산의 '두 번째 아담' 이야기에서 놀라운 유사점과 차이점을 발견하고 충격을 받았다. 첫 번째 아담은 하나님께 순종하지 않고 경솔하게 자신만 위했다. 그는 열매를 먹었고, 자신의 한계와 피조성을 극복하려 했다. 두 번째 아담은 하나님께 순종하면서 자신을 위해 행하지 않기로 신중한 결단을 내렸다. 그는 생명을 잃었고, 첫 번째 아담의 선택으로 인한 결과를 짊어졌다. 첫 번째 아담은 하나님이 세상을 새롭게 하라고 주신 자유로 세상을 왜곡하고 훼손하는 길을 택했다. 두 번째 아담은 인간의 능력과 신의 창조의 능력을 모두 잘 간직했다.

두 번째 아담이 십자가에 못 박혔을 때, 초대 그리스도인들은 그가 첫 번째 아담이 실패한 바로 그 일을 해냈다는 것을 깨달았다. 누가는 예수님의 마지막 말씀이 "아버지, 내 영혼을 아버지 손에 부탁하나이다"(눅 23:46)였다고 기록한다. 첫 번째 아담은 하나님에게서 독립을 선언하면서 자신의 방법과 재능으로 하나님과 같아지려고 했다. "근본 하나님의 본체"(빌 2:6)이신 두 번째 아담은 죽음의 순간과 죽음을 통해 하나님을 완전히 의지한다고 선언했다. 루이스(C. S. Lewis)는 이것을 아주 효과적으로 표현했다. "그는 단 한 번의 내기에 모든 것을 걸었다." 단약 아버지 되신 하나님이 예수님을 죽음에서 건져줄 의향도 능력도 없었다면, 그리고 시편 22:1의 "내 하나님이여, 내 하나님이여, 어찌 나를 버리셨나이까"라는 탄식이 시편 22:24의 "그의 얼굴을 그에게서 숨기지 아니하시고 그가 울부짖을 때에 들으셨도다"라는 찬양으로 변하지 않았다던, 예수님뿐 아니라 그분의 모든 계발과 창조는 그저 흙으로 돌아갔을 것이다. 바벨 사람들의 두려움은 갈릴리 제자들의 작은 파란에도 적용해 볼 수 있다. 그들은 곧 "온 지면에 흩어졌고", 그들이 사랑했던 랍비의 이름은 1세기의 몇몇 유대교 학자들을 제외하고는 사람들에게 잊혔다. 모든 것은 십자가에, 다시 말해, 하나님께 달려 있었다. 예수님이 아버지라고 부를 만큼 깊이 신뢰하는 바로 그분 말이다.

기독교 신앙이 놀라운 것은 예수님의 신뢰가 보상받았다는 점이다. 아버지 하나님은 예수님을 죽음에 내어주지 않으셨다. 예수님의 첫 제자들로부터 현대의 제자들에 이르기까지 모든 그리스도인은 부활을 기념했다. 부활이란 하나님이 예수님을 "내 사랑하는 아들"이라고 인정하신 사건이었고, 예수님이 모든 인류의 죄에 승리하셨다는 보증이며, 우리 사후 세계에 대한 보증이었기 때문이다. 이 모든 것은 분명히 부활의 의미에서 핵심적이다.

하지만 한 가지 더 언급해야 할 내용이 있다면, 그것은 부활이 문화를 **형성하는** 사건이었다는 점이다. 부활이 역사를 통틀어 문화적으로 가장 중요한 사건이었다는 것은 분명한 사실이다. 부활은 본질적으로 '종교적' 문제가 아니라, 있는 그대로의 역사적 사실에 대한 선언이다. 예수님의 제자들이 주장했던 대로 부활 사건이 정말 일어났다면, 부활은 우리가 아는 다른 어떤 사건들보다 그 이후의 인간 역사에 매우 큰 영향을 미친 것이 분명하다. 하지만 부활이 실제로 일어나지 않았다면, 기원후 30년대와 40년대의 짧은 기간에 유대와 팔레스타인에서 특별한 역사적 힘을 가진 다른 어떤 사건이 일어났을 것이다.

N. T. 라이트는 「하나님의 아들의 부활」(The Resurrection of the Son of God, 크리스챤다이제스트 역간)이라는 책에서, 역사 연구라는 도구를 사용하여 부활을 검토한다. 그는 예수님이 십자가에 죽으시고 사흘 후에 일어난 그 사건이 놀랍게도 예수님의 예언과 거의 일치할 뿐 아니라 제자들의 목격담과도 일치한다는 것을 상세하게 설명하며 설득력 있는 논증을 편다. 그가 제시한 어떤 증거들은 많은 그리스도인이 이미 잘 아는 것이다. 하지만 십자가 처형 이후 잔뜩 겁에 질린 갈릴리 상인들이 이끌던 초대교회가 갑작스럽게 부흥했다는 것, 예수님이 죽고 나서 (불과) 몇 년이 지나지 않아 그들이 다시 예수님을 담대하게 선포했다는 것은 부활하신 주님과의 만남이 없었다면 설명하기 힘든 사실이다. 또한 기독교 변증가들이 오래전부터 지적해 온 대로, 예수님의 최측근 제자들이 자신들의 랍비가 부활하셔서 벽을 통과했다는 도저히 믿을 수 없는 이야기만 부인했어도 그들은 순교를 면할 수 있었을 것이다.

라이트는 이런 견해의 모든 수단들을 아주 세밀하게 검토한다. 하지만 문화적으로 가장 중요한 관찰은 책의 마지막 부분에 등장한다. 라이트는 "한 주의 특별한 날이 마지막 날에서 첫째 날로 이동한 주목할 만한 사건"을 언급한다.

> 그리스도인들이 그 주의 첫째 날에 모임을 가졌다는 증거는 일찍부터 발견된다.[2]…일곱째 날을 안식일로 지키는 것은 유대교에 중요한 사회적·문화적·종교적·정치적 표지로 매우 견고하게 뿌리박혀 있었기 때문에, 날짜를 변경한다는 것은 현대 서구인이 수요일 대신 화요일에 테니스를 치기로 결정하는 정도로 간단한 문제가 아니었다. 그것은 마치 중세 로마 가톨릭의 경건한 신자가 금요일 대신 목요일에 금식하기로 하는 것과 같았고, 스코틀랜드 자유교회의 열성 신자가 주일 대신 월요일에 예배를 드리는 것과 같았다.

하지만 라이트가 여기서 놓치고 있는 부분이 있다. **의식**과 **시간**은 문화적으로 가장 신중하게 보존하는—문화적으로 가장 적극적으로 계발하는—것이다. 수천 년이 흐르는 동안 유대인들은 수도 없이 거주지를 이동하고 다양한 문명을 경험했으며, 그들의 언어와 문화적 관습도 무수한 방식으로 변했지만, 안식일로 지키는 날만큼은 결코 잊지 않았다. 십계명과 창조 이야기는 안식일 준수에 관해 기록한다. 안식일 준수는 오늘날과 마찬가지로 예수님 시대에도, 주변 사회에서 찾아보기 힘든 상당히 반문화적 행위로 맥을 이었다. 하지만 우리는 예수님의 죽음 이후 몇 년이 채 지나지 않아 일곱째 날에서 첫째 날로 안식일을 옮긴 어떤 집단에 대한 확실한 증거를 발견할 수 있다[정경에 포함된 누가, 바울, 요한의 증언을 통해, 그리고 수십 년 후 이그나티우스(Ignatius)와 같은 저자들을 통해]. 이들은 성전이 보이는 곳에 거주했으며, 대체로 혹은 전부 유대인 신자들로 구성되어 있었다.

안식일의 변경이 문화적으로 얼마나 중요한 의미인지 이해하기 위해 이렇게 한번 상상해 보자. 10년 정도 미국을 떠났다가 돌아온 사람이 있다. 일반 사회에서는 예전과 똑같이 월요일에 일어나 직장이나 학교에 가는 문화를 유지하고 있다. 하지만 이 사람은 상당수의 교회가 일요일에 건물을 비우고 월요일에 모여 예배를 드리는 것을 알게 된다. 월요일 새벽이나 직장이 끝나고 난 뒤, 혹은 아예 직장에 가지 않고 예배를 드리기도 한다. 게다가 그들은 한술 더 떠서 월요일을 '주일'이라고 부른다. 그 사람은 뭔가 특이한 일이 일어난 게 틀림없다고 결론을 내릴 것이다. 아니면, 최소한 그 사람들만큼은 뭔가 특별한 일이 일어났다고 **믿는다**고 결론을 내릴 것이다.

실제로 예수님이 처형당하신 이후의 일요일에 뭔가 특별한 일이 일어났다는 증거로서, 우리는 예배하는 날이 일곱째 날에서 첫째 날로 이동한 사실에 주목한다. 하지만 부활절에 대한 첫 제자들의 보고를 믿는 우리들에게, 그것은 또한 부활의 문화적 능력에 대한 가장 선명하고도 명백한 표지라고 할 수 있다. 왜냐하면 그러한 지각 변동으로 인해 널리 영향을 미치는 복잡한 사건들이 연속적으로 일어나면서, 지구상의 수많은 사람들의 생활에 직접적인 영향을 미치고 있기 때문이다. 그중 수많은 사람들이 명목상의 그리스도인이거나 비그리스도인이다.

우리는 맨해튼 부촌에 위치한 스타벅스에서 라테를 마시며 일요일판 "뉴욕 타임스"(New York Times)를 읽는 사람을 쉽게 볼 수 있다. 왜 그럴까? 이제는 이 세상 대부분의 지역에서 한 주의 **첫째 날**을 쉬는 날로 인식하게 되었기 때문이다. 일요일에 영업을 금했던 법(blue laws)이 광범위하게 폐지된 지금까지도 백화점 관리자가 오전 9시가 아닌 10시에 문을 여는 것을 보면 먼 과거의 부활 사건이 여전히 희미한 영향을 미치는 듯하다.

예수님의 부활은 문화 대지진과 같다. 이 대지진의 진원지는 30년대 초반의 예루살렘이며, 전 세계 사람들은 자신들의 문화적 관습에서 그 여진을 여전히 느끼고 있다. 그중 대다수가 그 기원에 대해 들어 본 적도 없고, 믿지도 않지만 말이다. 하지만 지진 비유는 느리게 움직이는 부활의 능력을 제대로 포착하지 못한다. 가까이 있는 사람들에게는 잘 보이지 않지만, 멀리까지 오래도록 영향을 미친다는 면에서 말이다. 오히려 하나님 나라에 대한 예수님의 생생한 묘사가 부활의 문화적 능력을 더 잘 표현했다고 생각한다. 부활은 처음에는 눈에 잘 띄지도 않는 겨자씨와 같다. 하지만 점점 무성해져서, "공중의 새들"에게 쉴 곳을 마련해 주며 주변 세상의 삶을 형성하는 생명력 넘치는 식물로 자라난다.

부활은 역사의 중심점이다. 부활 이후 2천 년간 일어난 수많은 사건에 영향을 미친 것처럼 지금까지도 그 영향이 지속되고 있다. 또 부활은 세상의 창조자에 대한 신뢰 행위와 가장 큰 믿음 행위에서 시작했다. 기존의 모든 창조자와 계발자 중에서 자신의 재능과 능력으로 문화 형성에 가장 크게 기여한 분은 예수님이다. 하지만 그분의 삶에서 문화 형성에 가장 크게 기여한 사건은 자신의 재능과 능력을 버린 선택의 결과였다. 부활은 우리에게 하나님의 형상을 따라 문화를 만드는 모범이 무엇인지 보여 준다. 그것은 바로 능력이 아닌 신뢰요, 독립이 아닌 의지다. 두 번째 아담은 하나님을 최고로 의지한 순간, 문화에 영향력을 미칠 수 있었다. 존속을 위협하는 거대 권력 앞에서 신앙을 표현해야 하는 이스라엘의 소명은 예수님이 로마의 십자가 앞에서 기꺼이 복종하셨을 때 성취되었다. 예수님은 그러한 권력 때문에 무너지셨지만, 동시에 그것을 영원히 무너뜨리셨다.

사실 문화적으로 볼 때 부활의 가장 극적인 영향력은, 십자가라 불리는 극악한 문화 인공물의 의미가 변했다는 것이다. 이 지배와 정죄의 도구는 예수님이 선언하신 하나님 나라의 상징이 되었다. 은혜와 용서를 가장 중요하게 여기는 대안 문화가 되었다. 그러므로 십자가에 못 박혔다가 부활하신 예수님은, 창세기 12장에서부터 시작된 하나님의 문화 구속 프로젝트에서 정점을 이루셨다. 그분은 인간의 권력으로 행할 수 있는 최악의 일을 당하셨지만, 그러한 권력에 대한 단순한 '영적' 승리뿐 아니라 '문화적' 승리와 함께 부활하셨다. 이는 인간 역사의 한가운데서 이스라엘이 적을 대면하며 느끼는 모든 두려움에 대한 답이었다.

우리는 앞에서 문화가 세상을 새롭게 만드는 것이라는 사실을 두 가지 차원에서 생각해 봤다. 이처럼 복음도 두 가지 차원에서 예수님의 선언이라 할 수 있다. 복음은 예수님이 **공표하신** 선언이다. 예수님은 인간의 가능성의 체계 속에 하나님의 가능성의 왕국(하나님 나라)이 임한다고 공표하셨다. 하지만 그것은 또한 예수님에 **대한** 선언이다. 예수님이 우리에게 선언하신 대로, 죽음과 부활을 통해 하나님 나라를 세우셨다는 기쁜 소식이다.

하나님 나라에서는 낡은 것을 버리지 않고 그것을 새롭게 함으로써 새로운 삶과 새로운 문화가 가능해진다. 문화가 낳은 최악의 산물인 십자가조차도 용서와 자비, 사랑, 영원한 삶이 넘치는 하나님 나라의 표지로 변화되었다.

9장
오순절부터[1]

사도행전은 도시에 관한 책이다. 사도행전은 예루살렘에서부터 로마까지의 이야기를 다루면서, 그 사이에 지중해 근방의 수많은 상업과 정치 중심지, 이를테면 안디옥, 루스드라, 이고니온, 고린도, 빌립보, 데살로니가, 에베소, 아덴 등을 거친다. 복음서 인물들의 활동은 갈릴리라는 시골 마을을 중심으로 전개되지만, 사도행전의 활동 무대는 대체로 도심이다. (잘 알려진 예외의 사건이 있다면, 빌립이 광야에서 에디오피아 고관과 대화를 나누는 장면이다. 하지만 에디오피아 고관 역시 여왕의 궁으로 돌아가는 중이었다.)

다시 말해, 사도행전은 문화에 대한 책이다. 창세기 11장에서 보았듯이, 도시는 문화가 포화 상태에 이른 장소다. 사도행전은 다양한 **문화들**(복수)에 대한 책이기도 하다. 왜냐하면 오늘날의 도시와 마찬가지로, 로마의 도시들은 여러 나라에서 온 다양한 사람들이 복잡하게 뒤섞여 있었기 때문이다. 경제적 기회를 구실로 그곳에 모여든 사람들은 로마의 광범위한 세력 아래 불안한 평화를 누리며 공존했다.

부활의 여진이 느껴지는 장소, 부활의 생명이라는 겨자씨가 싹을 틔

우기 시작한 장소는 문화와 그 영향력을 분명하게 감지할 수 있는 곳이었다. 또한 바벨에서 흩어진 사람들의 수많은 언어가 장터마다 시끄럽게 울려 퍼지고, 세상을 새롭게 만드는 무수한 시도가 저마다 부딪히며 충돌하던 곳이었다.

소수의 갈릴리인 무리는 로마 관리인과 유대 종교 지도자들이 있는 예루살렘 도시에 터를 잡았다. 하지만 그들의 지도자가 십자가에 처형당하면서 메시아에 대한 희망도 허물어졌기에, 그들에게 크게 이목이 집중되지는 않았을 것이다. 하지만 누가가 기록한 내용은 매우 놀랍다. 십자가 사건과 바로 그 다음 일요일의 이상한 사건 이후, 예수님이 "그들에게 확실한 많은 증거로 친히 살아 계심을 나타내사 사십 일 동안 그들에게 보이시며 하나님 나라의 일을 말씀하셨다"(행 1:3). 예수님의 마지막 말씀은 그 주변의 문화적 지형을 연상시킨다. "예루살렘과 온 유대와 사마리아와 땅 끝까지 이르러 내 증인이 되리라"(행 1:8). 그리고 열흘 뒤 오순절이라는 작은 절기에, 마침내 그들은 공적 증거를 시작했다.

누가는 일부러 지면을 할애하여, 새롭게 성령의 충만함을 받은 사도들 주위에 다양한 문화에 속한 사람들이 있었다고 언급한다. "그때에 경건한 유대인들이 **천하 각국으로부터 와서** 예루살렘에 머물러 있더니." 그들은 제사장의 히브리어, 점령자의 라틴어, 상인의 헬라어 같은 도시 공용어 중 한 가지 이상을 구사하는 사람들이었을 것이다. 그런데 잠시 후 기적이 벌어졌다. 각 듣는 자의 모국어로, 즉 그들이 어릴 때부터 배운 가장 친숙한 문화 형태로 동시통역이 이루어졌다. 수많은 민족의 이름을 장황하게 나열한 다음 본문은 잠시 생각해 볼 만한 가치가 있다.

다 놀라 신기하게 여겨 이르되 "보라, 이 말하는 사람들이 다 갈릴리 사람이 아니냐? 우리가 우리 각 사람이 난 곳 방언으로 듣게 되는 것이 어찌 됨이냐? 우리는 바대인과 메대인과 엘람인과 또 메소보다미아, 유대와 갑바도기아, 본도와 아시아, 브루기아와 밤빌리아, 애굽과 및 구레네에 가까운 리비야 여러 지방에 사는 사람들과 로마로부터 온 나그네 곧 유대인과 유대교에 들어온 사람들과 그레데인과 아라비아인들이라. 우리가 다 우리의 각 언어로 하나님의 큰 일을 말함을 듣는도다" 하고 다 놀라며 당황하여 서로 이르되 "이 어찌 된 일이냐?" 하며(행 2:7-12).

베드로는 곧이어 설교를 시작했다. 비록 그 대상은 유대인 청중이었지만, 베드로는 위의 질문에 답하면서 오순절의 궁극적인 의미가 이스라엘 민족을 훨씬 넘어선다는 것을 암시했다. 그는 먼저 요엘 선지자의 말을 인용했다. "하나님이 말씀하시기를 말세에 내가 내 영을 모든 육체에 부어 주리니"(행 2:17). 또한 그는 "이 약속은 너희와 너희 자녀와 **모든 먼 데 사람** 곧 주 우리 하나님이 얼마든지 부르시는 자들에게 하신 것이라"(행 2:39, 저자 강조)라고 말했다. 즉, 예수님의 부활과 성령의 임재로 인한 은혜가 이스라엘의 국경 너머까지 확장되리라는 뜻이었다.

고대와 현대의 주석가들은 오순절에서 바벨탑의 저주가 완전히 풀렸다고 말한다. 바벨탑의 결과로 하나님은 한 민족 언어 집단을 자기 백성으로 택하셔서 모든 민족의 복이 되게 하셨다. 베드로가 선포했듯이, 오순절은 모든 문화 집단과 '민족'에게 축복의 문이 열려 한없이 부어지는 '말세'의 시작이다. 바벨 사람들에게 내려진 저주가 인간사에 극적으로 간섭하시는 하나님의 손길이었듯이, 오순절의 축복도 초자연적인(혹은 좀더 명확히 말하자면 초문화적인) 방식으로 분리를 극복하신 하나님의 선물이었다. 하나님은 역사 속에서 일하신다. 그분은 이제 더 이상 한 문화 집단

안에서만 제한적으로 일하시지 않는다. 이제 모든 문화 집단이 하나님을 믿고 의지하라는 도전 앞에 서게 되었다. "누구든지 주의 이름을 부르는 자는 구원을"(행 2:21) 받으며, "우리 하나님이 얼마든지 부르시는 자들"(행 2:39)은 약속을 받을 것이다. 이처럼 인간이 하나님을 부르고, 하나님이 인간을 부르시는 쌍방의 부름은 더 이상 아브라함 자손의 전유물이 아니다.

이방인의 문제

영화는 극적인 장면들이 이어지며 시작한다. 그러한 장면들은 줄거리를 전개하고, 이야기의 나머지 부분을 끌고 나갈 중심인물과 갈등, 주제를 드러낸다. 오순절 사건은 사도행전에서 바로 그런 역할을 한다. 오순절은 굉장히 흥미롭고 인상적인 도입으로, 부활의 전체 드라마에서 더 놀라운 사건들이 아직 남아 있음을 알려 준다. 현대 그리스도인이 사도행전의 이러한 극적 구조에 별로 관심을 기울이지 않는 것이 이상할 따름이다. 이러한 그리스도인은, 마치 007 시리즈 영화 첫 부분에 등장하는 스릴 넘치는 추격 장면을 보고서도 영화를 중간에 보다 마는 사람과 비슷하다. 이들은 종반부의 훨씬 더 흥미진진한 추격 장면을 놓친다. 널리 알려진 오순절 이야기는 사실 앞으로 전개될 사건들의 서막에 불과하다. 오순절을 시작으로, 초대교회가 가장 중요한 첫 번째 위기를 맞는 순간까지 여러 가지 사건이 전개된다. 그 위기란 문화와 아주 밀접한 관련이 있다. 즉 신약 성경 전체에서 신앙과 문화의 문제가 가장 분명하게 제기된 부분이라고 할 수 있다.

오순절 사건을 목격한 청중이 다양한 문화와 언어 배경을 소유한 자들이긴 했지만, 그들은 모두 이스라엘의 문화 프로젝트에 깊이 관여하고 있는 유대인들이었다. 하지만 사도행전의 드라마가 전개되면서 사도와 초대 그리스도인은 곧 이방인을 접한다. 헬라어로 '에트네'(*ethnē*) 혹은 '민족들'이라 불리는 이방인은 이스라엘과 종교적·문화적으로 구별된 집단을 말한다. 사도행전 이야기는 일정한 순서로 전개된다. 누가는 사도행전 7장에서 스데반이 돌에 맞는 장면을 묘사한 뒤, "그 날에 예루살렘에 있는 교회에 큰 박해가 있어 사도 외에는 다 유대와 사마리아 모든 땅으로 흩어지니라"(행 8:1)라고 기록한다. 흩어졌던 사람들 중에는 사마리아로 간 빌립이 있었다. 사마리아는 정결 의식이 분명한 예루살렘 유대인이 볼 때 정통성이 의심스러운 지역이었다. 빌립은 사마리아에서 분명한 이단 행위인 마술을 접하지만, 마술사와 그 지역 사람들이 신앙을 갖는 것을 목격했다. 그 후에 빌립은 에디오피아 내시를 만났다. 그가 이스라엘 백성이 아니라는 것은 확실했다(그의 국적을 봐도 그렇고, 유대 법이 내시를 중요한 고위직에 배치하는 문화 관행을 분명히 금했다는 점에서도 그렇다). 하지만 에디오피아 내시는 예루살렘을 정기적으로 방문하고 히브리 성경을 배우려는 사람이었다.

또 얼마 지나지 않아 베드로가 "무두장이"(행 9:43) 시몬의 집에 유하는 장면이 나온다. 유대인이 무두장이를 부정한 직업으로 인식했다는 점을 고려해 본다면, 베드로의 이런 행위는 그가 문화적 정결을 실천하는 일에 이미 유연해지기 시작했음을 보여 준다. 그곳에 머무는 동안 베드로는 고넬료의 집에 와 달라는 초청을 받는데, 고넬료는 "경건하여 온 집안과 더불어 하나님을 경외하는" 이방인이었다. 베드로는 이 초청을 받기 전, 음식 문제를 놓고 환상 중에 예수님과 고뇌에 찬 대화를 나눈다. 예수님은 베드로에게 고넬료의 집에 복음을 전하려면, 이스라엘 문화에서 아주 중요한 정체성의 표지였던 음식 정결법을 무시하라고 말씀하셨다. 아마 생애 처음으로 이방인의 집을 방문했을 베드로는 다음과 같이 놀라운 (그리고 유대인들을 놀라게 하는) 말을 남겼다. "내가 참으로 하나님은 사람의 외모를 보지 아니하시고 **각 나라** 중 하나님을 경외하며 의를 행하는 사람은 다 받으시는 줄 깨달았도다"(행 10:34-35, 저자 강조).

베드로가 고넬료의 문지방을 넘은 시점부터 예수님의 제자들의 사명은 이스라엘이라는 문화적 특수성을 벗어났다. 사도행전 10장 이후로 변화의 속도가 빨라지면서 교회 내의 긴장도 고조되어 간다. 예루살렘으로 돌아온 베드로는 '할례자들'에게 자신의 행동을 설명했다. 그들의 반응은 놀라웠다. "그러면 하나님께서 이방인에게도 생명 얻는 회개를 주셨도다"(행 11:18). 하지만 "이방인**에게도**"라는 표현에는 놀라움과 좀처럼 가시지 않는 의심이 엿보인다.

한편, 이 말은 점점 퍼져나가 고대에서 세 번째로 큰 도시인 안디옥에까지 이르렀다. 다양한 사람들이 모여 살던 안디옥에는 이미 헬라 문화에 어느 정도 동화되어 헬라어를 사용하는 유대인(헬라파 유대인)도 꽤 있었다. 사도행전 13장에서 언급한 안디옥 교회 지도자들을 보면 그 문화적 다양성을 짐작할 수 있다. 지도자들 가운데는 구브로 출신 유대인 바나바, 별명에서 흑인임을 유추할 수 있는 "니게르라 하는 시므온", 북부 아프리카 출신이면서 로마 이름을 가진 "구레네 사람 루기오", "분봉 왕 헤롯의 젖동생 마나엔", 가말리엘의 문하생으로 교회를 핍박했으며 로마의 성(姓)과 시민권을 가진 "바울이라고 하는 사울"이 있었다.

이처럼 바나바와 바울을 지중해 근방으로 파송한 공동체는 문화적 다양성을 지니고 있었다. 바나바와 바울은 처음으로 도착한 살라미에서부터 본인들의 두 가지 문화적 배경을 모두 활용할 수 있었다. 로마의 총독 서기오 바울이 그들을 불렀을 때, 그에게 복음을 전하여 짧은 시간 안에 하나님을 믿게 했다(행 13:4-12). 그들은 두 번째로 비시디아 지역에 있는 안디옥이라는 이름의 또 다른 도시에 이르렀다. 그곳의 유대인 공동체는 널리 이방인에게까지 관심을 갖는 바나바와 바울의 메시지에 놀라 곧장 적대적인 태도를 취했다. 이로 인해 바나바와 바울은 자신들의 사역이 앞으로 이방인에게 초점을 맞출 것이라고 공식 선포하기에 이르렀고, 실제로 많은 이방인들이 하나님을 믿게 되었다(행 13:14-52).

비시디아 안디옥 사건 이후, 바나바와 바울이 유대인을 예수님에 대한 믿음으로 초청하는 기회에 소홀하게 대처했던 것은 아니지만, 그들의 주된 초점은 점점 더 이방인에게 맞춰졌다. 루스드라에서 이교도 지역으로 깊숙이 들어갔던 그들은 단 한 번의 치유 사역 때문에 무리로부터 제우스와 헤르메스라는 오해를 받았다. 비록 소란스러운 무리 가운데 뛰어들어 외친 것이긴 하지만, 바나바와 바울의 대답은 문화에 대한 기독교의 관점을 잘 요약하고 있다.

> 이르되 "여러분이여, 어찌하여 이러한 일을 하느냐? 우리도 여러분과 같은 성정을 가진 사람이라. 여러분에게 복음을 전하는 것은 이런 헛된 일을 버리고 천지와 바다와 그 가운데 만물을 지으시고 살아 계신 하나님께로 돌아오게 함이라. 하나님이 지나간 세대에는 모든 민족으로 자기들의 길들을 가게 방임하셨으나 그러나 자기를 증언하지 아니하신 것이 아니니 곧 여러분에게 하늘로부터 비를 내리시며 결실기를 주시는 선한 일을 하사 음식과 기쁨으로 여러분의 마음에 만족하게 하셨느니라" 하고 이렇게 말하여 겨우 무리를 말려 자기들에게 제사를 못하게 하니라(행 14:15-18).

"하나님이 지나간 세대에는 모든 민족으로 자기들의 길들을 가게 방임하셨으나"라는 말은 모든 민족이 세상을 새롭게 만들기 위해 나름 노력했다는 뜻이다. 하나님의 본래 의도에서 아무리 멀어졌다 할지라도, 그들은 이 세상의 풍요로움과 자기 내면의 증거 가운데서 하나님의 선하심을 경험했다. 하지만 바나바와 바울은 이제 모든 민족이 "이런 헛된 일", 즉 인간이 만들어 놓은 의식과 문화의 절망적인 결함을 버리고 "살아 계신 하나님께로 돌아오는" 것이 가능해졌다는 소식을 전했다.

누가는 사도들이 안디옥에 있는 자신들의 공동체로 돌아왔을 때 행한 일을 이렇게 기록한다. "그들이 이르러 교회를 모아 하나님이 함께 행하신 모든 일과 이방인들에게 믿음의 문을 여신 것을 보고하고"(행 14:27). 바울과 바나바는 다른 초대 그리스도인과 더불어 **믿음의 문**을 발견했다. 부활의 결과로, 초라한 피조물이 아닌 살아 계신 하나님을 믿을 수 있는 기회가 바벨 이후로 흩어진 모든 민족에게 열렸다.

모세의 법

사도행전 앞부분부터(실은 예수님이 배를 타고 갈릴리 바다를 건너 이방인 지역으로 가셨던 때부터) 서서히 고조된 긴장은 이야기의 현 시점에서 폭발한다.

> 어떤 사람들이 유대로부터 내려와서 형제들을 가르치되 "너희가 모세의 법대로 할례를 받지 아니하면 능히 구원을 받지 못하리라" 하니 바울 및 바나바와 그들 사이에 적지 아니한 다툼과 변론이 일어난지라. 형제들이 이 문제에 대하여 바울과 바나바와 및 그 중의 몇 사람을 예루살렘에 있는 사도와 장로들에게 보내기로 작정하니라(행 15:1-2).

사도행전 15장은 사도행전 전체에서 아주 인상적인 중심점이다. 오순절의 극적 사건은 이 결정적 순간의 전조였다. 여느 극적 순간과 마찬가지로 사도행전 15장은 갈등을 그린다. 누가는 수사학 기법의 일종인 곡언법(曲言法, 억제된 표현으로 도리어 더 강한 인상을 주는 수사법―역주)을 사용하는데, "적지 아니한 다툼과 변론" 같은 표현이 그 예다. 이는 다툼과 변론이 극심했다는 뜻이다. 이같이 첨예하게 대립되는 변론으로 인해, 바울과 바나바를 비롯한 다른 몇 사람은 예수님의 제자로서 문화를 어떻게 다루어야 할지 결정짓기 위해 거의 650킬로미터나 되는 여정에 올랐다.

한쪽 편에는 바리새파 신자들이 있었는데 이들은 모세의 '법'을 중시했다. 여기서 법에 해당하는 헬라어 단어는 '에토스'(ethos)인데, 고대인들은 '에트노스'(ethnos)와 '에토스'의 유사성에 주목했다. 모든 '에트노스'는 '에토스'를 가지고 있었다. 다시 말해, 모든 민족은 법, 그러니까 세상을 새롭게 만드는 독특한 방식을 소유했다. 바리새인은 사실 단순한 율법주의자가 아니라, 세상 가운데서 이스라엘의 구별됨을 보존하는 일에 헌신했던 자들이다. 그들의 생각에는, 역사를 향한 하나님의 목적과 선택받은 백성이 분리될 수 없으며, 선택받은 백성과 할례로 특징지어지는 법 또한 분리될 수 없었다. 그래서 이방인이 하나님의 목적에 동참하고자 한다면 이스라엘의 모든 문화적 표지를 취하는 것이 당연했다. "이방인에게 할례를 행하고 모세의 율법을 지키라 명하는 것이 마땅하다"(행 15:5).

또 다른 편에는 안디옥과 살라미 같은 지역을 여행했던 바나바와 바울이 있었다. 이러한 도시 가운데는 비시디아 안디옥과 마찬가지로, 어느 정도 이방인을 이웃으로 받아들이고 어울려 살아가는 유대인들이 있었다. 그 때문에 이방인들은 이스라엘의 하나님을 더 많이 알아갈 수 있었다. 하지만 이러한 도시들에 거주하는 유대인들 역시 두 사도의 메시지를 듣지 않았다. 반면, 이방인은 믿음의 문을 통과했다. 예루살렘에서 교육을 받은 이 두 유대인은 법과 민족이 더 이상 은혜의 걸림돌이 될 수 없음을 깨달았다. 이스라엘에게 모세의 법을 주셨다 해도, 이것이 그들 가운데 계신 하나님께 반응하게 하는 보증수표는 아니었다. 바나바와 바울 이후 오늘날까지도, 자문화의 결점을 발견하고 살아 계신 하나님의 말씀에 반응하는 타문화의 잠재성에 놀라며 고국으로 돌아오는 선교사들이 여전히 줄을 잇는다.

누가는 예루살렘 회의에서 벌어진 논쟁 전체를 기록하지는 않는다. 그것은 초대 그리스도인들의 삶에서 유례없는 사건이었다. 사도행전 6장에서도 문화적 입장 차이 때문에 헬라파 유대인과 히브리파 유대인 과부 사이에 언쟁이 벌어졌지만, 이번 사건은 그보다 훨씬 더 복잡하고 중대한 결정을 요구하는 사건이었다. 많은 변론이 오간 후에 베드로와 예수님의 형제 야고보가 마침내 최종 발언으로 매듭을 지었다. 결과는 놀라웠다. 매일 성전에서 이스라엘의 약속을 성취하신 메시아의 부활을 축하하며 시간을 보냈던 유대인 집단이 예수 그리스도에 대한 믿음이 법과 민족보다 더 중요하다는 결정을 내렸기 때문이다. 그들에게 법과 민족이란, 천년이 넘도록 세상의 창조자를 증거하는 일에 가장 핵심적인 요소였다. 하지만 이와 반대로, 예수 그리스도에 대한 믿음은 모든 문화 환경에서 선포하고 표현할 수 있는 것이었다.

물론 예루살렘 회의가 이방 문화의 모든 면을 정식으로 인정하지는 않았다. 그들은 이방 출신 신자들에게 이렇게 편지했다. "성령과 우리는 이 요긴한 것들 외에는 아무 짐도 너희에게 지우지 아니하는 것이 옳은 줄 알았노니 우상의 제물과 피와 목매어 죽인 것과 음행을 멀리할지니라. 이에 스스로 삼가면 잘되리라. 평안함을 원하노라"(행 15:28-29). 예루살렘

회의의 편지에는 단순한 법과 관습으로만 볼 수 없는 이방 문화의 특징, 즉 이 세상을 궁지로 몰아넣는 행위에 대한 뚜렷한 인식이 담겨 있었다. 창조자 대신 피조물을 경배하는 우상숭배, 고대의 관점에서 가축을 인도적으로 도살하지 않고 생명이 있는 피째 잡아먹는 것, 인간을 향한 하나님의 목적과 어긋나는 성행위가 바로 그런 것들이다. 하지만 이스라엘을 하나님의 백성으로 만들어 주었던 수많은 작은 실천은 여전히 하나님의 선물이긴 했어도 더 이상 신앙의 표지일 수는 없었다.

이로써 바울과 그 일행은 이방 민족에게 나아가는 사명을 자유로이 감당할 수 있었다. 바울은 이러한 사명을 품고, 마침내 유대 정체성의 중심이었던 예루살렘에서 이교도 문화와 세력의 중심지인 로마까지 나아갔다. 그 과정에서 그는 이방인과 유대인이 함께 예수님을 경배하는 교회를 발견하고 설립할 수 있었다. 로마제국 변두리에 위치한 갈릴리에서 시작된 운동은 바울 생애의 마지막 때에 로마 황실까지 다다랐다. 동산에서 도시까지 이르는 동안, 복음의 겨자씨는 멀리까지 빠르게 퍼져 나갔다.

사도행전의 교훈

사도행전의 사건들은 성경 인물들이 문화를 생각하는 방식에 획기적인 전환을 가져왔다. 이스라엘의 본질은 다른 나라와 구별된 유일한 문화를 이루는 것이었다. 하지만 갈릴리 메시아의 제자였던 신실한 유대인들이 로마제국 전역을 순회하면서, 교통과 상업 분야의 괄목할 만한 문화적 성과를 이용하여 다양한 문화에 있는 사람들을 자신의 공동체로 끌어들였다. 이집트와 인도에 전해 내려오는 교회에 대한 전설이 사실이라면, 예수님의 첫 제자인 갈릴리 유대인들은 자국뿐 아니라 로마제국 경계 너머까지 여행했다고 볼 수 있다. 그들은 '민족들'이라는 뜻의 '에트네'라는 말을 경멸조로 내뱉는 사람들이 될 수도 있었다. 하지만 이제 다양한 '민족들'은 이스라엘과 마찬가지로 믿음과 회개의 동일한 메시지를 듣게 되었다. **민족들**이라는 표현은 배척이 아닌 포용의 단어가 되었다.

이처럼 중대한 사고 전환 배후에는 오순절 체험과 그 결과가 있었다. 오순절에 예수님이 보내신 성령은 각 사람이 자신의 언어로 '하나님의 크신 능력'을 듣게 하셨다. 그들만의 문화적 방언으로 통역해 주셨던 것이다. 라민 사네(Lamin Sanneh)는 이러한 통역 가능성이 원어로 코란을 읽으라고 요구하는 이슬람교와 기독교를 분명하게 구별한다고 지적했다. 복음은 유대 문화 역사에 깊이 뿌리박고 있지만, 동시에 모든 사람이 자신의 '모국어'로 접할 수 있다. 기독교가 다다르지 못할 문화는 없다. 왜냐하면 이스라엘 특유의 문화 이야기가 세상의 모든 문화를 구원하는 사명을 기술하기 때문이다. 세상의 창조자가 이 일을 먼저 시작하셨다.

하지만 하나님의 백성 가운데 문화적 다양성이 갑작스럽게 발생했다고 해서, 문화 인공물과 문화 전통을 비롯한 모든 문화가 선한 것으로 드러나고 정결해졌다는 의미는 아니다. 다만 사도행전은 매우 길고 광범위한 문화 분별 과정의 기폭제일 뿐이다. 다시 말해, 예루살렘의 유대인 신자들이 안디옥의 이방인 신자들에게 보낸 편지는 시작에 불과했다. 하나님은 베드로에게 이렇게 말씀하셨다. "하나님께서 깨끗하게 하신 것을 네가 속되다 하지 말라"(행 10:15). 하지만 대체 정확히 무엇을 깨끗하게 했단 말인가? 이스라엘의 음식 규정은 하나님이 정하신 소중한 규칙이지만 다양한 문화에 통용할 수 있는 명령은 분명 아니었다. 하지만 예루살렘 회의는, 이방 문화의 특징 가운데 하나님이 인류에게 의도하신 지평선 바깥에 존재하는 것이 있음을 판별해 냈다. 오순절 사건으로, 문화 인공물이나 전통의 가치는 더 이상 이스라엘에 주신 토라와의 관계를 통해 결정되지 않고, 이스라엘이 지금까지 배운 샬롬, 즉 모든 것을 아우르는 평화에 의해 결정된다. 가능성과 불가능성의 지평선은 그러한 평화 가운데 제자리를 찾는다. 이 지평선들 안에는 우상숭배, 짐승의 불경스러운 사용, 성적 부도덕을 위한 자리가 없다. 물론 그때나 지금이나 이러한 관행이 다양한 문화의 중심을 이루긴 하지만 말이다. 복음이 다양한 문화 가운데 선포되고 실천될 때, 그것은 별 문제가 없어 보였던 문화적 전통에 의문을 제기할 것이다. 하지만 사도행전 2장에서 하나님의 크신 능력을 선포하는 데 사용했던 언어처럼, 하나님을 신뢰하고 의지하는 데 사용할 수 있는 문화의 다른 특징들이 존재한다.

사도행전 29장

성령이 초대 그리스도인들을 통해 일으키신 것은 다름 아닌 문화 혁명이었다. 그들의 문화적 창조성은 파도처럼 광범위하게 물결치며 로마제국을 새롭게 형성했다. 초대교회의 문화적 영향력을 가장 잘 설명한 책은 로드니 스타크(Rodney Stark)의 「기독교의 번영」(*The Rise of Christianity*)이다. 당시 기독교 신자가 아니었던 스타크는, 313년 콘스탄티누스 대제의 밀라노 칙령으로 기독교가 합법화되고 마침내 강력한 세력을 이루기까지 초대교회가 급성장한 과정을 정확한 수치를 들며 비종교적 언어로 설명하고자 했다. "기원후 350년경 로마제국의 인구는 적어도 6천만 명에 달했는데, 그중 그리스도인은 3천3백만 명 정도로 추정된다. 당시 일부 기독교 작가들은 스스로를 주류라고 칭했다."[2] 1세기에 기껏해야 수천 명의 지지자를 확보했던 운동이 어떻게 4세기에 이르러 로마제국 인구의 반을 차지할 수 있었을까?

　스타크가 몇 장에 걸쳐 지적 탐정 소설 같은 필체로 풀어낸 답은 결국 문화다. 로마 문화의 특징을 계속 접하는 가운데 이교도들의 설득력 있는 다양한 이야기에 영감을 얻은 그리스도인들은 대담할 정도로 창조성을 보였다. 그들의 삶은 주변 이웃의 삶과는 달랐지만 주변 이웃과 완전히 단절되어 있지도 않았다. 그들이 창조한 문화는 대중적이면서 모든 사람에게 접근 가능했다.

　스타크는 "전염병, 조직망, 개종"이라는 제목의 주목할 만한 장에서 로마 도시를 휩쓸었던 전염병에 그리스도인이 어떻게 대처했는지 살펴본다. 1세기 기독교 시대에 최소한 두 종류의 전염병이 로마 인구의 3분의 1에 해당하는 인명을 앗아갔다. 이처럼 끔찍한 상황이 닥쳐오자 이교도 측 엘리트와 성직자들은 아무런 미련 없이 도시를 떠났다. 당시 유일하게 활동한 사회 조직망은 교회뿐이었다. 교회는 그리스도인과 비그리스도인 모두에게 기본적인 치료를 해주면서, 죽음을 초월하는 희망을 불어넣었다. 디오니시우스(Dionysius) 감독은 다음과 같이 기록했다. "간호와 치료에 헌신했던 수많은 이들은 타인의 생명을 위해 대신 죽음을 맞이했다. 가장 훌륭한 형제들, 주위에서 좋은 평판을 받아 온 수많은 장로, 집사, 평신도들이 이같이 목숨을 잃었다. 그들의 죽음은 모든 면에서 순교나 다름없었다."[3]

　교회가 전염병을 치료할 수 있는 마술이나 약을 가지고 있지는 않았다. 하지만 사람들이 이처럼 끔찍한 병에서 살아남을 수 있었던 것은 삶에 가장 필요한 기본 요소가 채워졌기 때문이다. 그리스도인들은 음식과 물, 우정을 제공하는 것만으로 많은 사람을 회복시켰다. 면역 체계가 효과적으로 방어 기능을 할 수 있는 상태를 마련했다. 스타크는 치료를 받을 만큼

운이 좋지 않았던 이교도의 사망률과 그리스도인과 그 이웃들의 사망률의 차이를 계산하기 위해 다소 섬뜩한 대수학을 사용했다. 스타크의 결론은 다음과 같았다. "**약 없이** 세심한 간호만으로도 사망률을 3분의 2 이상 줄일 수 있었다."[4] 도시를 수차례 휩쓸고 간 전염병에서 월등한 생존율을 보인 집단은 그리스도인 혹은 그리스도인에게 간호를 받은 이교도들이었다. 전염병으로 수많은 친구와 가족을 잃은 이교도들은 새로운 친구와 가족이 필요했고, 이 때문에 자연스럽게 기독교로 개종했다.[5] 교회가 성장했던 것은 공포에 직면하여 희망을 선포했기 때문만이 아니라, 병들어 죽어가는 사람들에게 새로운 방식으로 다가갔던 문화적 영향력과 죽음을 무릅쓰고 그들을 돌보았던 자발성이 있었기 때문이다.

스타크는 이어지는 장에서 구체적인 문화 이슈들을 차례로 살펴보았다. 초대 그리스도인들은 위생 설비가 열악하고 민족 간의 긴장이 감도는 도시에서 살았으며, 여성의 자유와 존엄성을 강력하게 탄압하는 문화에서 살았다. 또한 원치 않는 아기를 버리거나 익사시키는 것을 허용하는 사회에 살았다. 각각의 경우 그리스도인들은 문화적 창조성을 보였고, 이웃과 공유한 어려움을 해결하기 위해 새로운 방식을 도입했다. 그들의 문화적 창조성은 감춰져 있지 않고 더 넓은 세상을 향해 움직였다. 부분적으로는 그리스도인 집단 안에 가난한 사람들뿐 아니라 문화적으로 힘 있는 사람들이 속해 있었기 때문에(다른 학자들과 마찬가지로 스타크는 여기서 몇 가지 구체적인 예를 들었다), 그들의 혁신은 지배 문화에 대한 진정한 대안으로 로마 사회에 유포될 수 있었다.

기적과 기도, 복음주의적 설교를 다루는 사도행전을 읽고 난 뒤 역사에서 하나님이 일하시는 증거를 찾고 있는 독자들로서는, 스타크의 책이 처음에는 무미건조하거나 당혹스럽게 느껴질지도 모른다. 기독교 운동의 기적 같은 성장에 대한 연구를 통계학과 인구학 분야에만 맡긴다면 뭔가 놓치는 것은 아닐까 하는 생각 때문일지도 모른다.

우리는 사망률과 출생률에 대한 스타크의 정밀한 과학 분석만 참고할 것이 아니라, 그가 연구하는 시대에 살았던 그리스도인들의 여러 저작을 함께 읽는 것이 좋다. 그렇게 한다면, 그러한 저작들이 사도행전과 마찬가지로 성령의 임재와 사역에 대한 확신으로 충만하며, 기독교 공동체 안에서 행하시는 하나님의 기적적인 사역에 대한 경외심으로 가득하다는 것을 발견할 수 있을 것이다.

실제로, 역사 가운데 충만했던 성령의 사역이 갑자기 개인 예배라는 단순하고 순수한 '종교' 문제로, 혹은 한낱 이야깃거리로 사라져 버렸다면, 이것은 아주 우울한 반전이었을 것이다. 하지만 역사를 향한 하나님의 계획은 역사에서 벗어난 적이 없었다. 우리가 사용하는 **영**(spirit)이라는 단어는 실체가 없다는 의미를 함축하고 있어서, 현대 그리스도인들은 성령(Spirit)이 모호하고 대개는 심리적인 현상이라는 인상을 갖고 있다. 하지만 히브리어 '루아흐'(*ruach*)와 헬라어 '프뉴마'(*pneuma*)는 모두 '영'이라는 의미보다 '바람'과 '숨'이라는 의미가 더 강했다. 예수님이 니고데모에게 말씀하신 것처럼, 바람은 어떤 면에서 말로 표현할 수 없고 예측할 수 없다. 하지만 바람이 불 때, 나뭇가지가 휘어지고 풀밭에 잔물결이 일어나며 파도가 이는 것을 본다. 새로운 것을 창조하신 성령님은 예측 가능하며 눈으로 볼 수 있는 분명한 문화적 영향력을 지니고 계셨다. 물론 "어디서 와서 어디로 가는지" 정확히 말하기는 어렵지만 말이다. 사도행전의 배경인 1세기에도, 그리고 특히 오순절 신앙이 이 세상을 광범위하게 재형성해 가고 있는 오늘날에도, 신의 능력과 가장 비종교적인 과학자가 측정할 수 있는 문화적 영향력은 서로 반대되지 않는다.

스타크는 그가 증거로 제시한 문화적 변화를 설명하면서, 전통적 사회학 방법론의 한계를 인정한다. 그는 「기독교의 번영」의 후기에서 중요한 내용을 언급한다. "[현대 역사가들은] 사회적 요소들이 종교 교리를 어떻게 형성했는지 토론하기를 좋아한다. 그러나 안타깝게도, 종교 교리가 사회적 요소들을 어떻게 형성했는지에 대해서는 마지못해 토론한다." 하지만 이런 측면에 대해, 스타크는 다음과 같은 믿음을 가지고 있다. "교회의 교리는 기독교의 번영에서 **결정적 요소였다…사회 내의 관계와 조직을 매력적이고 자유롭고 효과적이게 만들고 유지시킨 것은 기독교의 핵심 교리였다.**"[6] 더 간단히 표현하면, 기독교 신앙은 로마 문화 내에 존재하는 사회적 세력의 산물도 아니었고, 문화적 활동성이 없는 '개인만의' 문제도 아니었다. 나사렛 예수가 죽은 자 가운데서 살아나셨다는 신앙은 그리스도인을 문화 창조자로 만들었으며, 그들이 창조한 문화가 너무 매력적이었기에 기원후 4세기경 온 제국을 신앙으로 성큼 다가가게 했다.

10장
요한계시록까지

사도행전의 마지막 페이지로 접어들면 창세기 12장에서 아브람의 부르심과 함께 시작한 성경의 역사는 끝을 맺는다. 물론 사도행전 이후로 여러 서신이 있지만, 연대순으로 나열하면 대부분은 사도행전의 사건이 일어나는 사이에 기록되었고, 혹은 그보다 약간 이후 바울이 로마에 도착한 때로부터 (기독교 전승에 따르면 도착 후 얼마 지나지 않아) 제국의 권력자에게 처형당하기 전까지의 시기에 기록되었다. 창세기 12장에서 신약의 마지막 서신들까지는 하나님이 선택하신 백성에 관한 이야기가 이어진다. 한 사람에서 시작된 이 이야기는 그의 영적 자손이 로마제국 전역에 엄청난 숫자로 불어나게 되었다는 것을 끝으로 막을 내린다.

하지만 신약의 마지막 책은 역사에서 비껴나 있으며, 서사시와 가공의 이야기를 통해 인류 전 역사의 미래를 조망한다. 요한계시록은 아브라함과 맺은 하나님의 언약에 대한 상세한 내러티브 너머에 있는 창세기 1-11장의 원시 역사와 그 맥을 같이한다. 황량한 밧모 섬에 유배된 늙은 사도는 지중해 가장자리에 위치한 교회들을 굳건히 하고자 이 책을 썼다.

교회가 이제 막 박해를 당하기 시작하여 동요하던 때였다. 하지만 요한계시록의 권고는 바울 서신의 실천적이고 구체적인 권고와는 상당한 차이가 있다. 심지어 그것은 요한 사도 자신이 쓴 애정 어린 짧은 서신들의 권고와도 차이가 있다. 요한은 이렇게 기록한다.

> 주의 날에 내가 성령에 감동되어 내 뒤에서 나는 나팔 소리 같은 큰 음성을 들으니 이르되 "네가 보는 것을 두루마리에 써서 에베소, 서머나, 버가모, 두아디라, 사데, 빌라델비아, 라오디게아 등 일곱 교회에 보내라" 하시기로 몸을 돌이켜 나에게 말한 음성을 알아보려고 돌이킬 때에 일곱 금 촛대를 보았는데 촛대 사이에 인자 같은 이가 발에 끌리는 옷을 입고 가슴에 금띠를 띠고 그의 머리와 털의 희기가 흰 양털 같고 눈 같으며 그의 눈은 불꽃 같고 그의 발은 풀무불에 단련한 빛난 주석 같고 그의 음성은 많은 물 소리와 같으며 그의 오른손에 일곱 별이 있고 그의 입에서 좌우에 날선 검이 나오고 그 얼굴은 해가 힘있게 비치는 것 같더라. 내가 볼 때에 그의 발 앞에 엎드러져 죽은 자 같이 되매 그가 오른손을 내게 얹고 이르시되 "두려워하지 말라. 나는 처음이요 마지막이니 곧 살아 있는 자라. 내가 전에 죽었었노라. 볼지어다, 이제 세세토록 살아 있어 사망과 음부의 열쇠를 가졌노니 그러므로 네가 본 것과 지금 있는 일과 장차 될 일을 기록하라"(계 1:10-19).

요한의 독자들은 이것이 평범한 서신이 아님을 금방 알아차렸을 것이다. 그리고 또 다른 융성한 제국에 살던 어느 신실한 예언자의 말을 떠올렸을 것이다. "그때에 내가 눈을 들어 바라본즉 한 사람이 세마포 옷을 입었고 허리에는 우바스 순금 띠를 띠었더라. 또 그의 몸은 황옥 같고 그의 얼굴은 번갯빛 같고 그의 눈은 횃불 같고 그의 팔과 발은 빛난 놋과 같고 그의 말소리는 무리의 소리와 같더라"(단 10:5-6). 독자들은 요한이 말한 '인자'가 수백 년 전 다니엘이 보았던 사람과 동일 인물이라는 사실을 곧 알아차렸을 것이다.

> 내가 또 밤 환상 중에 보니 인자 같은 이가 하늘 구름을 타고 와서 옛적부터 항상 계신 이에게 나아가 그 앞으로 인도되매 그에게 권세와 영광과 나라를 주고 모든 백성과 나라들과 다른 언어를 말하는 모든 자들이 그를 섬기게 하였으니 그의 권세는 소멸되지 아니하는 영원한 권세요 그의 나라는 멸망하지 아니할 것이니라(단 7:13-14).

"옛적부터 항상 계신 이"의 "옷은 희기가 눈 같고 그의 머리털은 깨끗한 양의 털" 같았다(단 7:9).

요한이 보는 이는 다니엘의 모든 환상을 종합한 바로 그분이었다. 그분은 사람의 아들인 동시에 하나님의 아들이다. 양털처럼 흰 머리털뿐 아니라 그 밖의 모든 점에서, 결코 지울 수 없는 아버지의 모양을 지니고 있다. 이어지는 장에서 요한은 자신이 본 환상을 상술하며, 예수님의 흩어진 교회들이 당하는 박해를 그들이 바라는 것보다 훨씬 더 크고 희망적인 이야기 속에 위치시킨다. 요한계시록은 묵시의 책이다. 묵시라는 단어의 헬라어 의미는 본래 **대재앙**이나 **세상의 종말**이 아니라 **드러남**이다. 요한계시록에서 요한은 현재와 미래 사건의 의미를 드러내시는 하나님을 보여 준다. 그러한 사건들은 모두 이스라엘 특유의 표현인 우주적 드라마 속에 각각 자리를 잡고 있다.

후대 역사에 대한 요한의 계시를 해석하기 위해 수많은 문서가 기록되었다. 요한이 기록한 내용 중에는 독자들뿐 아니라 요한 스스로도 이해할 수 없는 것들이 있었을 것이다. 다니엘 역시 자신이 기록한 것을 깨닫지 못했다고 고백했다(단 12:8). 하지만 나는 독자들이 요한계시록 초반부를 주변의 매우 실제적인 역사적 상황에 대한 암호화된 주석으로 이해했을 거라는 견해에 동감한다. 요한계시록의 우주적인 크기와 범위에도 불구하고, 생생한 묵시의 표현은 대부분 현재 사건이나 그러한 사건의 역전 가능성과 긴밀히 연결되어 있다. 그것들은 '우리가 아는 세상의 종말'에 관한 이야기이긴 하지만, 그렇다고 해서 반드시 '세상의 종말'에 관한 이야기인 것은 아니다.

하지만 요한계시록 종반부로 접어들면서 요한은 실제로 우주적 전환점에 이른다. 창세기 1-11장이 아브람을 부르시기 이전의 시작 부분을 설명한다면, 요한계시록 후반부는 어둠 속에 선포된 하나님의 말씀과 흙 묻은 하나님의 손에서 시작한 거대한 프로젝트의 결말을 서서히 드러낸다. "땅과 하늘이 그 앞에서 피하여"(계 20:11) 흔적도 찾아볼 수 없게 된 후에, 이 이야기의 결말은 현재 안락함을 누리는 이들을 두렵게 하며, 최악의 상태에 이른 인간 문화 아래서 고통당하는 이들을 위로할 것이다. 모든 인간의 위업은 정직하고 진실한 최후의 심판을 받고, 아무것도 하나님의 눈길을 피해 진노를 면할 수 없을 것이다. 또한 정의를 향한 모든 부르짖음이 응답되고 해명될 것이다. 그 후에 '생명책'이 낭독될 텐데, 이 책은 행위가 아닌 믿음에 근거한다. 이 책은 하나님이 주신 생명을 거부한 자들을 두렵게 할 것이며, 삶의 행적을 낱낱이 정직하게 고백하며 자신이 얼마나 형편없는 존재인지 깨닫는 자들을 위로할 것이다. 그리고 "누구든지 생명책에 기록되지 못한 자는" 유황불 못에 던져질 것이다(계 20:15). 하지만 그 엄격하면서도 은혜로운 평가를 통과한 이들은 놀랍도록 새로운 시작을 맞이할 것이다.

창세기의 맨 처음과 마찬가지로 요한계시록의 맨 끝에서, 우리는 문화가 주도적인 역할을 하고 있음을 발견한다.

거룩한 도시

요한계시록의 결말은 또 다른 시작이다. 하지만 이미 살펴보았듯이, 이러한 시작은 창세기의 시작과 비교했을 때 놀라운 차이점이 있다. "새 하늘과 새 땅"은 "하늘에서 하나님께로부터 내려오는데 그 예비한 것이 신부가 자기 남편을 위하여 단장한 것" 같은 "거룩한 도시 새 예루살렘"(계 21:2, 흠정역)에서 시작할 것이다. 이스라엘의 희망과 승리와 실패를 모두 내포하는 예루살렘은 어쨌든 종말의 대심판에서 살아남을 것이다. 그리고 새 예루살렘은 옛 예루살렘이 꿈꾸고 성취하려 했던 모든 것이 집약된 곳일 것이다. 요한은 긴 구절에 걸쳐 새 예루살렘을 묘사하는데, 그 덕에 우리 눈은 기대로 또렷해질 수도 있고 지루함으로 흐릿해질 수도 있을 것이다. 하지만 이러한 묘사에 사용된 모든 문장은 우리가 문화의 궁극적 운명을 생각하는 방식에 영향을 미친다. 그래서 신중하게 읽어 볼 가치가 있다.

> 영 안에서 나를 데리고 크고 높은 산에 이르러 하늘에서 하나님께로부터 내려오는 저 큰 도시 곧 거룩한 예루살렘을 내게 보여 주니 그 도시에 하나님의 영광이 있어 그 빛이 지극히 귀중한 보석 같고 벽옥 같으며 수정같이 맑더라. 그 도시에는 크고 높은 성벽이 있고 열두 문이 있는데 그 문들에 열두 천사가 있고 그 문들 위에 이름들이 기록되어 있으니 곧 이스라엘 자손의 열두 지파의 이름들이라 동쪽에 세 문, 북쪽에 세 문, 남쪽에 세 문, 서쪽에 세 문이 있으며

> 그 도시의 성벽에는 열두 기초석이 있고 거기에 어린양의 열두 사도의 이름들이 있더라(계 21:10-14, 흠정역).

요한이 2절과 10절에서 두 번 강조했듯이, 이 도시는 "하늘에서 하나님께로부터" 내려왔다. 꼭대기가 하늘에 닿는 '탑'을 쌓아 하늘까지 다다르고자 했던 바벨 도시와는 전혀 달리, 이 도시는 인간의 위업이 아니다. 첫 창조와 마찬가지로 그것은 하나님의 선물이다. 그 도시를 "계획하시고 지으신"(히 11:10) 분이 하나님이시기에 도시의 영광은 곧 하나님의 영광이다. 에덴동산과 마찬가지로 그것은 하나님의 문화적 위업이다.

새 창조의 중심에 위치한 이 도시는 과거와 수많은 연속성을 지니고 있다. 대표적인 것으로는 이스라엘 민족(각 문마다 새겨진 열두 지파의 이름)과 교회(열두 기초석에 새겨진 열두 사도의 이름—누가 적혔든지 간에!)가 있다. 인간 역사에 들어오셔서 간섭하시는 하나님의 구원 이야기는 사라지거나 잊히지 않았으며, 더 나은 '영적' 실재를 위해 자리를 내준 것도 아니다. 본문에 등장하는 유일한 '영적' 피조물인 열두 천사는 문을 지키는 보조 역할만 수행할 뿐이다. 도시의 문과 기초석에 새겨진 것은 다름 아닌 인간의 이름이었다. 성경에서는 그저 싸우거나 가끔씩 용기를 보여 주었다고밖에 기억되지 않는 히브리 형제 열둘과 갈릴리 사람 열둘이 그 이름의 주인공이다. 여기서 이름으로 상징되는 인간 역사는 새롭게 부활하여 그 영속적인 중요성을 드러낸다.

> 그 도시의 성벽 건물은 벽옥으로 되어 있고 그 도시는 순금인케 맑은 유리 같더라. 그 도시의 성벽 기초석들은 온갖 보석으로 장식하였는데 첫째 기초석은 벽옥이요, 둘째는 사파이어요, 셋째는 옥수요, 넷째는 에메랄드요, 다섯째는

홍마노요, 여섯째는 홍보석이요, 일곱째는 귀감람석이요, 여덟째는 녹주석이요, 아홉째는 황옥이요, 열째는 녹옥수요, 열한째는 청옥이요, 열두째는 자수정이라. 그 열두 문은 열두 진주니 문마다 한 개의 진주로 되어 있고 그 도시의 거리는 순금인데 투명한 유리 같더라(계 21:18-21, 흠정역).

나는 요한이 두 번 언급한 "맑은 유리 같은 순금"이라는 표현이 황홀한 영적 상태를 예시하거나 우리가 상상할 수 없는 새 창조의 요소를 비유한다고 늘 생각했다. 그 후 '니혼가'(nihonga)라는 일본 미술 전통을 이어가고 있는 뉴욕의 아티스트 마코토 후지무라의 작품을 접할 기회가 있었다. 니혼가는 합성 안료나 물감이 아닌 천연 광물을 사용하는 예술 형태로 수세기의 전통을 자랑한다. 후지무라가 사용하는 대표적인 주원료는 금박인데, 금이 아주 얇아질 때까지 계속해서 두들겨 만든 것이다. 그런데 이처럼 세심하게 두들기다 보면 금이 반투명 상태로 변한다는 것을 알게 되었다. 금의 본질을 잃지 않으면서도, 그 뒤에 있는 물체가 비쳐 보이는 상태가 된다.

금은 **자연** 상태에서 투명 상태는 물론, 반투명 상태도 아니다. 하지만 숙련된 기술자의 손을 거치면 금은 유리 같은 특징을 갖게 된다. 그렇다면 요한이 "맑은 유리 같은 순금"—물론 세상의 어떤 예술가도 이런 상태로까지 만들 수는 없겠지만—이라는 표현을 쓴 의도가 좀더 분명해진다. 그는 우리가 문화적 과정 혹은 위대한 예술가 하나님을 거쳐 새롭게 가공된 금을 상상하길 바랐던 것이다. 이는 요한이 도시를 장식하는 요소로 나열한 모든 것에 적용할 수 있다. 새 예루살렘 성벽의 기초석은 광물이 아닌 보석으로 장식된다. 보석은 광물로 만들어지지만, 그것은 문화가 첨가된 광물이다. 그러한 광물은 감식력 있는 이에게 선택되어 광택과 절단 작업을 거쳐야 가장 아름다운 형태로 거듭날 수 있다.

예리한 기억력을 지닌 독자라면, 창세기 2장에 등장한 에덴동산 주위의 천연 자원이 새 예루살렘에도 있다는 것을 눈치 챘을 것이다. "그 땅의 금은 순금이요 그곳에는 베델리엄과 호마노도 있으며"라는 창세기 기자의 기록은 표면상으로는 주제에서 벗어난 것처럼 보인다. 하지만 그 순금이 여기에서도 사용되며, 호마노[홍마노]도 도시의 기초석을 이루는 수많은 보석 중에 포함되어 있다. 또한 몰약처럼 나무 진액이 굳어져 흰 덩어리가 된 반투명의 베델리엄은 향유나 보석처럼 귀하게 여겨졌던 물질인데, 새 예루살렘의 문과 도시를 장식하는 열두 개의 진주란 바로 베델리엄을 묘사한다. 다시 말해, 에덴동산 주위에 있던 풍성한 천연 자원이 계발되어 도시를 장식하는 데 멋들어지게 사용되고 있다.

> 또 내가 그 안에서 성전을 보지 못하였으니 이는 주 하나님 전능자와 어린양께서 그 도시의 성전이시기 때문이라. 그 도시에는 해와 달이 빛을 비출 필요가 없으니 이는 하나님의 영광이 그 도시를 밝혀 주고 어린양께서 그 도시의 광체이시기 때문이라. 구원받은 자들의 민족들이 그 도시의 빛 가운데서 다니겠고 땅의 왕들이 자기의 영광과 존귀를 가지고 그리로 들어가리라. 그 도시에는 밤이 없으므로 낮에 그 도시의 문들을 도무지 닫지 아니하리라. 사람들이 그 민족들의 영광과 존귀를 가지고 그리로 들어가겠고 더럽게 하는 것은 어떤 것이든지 결코 그리로 들어가지 못하며 또 무엇이든지 가증한 것을 이루게 하거나 거짓말을 만드는 것도 들어가지 못하되 오직 어린양의 생명책에 기록된 자들만 들어가리라(계 21:22-27, 흠정역).

새 창조는 옛 창조와 분명 유사한 부분이 있지만, 그렇다고 완전히 똑같지는 않다. 인간이 하나님과의 관계를 새롭게 하려 했던 성전이라 불리는 문화 인공물은 더 이상 필요 없다. 해와 달 같은 천체도 더 이상 필요하지 않은데(여기서 요한은 새 창조에 다른 천체가 존재하지 않는다고 말한 것이 아니라, 그런 천체들이 내는 빛이 필요하지 않다고 말하는 것이다), 이는 낮과 밤을 불문하고 도시에 임하는 직접적인 하나님의 영광이 조명 기능을 대체하기 때문이다. 또한 하나님이 이처럼 직접 임재하셨기에, 옛 창조에서는 흔히 존재했던 것들, 즉 거짓되고 깨끗하지 못한 사물이나 사람들은 도시로 들어갈 수 없다. 오직 어린양의 은혜로운 선물로 생명을 얻은 사람들만 도시로 들어간다.

왕들과 그들의 영광

이제 요한계시록 문화 프로젝트의 중심에 이르렀다. 문화 인공물인 도시는 진정한 건축가이며 예술가이신 하나님의 위업이다. 그 도시의 시민은 어린양의 구속된 백성들로 "각 족속과 방언과 백성과 나라"(계 5:9)에서 온 사람들이다. 하지만 이 도시에 하나님의 작품과 인공물, 사람들만 있는 것은 아니다. 도시에는 "만국의 영광과 존귀"도 있다. 그리고 그것들은 다름 아닌 "땅의 왕들"이 가져온 것이다.

요한은 요한계시록 21장 전체에 걸쳐 이사야 선지자가 기록한 고대의 환상을 회복하고 재현한다. 이사야 역시 해와 달이 더 이상 필요하지 않은 미래의 도시를 보았다. "오직 여호와가 네게 영원한 빛이 되며 네 하나님이 네 영광이 되리니"(사 60:19). 또한 이사야는 구속된 도시의 거리에 왕들과 이방 나라들이 있을 것이라고 이미 예언했다.

허다한 낙타, 미디안과 에바의 어린 낙타가 네 가운데에 가득할 것이며

스바 사람들은 다 금과 유향을 가지고 와서 여호와의 찬송을 전파할 것이며

게달의 양 무리는 다 네게로 모일 것이요 느바욧의 숫양은 네게 공급되고

내 제단에 올라 기꺼이 받음이 되리니

내가 내 영광의 집을 영화롭게 하리라(사 60:6-7).

곧 섬들이 나를 앙망하고 다시스의 배들이 먼저 이르되

먼 곳에서 네 자손과 그들의 은금을 아울러 싣고 와서

네 하나님 여호와의 이름에 드리려 하며

이스라엘의 거룩한 이에게 드리려 하는 자들이라

이는 내가 너를 영화롭게 하였음이라(사 60:9).

네 성문이 항상 열려 주야로 닫히지 아니하리니

이는 사람들이 네게로 이방 나라들의 재물을 가져오며

그들의 왕들을 포로로 이끌어 옴이라(사 60:11).

레바논의 영광 곧 잣나무와 소나무와 황양목이 함께 네게 이르러

내 거룩한 곳을 아름답게 할 것이며

내가 나의 발 둘 곳을 영화롭게 할 것이라(사 60:13).

요한의 환상과 이사야의 환상에는 분명한 유사성이 있다. 우리는 성문이 닫히지 않으며, 밤이 임하지 않는 도시를 다시 한 번 보게 된다. 또한 그 도시의 거리는 이스라엘과 주변 나라에서 만든 온갖 문화 재화로 넘쳐난다. 도시에 있는 가축과 배, 값비싼 광물과 보석, 목재는 모두 하나

님의 "거룩한 곳을 아름답게 할 것"이다. (이는 이사야와 요한의 중요한 차이점이다. 이사야는 성전이 없는 새 예루살렘을 전혀 상상하지 못했지만, 요한은 새 창조의 때에 도시와 성전이 분리되지 않고 하나의 거룩한 장소를 이룰 것이라 보고 있다.)

리처드 마우(Richard Mouw)는 「미래의 천국과 현재의 문화」(*When the Kings Come Marching In*)라는 얇지만 탁월한 책에서, 이사야의 환상이 문화와 새 창조에 대한 성경 인물들의 사고방식에 어떤 영향을 미쳤는지 살펴본다.

> 거룩한 도시를 구성하는 요소들은 우리가 흔히 내세에 대해 이야기하며 떠올리는 것보다 현재의 문화 유형에 훨씬 더 가깝다. 이사야는 거룩한 도시를 상업의 중심지이자, 상업 행위의 요소인 사람, 상품, 통화가 수용되는 장소로 나타내고 있다. 현대 용어를 빌리자면, 이사야는 미래의 '기업 구조'와 '문화 유형'에 관심을 기울인다. 또한 그의 환상은 '이방 문화'의 수많은 물품들이 미래에 어떠한 운명을 맞이하게 될 것인지 우리에게 예기치 못한 결론을 가져다 준다. 이사야는 그러한 물품들이 거룩한 도시에 흘러 들어와 좋은 목적으로 사용되는 것을 보았다.[1]

그러므로 '만국의 영광'으로 가득한 새 예루살렘에 대한 이사야의 환상이 요한에게 동일하게 임했을 때, 그가 본 것은 '기독교'와 관련한 문화 인공물만이 아니다. 신앙인이 만들고 신앙인이 소비하는 그런 문화 인공물이 아니라는 뜻이다. 성경적인 관점에서 한 나라의 왕이 그 민족이나 백성 전체의 대표자인 것처럼, 한 나라의 영광은 그 나라에서 가장 탁월하고 독특한 문화적 성과를 가리킨다. 사막 상인들의 낙타, 정성껏 재배된 레바논의 목재, 거대하고 튼튼한 다시스의 배가 바로 그러한 예들이다. 새 예루살렘은 이처럼 이스라엘의 문화 재화나 기독교의 문화 재화만으로 구성되어 있지 않다.

마우는 여기서 적절한 질문을 던진다. 이사야와 요한계시록이 이방의 문화 재화에 대한 하나님의 심판을 구체적으로 예언하는데, 어떻게 그런 것들로 새 예루살렘을 구성할 수 있느냐는 것이다. 최소한 다시스의 배만큼은 제외해야 하는 것이 아닐까? (하나님은 시편 48:7에서 이 배를 '깨뜨리실 것'을 약속하셨다.) 하지만 이러한 심판은 그 본래 가치 때문이 아니라, 그것들이 이방 사회(와 종종 이스라엘 사회)에서 우상 숭배 용도로 사용되었기 때문이다.

> 부정적인 본문을 읽을 때, 그것을 꼭 이방 요소가 파괴될 것이라는 주장으로 받아들일 필요는 없다…나는 다시스의 배에 대한 심판이 정화를 위한 것이었다고 생각한다. 여기서 다시스의 배를 '깨뜨린다'(breaking)고 하신 것은, 화분을 깨뜨린다(breaking)고 할 때의 의미가 아니라 말을 길들인다(breaking)고 할 때의 의미와 더 가깝다고 생각할 수 있다. 여기서 심판은 파괴가 아닌 길들임을 의미한다…다시스의 배에 만연한 교만과 반역을 제거할 때, 그것은 자유롭게 하나님과 그의 백성을 섬기는 도구가 된다. 변화된 도시에서 사역을 위한 배로 쓰이는 것이다.
>
> 　왕들이 행진하며 들어올 때, 그들은 자신들의 나라에서 최고의 것을 가져온다. 설령 그것이 하나님과 그의 백성에 반하여 사용되는 문화 재화라 할지라도 말이다. 거룩한 도시에 대한 궁극적인 비전은 하나님의 영광과 임재, 눈부시게 아름다운 그분의 건축 작품, 모든 문화적 배경을 지닌 구속된 백성뿐 아니라 구속된 인간 문화가 가득한 곳이다.[2]

그렇다면 인간의 모든 문화가 새 예루살렘에서 영구적으로 그 기능을 담당하게 될까? 그렇지는 않다. 큰 돛과 넓은 용골을 자랑하는 다시스의 배는 한 번 깨뜨려지면 제대로 구실할 수 있다. 하지만 생명을 앗아가는 용도로만 쓰이는 칼은 전쟁과 죽음이 없는 창조 세계에서는 아무런 구실도 할 수 없다. 그저 보습으로 바뀔 뿐이다(사 2:4). 마찬가지로 창도 낫으로 바뀔 것이다.[3] 역사에 존재하는 무수한 문화적 실패작들은 결국 잊히거나 사장될 것이다. 나는 그저 그런 평범한 문화적 산물도 이 실패작들과 운명을 같이할 것이라고 생각한다. 그 어떤 문화적 전통에서도 '영광'으로 표현된 적이 없으며, 세상을 새롭게 하는 데 좀처럼 열성을 보이지 않은 미온적인 산물들 말이다.

모든 문화 재화가 철저한 변화를 겪게 되리라는 사실은 꽤 분명해 보인다. 두들겨서 반투명 상태가 된 금은 완전히 투명해질 것이다. 이에 대한 가장 좋은 예는 성경이 우리 몸의 변화를 예견하는 부분이다. 결국 우리 역시 낮아짐과 심판을 경험할 것이며, 우리 몸은 바울이 단언했던 것처럼 다시 살아나고 변화할 것이다. 하지만 떡갈나무가 그 열매와 일정한 유사성을 지니는 것처럼, 부활한 몸도 현재의 몸과 많든 적든 유사성을 지닐 것이다. 이와 동일한 심판과 정화와 부활이 분명 거룩한 도시에 들어온 모든 문화 재화에도 적용될 것이다.

우리는 부활 이후에도 우리 몸이 존재하길 바라며, 또 그렇게 될 것을 안다. 지금은 상상하기 어렵지만, 어쨌든 그때가 오면 새로운 몸이 우리 자신의 몸이라는 것을 인식할 수 있다. 예수님이 상상할 수 없는 능력을 지닌 부활체를 입고 제자들을 만나셨을 때, 제자들이 그분을 알아보았던 것처럼 말이다. 이와 같은 일은 문화 재화에도 동일하게 일어난다. 우리는 이사야 60장과 요한계시록 21장을 통해 새 창조가 문화를 갖추고 있음을 분명히 알았다. 문화 재화 역시 우리 몸처럼 변화되고 구속되겠지만, 여전히 옛 창조 때의 본질을 지니고 있을 것이다. 좀더 정확히 말하자면, 문화 재화들은 항상 존재해 왔던 대로 존재할 것이다. 새 예루살렘은 실제로 도시 형태이다. 그곳은 문화로 가득하며, 문화가 번영하는 공간이다. 그곳은 하나님이 첫 인간들에게 주셨던 명령이 이루어지는 공간이다. 창조하는 사람들과 계발하는 사람들이 세상의 모든 잠재성을 발견하고 드러내는 공간이다.

이 도시의 중심부에 이 모든 이야기가 시작된 동산이 위치할 것이다.

> 또 그가 수정같이 맑은 생명수의 강을 내게 보이니 하나님과 및 어린양의 보좌로부터 나와서 길 가운데로 흐르더라. 강 좌우에 생명나무가 있어 열두 가지 열매를 맺되 달마다 그 열매를 맺고 그 나무 잎사귀들은 만국을 치료하기 위하여 있더라. 다시 저주가 없으며 하나님과 그 어린양의 보좌가 그 가운데에 있으리니 그의 종들이 그를 섬기며 그의 얼굴을 볼 터이요 그의 이름도 그들의 이마에 있으리라. 다시 밤이 없겠고 등불과 햇빛이 쓸 데 없으니 이는 주 하나님이 그들에게 비치심이라. 그들이 세세토록 왕 노릇 하리로다(계 22:1-5).

변화와 구속과 해방을 경험하는 것은 문화만이 아니다. 하나님이 "땅을 망하게 하는 자들"(계 11:18)을 심판하실 것이기에, 자연은 본래 계획대로 번영을 누리게 된다. 생명나무는 더 이상 위험하지도 않고 금지되지도 않는다. 동산은 이제 도시에 가려지지 않는다. 동산은 도시의 중심에 위치하며, 생명으로 가득 차 푸르게 우거진다.

새 예루살렘이 갖출 문화

천국은 문화를 갖추고 있다. [벨린다 칼라일(Belinda Carlisle)의 말처럼 요한계시록은 "천국이 이 땅에 있는 장소"[4]임을 분명히 했다.] 이사야서와 요한계시록을 읽거나, 처음부터 끝까지 성경 이야기의 전체 흐름을 살펴보면, 영혼이나 인간만 영원히 존재한다는 것은 사실이 아니다. 창조자와 계발자가 없다면 문화 재화는 아무런 쓸모도 없는 하찮은 것으로 전락할 것이다. 하지만 하나님의 본래 의도와 인간의 구속적 목적을 고려해 볼 때, 인간은 자신이 최선을 다해 창조하고 계발한 문화 재화와 분리될 수 없다.

그러므로 어떤 문화 인공물을 대상으로 다음과 같이 질문해 보는 것은 흥미로운 일이다. 이것을 새 예루살렘에서 사용할 수 있을까? 어떤 문화 재화들이 우리가 아는 수많은 문화적 전통의 '영광과 존귀'를 나타내는가? 우리는 이미 성경의 증언을 통해 다시스의 배들이 새 예루살렘에 있을 것을 알고 있다. 어쩌면 그 배들은 아메리카컵(Americas' Cup, 1851년 창설된 국제 요트 경기의 우승컵—역주)을 거머쥔 요트라든가 멋지게 조각된 자작나무 카누와 항구를 같이 사용할지도 모른다. 내가 생각하는 "만국의 영광과 존귀"의 목록 중에는 바흐의 "미사 B단조", 마일즈 데이비스의 "카인드 오브 블루"(Kind of Blue), 아르보 패르트(Arvo Part)의 "거울 속의 거울"(Spiegel im Spiegel), 그린 티 크럼블레, 생선 타코, 불고기, 「백경」, 「오디세이아」, 아이팟, 미니쿠퍼 같은 것들이 있다. 물론 이것들이 반드시 정화와 구속의 단계를 거쳐 새로워질 것이라고 믿는다. 부활체가 우리의 현재 몸보다 훨씬 더 나은 상태가 된다고 믿는 것처럼 말이다. 하지만 인간 문화를 대표한다는 다른 것들 때문에 내가 좋아하는 것들이 새 예루살렘에 들어오지 못한다면, 나는 매우 놀랄지도 모른다. 왜냐하면 이러한 것들이야말로 12음계, 자연의 풍미, 언어, 마이크로칩, 전동기로 새롭게 만들어 낸 가장 훌륭한 것들이기 때문이다. (소와 물고기를 위해서라면, 새 예루살렘의 식단이 채식 위주로 바뀌어도 괜찮다. 하지만 밀고기나 콩고기를 대체할 만한 더 나은 음식이 반드시 있을 것이다.)

우리의 문화적 창조성과 계발성에 대해서도 동일한 질문을 던져 보아야 한다. 우리는 새 예루살렘에 갖춰질 만한 것을 창조하고 계발하는가? 우리가 일생을 바치는 문화 재화들, 즉 우리가 요리하고 섭취하는 음식, 구매하고 연주하는 음악, 보고 만드는 영화, 월급을 받고 재산을 투자하는 사업 등은 우리 문화적 전통의 영광과 존귀로 인식되는 것들인가? 아니면 기껏해야 그저 그런 평범한 문화적 산물로, 혹은 최악의 경우에는 문화적 실패작으로 기억될 것들인가? 이것은 우리가 지금 '기독교' 문화를 만들고 있는지에 관한 질문이 아니다. '기독교'의 문화 인공물 역시 '비기독교'의 문화 인공물과 마찬가지로 동일한 선별 및 판단 작업을 거칠 것이다. 이것은 누가 문화 인공물을 만들었는지, 혹은 어느 부분에 그들의 신앙이 녹아 있는지에 관한 질문도 아니다. 왜냐하면 모든 문화 재화는 수많은 이들의 노력이 축적된 결과이기 때문이다. 새 예루살렘에 존재할 문화 재화들을 창조하고 계발한 사람들 중에는, 분명 어린양의 의로 그들의 죄를 대신하겠다는 초청을 거절한 이들도 있을 것이다. 하지만 그들의 탁월한 작품만은 존속될 것이다. 우리가 현재 일생을 바치는 문화 재화들도 그렇게 되리라 장담할 수 있을까?

문화적 책임감에 대한 이러한 기준은, 그리스도인들이 자신의 과업을 평가하는 방식보다 훨씬 더 엄격하지만 훨씬 더 자유롭기도 하다. 우리는 과업의 가치를 평가할 때 너무 단기적으로 바라보는 경향이 있다.

우리는 이 책이 주목을 받을 것인지, 이 상점이 이번 분기에 수익을 낼 것인지, 이 계약이 성사될 것인지 질문한다. 물론 이러한 것들은 우리의 문화적 과업이 지속적인 가치를 지니는지 평가하는 데 유용한 중간 과정이 될 수도 있다. 하지만 우리의 과업이 하나님의 구속적 목적이라는 장기적인 지평선까지 다다르지 못한다면, 단기적 평가는 별 소용이 없다. 하지만 새 예루살렘이 모든 문화의 최고 산물로만 구성된다는 것을 깨닫는다면, 우리가 하는 모든 일에 '종교적'이거나 복음적인 설명을 덧붙여야 한다는 부담에서 자유로워질 수 있다. 다만 우리가 할 일은 선조와 이웃과 협력하는 가운데, 최선을 다해 자유롭게 세상을 새롭게 만드는 일이다. 다시스의 배와 미디안의 낙타가 새 예루살렘에서 자리를 찾을 수 있다면, 우리의 문화적 과업이 아무리 '세속적'이라 하더라도 그곳에서 자리를 마련할 수 있을 것이다.

예기치 못한 왕들

많은 그리스도인은 이야기의 결말 부분에서 "땅의 왕들"(계 21:24)이 도시로 들어온다는 내용에 놀랄지도 모른다. 하지만 훨씬 더 놀라운 것이 기다리고 있다. 다른 모든 문화 재화와 마찬가지로 왕이라는 개념 역시 올바르게 정화될 필요가 있다. 요한계시록에는 뜻밖의 중요 인물이 무수히 등장한다. 제국의 권력에 희생된 흰옷 입은 순교자 무리는 종말에 중요한 역할을 감당한다. 또한 모든 도시를 통치하는 "만왕의 왕이요 만주의 주"는 죽임당하신 어린양이다. 예수님이 약속하셨듯이, 새 예루살렘에서는 먼저 된 자가 나중 되고 나중 된 자가 먼저 된다.

그러므로 "땅의 왕들"이 만국의 영광을 가지고 도시에 모습을 드러내는 순간, 우리는 분명 놀랄 것이다. 그들은 역사책에 이름을 남긴 인물일 수도 있고, 그렇지 않을 수도 있다. 오늘 밤 어떤 엄마는 아이에게 자장가를 불러 주고 있다. 전기가 들어오지 않는 어느 병원에서는 한 간호사가 에이즈로 죽어가는 사람의 손을 잡고 있다. 한 굶주린 소년이 여동생과 함께 턱없이 부족한 음식을 나눠 먹고 있다. 이들은 모두 왕이 아니다. 지금은 말이다. 하지만 복음은 영속적이고 중요하고 특권이 있는 것에 대한 상식을 완전히 뒤엎는다. 다시스의 배는 마치 바늘귀를 통과하는 것처럼 새 창조에 알맞은 존재가 되기 이전에 깨뜨림을 당할 것이다. 하지만 지위와 권력에 사로잡힌 세상의 눈으로는 잘 보이지도 않던 작은 문화 재화들은 높임을 받을 것이다. 하나님의 새 창조에서 산은 낮아지고 골짜기는 돋우어질 것이다.

이사야 57:15에서 하나님은 "내가 높고 거룩한 곳에 있으며 또한 통회하고 마음이 겸손한 자와 함께 있나니"라고 말씀하신다. 여기서 '또한'이라는 짧은 단어가 기독교의 문화 분별 과제에서 핵심이다. 이사야와 요한의 환상 중에는, 지식과 부와 권력을 소유한 이들이 크게 선전하고 계발하는 '고급' 문화가 분명히 속해 있었다. 하지만 어린양이 다스리는 도시에서는, 이름 모를 문화 창조자들이 만들어 낸 천대받던 문화 재화들도 영광스러운 것들 가운데 속해 있을 것이다. 성대한 마지막 축제에는 고급 요리뿐 아니라 감자튀김도 차려져 있지 않을까?

노동과 찬양

문화가 도시에서 어떤 위치를 점하는지 보여 주는 요한의 환상은 영원을 생각하는 우리의 상상력에도 큰 영향을 미친다. 나는 교회에서 인간이 하나님을 예배하기 위해 창조되었다는 말을 자주 듣는다. 예배 인도자가 "우리가 영원히 할 수 있는 유일한 일이 바로 예배입니다"라고 이야기하는 것도 여러 번 들었다. (예배 인도자가 굉장히 자부심을 느낄 만한 말인 것 같다!) 물론, 우리의 본래 목적과 궁극적인 도착지는 마음과 목숨과 뜻과 힘을 다하여 하나님을 사랑하는 것이다. 하지만 우리가 주일 아침 교회에서 하는 일을 통해서만 하나님께 사랑을 표현할 수 있다고 생각한다면, 창세기와 요한계시록에 대한 심각한 오해다. 물론 요한계시록은 하나님의 보좌 앞에서 장로들이 엎드리고 흰옷 입은 순교자들이 하나님을 찬양하는 인상적인 장면을 기록한다. 지금은 비록 영원히 부를 찬양 중 몇 곡을 부르며 그곳을 그저 상상하고만 있지만, 우리는 이 장면을 통해 새 창조에서 드리는 찬양의 깊이와 강렬함을 분명히 이해하게 된다.

하지만 요한계시록은 인류의 마지막 모습을 성전에 구애받지 않는 영원한 예배 장면으로 묘사한다. 앞서 살펴보았듯이, 새 예루살렘에는 성전이 없다(계 21:22). 하나님의 빛과 사랑이 도시의 모든 삶의 영역에 충만히 퍼져 있기 때문에 새 예루살렘에는 성전이 필요 없다. 이런 의미에서 우리가 아는 예배, 즉 우리 마음을 다시금 하나님의 지식과 사랑에 맞추기 위해 따로 떼어놓은 신성한 시간은 사라질 것이다. 그렇다면 무엇이 그 자리를 대신할까?

하나님이 다시 창조하신 세상에 영원히 거하면서 그분이 본래 요구하셨던 일을 성취하는 것, 즉 창조자 하나님과의 풍성하고 영속적인 관계를 누리면서 창조와 계발에 참여하는 것이 아마도 위의 질문에 대한 가장 설득력 있는 답일 것이다. 물론 이제는 동산을 가꾸기만 하지 않고, 도시의 생명을 지속시키는 일을 담당할 것이다. 여기서 도시란, 첫 창조 때 숨겨져 있던 모든 잠재성이 완전히 드러나 있는 조화로운 인간 사회를 말한다. 하나님이 임재하셔서 구속하시고 변화시키시고 충만하게 하신 문화는 우리의 영원한 활동 영역이 될 것이다.

물론 새로운 도시의 삶은 현재의 삶과 분명한 차이가 있다. 예수님은 부활 때에 더 이상 결혼이 존재하지 않는다고 당대인들에게 말씀하셨다(막 12:25). 하지만 새 예루살렘 자체가 창조자와 구속된 피조물의 영원한 혼인 잔치 자리이기에, 요한은 이런 의미에서 결혼이라는 인간의 문화 제도가 새 예루살렘에 동일하게 존재할 것임을 요한계시록에서 명확히 밝힌다. 인류 역사 가운데 늘 있었던 노동 역시 새 예루살렘에서 다른 의미를 갖게 된다. 하지만 노동이 없다 해도, 활동은 분명히 있을 것이다. 아름다운 그림이나 조각 같은 "만국의 영광과 존귀"는 인간의 새로운 노력 없이도 즐길 수 있다. 하지만 서사시, 시, 바로크 푸가, 맛있는 요리 등을 포함하는 대부분의 만국의 영광과 존귀는 사람들이 그것을 '행할' 때만 이루어진다. 가수가 노래를 부르고, 요리사가 음식을 만들고, 무용가가 춤을 추는 것처럼 말이다. 재즈에는 잘 아는 대로 즉흥연주라는 개념이 있어서, 정해진 코드 변화와 주요 테마를 창조적으로 재해석한 연주를 말한다. 나는 무한한 창조성을 한껏 발휘하며 "만국의 영광과 존귀"에 대한 즉흥연주를 선보이는 것이 영원한 활동의 일부라고 생각한다. 인간이 하나님과 함께 창조의 소명을 감당하며 만들어 낸 모든 것의 깊이와 넓이를 탐색하며, 우리는 창조적 능력을 최대한 활용하게 될 것이다.

따라서 문화는 궁극적으로 창세기 1장의 명령을 성취한다. 인간은 마침내 모든 피조물을 올바르게 다스린다는 의미를 이해하며, 그것을 실현할 것이다. 만국의 영광이란 하나님의 세상 가운데 숨어 있는 잠재성을 최고의 상태로 실현하는 것, 이를 테면, 광물, 소리, 색깔, 열역학 등을 가장 잘 활용하는 것이다. 우리는 이 모든 것을 찬양으로 요약할 수 있다.

세상의 궁극적인 의미는 사랑이며, 진정한 사랑은 언제나 사랑하는 이를 향한 찬양을 이끌어 내기 때문이다.

> 우리 주 하나님이여,
> 영광과 존귀와 권능을 받으시는 것이 합당하오니
> 주께서 만물을 지으신지라.
> 만물이 주의 뜻대로 있었고 또 지으심을 받았나이다(계 4:11).

만물이 자취를 감추고 기억만 남아 있는 곳이 우리의 새로운 세상이라면, 이런 노래를 부르는 것은 낯설고 무의미한 일 아닐까? 하지만 그 반대로, 새로운 세상은 모든 것이 온전하게 존재하는 공간이다. 또한 우리는 만물을 계발하여 그것들을 창조하신 분을 끊임없이 기쁘시게 할 것이다. 작사가 아이작 와츠(Issac Watts)는 시편 23편을 배경으로 한 노래에서 이것을 완벽하게 표현했다. "당신의 집이 나의 거처가 되며, 나의 모든 노동이 찬양이 되기를 원합니다." 새로운 도시에서 우리의 노동은 찬양이 될 것이다.

11장
영광스러운 불가능

앞에서 우리는 문화가 성경 이야기와 어떻게 엮여 있는지 간략하게 살펴보았다. 이제 한 걸음 물러나 우리가 알게 된 사실을 요약해 보자.

과감히 말하자면, 문화는 인간을 향한 하나님의 본래 계획이다. 그리고 문화는 하나님이 인간에게 주신 선물로, 우리의 임무이자 은혜다. 문화는 창조자에 대한 인간의 반역과 하나님의 심판이 드러난 장이기도 하지만, 하나님의 자비가 나타난 장이기도 하다. 바벨에서 민족들은 문화 포화 상태에 이른 도시를 통해 하나님과 관계를 단절하고 스스로 독립하고자 했다. 하지만 하나님은 아브라함을 택하셔서 그분께 의지하는 경건하고 신실한 삶을 세상에 나타낼 한 민족을 이루셨다. 아브라함의 자손인 예수님은 문화 계발자이자 창조자였다. 문화 가운데 살면서 그 안에 있는 좋은 것을 확인하시기도 했고, 유대인과 이방인의 가능성과 불가능성의 지평선을 재형성하는 완전히 새로운 문화 재화를 만드시기도 했다. 그분은 십자가에서 깨어진 문화를 온전히 짊어지고 돌아가셨지만, 다시 부활하셔서 느리지만 결코 굽힐 수 없는 문화의 구속을 시작하셨다. 예수님의 부활은 문화 이야기가 막다른 끝을 향하지 않고 이제 새로운 시작을 맞이할 것이라는 희망을 보증해 준다. 이 새로운 시작에 대한 궁극적 환상의 중심에는 거룩한 도시가 있다. 그곳에서는 사랑과 노력이 가장 좋은 결실을 맺고, 이로 인해 모든 사람이 영원한 찬양을 부르게 된다.

요약하자면, '기쁜 소식'이라 불릴 자격이 있는 유일한 이야기는 처음부터 끝까지 문화로 가득 메워져 있다.

하지만 복음은 문화 안에 갇힐 수 없다. 문화적 산물은 가능성의 여러 지평선을 안정적으로 강화시키지만, 복음은 그와 맥락을 같이하는 단순한 문화적 산물이 아니다. 모든 문화가 구성원을 위한 가능성과 불가능성의 지평선을 규정한다면, 복음은 가능성과 불가능성 사이를 배회하며 그 지평선 위에 불안정하게 자리 잡고 있다. 세계적인 영향력을 미치는 복음은 그 어떤 문화 안에서도 그저 가능성의 영역에만 안정적으로 머물러 있었던 적이 없다. 별 볼일 없는 민족이 세상의 창조자를 대표하게 된 것도, 창조자가 인간의 모습으로 세상의 변방에 나타나 잠시 활동한 뒤 처형을 당한 것도, 그가 영광스러운 모습으로 그러나 여전히 인간의 몸을 입은 채 죽은 자 가운데서 다시 부활한 것도, 인간 역사가 예고 없이 결말을 맞이할 것을 기대하는 것도, 모두 인간의 가장 확실한 가정이나 경험에 어긋나는 사건들이다.

매들렌 렝글(Madeleine L'Engle)은 아름다운 크리스마스 동화책에서 성육신을 "영광스러운 불가능"이라고 불렀다. 성육신이란 우리가 감히 상상할 수도 없었던 계획이지만, 가능성과 희망으로 밝게 빛나고 있기 때문이다. 이 표현은 복음 전체를 잘 설명해 준다. 복음이 문화적으로 강한 영향을 미치고 영속적으로 중요한 가치를 지니게 된 것은, 다름 아닌 복음의 불가능성 때문이다. 복음은 모든 인간 문화의 정당성을 끊임없이 의심하며, 우리가 혹시 잘못된 지평선 안에 살고 있지 않은지 돌아보게 한다.

기독교 제국의 시대도 복음의 이러한 도전에서 벗어날 수 없다. 콘스탄티노플이나 로마가 유럽과 아시아 전역에 신앙을 강요했던 시기를 떠올려 보자. 그러한 문화들은 곧 기독교화되었지만, 사람들은 복음을 제대로 이해하지 못했다. 이방 문화에 복음이 처음 전해졌을 때처럼 말이다. 기독교 제국이 전성기를 맞이하고 있을 때 정통 기독교 신앙이 광범위한 동의를 얻지 못했다는 뜻이 아니다. 다만 기독교 신앙이 문화적으로 표현되었을 때, 온전한 복음의 이야기가 그다지 믿을 만한 것으로 받아들여지지 않았다는 뜻이다. 기독교 제국 한가운데 깊이 뿌리내리고 있던 문화적인 관행을 보면, 평화라는 복음의 핵심 주제뿐 아니라 선택하신 민족을 향한 하나님의 독특한 관심사가 문화적으로 수용되지 않았다는 사실을 분명히 알 수 있다. 그 증거가 바로 십자군 원정이나 유대인들에 대한 무자비한 박해다.

이 때문에 문화 창조를 시도하는 현명한 그리스도인은 기독교 제국의 건설을 기대하지 않는다. 복음이 가능성의 언저리가 아닌 중심에 위치한 문화에 대한 희망을 내려놓는 것이다. 하지만 기독교의 어떤 특징에 매력을 느끼고 믿을 만한 것으로 받아들인 시대와 장소도 분명 존재할 것이다. 20세기의 사하라 사막 남부 아프리카 지역이 바로 그런 곳이었다. 당시 기독교 신앙을 극적으로 받아들인 수많은 통치자들은 콘스탄티누스의 선례를 따르지 않았다. 나는 최근 아프리카 한 주요 국가의 대통령이 세례를 받는 장면을 담은 영상물을 본 적이 있다. 그는 세례받는 문제로 수년 동안 고민했다. 비록 상징적이기는 하나, 그의 문화에서는 국가 지도자가 물속에 가라앉았다가 영적 죽음에서 다시 살아나오는 것을 매우 큰 의미로 받아들일 것이기 때문이었다. 다른 나라와 마찬가지로 그

나라 국민에게 복음은 새로움과 힘을 의미했다. 탈기독교 시대를 사는 서구인이 볼 때 가공되지 않은 막강한 권력을 연상시키는 그런 힘 말이다.

하지만 아무리 많은 대통령과 수상이 세례를 받는다 하더라도, 아프리카에서 복음은 가능성의 언저리를 불안정하게 배회할 것이다. 아프리카에서 가장 기독교화된 국가인 르완다에서 일어난 1994년의 대량학살로 인해, 아프리카에 기독교 제국을 건설하려는 얄팍한 소망도 함께 매장되었다. 복음은 바벨탑이나 십자가와 같이 하나님을 대체하려는 인간의 모든 노력에 강력하게 맞서기 때문에, 죄와 불편한 흥정을 지속하려는 문화는 항상 복음을 낯설고 위험한 것으로 느끼기 마련이다. 그러한 흥정은 종족주의나 개인주의나 집산주의 혹은 소비주의의 형태를 띠기도 한다. 어떤 인간 사회도 복음을 완전히 '문화화'할 수는 없다. 선지자들의 호소와 탄식을 자극했던 이스라엘도 이에 성공하지 못했다. 기독교 제국은 언제나 복음의 가치를 축소하는 대가로 얻어진다. 그곳에서는 십자가가 일개 보석 따위로 전락하고 만다.

이처럼 복음은 문화적 가능성의 영역에 안정적으로 머물러 있지도 않지만, 그렇다고 해서 그 지평선에서 완전히 사라지지도 않는다. 인간의 변덕스러움에 끊임없이 창조적인 방식으로 대처하시는 하나님의 능력, 그리고 하나님의 은혜와 자비는 모든 문화가 새로이 회복될 수 있다고 약속한다.

1994년 르완다 대량학살 사건 이후, 나의 친구 게리 호건(Gary Haugen)[1]은 참사를 문서화하고 학살 주범을 기소하기 위해 UN의 책임자 자격으로 그곳을 방문했다. 그는 시체로 가득한 교회들을 찬찬히 훑어보았고, 학살당한 가족들의 시체 더미 사이에서 죽은 체하고 있다가 살아남은 아이들을 인터뷰했다.

미국으로 돌아온 그는 비교적 안정적인 직장인 미 법무부의 민권국에 다시 돌아갈 수도 있었다. 그곳에서 명예로운 경력을 유지하며 미국법의 찬란한 유산을 가꾸고 전수하는 문화의 계발자로 섬길 수도 있었다. 하지만 살인자에게서 지켜 달라고 하나님께 부르짖었지만 이 땅에서 아무 응답도 받지 못한 이들의 기억이 머릿속을 떠나지 않았다. 결국 그는 문화적 창조성을 발휘할 수 있는 대담한 경력을 새롭게 시작했다. 그가 설립한 국제정의선교회(International Justice Mission)는 가난한 자들이 법이라는 문화적 산물의 혜택에서 제외되는 11개 국가에서 압제의 희생자들을 변호하고 있다. 현재 IJM의 이러한 노력은 불의라는 대양에 떨어진 물 한 방울에 불과할지도 모르지만, 이 잔잔한 파문은 곧 거대한 파도를 이룰 것이다. 결국 수많은 그리스도인은 압제당하는 이들을 위해 정의를 수호하는 일이 문화적 청지기 의식에서 가장 기본적인 요소라고 생각하게 될 것이다.

그러는 사이 르완다에서는 새로운 세대의 지도자들이 일어나, 르완다를 민족 공존과 평화 유지의 모델로 만들 수 있는 문화 구조를 세워 가고 있다. 그들은 살인자들의 횡포를 막지 못한 바로 그 복음에서 자극을 받았다. 그들은 최근 역사 가운데 인간의 가능성을 가장 명확하고 극악하게 부인했던 바로 그 사건에서 희미한 가능성을 보았다. 이런 노력의 여정에는 문화적 창조성을 필요로 하는 순간이 분명히 존재한다. 하지만 영광스러운 불가능이 그들 비전의 언저리에서 언제나 희미하게 빛나고 있다. 그것은 믿음으로 새로운 것을 창조하고 그 작은 노력이 무엇을 이루는지 바라보라고 우리를 초청한다. 그것은 모든 문화의 사람들이 오랫동안 상상하고 기대해 온 것을 나지막하게 증언한다.

그리스도와 문화

문화에 관한 성경 이야기를 마쳤으므로, 이제 리처드 니버(H. Richard Niebuhr)의 「그리스도와 문화」(Christ and Culture, IVP 역간)를 살펴볼 수 있는 적절한 시점이 된 것 같다. 이 책은 문화에 관한 한 20세기의 가장 영향력 있는 신학서이며, 문화에 반응하는 그리스도인의 '유형'을 다룬 것으로 유명하다. 언제쯤 니버가 등장할지 애타게 기다려 온 독자라면 이제 그 차례가 왔다. 하지만 그런 독자가 아니라면, 아마 다음 몇 페이지를 대충 눈으로 훑거나 그냥 건너뛰고 싶을지도 모른다. 니버의 저작을 살펴보려면 어느 정도 전문 용어를 사용하는 것이 불가피하다는 점을 미리 말해 둔다. 사실 나는 니버에 대한 언급을 의도적으로 미뤘다. 먼저 문화에 대한 생생하고 구체적인 그림과 성경의 내러티브로 우리의 사고와 상상력을 단련한 이후에 문화에 대한 이론적 접근법을 살펴보는 것이 중요하다고 생각했기 때문이다.

1949년 오스틴 장로회신학교에서 열린 니버의 동문 강좌 이후, 문화에 대한 신학적 논의를 시도하는 그리스도인들 사이에서는 니버의 유형론이 단골 주제가 되었다. 니버의 유형화 작업 중 한쪽 끝에 위치한 것은 '문화와 **대립하는** 그리스도' 유형이다. 이들은 세상에서 물러나는 것이 그리스도인의 의무라고 믿는다. 반면 또 다른 끝에 위치한 것은 '문화에 **속한** 그리스도' 유형으로, 문화가 그리스도의 뜻에 완전히 일치한다고 주장한다. 처음 견해보다 좀더 온건한 것이 '문화와 **역설적 관계에 있는** 그리스도' 유형이다. 이들은 문화의 타락을 인식하지만, 그리스도인이 그 가운데서 신실한 삶을 살 수 있으며 또 그렇게 해야 한다고 주장한다. 두 번째 견해보다 좀더 온건한 것은 '문화 **위에 있는** 그리스도' 유형으로,

문화는 그 자체로 좋은 것이지만 그리스도에게 인도하지 못한다고 본다. 마지막 다섯 번째로 등장하는 '문화를 **변혁하는** 그리스도' 유형은 문화의 타락을 진지하게 받아들이지만 문화 내에서 '개혁'을 소망한다.

> [다섯 번째 유형]을 제시하는 자들은…인간 본성이 타락하여 비뚤어져 있는데, 이러한 왜곡은 문화에 나타날 뿐 아니라 문화로 인해 전승된다고 본다. 이 때문에 그리스도와 모든 인간 전통과 관습 사이에 대립이 나타난다. 하지만 이러한 반정립은 [문화와 대립하는 그리스도의 유형]과 같이 그리스도인을 세상에서 분리시키지도 않으며, [문화와 역설적 관계에 있는 그리스도의 유형]과 같이 초역사적인 구원을 기대하며 단순히 인내하게 하지도 않는다. 여기서 그리스도는 문화와 사회와 동떨어져 있는 인간이 아닌 문화와 사회 내에 있는 인간을 개혁시키는 분이시다. 왜냐하면 문화가 없는 본성이란 존재하지 않으며, 또한 사회라는 공간 밖에서 자신과 우상으로부터 떠나 하나님께로 돌아가는 인간이란 존재하지 않기 때문이다.[2]

니버는 시대를 앞선 인물이었을 수도 있고, 어쩌면 당대의 통찰을 글로 표현하는 데 기막힌 재능을 보인 인물이었을 수도 있다. "문화가 없는 본성이란 존재하지 않는다"—최소한 인간에게 이 둘은 분리될 수 없다—는 해석은 문화에 대한 최근 견해들의 핵심이며, 그 대표적인 예가 피터 버거와 토마스 루크만의 「지식 형성의 사회학」과 같은 것이다. 이러한 견해는 성경적 인간관의 핵심이기도 하다. 니버가 이러한 견해를 '문화를 변혁하는 그리스도' 유형과 연결시킨 것은 어떤 주장에 대한 복선이다. 그가 여기서 암시하는 것은, 그리스도와 문화의 관계에 대한 나머지 유형이 문화와 인간 본성의 분리에 기초한다는 점이다. '문화와 대립하는 그리스도' 유형은 이런 면에서 특히 큰 실수를 하고 있다. 문화라는 상황을 제외하면 대체 그리스도가 인간을 위해 무엇을 해주실 수 있단 말인가? 만일 그렇다면 그리스도가 어떻게 문화와 '대립'할 수 있단 말인가?

니버가 다섯 가지 유형 중에서 특정 유형을 강력하게 지지하며 결론을 맺지는 않았지만, 대부분의 독자들은 그가 '문화를 변혁하는 그리스도'라는 모델에 좀더 동의하고 있음을 감지했을 것이다. 처음에 니버와 같은 주류 개신교도가 받아들였던 '문화 변혁'의 소명은 이제 보수 그리스도인에게도 슬로건이 되었다. 지금 내가 이 글을 쓰고 있는 시점에, '문화 변혁'이라는 표현을 구글 검색창에 입력해 보면 42,600개의 결과가 나온다. 아마 이 책이 출간될 즈음에는 더 많은 검색 결과가 나올 것이다. 리처드 니버는 이런 결과에 간접적인 영향을 미치고 있다. 그의 책은 종파를 막론하고 수세대의 그리스도인에게 성찰의 기회를 제공했다. 그들이 문화에 깊이 뿌리를 박고 있으며 문화에 책임을 지니고 있다는 점에 대해서 말이다. 그런 면에서 그의 책은 문화적 창조성에 크게 기여했다.

하지만 우리는 여러 측면에서 니버의 책이 그 시대의 산물이라는 사실을 발견한다. 니버의 시대에는 유익했을지 몰라도 오늘날 우리에게 오해의 소지를 제공하는 측면이 있기 때문이다. 제목만 봐도 그렇다. 철저하게 근대적인 방식을 따라 니버는 '그리스도와 문화'라는 굉장히 추상적인 두 단어로 전체 내용을 전개한다. 그가 만약 「예수와 문화들」이라는 제목을 붙였다면 어떤 내용을 썼을까? 어떤 문화적 영향력을 발휘했을까? **그리스도**는 '메시아'라는 히브리 단어를 헬라어로 번역한 것이지만, **예수**는 그 단어를 치유와 대결, 화해와 고통의 사역에 적극 활용하여 '구원자'라는 그 단어의 의미를 본질적으로 재정의한 히브리인의 이름이다. **문화** 역시 상당히 광범위하고 추상적인 표현이다. 하지만 역사적 예수와 그의 1세기 제자들, 복음서 기자들은 추상적 '문화'가 아니라 수많은 구체적 '문화들' 가운데 살았다.

물론 니버는 자신의 '그리스도'가 1세기에 실재했던 히브리인이며, 자신의 '문화'가 구체적 문화와 문화 재화들과 거리가 먼 추상 관념임을 잘 알고 있었다. 하지만 '문화 위에 있는 그리스도'나 '문화와 역설적 관계에 있는 그리스도'와 같이 하나로 묶여 있는 표현에서 그러한 뉘앙스를 잡아내기란 여간 어려운 일이 아니다. 또한 니버의 유형들은 그리스도인의 생각에 홈을 만들고 그 홈을 따라 한 가지 정답이 반드시 존재한다는 가정에 도달하도록 우리를 조종한다. 다시 말해, 어디서 어떤 형태로 표현하든, '그리스도'는 문화와 '대립'하거나 문화와 '역설적 관계'에 있거나 혹은 문화를 '변혁하는' 존재여야 한다는 것이다. 니버는 5장에서 문화를 대하는 **자세**들을 기술한다. 하지만 모든 문화는 무수한 문화 재화로 구성되며, 이러한 문화 재화는 수많은 **제스처**를 필요로 한다. 만약 니버가 문화를 구체적 인공물과 재화로 분석하는 예리함을 보여 주었다면, 그리스도인들은 예수님의 방식에 좀더 매력을 느꼈을지도 모른다. 예수님은 세리에게 회개를 요청하셨지만, 동시에 그의 저녁식사- 초대에 응하셔서 존중하는 마음을 표현하셨다. 그분은 간음하다가 잡힌 여인에 대한 사람들의 처벌을 거두게 하셨지만, 동시에 여인의 간음이 죄라고 지적하셨다. 또한 그분은 당시 문화를 형성하던 신성한 율법의 요구를 급진적으로 재해석하셨지만, 동시에 율법이 폐한 것이 아니라고 주장하셨다.

니버가 기독교와 문화에 대한 담론에 기여했던 방식에는 또 다른 미묘한 유혹이 도사리고 있다. 그것은 바로 그리스도를 그리스도인으로 대체하려는 유혹이다. 니버의 유형론이 수세대에 걸쳐 다양한 표현들로 논의되면서, 그리스도인들은 종종 '문화를 변혁하는 그리스도'를 '문화를 변혁하는 그리스도인'으로 바꾸려는 경향을 보였다. 하지만 신약 성경에서 우리가 만나는 예수 그리스도를 따돌리고, 그분을 그저 문화 전체에 대한 자세를 보여 주는 우주적 그리스도로 치환시키는 것은 위험한 일이다. 물론 만물이 다 그로 말미암고 그를 위하여 창조되었다는 면에서 예수님은 일부 성경 기자들의 확신처럼 우주적 삼위일체의 삶에 참여하고 계신다. 하지만 영원한 아들이신 그리스도가 문화에 어떤 자세를 취하실 것인지에 대한 묵상을 그리스도인들이 문화에 어떤 자세를 취해야 하는지에 대한 생각과 맞바꾸는 것은, 마치 역사를 초월하여 우리의 작은 문화적 노력을 바라보는 하나님의 유리한 입장을 우리가 동등하게 취할 수 있다고 가정하는 것이다. 이러한 위험성은 니버의 가장 잘 알려진 유형인 '문화를 변혁하는 그리스도'가 '문화를 변혁하는 그리스도인'에 대한 희망으로 급격하게 변해 가는 모습에서 가장 분명하게 나타난다.

니버는 '문화를 변혁하는 그리스도'를 살펴볼 때 히포의 아우구스티누스로 시작했지만 기독교 사회주의자 모리스(F. D. Maurice)로 끝을 맺는다. 모리스는 이제는 완전히 잊혔지만 당시 니버에게는 문화 변혁에 온전히 헌신했던 인물의 전형이었다. 사회주의는 인간의 능력으로 전체 사회를 변혁할 수 있으며, 인간의 잠재성으로 사회 안에서 그리스도의 구속적 역할을 감당할 수 있다는 근대의 확신에서 파생된 자연스러운 결과였다. "우리의 역사를 그리스도 안에 계신 하나님과의 현재적인 만남으로 받아들이는 개혁가는 창조와 문화의 세상에 찾아올 마지막 날을 기대하며 살아가지 않는다. 그는 모든 것을 들어 올려 변혁시키시는 하나님의 능력을 인식하며 살아간다."[3] 하지만 이처럼 점진적인 변혁을 기대하고 신이 내재하시는 인간 역사를 강조하는 방향으로 서서히 이동하는 것은, 예나 지금이나 혼란을 조장한다. 그리스도 안에 계신 하나님이 인간 문화의 웅장한 흐름 속에서 어떤 일을 하실 수 있는지, 그리고 그리스도의 제자들이 문화적 활동 속에서 무엇을 소망할 수 있는지, 그 차이를 구별할 수 없게 되는 것이다.

근대와 포스트모던 시대의 그리스도인들이 '변혁'이라는 말에 끌리는 이유가 있다. 문화는 그리스도가 우리를 건져 내실 수 있는 영역도 아니고, 유유히 초월하거나 철저히 대립하실 수 있는 대상도 아니다. 문화는 하나님의 창조적 형상을 지닌 인간의 본래 창조 목적과 매우 밀접하게 연관되어 있다. 또한 **변혁**은 문화 재화들이 회복되어 영원한 도시인 새 예루살렘에 속하게 될 것이라는 요한계시록의 마지막 환상을 가장 잘 설명하는 방법일지도 모른다. 하나님이 제멋대로인 고집스러운 피조물에게 어떤 의도를 지니고 계시든 간에, 문화의 회복과 재생은 이 이야기의 피할 수 없는 부분이 될 것이다. 그리스도인이 결코 포기할 수 없는 유일한 확신은 변혁이 역사 안에서 이뤄질 수 있으며, 역사의 마지막 때에 완전한 선물로서 완성되리라는 것이다. 3부에서 살펴보겠지만, 문화의 변혁자인 하나님의 역할을 떠맡고자 하는 유혹은 우리를 어리석게 만든다.

문화에 대한 성경의 모든 증거를 관통하는 한 가지 주제가 있다면, 그것은 최고 형태에 달한 문화가 하나님의 선물이라는 것이다. 창세기 4장의 가죽옷과 다락방의 만찬에서 알 수 있듯이, 하나님이 임재하셔서 문화를 축복하시고 다시 그것을 변형하셔서 인간에게 선물로 되돌려 주실 때 문화의 진정한 잠재성이 드러난다. 그리고 무화과나무 잎과 바벨탑, 십자가에서 알 수 있듯이, 인간이 하나님과 멀어져 스스로 문화 전략가의 역할을 맡을 때 문화는 최악의 상태에 이른다. 이는 인간이 문화 변혁에 중요한 방식으로 참여해서는 안 된다는 의미가 아니다. 더 나은 변혁이 이뤄졌을 때 그 공로가 창조자에게 있다는 의미다. 하지만 **공로**라는 말은 놀랍고도 끔찍한 문화 이야기의 정점에 사용하기에는 너무 싱거운 표현일지도 모른다. 왜냐하면 복음은 **영광스러운** 불가능이기 때문이다. 하나님이 문화 안에서 창조 활동을 지속하시고 정점에 이르러 마침내 완성하실 때, 그러한 새 창조에 가장 적절한 단어는 **영광**뿐이다.

변혁에 대한 니버의 다소 세속적인 해석이 갖는 또 다른 한계점이 있다. 인간의 노력이 덧없고 연약한 것이라는 현실주의로 인해 변혁이라는 말이 순화되었다는 점이다. 니버의 책을 끝까지 제대로 읽은 독자라면 우리의 문화 활동이 얼마나 불안정하며, 왜곡과 실패를 거듭하는지 깨달을 수 있을 것이다. 하지만 「그리스도와 문화」는 최고 상태의 문화, 말하자면 그리스도의 손에 있는 문화의 가치를 제대로 이해하지 못한 것 같다. 예수님이 세상에서 가장 기본적인 물질을 취하셔서 깨뜨리시고 축복하신 후 우리에게 그것을 완전하고 새로운 형태로 되돌려 주실 때, 거기에는 온전한 기쁨과 환희가 있다. 우리는 그런 종류의 기쁨을 결혼식이나 장례식에서 맛볼지도 모른다. 인도의 한 마을에서 몇 개월 전만 해도 노예였던 열 살짜리 소녀가 신선한 코코넛을 쪼개어 건네주었을 때, 나는 그 기쁨을 맛보았다. 태평양이 바라다 보이는 남부 캘리포니아의 어느 집에서 후하고 친절한 주인들에게 푸짐한 저녁식사를 대접받았을 때도 그 기쁨을 맛보았다. 때로 그 맛은 금세 사라져 우리를 더 허기지게 만든다. 너무 황홀하기에 우리는 때로 그것보다 덜 매력적인 것에 자신을 방임하기도 한다. 하지만 문화가 우리에게 그러한 기쁨을 줄 때에만 문화는 온전한 변혁을 이룰 것이다. 그리고 문화가 그런 방식으로 변혁을 이루며 처음부터 끝까지 모든 이야기를 성취할 때, 모든 영광과 존귀와 찬양을 받으실 분은 바로 그리스도이시다.

제3부 소명

12장
왜 우리는 세상을 바꿀 수 없는가

몇 년 전 네이트 박스데일(Nate Barksdale)이라는 친구가 간단한 실험을 한 번 해보자고 권했다. 하버드 대학교 도서관 검색 엔진 홀리스(HOLLIS)에서, 제목에 '세상을 바꾸는' 또는 '세상을 바꾼'이라는 말이 포함된 책을 찾아보았다. 그때가 2004년 겨울이었는데, 총 216개의 검색 결과(아마존 검색 결과 1,670건에 비하면 매우 적은 숫자다) 중 3분의 1이 넘는 75권이 2000년 이후 출간된 책이었다. 몇 가지 예를 들면, 「나침반의 수수께끼: 세상을 바꾼 발명」(*The Riddle of the Compass: The Invention That Changed the World*, 경문사 역간), 「모브: 한 사람이 발명한 색깔이 어떻게 세상을 바꾸었는가」(*Mauve: How One Man Invented a Color That Changed the World*, 웅진닷컴 역간), 「말씀의 힘: 세상을 바꾼 성경말씀 100」(*100 Bible Verses That Changed the World*, 엔크리스토 역간) 같은 책들이 있었다.

전체 결과의 거의 절반에 해당하는 101건은 1990년대에 출간된 책이었다. 「세상을 바꾼 다섯 개의 방정식」(*Five Equations that Changed the World*, 경문사 역간), 「세상을 바꾼 다섯 개의 연설」(*Five Speeches that Changed the*

World), 「세상을 바꾼 열세 명의 창조적인 사람들」(Thirteen Creative Men Who Changed the World), 「세상을 바꾼 열두 명의 레즈비언」(Twelve Lesbians Who Changed the World) 같은 책들이 그것이다.

1980년대에는 18건, 1970년대에는 4건, 1960년대에는 8건, 1950년대에는 4건이었다. 그리고 20세기 전반부에 총 6건이었다.

하버드 대학에는 1900년대 이전에 출간된 책이 150만 권쯤 된다. 그 중에서 제목에 세상을 바꾼다는 내용이 들어간 책은 몇 권이나 될까?

한 권도 없다.

그렇다면 2007년 중순, 인터넷 검색 엔진 구글에 동일한 검색어를 넣었을 때 얼마나 많은 검색 결과가 나올까?

877만 건이다.

(검색과 관련해서 한 가지 성가신 점이 있다면, 구글에서 큰따옴표를 붙여서 검색하는 경우와 붙이지 않고 검색하는 경우, 전혀 다른 결과를 얻게 된다는 것이다. 큰따옴표를 붙이지 않고서 '세상을 바꾸는'이라는 말을 입력하면 8억 7천만 건이라는 어마어마한 검색 결과가 나온다. 왜냐하면 '세상'과 '바꾸다'라는 두 단어는 구글 어느 페이지를 열어 봐도 등장할 만큼 매우 흔하기 때문이다. 마찬가지로 '앤디 크라우치'를 큰따옴표 없이 검색했을 때는 180만 건의 결과가 나오지만, 큰따옴표를 붙여서 검색해 보면 현저하게 적은 숫자가 나온다. 그러니 조금 어중간한 어구를 들이대며 검색 결과가 950만 건이라고 호들갑스럽게 떠드는 신문기사를 보거든, 그 어구에 큰따옴표를 붙여서 꼭 다시 검색해 보라. 언론은 세상이 변하는 속도를 실제보다 과장하여 알리려는 경향이 있다.)[1]

자신감이 부족하다는 평가는 분명 우리 현대인에게 어울리지 않는다. 오히려 우리 자아상을 잘 보여 주는 현상은 '세상을 바꾸는' 것에 대한 책들이 쏟아져 나온다는 현실이다. 우리는 세상을 바꾸는 자들이다. 이 말은 부정할 수 없는 명백한 사실이다. 20세기 과학기술의 엄청난 진보로, 인류는 가장 깊은 해양에서부터 가장 얇은 외기권에 이르기까지 측정 가능한 포괄적 성과를 이루면서 자연에 점점 더 큰 영향력을 행사하게 되었다. 60억 전체 인구의 질량은 지구 전체 질량의 100분의 1을 10억분의 1로 나누고 그것을 다시 100만분의 1로 나눈 것보다 작으며, 인간이 만든 것은(밤하늘을 장식하는 도시의 불빛을 제외하고) 우주에서는 눈에 띄지도 않지만, 인간은 하나밖에 없는 세상을 놀랍게 바꾸어 가고 있다. 완전히 예측할 수도 없고 되돌릴 수도 없는 방식으로 말이다.

우리는 문화 창조자이기에 세상을 바꾸는 자들이다. 이미 살펴보았듯이, **세상을 새롭게 만드는 일**은 인간 존재와 사명의 본질과도 같다. 그리스도인에게 이것은 인간에 대한 경험적인 지식일 뿐 아니라, 세상을 창조하신 분과의 관계에 기초한 기회이자 의무다.

그래서 그리스도인이 '세상을 바꾼다'라는 말을 적극 수용하는 것은 어쩌면 그리 놀라운 일이 아닌지도 모른다. 어느 캠퍼스 사역 단체에서는 자신들의 사명을 '세상을 바꾸는 자들'을 키워 내는 것이라고 정의한다. 최근에 한 목회자 수련회에서는 환경에 대한 책임을 다룬 일반 도서[「월드체인징」(*Worldchanging*, 바다출판사 역간)]를 나눠 주기도 했다.

하지만 사회학자와 인류학자, 그리고 그 아류라 할 수 있는 기자를 포함하여 문화 메커니즘을 연구하는 사람들의 말에 주의하면 할수록, 우리가 과연 세상을 바꿀 수 있을지 점점 의구심이 들지도 모른다. 피터 버거 같은 학자들의 영향을 크게 받은 현대 사회학은, 우리가 세상을 어떻게 바꿀 수 있느냐가 아니라, (문화를 비롯한) 세상이 우리를 얼마나 철저하게 바꾸고 형성하며 결정짓느냐를 주로 연구한다. 내가 이 책의 핵심 개념 몇 가지를 다른 사람들에게 처음 이야기했을 때, 한 사회학자가 아주 예리한 질문을 던졌다. "'문화 창조자'가 되라는 것은 개인에게 행위 능력을 과도하게 부여하는 주장 아닌가요?' 그녀는 사회학 분야의 전문용어를 사용했지만, 쉽게 말해 그것은 '우리가 상상하는 것만큼 자유롭게 문화를 창조할 수 있는가' 혹은 '과연 우리가 자유롭게 문화를 형성할 수 있는가'라는 질문이었다. 그 사회학자는 문화가 우리의 선택을 강요하거나 결정한다는 견해에는 대체로 수긍하면서, 우리가 자유로운 문화 행위자라는 견해에는 회의적인 태도를 취하도록 교육을 받았던 것이다.

북미 기독교 공동체가 세상을 바꾸는 자가 되는 데 혈안이 되어 있음을 감안할 때, 지금까지 우리가 무언가를 바꾸기보다는 대체로 다른 무언가가 우리를 바꿔 왔다는 사실은 엄청난 아이러니일 수밖에 없다. 이것은 비기독교 진영의 앨런 울프(Alan Wolfe)나 기독교 진영의 로날드 사이더(Ronald Sider) 같은 인물의 책에도 잘 나와 있다.[2] 문화 변혁에 대한 관심이 증가하면서 좀 다른 종류의 문화 변혁이 일어났는데, 그것은 바로 교회가 문화의 이미지에 맞춰 변화된 것이었다.

우리는 역설에 직면해 있다. 문화—세상을 새롭게 만들고 가능성과 불가능성의 지평선을 움직이는 것—는 지금도, 앞으로도 인간의 손에 맡겨져 있다. 그리고 문화를 변화시키는 것은 이 세상을 향한 하나님의 사명의 핵심이자, 구속받은 하나님의 백성에게 맡겨진 소명이다. 하지만 문화를 변화시키는 것은 우리가 할 수 있는 일이 아니다. 이러한 역설적 현실을 온전히 받아들이는 것이야말로 그리스도인이 문화 창조자가 되는 데 핵심적인 부분이다.

세상을 바꾼다?

'세상을 바꾼다'는 말은 과연 무슨 뜻일까? 다른 중요한 슬로건들과 마찬가지로, 이 말은 자세히 살펴볼 만한 가치가 있다. '세상을 바꾼다'는 말은 대체로 '문화를 바꾼다'는 뜻으로 사용된다. 성경이 묘사하는 '세상'의 가능성과 불가능성의 지평선을 바꾸는 것 말이다. 때로는 양쯔 강에 댐을 건설하거나 미국 남서부 지역에 관개시설을 갖추거나 수에즈 운하를 파는 것처럼, 자연에 대규모 문화 변화를 일으키는 것을 가리켜 '세상을 바꾼다'라고 표현한다. 하지만 우리가 잘 알듯이, 대부분의 경우 인간에게 '세상'은 문화적인 곳이다. 그리고 앞서 보았던 것처럼, 문화를 변화시키는 유일한 방법은 새로운 문화 재화를 내놓는 것이다. 세상을 바꾸는 일은 언제나 구체적이고 특정한 것으로 귀결된다. 그것은 나침반일 수도 있고, 방정식일 수도 있으며, 모브(mauve, 영국 화학자 윌리엄 퍼킨이 발명한 연보라색 염료-역주)일 수도 있다. 심지어 '세상을 바꾼 열두 명의 레즈비언'도 세상에 특정 문화 재화를 제공함으로써 그 일을 이루었다.

그러므로 세상을 바꾸는 것은 문화 재화에서 시작하지만, 실제로 '세상을 바꾸는' 수준에 이르려면 그 재화가 상당히 폭넓은 대중에게 받아들여져야 한다. 어떤 재화가 완전히 세상을 바꾸게 된다면, 그것은 이 세상 60억 인구와 그 자손에게 선택되어 모두를 위한 가능성의 지평선을 새롭게 형성할 것이다. 하지만 인간의 문화 인공물이 그 정도 규모로 세상을 바꾼 적이 단 한 번도 없다는 사실은 우리에게 실망을 안겨 준다. 나침반이나 자성을 이용한 도구들, 게티즈버그 연설이나 영어로 된 작품들, 아인슈타인의 일반상대성 이론이나 다른 수학 공식도 모두 마찬가지다. 그런 의미에서는 모브조차 세상을 바꾸었다고 보기는 힘들다.

하지만 문화는 어디를 가나 인간 주위를 둘러싸고 있으며 철저하게 이 세상을 형성하고 있는 실재이기에, 우리는 세상을 바꾸는 것의 다른 의미를 생각해 볼 수 있다. 즉, **특정 문화 환경에 있는 인간**이 세상을 바꾸려면, 즉 그들의 가능성과 불가능성의 지평선을 바꾸려면, 주변 문화를 바꾸면 된다. 그러므로 나에게는, 인류 역사상 최대 규모의 공공사업으로 손꼽히는 양쯔 강 댐 건설이 크게 중요하지 않다. 반면 델라웨어 강에 다리를 건설하는 것은 상당히 중요한 문제다. 이것이 바로 우리가 '세상을 바꾼다'라는 모호한 표현을 사용할 때 은연중에 내포하는 의미다. 우리가 가리키는 것은 **우리의** 세상을 바꾼 문화 재화이다. 그 문화 재화는 우리를 포함하는 작지만 무시할 수 없는 소수의 집단을 위해 지평선을 형성한다. '세상을 바꾼다'는 말은 '특정 시간과 공간에 있는 문화를 바꾼다'는 말을 줄인 것이다. 이러한 규모를 전제한다면, 우리는 특정 시간을 살아가는 특정 집단의 세상을 확실히 바꾼 문화 재화들을 끝없이 나열할 수 있다.

하지만 여기서 우리는 미묘하고도 중요한 문제에 부딪힌다. 과거를 돌아보면서 고속도로나 마르크스와 엥겔스의 「공산당 선언」(*Communist Manifesto*), 합성염료 모브가 어떻게 세상을 바꾸었는지 확인하는 것은 그다지 어렵지 않다. 그것은 역사가들의 주요 과제이기도 하다. 역사가들은 특정 문화 재화와 그것을 만든 사람들의 이야기를 통해 문화적 변화를 설명한다. 하지만 **주위를** 둘러보거나 **미래를** 내다보고, 어떤 문화 재화가 세상을 바꾸는 영향력을 발휘할지 예측할 수 있는가? 모브가 선풍적인 인기를 끌 때, 아마 다른 조색(調色)을 보급해 보려고 애쓴 사람들이 있었을 것이다. 붉은빛이 도는 자주색, 푸른빛이 도는 녹색, 혹은 짙은 주황색과 같은 것 말이다. 우리가 그 당시에 살았다면, 어떤 색깔이 문화의 지평선을 이동시킬지 확실하게 예측할 수 있었을까?

사실 문화의 상업화가 만연한 오늘날에는 그러한 예측의 실현 가능성을 점칠 수 있는 뛰어난 감각을 갖게 되었다. 왜냐하면 우리의 예측이

재무 투자자들의 예측 방식과 전혀 다를 바 없기 때문이다. 기본적으로 투자란 세상을 바꿀 만큼 중요한 의미를 갖게 될 문화 재화에 자본을 대는 것이며, 이는 (비록 오차가 있긴 하지만) 생산자에게 돌아올 수익으로 측정한다. 예를 들어, 당신이 이익을 남기기 위해 문화적 변화의 활발한 무대인 무선 통신 사업에 투자를 결심했다고 가정해 보라. 당신은 먼저 이 분야 기업들의 목록을 뽑고 각 기업의 성장률과 이윤, 주가 등을 스프레드시트로 작성해 본 다음 투자 결정을 내릴 것이다. 투자는 결국 어떤 문화 재화의 성공률이 가장 높을지 예측하는 것이다. 당신은 이 일을 얼마나 잘할 수 있겠는가?

놀랍게도, 대부분의 경우 올바른 예측보다 그릇된 예측을 내놓는다. 실제로 가장 활발하게 운용되는 뮤추얼 펀드―최고 연봉과 기술을 자랑하는 분석가들이 관리하는 문화 동향에 투자하는 것―의 경우, 펀드 매니저들이 시장에 존재하는 모든 회사에 무작정 똑같은 금액을 투자했더라면 훨씬 더 많은 수익이 발생했을 거라는 사실이 수많은 문헌을 통해 밝혀졌다.[3] 전문 분석가에 비해 정보와 훈련, 분석이 현격하게 부족한 개인 투자자의 경우는 상황이 훨씬 더 좋지 않았다. 20세기에 가장 성공한 투자자로 피터 린치(Peter Lynch)를 꼽을 수 있다. 그는 피델리티 마젤란 펀드(Fidelity's Magellan Fund)의 투자자들에게 도움을 주기 위해, 타고난 직관을 발휘하여 13년간 매년 29퍼센트의 수익률을 올렸다. 하지만 이 펀드의 개인 투자자들은 투자한 곳에 돈을 진득이 놔두지 않고, 가장 안 좋은 시기에 돈을 넣다 뺐다 하는 바람에 결국 큰 손해를 봤다.

우리가 미래에 대해 아는 것이 별로 없다는 겸허한 진리를 다각도에서 조명해 주는 관용구들이 많다. "과거 수익률을 미래에도 반드시 유지하리라는 보장은 없다" 같은 관용구는 투자자들의 단이한 생각을 막기 위해 미국 연방 정부가 사용하는 경고문이다. 하지만 안타깝게도, 아무리 반복하여 경고해도 투자자들은 그것을 쉽게 무시한다. 문화의 변화가 어떻게 진행될지 정확하게 예측할 수 없다는 것은 우리가 흔히 확인하는 인간의 현실이다. 그러나 이것은 또한 우리가 흔히 무시하는 현실이기도 하다.

생존자 편의

'생존자 편의'(survivor bias, 파산이나 조직재편으로 사라진 기업을 제외하고 생존 기업만을 대상으로 성과 표본을 기록한 데이터베이스—역주)의 함정에 빠지는 사람들은 교묘하고 음흉한 방식으로 과거 실적에 속는다. 우리가 투자에 신중을 기하지 않는다면, 세상을 바꿀 잠재력이 있는 무선 통신 기업 목록을 작성할 때 아주 중요한 집단을 배제할 수도 있다. 사업에 실패하거나 파산하여 더 이상 존재하지 않는 기업들 말이다. 하지만 이같이 실패한 기업들을 무시하고 생존한 기업들에만 초점을 맞출 경우, 투자에 과장된 기대를 가질 수밖에 없다.

모든 종류의 문화 분석이 생존자 편의 현상에서 자유롭지 못하다는 것은 놀라운 일이다. 사람들은 세상의 이목을 끈 모브 이야기는 많이 하면서도, 역사에서 그다지 각광을 받지 못한 다른 색상 이야기는 별로 하지 않는다. 세심한 역사가가 아닌 이상, 대부분은 현재 출판된 책과 현재 연주되는 음악을 통해 과거에 대한 인상을 형성해 간다. 그러나 우리가 쉽게 망각하는 사실이 있다. 예나 지금이나 인기를 구가하는 문화 재화도 있지만[이를 테면, 빅토르 위고의 「레미제라블」(Les Misérables)처럼], 과거에 화젯거리였다가 지금은 완전히 잊힌 것도 있으며, 또 당시에는 거의 주목받지 못하다가 지금은 고전으로 인정받는 작품도 있다는 사실이다 (바흐의 작품은 거의 빛을 보지 못하다가 사후 80년이 지나 멘델스존에 의해 새롭게 부활했다).

"역사는 승자가 기록한다"라는 말은 생존자 편의를 암시하는 또 다른 표현이다. 생존자들은 문화의 변화 과정 이야기를 기록한다. 하지만 빈곤층, 노예, 여성, 어린이의 경험을 재생하려는 역사 기록 형식이 나타나기 전까지, 역사는 아마도 문화의 승자들에 **관한** 기록이었을 것이다. 여기서 승자란 전쟁터나 시장을 제패한 인물을 말하기도 하지만, 세상의 이목을 집중시킬 만큼 유명하고 영향력 있는 인물이나 문화 재화를 가리키기도 한다. 그렇다면 패자도 여기에 포함될 수 있다. 미국인들은 남북 전쟁을 떠올릴 때, 윌리엄 셔먼(William Tecumseh Sherman) 장군뿐 아니라 전쟁에서 패배한 로버트 리(Robert E. Lee) 장군도 기억한다. 하지만 장군 직에 오를 만큼 유력했으나 결국 계급을 달지 못한 양진영의 부관들은 잊히고 만다.

역사와 역사가들은 시간과 마모를 견뎌내어 마침내 세상을 바꾼 탁월한 문화 재화들을 미리 선별함으로써 우리 삶을 한결 편하게 해주었다. 우리는 세상을 바꾼 발명품과 방정식과 색깔을 알게 되었다. 하지만 당시에는 어떤 발명품과 방정식과 색깔이 널리 보급될지 결정되지 않았다는 사실을 종종 망각한다. 그리고 세상을 바꾸는 것은 식은 죽 먹기라는 착각에 빠진다.

영화 산업을 한번 생각해 보자. 할리우드가 지구상에서 문화 형성에 관한 한 가장 강력한 힘을 소유한 집단이라는 데는 의심의 여지가 없다. 세상 구석구석에 문화 재화를 보급했다는 측면에서 할리우드와 경쟁 가능한 대상은 코카콜라와 기독교밖에 없을 것이다. (물론 앞서 언급한 '세상을 바꾼다'는 말의 가장 현저한 의미에서는 할리우드 역시 코카콜라나 교회와 마찬가지로 아직

멀었다.) 시나리오 작가 윌리엄 골드만(William Goldman)의 말은 할리우드에서 가장 유명한 경구 중 하나이다. 그는 이 거대한 문화 산업이 어떻게 공전의 히트를 기록하는 블록버스터를 만들어 내는지 "아무도 알 수 없다"고 설명했다. 수많은 포커스 그룹을 동원하기도 하고, 수천만 혹은 수억 달러를 마케팅 자금으로 뿌리기도 하고, 관객의 관심도나 배우와 줄거리의 상업성을 평가해 보기도 하지만, 이 모든 절차를 거친다 해도 영화가 투자를 만회할 수 있을지 확실히 안다고 장담할 사람은 할리우드에 아무도 없다.

5백만 달러의 제작비가 든 "나의 그리스식 웨딩"(*My Big Fat Greek Wedding*)을 예로 들어 보자. 할리우드 역사에서 공전의 히트를 기록한 이 영화는 미국에서만 2억 4천1백만 달러의 수익을 거둬들였다. 영화 관계자들조차 놀랐다. 이 영화는 매력적인 젊은 여배우를 내세워 흥미로운 할리우드식(전형적인 할리우드 스타일은 아니었지만) 줄거리로 포장했다. 그뿐 아니라 할리우드의 주요 인사인 톰 행크스(Tom Hanks)와 그의 아내 리타 윌슨(Rita Wilson)이 공동으로 제작에 참여했는데, 이들은 할리우드에서 가장 막강한 힘을 과시하는 부부다. 행크스 부부가 참여했다는 것만으로도 이 영화는 다른 '독립' 영화들이 학수고대하는 기회를 잡은 셈이었다. 하지만 과연 이 부부가 계약한 순간 성공이 보장되었다고 말할 수 있을까?

그렇지 않은 것 같다. 행크스의 다른 제작 성적(이런 표현을 써도 될지는 모르겠지만)이 이를 말해 준다. 5천만 달러의 제작비를 들인 2006년 작 "앤트 불리"(*The Ant Bully*)의 국내 수익은 2천8백만 달러에 그쳤고, 2004년 2천7백만 달러로 제작한 "코니와 칼라"(*Connie and Carla*)는 "나의 그리스식 웨딩"의 여주인공 니아 발다로스(Nia Vardalos)를 그대로 기용했지만 국내 흥행 수입은 8백만 달러에 그쳤다. "폴라 익스프레스"(*The Polar Express*

는 그나마 흥행이 좀 된 편이다. 1억 6천5백만 달러의 거금을 들여 제작한 이 영화는 국내 박스오피스에서 1억 6천2백만 달러의 수익을 올려 그럭저럭 투자액을 회수했고, 해외에서 큰 성공을 거두며 흑자로 돌아섰다. 또한 행크스 부부는 "나의 그리스식 웨딩"의 성공을 발판으로 "나의 그리스식 생활"(My Big Fat Greek Life)이라는 TV 시리즈를 만들었지만, 고작 7회 만에 조기 종영했다.

"아무도 알 수 없다"는 말은, 이렇게 문화적 성공을 가늠할 수 있는 확실한 측정법이 있고, 또한 주요 관련자들에게 그들의 문화적 산물을 성공시켜야 한다는 의욕을 불어넣는 막대한 금전적 보상이 있는 산업에서 사용되었다. 이런 조건의 할리우드에서조차 불가능한 일이라면, 문화적 활동이 불분명한 정치나 시(詩) 같은 분야는 말할 것도 없다. 문화는 그 규모가 어마어마하기 때문에 누군가가 통제하거나 예측할 수 있을 만큼 단순하지 않다. 이는 잠시 동안 문화적 성공을 누리고 있는 사람들, 즉 시스템이 그들 위주로 맞춰지는 '생존자'들에게는 매우 무자비한 진리다. 물론, 문화의 각 시대와 분야에는 문화적 변화 예측에 탁월한 능력을 보이는 소수의 사람들이 존재한다. 엄청난 부를 누리는 헤지펀드매니저, 선견지명이 있는 저널리스트와 패션 전문가, 높은 지지율을 보유한 정치가, 유명세가 있는 목회자 같은 사람들 말이다. 하지만 이런 사람들이 존재한다는 것은 어떤 집단에나 키가 가장 큰 사람이 있는 것과 마찬가지다. 그 사람이 다른 사람들보다 스트레칭 연습을 더 열심히 했다는 뜻이 아니라, 그저 누군가는 가장 크기 마련이라는 뜻일 뿐이다. 하지만 성인이 되면 거의 고정되는 키와 달리, 문화는 크든 작든 계속해서 변화한다. 과거 수익률을 반드시 미래에도 유지하리라는 보장은 없다. 미래를 내다볼 때마다 우리는 작은 소리로 이렇게 되뇌어야 한다. 아무도 알 수 없다고 말이다.

이 말을 달리 표현하고 싶다면, 마크 트웨인(Mark Twain), 닐스 보어(Niels Bohr), 요기 베라(Yogi Berra) 등 여러 사람의 입에 오르내렸던 말을 사용해도 좋다. "예측, 특히 미래를 예측하는 일은 어렵다."

다져진 흙자리

이쯤 되면 어떤 독자들은 강한 반대 의견을 내놓을 것이다. 저널리스트 말콤 글래드웰(Malcolm Gladwell)이 「티핑 포인트」(*The Tipping Point: How Little Things Can Make a Big Difference*, 21세기북스 역간)라는 흥미로운 책에서[4], 문화가 어떻게 변하는지 정확히 보여 주지 않았던가? 글래드웰은 전염병을 통해 바이러스가 퍼지듯이 '밈'(meme, 리처드 도킨슨이 만든 용어, 생물체의 유전자처럼 한 개인의 기억에서 다른 개인의 기억으로 문화를 전달하는 매개 단위—역주)을 옮기는 데 인맥을 충분히 동원할 수 있는 사람들['메이븐'(maven), '커넥터'(connector), '세일즈맨'(salesman)]의 교류를 통해 문화적 변화가 이루어진다고 하지 않았는가? 마돈나와 보노의 엄청난 문화적 영향력, 혹은 글래드웰과 같은 이들의 작은 문화적 영향력이 키나 머리카락 색깔처럼 그저 무작위로 할당된 것일까? 그들의 명백한 재능이 문화를 변화시키는 능력과 결부되어 있는 것은 아닐까? 그들의 문화적 탁월성에 관한 문제는 아닐까? 보노가 다음에 참여할 운동은 그가 참여한다는 이유만으로 성공을 예측할 수 있지 않을까? 촌스러운 상업 용어를 쓰자면, 당신은 U2의 다음 앨범과 길거리에서 연주하는 아마추어 밴드의 데뷔 앨범 중 어느 쪽에 투자하겠는가?

이러한 질문들에 대답하기 위한 첫 번째 관문은 철학자들이 선호하는 식별법인 필요조건과 충분조건의 차이를 사용하는 것이다. 당신이 허시파피(Hush Puppies)라는 브랜드를 수익성 높은 신발 유행의 선두주자로 만들고자 한다면(글래드웰이 책에서 든 예이기도 하다), 글래드웰이 설명한 요인들이 반드시 **필요**하다. 어느 정도 인맥을 갖춘 영향력 있는 도시 젊은이들이 그 신발을 신어야 하고, 패션 전문가들이 지인들에게 그 신발을 사도록 권해야 한다. 또한 신발 제조자, 마케팅 부서, 유통 및 회계 시스템이 탄탄하고 '확장성'이 있어야 한다. 다시 말해, 당신 조직은 수완이 있어야 한다. 당신의 신발 브랜드가 이미 시장에서 자리를 잡고 있다면, 소비자들의 마음을 사로잡아 지갑을 열게 할 신제품을 내놓는 일이 훨씬 더 수월할 것이다. 이러한 모든 요인이 문화적 성공을 위한 필수조건이다.

하지만 이 정도로는 **충분**하지 않다. 당신이 이 모든 필요조건을 충족시킨다 해도―**필요**라는 말은 반드시 그렇게 되어야 한다는 뜻이다―'신발 세계를 바꾸는 것'은 고사하고 적정 분량도 판매하지 못할 가능성이 있다. 왜냐하면 당신이 숨 가쁘게 문화적 영향력의 필요조건들을 채우고 있을 때 경쟁사들도 똑같이 노력하고 있기 때문이다. 또 당신 회사의 신발이 어느 해에 최고 판매율을 달성했다 하더라도 그것은 곧 **과거 실적**이 되고 만다. 그 다음은 뻔하다. 2007년 아마존닷컴에서는 유사한 스타일의 신발들을 모아 놓고 고객들로 하여금 인기 순위를 매기게 한 후, 그 평가 결과를 공개한 적이 있다. 단정한 스타일의 허시파피 남성용 클로그(clog)는 총 26개 품목 중 15위에 그쳤다. 허시파피는 2002년 글래드웰의 책이 출판될 당시 대중에게 막 알려지기 시작한 다른 신생 브랜드보다 훨씬 더 저조한 성적을 보였다.

그렇다면 문화적 영향력을 미치는 데 가장 중요한 충분조건은 무엇일까? **큰 규모에서는 문화 변화의 충분조건이 존재하지 않는다**는 것이 냉정한 현실이다. 문화적 성공을 보장해 주는 방법 역시 존재하지 않는다. 어떤 문화 재화가 그 창조자의 바람대로 지평선을 형성할 거라고 아무도 장담할 수 없다는 뜻이다.

이는 우리를 두 번째 관문으로 인도한다. 문화를 변화시키는, 혹은 '세상을 바꾸는' 능력은 결국 **규모**의 문제다. 작은 규모에서는 거의 모든 사람이 세상을 바꿀 능력을 가지고 있다. 몇 년 전 우리 아버지는 손자 손녀를 위해 7-8미터 높이쯤 되는 뒤뜰 나무에 그네를 달아 주었다. 그 그네는 아이들의 어린 시절을 상징하는 아이콘이 되었다. 아이들은 그네에서 수많은 시간을 보냈고, 그네를 탈 때마다 아래쪽 잔디에 발이 스치면서 자국이 생기기 시작했다. 이제 그네 밑에 있던 잔디는 다 사라지고, 대신 둥글게 패여 탄탄히 다져진 흙자리가 생겼다. 그 자리는 아이들의 발이 닿을 때마다 점점 넓어지고 있다. 그네도, 흙자리도 세상에 생긴 변화라는 의미에서 모두 문화다. 이렇게 소규모에서는, 너무 어리거나 너무 늙은 사람, 병약한 사람을 제외하고는 거의 모든 사람이 매일 '세상을 바꾸고' 있다.

가족이라는 작은 규모에서, 나는 여러 가지 방식으로 가족과 공유하는 세상을 뚜렷하게 형성해 간다. 기상과 취침 시간, 휴가 장소, 저녁 메뉴, 텔레비전 구입 유무(우리 가족의 경우, 텔레비전을 구입하지 않음)를 결정하고, 우리 네 사람만 아는 별명을 지어 서로 불러 주는 것 등이 바로 그러한 방식이다. 우리 네 식구는 집안에서 우리끼리만 공유하는 문화를 형성할 수 있는 실제적인 힘을 지니고 있다.

하지만 좀더 큰 규모의 문화로 이동하면, 우리가 속한 문화에 행사하던 능력은 그 빛을 잃어버린다. 물론 우리 집안에서만큼은 자연과 문화를 통제하는 약간의 능력을 발휘하지만, 그것조차 다른 이들의 계발과 창조에 상당히 의존하고 있다. (초고속 인터넷 서비스는 물론) 전기와 물과 안전을 제공해 주는 사람들뿐 아니라, 집 주변과 지구 반대편에 있는 발전소와 공장의 운영 방식에 따라 내가 숨 쉬는 공기를 안전하게 혹은 위험하게 할 수 있는 사람들에게 의존하고 있다는 뜻이다. 다른 도시로 가려면 누군가가 정해 놓은 기차 시간표를 참고하거나, 누군가가 설계하고 관리하는 도로를 통과해야 한다. 이처럼 큰 규모의 문화에서 다른 사람들이 창출하는 변화에 대한 의존도에 비하면, 내가 특정한 세상에서 작은 변화를 창출하는 능력은 미미한 수준일 뿐이다.

그래도 큰 변화를 창출하는 사람들이 있지 않느냐고 반문하는 독자들이 있을지도 모르겠다. 도로를 설계하고 기차 시간표를 만들고 전기를 제공하는 사람들은 '세상을 바꾸는' 권력을 가지고 있는 것 아니냐고 말이다. 물론 맞는 말이다. 하지만 그들의 권력에도 상당한 제한이 있다. 토목 기사나 도시철도 설계자, 전기회사 직원들에게 본인 직장에서 '세상을 바꿀' 수 있는 권력을 얼마나 많이 소유하고 있는지 물어보라. 그러면 그들이 전문성과 권위를 가지고 있는 문화 영역에서조차, 필요를 느낀다 해도 이루어 낼 수 없는 변화가 무수히 많다는 사실을 곧 발견할 것이다. 그들 역시 사무실─그들이 실질적인 권력을 행사할 수 있는 문화 활동의 규모─을 벗어나면, 나와 동일하게 많은 것에 의존하는 상태가 된다.

그렇다면 우리는 세상을 바꿀 수 있는가? 그렇기도 하고, 그렇지 않기도 하다. 작은 규모에서라면 분명 세상을 바꿀 수 있다. 하지만 세상은 매우 복잡하고 망가진 상태이기에, 우리의 작은 문화적 능력만으로는 부족하다. 그 점은 권력을 많이 소유한 사람도 마찬가지여서, 전화 가설공이나 전화 회사 CEO에게나 똑같이 적용되며, 일개 병사나 군의 총사령관에게도 똑같이 적용된다. 우리 능력으로 변화를 창출할 수 있는 규모가 어느 정도이든, 우리가 간절히 추구하는 변화를 창출해 내는 권력은 우리의 통제 밖에 있음을 여러 측면에서 발견하게 된다. 이것이 사실이 아니라면, 세상에서 가장 강력하다고 자부하는 나라에서 '세상에서 가장 강력한 직책'을 맡은 사람이 중동의 한 작은 나라에 엄청난 병력을 배치하고도 문화 변혁을 이루는 데 실패한 것을 어떻게 설명할 수 있겠는가?

이런 사실은 분명 우리의 자신감을 북돋아 주지는 않는다. 세상을 바꾼 인간의 도전은 아무리 좋게 말해도 뒤죽박죽이다. 그러한 시도를 열거하는 책이 아무리 많이 쏟아져 나온다 해도 마찬가지일 것이다. 우리가 추구하는 변화의 규모가 커질수록, 기록은 점점 더 뒤죽박죽이 될 것이다. 그리고 우리가 간절히 바라는 세상의 변화가 최대치의 규모에 이를 때, 그 기록은 그야말로 암담해질 것이다. 우리의 최선의 노력은 잘해야 아이가 잔디밭에 다져 놓은 흙자리 정도의 인상을 남길 뿐이다.

문화 재화의 힘

세상을 바꾸려는 우리의 희망을 더 약화시키는 것은, 문화 재화를 만드는 사람이 아니라 그 문화 재화 자체에 세상을 바꾸는 힘이 있다는 사실이다. 왜냐하면 문화 재화의 핵심 본질은 그것을 만든 창조자의 손에서 벗어나는 것이기 때문이다. 문화 재화는 창조자의 영향권을 벗어나 광범위한 대중에게 수용되며, 그러한 수용은 대개 우리가 예견할 수 없었던 결과를 낳는다. 사실 문화적으로 가장 큰 영향력을 지닌 수많은 재화들이 성공하는 것은, 창조자들이 어렴풋하게만 상상했던 가능성과 불가능성의 지평선에 영향을 미치기 때문이다. 전화, 아이팟, 고속도로, 핵폭탄 같은 것들은 역사에 막대한 영향을 미쳤다. 하지만 그 어느 것도 더 이상 창조자의 통제를 받지 않으며, 사실 통제를 받을 수도 없다.

문화 재화의 **의도하지 않은** 결과는 시간이 흐르면서 원래 **의도한** 결과를 압도하기 마련이다. 이러한 일은 사람들이 변화된 지평선에 대처하여 새로운 문화 창조 과정을 이어갈 때 일어난다. 고속도로는 미국의 도심 지역을 황폐화하고, 패스트푸드 레스토랑을 성장시킬 목적으로 건설되지는 않았다. 하지만 그 두 가지는 고속도로가 만들어 낸 가장 두드러진 결과다. 전화 역시 지리적 이동성을 높이기 위해 만들어진 것은 아니었다. 하지만 전화의 발명 덕분에 우리는 멀리 이사를 가더라도 가족이나 친구들과 가까이 있는 것처럼 생각한다. 좋든 싫든, 지리적 이동성의 증가는 전화가 미국인의 생활에 기여한 가장 큰 부분이다. 이처럼 의도하지 않은 결과들은 시간이 갈수록 늘어나며, 우리가 최초의 창조에서 멀어질수록 그 결과의 중요성과 예측 불가능성도 점점 증가한다.

이처럼 의도하지 않은 결과의 법칙은 인터넷처럼 불확정성을 주요 특징으로 하는 첨단 기술에 더욱 확실히 적용된다. 인터넷은 당신이 원하는 그 어떤 목적으로도 이용할 수 있으며, 이용 제한 조건도 얼마든지 피할 수 있다. 인터넷은 전기의 발명 이래 가장 유동적이고 예측 불가능한 문화 재화일 것이다. 이는 또한 그 결과를 예측하기가 매우 어렵다는 것을 의미한다. 이 책을 쓰고 있는 지금 여전히 유효하게 작용하는 결과 중 하나는, 20세기 음악 산업이 급격히 쇠퇴하면서 기존 음반사와 아티스트들의 영향력이 줄어들고 개인 뮤지션과 소비자들의 힘이 강해졌다는 것이다. 2000년 P2P 음악 공유(관점에 따라서는 절도 행위일 수도 있지만) 서비스 냅스터(Napster)가 최고의 인기를 구가할 때, 전혀 뜻밖에도 헤비메탈 록밴드 메탈리카(Metallica)가 파일 공유를 거세게 반대하며 구체제의 대변인을 자처했다. 밴드 창립 멤버이자 드러머인 라스 울리히(Lars Ulrich)는 국회에서 상당히 인상적인 발언을 했다.[5] "나는 내가 창조한 것을 계속 통제하기

원한다." 하지만 울리히는 문화 창조의 첫 번째 교훈을 배우지 못한 것 같다. 문화 창조자가 할 수 없는 단 한 가지가 있다면, 그것은 바로 자신이 창조한 것을 통제하는 일이다.

그리스도인에게는 이 모든 것이 그리 새롭지 않다. 왜냐하면 우리의 가장 중요한 이야기가 문화적 과정을 가동시킨 창조자로부터 시작하며, 그러한 문화적 과정이 본래 의도에서 벗어난 수많은 결과를 낳았기 때문이다. 모든 문화는 공유하고 공개적인 것이기에, 그것은 또한 현재와 미래 세대의 창조와 계발에 의존하는 모험이다. 아담과 하와는 분명 '세상을 바꾸었지만', 그 변화는 창조자가 기대하셨던 것과는 달랐다.

세상을 바꾸려는 유혹

이제, 세상을 바꾸는 일에 착수하면서 마지막으로 주의할 사항을 살펴보자. 그리스도인이 '세상을 바꾼다'는 말을 사용할 때는 우리의 문화적 활동이 세상을 **더 나은 방향으로** 바꿀 것이라는 암묵적인 전제가 숨어 있다. 하지만 그렇게 가정하는 근거가 무엇인가? '세상을 바꾼다'는 말은 멋지게 들린다. 적어도 우리가 본인의 작은 삶조차 제대로 바꾸지 못한다는 것을 깨닫기 전까지는 말이다. 우리는 날마다 자신과의 약속을 어기고 뭔가에 탐닉하며 지난날의 환상과 원한에 사로잡혀 살아간다. 그런 것들이 없다면 우리 삶이 훨씬 더 윤택해질 거라는 사실을 알면서도 말이다. 우리가 자신을 바꾸는 일은 언제나 기대에 훨씬 못 미친다. 그런데도 세상을 바꾸겠다며 나서는 우리는 대체 어떤 존재들이란 말인가?

세상을 바꾸겠다고 쉴 새 없이 떠들어대는 것은, 어쩌면 우리가 반복해서 억누르는 어떤 인식을 일부러 피하려는 의도 때문일지도 모른다.

즉, 스스로 원해서 이 세상에 태어난 것이 아니고, 이 세상에 대한 우리의 이해는 막연할 뿐이며, 결국 우리 자신이 아닌 어떤 것 혹은 어떤 존재를 철저히 의지하는 가운데 생을 마감하게 되리라는 사실을 인정하고 싶지 않은 것이다. 세상을 바꾸는 것에 흥분한 나머지 엄청난 착각에 빠져 우리가 세상을 뛰어넘는 이해력을 소유하고 세상을 위한 최선이 무엇인지 알며 그에 필요한 도구와 의지와 기쁨을 다 갖추고 있는 양 행동한다면, 아직 현실을 충분히 직면하지 못한 것이다. 우리가 세상을 바꾸려는 것보다 더 많은 부분에서 세상이 이미 우리를 바꾸어 놓았다는 현실 말이다. 세상을 바꾸자고 부르짖는 자들을 조심하라. 그들은 아직 죄의 진정한 의미를 깨닫지 못한 자들이다.

개인적인 차원에서 볼 때 이러한 현실은 우리에게 겸손을 가르쳐 준다. 하지만 여기에는 또 다른 차원이 있다. 그리스도인들은 요한복음과 바울서신을 통해 '세상'이 하나님의 목적에 대항하여 체계적이고 적극적인 반역을 도모하는 곳임을 이미 알고 있다. 우리의 씨름은 혈과 육이 아니라—물론 육신의 본성과 씨름하는 것도 너무 힘든 일이지만—하늘에 있는 악의 영들을 상대하는 것이다(엡 6:12). 역사를 정직하게 읽어 보면, 인간의 탐욕과 두려움과 교만을 특별한 수단으로 사용하여 선의의 노력을 잘못된 방향으로 돌리는 것이야말로 우주적 반역에 크게 성공할 수 있는 전략임을 알게 된다.

하지만 우리는 세상을 바꾸는 일을 위해 지음받았다. 작은 규모이든 큰 규모(우리가 생각하고 바라고 기대하는 것보다 자주 있는 일은 아니겠지만)이든 우리는 세상을 바꾸는 일을 위해 창조되었다. 우리는 문화 창조자다. 하지만 그저 경솔하게 '세상을 바꾼다'는 미사여구만 붙들려 한다면 자신을 유혹에 노출하는 것과 다름없다. 우리는 에덴동산에서 아담과 하와가 처했던 상황에 부딪힐 것이다. 뱀은 "하나님과 같이 되어 선악을 알게 될 것"이라고 주장했다. 하지만 하나님의 형상으로 만들어진 아담과 하와는 이미 "하나님과 같은" 자들이었다. 그러나 뱀은 하나님이 주신 힘을 사용하여 지적 능력을 확장하라고 그들을 부추겼다. 뱀의 회유가 성공할 수 있었던 것은 그것이 진리에 아주 근접했다는 이유도 있었다. 뱀은 그들로 하여금 진리에서 한걸음 더 나아가 망상으로 향하게 했고, 그 망상은 그들이 확장하려 했던 능력을 파괴시키고 말았다.

세상을 바꾸는 자가 되려는 사람들 앞에 놓인 이러한 덫에 걸리지 않고 세상을 바꿀 수 있는 방법이 있을까? 그렇게 하려면 '세상을 바꾼다'는 표현에 흔히 결여된 한 가지 덕목을 배워야 할 것이다. 그 덕목은 바로 겸손이다. 우리의 능력을 부끄럽게 생각하는 것이 아니라 하나님의 능력을 신뢰하고 경외하는 것 말이다. 세상의 창조자는 여전히 '세상을 바꾸는' 일을 진행해 나가고 계시는가? 만약 그렇다면 그분이 일하시는 패턴은 어떠한가? 인간 문화의 모든 영역과 규모에서 그분이 하시는 일에 참여한다는 것은 무엇을 의미하는가? 자신도 모르는 사이에 서서히 하나님의 자리를 대신하려는 유혹에 넘어가지 않고, 어떻게 그분의 문화 창조에 동참하며 세상을 새롭게 만드는 소명을 실천할 수 있을까?

실제로 문화 권력을 소유하고 있고 그것을 좋은 일에 사용하고 싶어 하는 사람은 매우 조급한 마음으로 이 장을 읽었을지도 모른다. '나는 너무 하찮은 사람이라서 절대 문화 창조자가 될 수 없어'라고 생각하는 사람은 안도감과 의기소침함이 한데 뒤섞인 상태로 이 장을 읽었을지도 모른다. 이런 사람은 특히 "왜 우리는 세상을 바꿀 수 없는가"라는 이 장을 읽고 나서 그 생각을 더 굳히게 되었을지도 모른다. 하지만 나는 이처럼 조심스러운 태도를 유지할 때에만, 진정한 성공을 희망하며 자신의 문화적 소명을 찾을 수 있을 것이라는 생각이 든다. 앞으로 살펴보겠지만, 스스로 강자라고 느끼든 약자라고 느끼든 간에, 하나님은 당신을 쓰시기로 결정하셨다. .

13장
하나님의 흔적

기독교 신앙은 역사적 신앙이다. 우리는 세상의 창조자가 환상과 내면의 성향, 심리 경험뿐 아니라 역사 속에서 자신을 드러내신다고 믿는다. **역사**란 달리 말해 문화가 시간을 거쳐 어떻게 변했는지 이야기하는 것이다. 믿기 어렵고 심지어 터무니없어 보이지만, 유대교와 기독교는 하나님이 처음부터 문화 창조 과정에 개입하셨다고 주장한다.

    하지만 정확히 어떻게 하나님이 개입하셨단 말인가? 하나님이 역사의 어느 시점, 어느 장소에서 일하셨는지 구체적으로 설명하려는 모든 시도는 신성모독 아니면 자기기만에 빠지기 십상이다. 여호와의 이름을 망령되이 일컫지 말라는 계명은 특히 이런저런 문화 운동에 하나님의 이름을 동원하려는 사람들을 겨냥하고 있는지도 모른다. "역사는 승자가 기록한다"는 교훈을 통해 우리가 경계해야 할 것은, 역사의 구체적인 사건에서 하나님의 일하심을 분별하려고 할 때 하나님이 줄곧 우리 편이셨다고 주장하는 자기 정당화의 위험이다. 시대를 막론하고 지도자들은 저마다 하나님이 문화를 창조하려는 자신의 노력을 축복하고 계신다고 주장했다. 하지만 에이브러햄 링컨은 예외였다. 그의 두 번째 취임연설[1]에는 남북전쟁의 첨예한 문화적 갈등에 내포된 하나님의 목적에 대한 깊은 성찰이 담겨 있다. "양측은 모두 같은 성경을 읽고, 같은 하나님께 기도하며, 서로 상대방을 응징하는 일에 하나님의 도움을 구하고 있습니다…남북 그 어느 쪽도 기도 응답을 받지 못할 수 있으며, 지금까지 어느 쪽도 충분한 응답을 받지 못했습니다. 전능하신 하나님은 그분만의 목적을 가지고 계십니다."

이제와 돌이켜 보면, 명백하게 정당한 남북전쟁 같은 싸움에서도 하나님을 어느 한쪽에 귀속시키려 하지 않았던 링컨의 태도에는 분명 배울 점이 있다. 그때로부터 상당한 시간이 흐른 지금, 링컨의 소신대로 노예제도가 모든 면에서 악했다는 사실에 반대할 사람은 아무도 없다. 하지만 다른 많은 경우와 마찬가지로, 북부 연방군의 다음 행보는 타락한 형태의 문화 프로젝트였다. 셔면 장군이 남부를 잔인하게 침공한 사건은 지평선이 잘못 놓인 수많은 순간 중 하나일 뿐이었다. 문화 재화와 마찬가지로, 의도하지 않은 결과의 법칙은 그와 같은 순간에 대부분 동일하게 적용되었다. 미국 역사상 가장 많은 피를 흘린 이 전쟁은 북부 지역을 단합시켜 주긴 했지만, 실제로 흑인 노예들을 위한 정의를 확보하는 데는 실패했다. 인간 문화는 최고 혹은 최악의 상태에 있을 때 상당히 보수적으로 변하는 경향이 있는데, 남부는 남북전쟁이 종식된 이후에도 인종차별 제도를 수호할 수 있는 방법을 오랜 시간에 걸쳐 다각도로 모색했다. 북부 역시 정확히 꼬집어 낼 수는 없지만 교묘한 방식으로 인종차별을 제도화시켰으며, 지금까지도 이것이 지속되고 있다. 그런 면에서는 지금까지 어느 쪽의 기도도—가장 고결한 기도조차—충분한 응답을 받지 못했다는 것은 정확한 지적이다.

그럼에도 불구하고 링컨처럼 극한 갈등 상황(링컨은 두 번째 취임연설 이후 한 달 만에 암살당했다)에 처해 있지 않은 우리가 남북전쟁과 그 이후 지속된 인종 평등을 위한 기나긴 싸움의 결과를 보면서 하나님의 손길을 조금도 인식하지 못한다면, 그것은 분명 부자연스러운 일이다. "하나님이 보여 주신 정의에 대한 굳은 확신"을 품고, 마치 당연하다는 듯 하나님의 축복을 요구하지 않았던 링컨의 태도야말로 하나님이 찾으시고 보상하시는 신실함이었음을 우리는 이미 알고 있지 않은가? 링컨 연설의 마지막 부분에는 하나님이 성경에서 자신을 계시하셨던 내용이 그대로 나타나 있다. "지금 우리가 당면한 과업을 마치고, 이 나라의 상처를 싸매고, 이 전쟁의 짐을 짊어진 장병들과 그 미망인과 자녀들을 돌보고, 이 나라와 전 세계 가운데 정의롭고 영원한 평화를 이룩하고 누리기 위해 우리 모두 매진합시다." 미국 역사에서 가장 영향력 있는 이러한 발언 속에서도 하나님의 일하심을 발견하지 못한다면, 아마 우리는 역사의 어느 페이지에서도 그분을 찾아낼 수 없을 것이다.

우리 각자의 주장과 기회에 대한 맹신에 빠지지 않는 문화에 하나님이 어떤 뜻을 두고 계신지 알 수 있는 방법이 있을까? 그것을 알기 위해서는, 기독교 전통 가운데서 하나님이 나타나셨음을 명백하게 확인할 수 있는 장소나 시간, 본문을 살펴보아야 한다. 기독교 전통에는 주목할 만한 사건이 두 가지 있는데, 이 사건들은 성경 내러티브에서 중심을 차지할 뿐 아니라 문화 창조의 권력을 분명하게 보여 준다. 출애굽 사건과 부활 사건이 바로 그것이다.

출애굽과 부활은 각각 구약 성경과 신약 성경의 중심이다. 말하자면, 히브리 성경의 모든 내용은 하나님 백성의 해방을 중심으로 바깥으로 뻗어 나간다. 출애굽 당시 하나님은 백성들에게 그분의 이름과 속성과 목적을 계시하셨다. "나는 너를 애굽 땅, 종 되었던 집에서 인도하여 낸 네 하나님 여호와(히브리어로 하나님의 이름은 '야훼'다)니라. 너는 나 외에는 다른 신들을 네게 두지 말라." 감히 입에 올릴 수 없는 하나님의 이름만으로는 그분을 세상에 알리기에 충분하지 않았을 것이다. 하나님이 알려진 것은, 특정한 시간에 특정한 민족의 압제 아래 있었던 또 다른 특정한 민족을 인도하여 내셨기 때문이었다. 야훼 외에 다른 신을 둘 수 없는 이스라엘의 종교적 의무는 종교 철학으로도 설명 가능한 유일신론이라는 추상적 원리에 근거하지 않고, 애굽 땅에서 이스라엘을 인도하여 내신 하나님의 구체적 행위에 근거했다.

출애굽은 종교적인 면에서만 중요하다고 볼 수 없다. 이 사건은 인간 역사에서도 분명한 자리를 점하고 있다. 몇몇 현대인들은 성경에 상술된 출애굽이 과연 기록된 그대로 이루어졌는지에 의문을 제기한다. 성경도 다른 문헌과 마찬가지로 역사적 사건의 어떤 특징을 단순화하거나 요약한다. 하지만 부활의 역사성을 부인하는 사람들처럼 출애굽의 기본적인 역사성을 부인하는 사람들은 엄청난 역사적 문제에 봉착한다. 출애굽 같은 대격변의 사건이 **없다면**, 뿌리 깊은 종교적·윤리적·문화적 관습을 오래도록 유지하는 그처럼 독특한 민족의 생성을 설득력 있게 설명할 방법이 있는가? 그리스 민족의 기원을 설명하는 수많은 이야기나 로마 신화를 출애굽 이야기와 한번 비교해 보라. 끝없는 우주적 경쟁을 벌이며 편파적으로 행동하고 변덕스럽게 역사에 개입하는 다양하고 난잡한 신들로 가득한 판테온은, 한 특정 민족을 선택해서서 끈질긴 언약의 사랑으로 그들과 함께하시는 유일한 창조주 하나님에 대한 관념과는 전혀 맞지 않다. 판테온은 지중해 유역의 정치 불안과 동요를 별 계획 없이 문화적으로 통합하는 과정과 어울린다. 동화와 혼합주의의 공공연한 유혹이 있었지만, 유대인들은 변방으로 밀려나 망명하며 떠돌아다니는 중에도 문화를 형성해 가는 한 분 하나님 야훼에 대한 끈질긴 신앙을 고수했다. 그들은 유일신교의 존속이 어렵고, 특히 야훼에 대한 숭배가 불가능한 문화 환경에서도 대대로 그러한 신앙을 지켰다. 이처럼 보기 드문 종교적·문화적 성취를 볼 때, 출애굽 같은 사건은 이에 대한 가장 그럴 듯한 설명이 될 수 있다.

또한 지진이 끝나도 여진이 계속되듯, 예수님 사후 2천 년이 지난 지금까지도 여전히 발생하는 수많은 문화적 결과를 설명하기 위해서는 예수님의 역사적 부활을 가정할 수밖에 없다는 점을 앞서 살펴보았다. 예수님의 부활을 단순한 내적 경험, 몇몇 제자들의 공통된 환상으로 여기거나, 일부 제자들이 자기 공동체에 예수님의 영이 계속 살아 계신다고 주장하기 위해 꾸며낸 이야기로 본다면, 겨우 몇 세대 만에 로마제국의 방향을 바꾼 이 운동의 문화 권력을 충분히 설명할 수 없다. 흔히 이해하는 것처럼 출애굽과 부활은 단순한 '종교적' 사건이 아니다. 앞 다퉈 문화 창조를 이루어 나가는 역사의 다른 사건들과 마찬가지로 출애굽과 부활은 역사적이고 문화적인 사건이다. 하지만 출애굽과 함께 부활은 매우 분명한 종교적 사건이다. 예수님의 부활로 하나님의 진정한 속성이 드러났고, 하나님의 독생자라는 주장의 정당성이 입증되었기 때문이다. 부활이 없었다면, 예수님은 그저 매력 있고 모범적인 또 다른 한 인간으로 기억되었을 것이며, 우리는 고타마 붓다의 이야기나 소크라테스의 대화를 탐구하는 자세로 예수님의 삶과 가르침을 대하며 진리의 단서를 발견하려 했을 것이다. 하지만 부활이 사실이라면, 예수님의 삶과 죽음, 죽음을 이긴 승리는 우리에게 새로운 확신을 가져다 줄 것이다. 예수님의 삶(과 죽음)의 방식이 하나님의 실재에 대한 확실한 진리를 드러낸다는 확신 말이다.

약자와 강자

인간 문화에서 하나님이 자신을 가장 분명하게 드러내신 두 가지 사건이 출애굽과 부활이라면, 그 사건들은 하나님에 대해 무엇을 말해 주는가? 출애굽과 부활이 문화에 대한 역사적 개입이라면, 그것들은 문화를 향한 하나님의 목적에 대해 무엇을 말해 주는가?

두 사건에서 놓쳐서는 안 될 한 가지 특징은, 그것들이 **약자들의 삶 가운데 역사하시는 하나님**을 보여 준다는 점이다. 14장에서 살펴보겠지만, 문화 재화를 창조하는 것은 분명한 문화 권력을 요구한다. 애굽의 통치 아래 속박되었던 히브리인들이나 로마의 십자가에 달린 나사렛 예수는 '문화 창조자'의 자질을 기대하기 어려운 인물들이다. 히브리인들이 노예 상태에 있던 최악의 시기에 남자아이들을 죽이라는 명령으로 전 공동체가 학살의 표적이 되었고, 성 금요일 정오에는 한때 나무를 다듬고 떡을 떼던 이의 손이 십자가에 못 박혔다. 이런 순간들을 보면 문화 창조는커녕 문화를 계발하고 지속시키는 소망마저 완전히 사라진 것처럼 보인다. 더 이상 다른 선택의 여지가 없고, 바로의 애굽과 가이사의 로마와 같은 문화 권력 앞에 무참히 짓눌려, 스스로를 구원할 수 있는 수단을 전혀 갖추지 못한 사람들. 출애굽과 부활은 바로 이런 사람들에게 절대 일어날 것 같지 않은 사건이다.

이러한 역사적 사건들은 하나님이 신구약 성경에 반복적으로 계시하신 주제를 되풀이한다. 그것은 바로 '가난한 자와 과부와 고아'에 대한 하나님의 관심이다. 예나 지금이나 이 세 집단은 사회의 약자를 대표하는 상징적 존재들이다. 스스로를 '신과 같은' 영웅(혹은 신의 후계자)이나 만국의 설립자, 혹은 통치자로 생각하는 주변 민족의 신들과 달리, 이스라엘의 하나님은 문화적으로 탁월하지도 않고 별로 문화 창조자가 될 소지도 없어 보이는 민족에게 관심을 보이셨다. 주변 제국들에 비해 정말 작고 보잘것없던 이스라엘 백성, 그리고 외딴 마을 나사렛 출신 예수님은 약자들에게 이상하리만치 애착을 보이시는 하나님에 대한 표지다. 그러면서 하나님은 그분의 백성에게 "전에 너희도 애굽 땅에서 나그네 되었음이니라"고 일깨워 주셨다. 하지만 출애굽과 부활에 나타난 약자를 향한 하나님의 애착은 문화적 강자가 조장할 수 있는 최악의 사태 속에서 구원을 베푸시는 놀랍고도 명백한 행위로 해석된다.

좀더 자세히 들여다보면, 이 결정적인 문화적 사건들 속에는 예상치 못한 또 다른 주제가 담겨 있다. 출애굽과 부활은 약자를 향한 하나님의 관심을 상징할 뿐 아니라, 또한 **강자**를 계속 상대하시는 하나님을 보여 준다. 출애굽의 때가 이르러 이스라엘 백성이 애굽에서 홀연히 사라진 것은 아니었다. 하나님은 바로와 기나긴 대화를 시작하셨고, 이를 통해 바로와 그의 모사와 마술사들에게 그분의 백성을 보낼 수 있도록 기회를 주셨다. (바로의 마음을 완악하게 하셨다는 하나님의 말씀을 어떻게 해석하든지 간에, 바로는 이스라엘 백성을 보내지 않은 선택에 분명한 책임이 있는 것으로 나타난다.) 출애굽은 바로의 문화적·정치적 권력을 피해 일어난 사건이 아니었다. 출애굽은 바로와 애굽 백성의 큰 희생 이후, 그들의 권력을 직접 끌어들여 일어난 사건이었다.

이 이야기에 등장하는 문화적 강자는 바로 외에도 또 있다. 바로의 궁에서 자란 히브리인 모세 역시 문화적 강자였다. 그는 압제당하는 소수 민족의 일개 구성원이 아니었다. 조상 요셉처럼 애굽의 문화 권력 중심부에 있었던 모세는 애굽 언어를 능숙하게 구사하고 지배 계급과 친분을 쌓았을 것이다. 그는 수많은 소수 민족 구성원들과 같이 다수 민족의 구성원으로 '건너갈' 기회가 있었다. 애굽의 노예 감독을 살인하여 불만을 표출하기 전까지, 모세는 애굽의 최상위 문화 내부 운영에 다방면으로 참여했을 것이다. 미디안에서 망명 생활을 끝내고 돌아와 바로에게 야훼의 요구를 전하러 갔을 때, 그는 어린 시절부터 익숙한 궁으로 유유히 걸어 들어가 능숙한 애굽어를 구사했을 것이다. 이와 같이 잘 준비된 모세의 문화적 능력은, 하나님이 바로의 문화 권력에 대응하시는 이야기에서 매우 중요한 인간의 요소다.

그러므로 출애굽은 강력한 통치자에게서 벗어난 무력한 백성의 이야기일 뿐 아니라 문화적 강자의 이야기이기도 하다. 여기서 문화적 강자의 권력은 해방을 가져올 만큼 충분하진 않지만 여전히 중요한 수단이다. 그것은 하나님이 불의와 맞설 때 사용하시는 수단이기도 하며, 동시에 문화적 강자는 이러한 수단을 통해 하나님의 목적을 이루는 협력자가 될 기회를 얻는다.

예수님의 이야기에서도 유사한 패턴을 볼 수 있다. 예수님은 성전 지도자나 로마 행정관 같은 당대 권력자들을 타도하는 데만 목적을 둔 혁명가가 아니었다. 오히려 그분은 문화적 특권층에게 그분 말씀에 반응하고 방향을 수정할 수 있는 기회를 주셨다. 요한복음은 십자가 처형 전날, 예수님이 빌라도와 나눈 대화를 기록한다. 여기서 우리는 예수님이 빌라도의 발언에 응수하시는 모습을 볼 수 있다. "내[빌라도]가 너를 놓을 권한도 있고 십자가에 못 박을 권한도 있는 줄 알지 못하느냐? 예수께서 대답하시되 위에서 주지 아니하셨더라면 나를 해할 권한이 없었으리니"(요 19:10-11). 또한 예수님은 성전에서 일주일간 제사장과 서기관들과 대화하시며, 그들에게 이의를 제기하기도 하시고 그들의 질문과 비평을 듣기도 하셨다. 예수님은 권력의 중심부에 접근하지 않고, 그저 담벼락 너머에서 비유나

툭 던지시는 분이 아니었다. 멀찍이서 그들에게 돌만 던지시지도 않았다. 시골 약자들에게 하셨듯이, 예수님은 도시의 강자들에게도 질문을 하거나 하나님 나라에 가까이 올 수 있는 기회를 동일하게 주셨다.

예수님이 강자들에게 거절당하고 비난을 받으신 부정적인 이야기가 계속 이어지는 중에도, 그분을 찾고 이런저런 방식으로 그분의 목적에 협력한 강자들이 더러 나타난다. 산헤드린 공회원이었던 니고데모는 진리를 찾는 질문을 가지고 예수님께 나아왔고(요 3장), 동료 바리새인들 앞에서 예수님을 변호했으며(요 7장), 그분의 장례를 돕기까지 했다(요 19장). (요한복음에 니고데모에 관한 증언이 많이 등장하는 것으로 보아, 그가 결국 예수님을 따르는 자가 되었다는 초기 전승은 일리가 있어 보인다.) 로마 백부장은 아끼는 하인이 기적적으로 병이 낫는 것을 목격했다(눅 7장). 마가복음에 따르면, 예수님의 십자가 처형을 감독한 이 백부장은 결국 예수님의 진정한 신분을 증거하게 되었다. "이 사람은 진실로 하나님의 아들이었도다"(막 15:39). 당대에 가장 영향력 있는 랍비인 가말리엘의 문하생이었던 사도 바울은 초대교회를 박해한 대표적인 인물이었지만, 부활 이후 가장 열심 있는 복음전도자요 신학자가 되었다.

무엇보다도 예수님의 십자가 처형과 부활은 능력과 무능력이 가장 놀라운 방식으로 결합한 형태의 최고봉이다. 로마 백부장의 말이 옳다면, 십자가 위의 예수님은 역사상 최고의 강자이면서 또한 약자이셨다. 하나님의 아들은 로마의 지배를 받는 유대인이 되셨을 뿐 아니라 죽음의 지배를 받는 인간이 되셨다. 만물을 창조하시고 이 세상을 존재하게 하신 분이 자신을 비존재의 상태까지 낮추셨다. 더할 나위 없이 귀한 인생을 사셨던 예수 그리스도 안에서 능력과 무능력은 완전한 결합을 이루었다. 왜냐하면 예수님의 삶과 죽음, 죽음을 이기신 승리를 볼 때, 그분은 그저 단순한 약자―'온유하고 온순하신 예수'―가 아니었기 때문이다. 예수님의 삶의 방식, 더러운 영과 질병과 굶주림에 대한 다스림, 비유와 행동, 그 모든 것이 비범한 능력을 보여 주었다. 이는 죽음에서 부활하시기 이전부터 하늘과 땅에 대한 궁극적 권위가 그분에게 있었음을 확인해 준다. 이러한 능력은, 억양만 들어 봐도 로마에서 멀리 떨어진 변변찮은 속국의 변두리 출신임을 알 수 있는 한 나사렛 사람 안에 감춰져 있었다.

나사렛 사람 예슈아가 기름부음 받은 바로 그 메시아라는 예수 그리스도의 역설은 하나님의 문화적 목표에 담긴 역설을 가장 완벽하고 충분하게 요약해 준다. 하나님은 가난한 자―압제당하는 자와 과부와 고아―를 **위하시며**, 빈곤으로 똘똘 뭉쳐 있고 죄와 죽음 앞에서 절대적으로 무력한 인류를 **위하신다**. 하지만 하나님은 강자와 약자 **모두를 통해** 구속의 목적을 드러내시며, 그분의 목적을 이루는 일에 그들 모두를 사용하신다.[2] 하나님은 문화 속에서 역사하실 때, 강자와 약자를 나란히 함께 사용하시며 어느 한쪽만 편드시지 않는다. 약자를 동원하여 강자에 대항하게 한다면 이는 혁명이며, 강자를 동원하여 약자에 대항하게 한다면 이는 '세상의 방식'을 인정하는 일이 될 것이다. 하지만 그들을 협력 관계로 묶으신 것은, 하나님이 인류 역사에서 역설적으로 은혜롭게 간섭하신다는 것을 보여 주는 진정한 표다.

가난한 자와 부유한 자, 강자와 약자와 더불어 일하시는 하나님의 이러한 패턴은, 하나님이 인간 문화에서 현재 어떻게 역사하시는지 밝히는 데 필요한 모형(母型)이 될 수 있다. 한 특권층 집단이 그들의 힘을 사용하여 또 다른 특권층 집단에게 필요한 문화 재화를 창조한다면, 이는 그저 세상 방식이자 문화의 흔한 작동 방식에 지나지 않을 것이다. 또한 문화적 강자로 하여금 그들이 가진 것을 약자와 나누게 하여 약자를 의존적이고 빈곤한 상태로 내버려 둔다면, 이 역시 조금 더 인도적인 세상의 방식일 뿐이다. 이와 마찬가지로, 창조와 계발에 참여하는 약자의 노력이 가능성과 불가능성의 지평선에 아무런 변화를 주지 못하고 자신의 억압된 상황만 더 강화하는 경우, 혹은 절박한 상황에 처한 집단이 강자에 대항해 일어났지만 결국 또다시 새로운 권력 구조를 형성하는 경우, 우리는 또다시 상황이 예전과 똑같이 흘러가고 있음을 곧 알게 된다.

미국의 자선기금 3분의 2가 부자들—세금 공제 이익을 대가로 자신의 문화적 경험을 위한 비용 부담에 동의한 재력가들—이 주로 사용하는 시설(박물관, 관현악단, 교회 등)로 흘러 들어간다는 것은 그리 놀랄 일이 아니다.[3] 또한 미국의 무의미한 도시 생활이 결국 '신세대 감각'을 표방하며 남성성과 여성성의 깨어진 지평선을 인정하는 여성 혐오적이고 허무주의적인 형태의 음악을 탄생시켰다는 것도 그리 놀랄 일이 아니다. 월스트리트에서 벌어들인 돈은 대부분 이미 엄청난 재산을 가진 사람들을 위한 투자정보 기관을 마련하는 데 사용된다는 것도, 대부분의 광고가 소수의 부유층 젊은이들을 대상으로 한다는 것도, 수많은 선진국의 신약(新藥) 연구가 선진국에서 흔한 가벼운 질환을 대상으로 진행되고 있다는 것도 그리 놀랄 일이 아니다. 경제적·정치적 강화라는 명목으로 문화 특권층이 부정하게 축적한 재산을 몰수한 폴 포트(Pol Pot)나 로버트 무가베(Robert Mugabe) 같은 독재자들이 결국 국민을 더 빈곤으로 몰아넣고 심지어 감금하기까지 했다는 사실도 물론 놀랄 일이 아니다.

하지만 일반 은총 덕분에 그리스도인들은 '세상의 방식'대로 일어나는 수많은 일을 긍정적인 방향으로 계발하고 창조할 수 있다. 모든 지평선이 제자리를 잃은 것은 아니다. 부자들만 위한 투자정보 기관을 창설하는 것, 부자들만의 문제를 해결하기 위한 과학기술 장치를 만들어 내는 것, 부패로 얼룩진 정부에서 당신의 장점을 발휘하는 것은 결코 잘못이 아니다. 가죽 옷을 지어 입히셨던 하나님의 문화적 자비를 계속 실천하며 이어가는 것을 잘못이라 할 수 없는 것처럼 말이다. 그리스도인은 각자의 선택이나 환경에 따라 이웃들과 똑같은 문화적 활동을 하고, 그들과 어울려 계발과 창조를 이루어 나가는 데 많은 시간을 보내게 될 것이다.

하지만 나는 문화적 소명을 추구하는 그리스도인들이 문화 가운데 있는 하나님의 사역에 관한 독특한 모형을 찾아야 한다고 생각한다. 그 사역은 누가복음 4장에 나오는 예수님의 '취임연설'에 언급되어 있다.

> 주의 성령이 내게 임하셨으니
> 이는 가난한 자에게 복음을 전하게 하시려고 내게 기름을 부으시고
> 나를 보내사 포로 된 자에게 자유를
> 눈 먼 자에게 다시 보게 함을 전파하며
> 눌린 자를 자유롭게 하고
> 주의 은혜의 해를 전파하게 하려 하심이라 (18-19절).

예수님은 이사야 선지자의 두루마리를 읽으셨다. 이사야가 이스라엘의 운명을 보여 주는 현재와 미래의 지평선을 응시하며 예언한 내용이었다. 이 본문은 역사 가운데 있는 하나님의 문화적 목적, 그리고 하나님이 인간을 통해 창조하시고자 했던 가능성의 지평선을 수려한 문체로 잘 요약하고 있다.

> 골짜기마다 돋우어지며
> 산마다 언덕마다 낮아지며

> 고르지 아니한 곳이 평탄하게 되며
> 험한 곳이 평지가 될 것이요
> 여호와의 영광이 나타나고
> 모든 육체가 그것을 함께 보리라
> 이는 여호와의 입이 말씀하셨느니라 (사 40:4-5).

가난과 무능력의 장소인 골짜기는 돋우어지고, 능력과 특권의 장소인 산과 언덕(물론 오늘날처럼 출입통제 게이트가 있는 아파트 단지나 호화 주택도 포함)은 낮아질 것이다. 이는 약자와 강자를 모두 포용하는 문화에 대한 환상이다. 이는 가난에 대한 예찬이 아니라, 가난한 자가 결국 자신만의 문화 권력과 충분한 자원을 소유하게 될 것[하나님의 때가 오면 굶주린 자들은 기름진 음식을 먹고 목마른 자들은 고급 포도주를 마시게 될 것이다(사 55장)]을 예언한 것이다. 또한 이는 특권에 대한 굴복이 아니라, 10장에서 이미 보았듯이 강자의 문화적 업적이 하나님의 구속적 설계 안에 포함되어 있음을 마음속에 그리는 것이다.

강자와 약자를 기꺼이 협력자로 여기시는 하나님을 가장 우아하고 놀랍게 선언한 내용은 아마 이사야 57:15일 것이다.

> 내가 높고 거룩한 곳에 있으며
> 또한 통회하고 마음이 겸손한 자와 함께 있나니
> 이는 겸손한 자의 영을 소생시키며
> 통회하는 자의 마음을 소생시키려 함이라.

여기 가난한 자를 위한 기쁜 소식이 있다. 하나님이 그들 가운데 거하시며 그들을 위한 계획을 가지고 계시다는 소식 말이다. 하지만 이 소식이 높고 강한 곳에 거하는 자들에게 무조건 나쁜 소식이지만은 않다. 하나님의 필요를 발견하고, 하나님이 그들의 고르지 아니한 곳을 평탄하게 하시도록 겸손히 내어드린다면 이는 그들에게도 동일하게 기쁜 소식이 될 것이다.

예수 그리스도의 이야기에서 절정에 이르는 성경과 이스라엘 역사 속에서 우리는 하나님의 계시를 볼 수 있다. 이 계시에 의하면, 하나님은 역사 가운데서 어떤 일을 행하고 계시는가? 하나님은 불가능에서 가능을 만드시고, 죽은 자를 일으켜 세우시는 이의 영광을 높은 자, 낮은 자 할 것 없이 **모든 육체**가 다함께 볼 수 있도록 높은 곳을 낮추고 낮은 곳을 돋우는 일을 하고 계신다.

정의롭고 영속적인 평화

우리 시대에도 이러한 종류의 급격한 문화적 변화를 발견할 수 있다. 이사야가 말한 돋우어짐과 낮아짐을 격렬히 거부하는 것처럼 보였던 곳에서 가능성의 지평선이 명확하게 이동한 사건이 발생했다. 남아프리카공화국의 소수 백인 집단은 아파르트헤이트를 지지하는 기독교 덕택에 문화 권력을 더욱 강화하게 되었는데, 1980년대에는 그들이 이것을 평화롭게 포기하리라고는 누구도 예상하지 못했다. 하지만 1989년 백인 통치의 오만한 수호자였던 보타(P. W. Botha)에 이어 대통령직에 취임한 드 클러크(F. W. de Klerk)는, 놀랍게도 장기간 투옥중인 아프리카민족회의(African National Congress)의 지도자 넬슨 만델라(Nelson Mandela)를 석방하고 민주주의를 향한 평화로운 움직임을 시작했다. 남아프리카공화국 백인 특권층의 대표자 드 클러크가 피지배층의 대표자 만델라와 화해를 추구했다. 하지만 무엇보다도 놀라운 것은 진실화해위원회(Truth and Reconciliation Commission)의 총체적인 성공과 문화적 진실성이었다. 진실화해위원회는 온갖 어려움에도 불구하고 링컨의 말처럼 다방면에서 "정의롭고 영속적인 평화"를 이루어 냈다. 이는 가해자와 피해자 사이에 복수의 악순환 과정을 거치지 않으면서, 극악무도한 범죄 문제까지도 정직히 터놓고 화해를 이루었기에 가능했다. 이러한 과정이 진행되는 동안, 언제나 기도로 지원하는 다인종 그리스도인들이 있었다. 이들은 잘 훈련되어 있었고, 굳은 의지를 지니고 있었다. 하지만 만델라처럼 기독교 신앙을 공유하지 않은 사람들의 다원적인 문화도 이러한 과정을 뒷받침했다.

아파르트헤이트 이전(미국의 민권 운동)과 이후(소련 붕괴와 과거 소련에 속해 있던 많은 국가들에서 나타난 '색깔 혁명')에도 다른 몇몇 예가 있었지만, 아파르트헤이트의 종식은 하나님이 문화 가운데 역사하신다는 것을 내 생애에 가장 분명하게 보여 준 표지로서 큰 충격을 주었다. 1980년대 말 대학 시절, 나는 로열 더치 셸(Royal Dutch Shell) 사가 남아프리카공화국에서 사업을 한다는 이유로 셸 주유소를 이용하지 않았다. 친구들 중에는 아파르트헤이트 정권으로부터 우리 대학의 기금 투자를 철회하라고 요구하다가 체포된 이들도 있었다. 몇 년 후에 이 백인 소수 집단이 자신들의 권력을 평화롭게 양도하고, '진실과 화해'의 철저한 기독교적 과정이 사회 전체에서 일어날 것이라는 사실을 우리가 그때 알았더라면 매우 놀랐을 것이다. 경제학자 케네스 볼딩(Kenneth Boulding)은 "존재하는 모든 것은 실행 가능하다"라고 말한 적이 있다. 예수님을 따르는 이들은 수세대에 걸쳐 아파르트헤이트의 종식을 위해 기도하고 목숨을 바쳤으며, 마침내 그 일이 이루어졌다. 이는 자신을 낮추는 강자들, 그리고 복음을 문화적인 강자와 약자 모두를 위한 것으로 이해하는 약자들이 있는 곳 어디에서나 하나님의 역사가 있음을 보여 주는 표지가 되었다.

다른 획기적인 문화 변화들과 마찬가지로, 남아프리카공화국이 다수결 원리로 바뀌어 가는 과정 역시 순탄하거나 완벽하지 않았다. 정권을 잡은 아프리카민족회의에도 수많은 비판이 쏟아졌다. 하지만 하나님이 문화적 변화의 과업을 지속하고 계신다는 표지만큼은 숨길 수 없었다. 이러한 변화가 가능하다고 할 때, 기존의 지평선을 지키는 것만으로 완전히 만족할 수 있는 사람이 누가 있을까? 인간은 더 나은 삶을 위해 창조되었으며, 하나님은 지평선이 제자리를 잃은 수많은 곳에 이미 존재하고 계신다. 하나님은 강자든 약자든 그분의 새로운 지평선을 형성하는 일에 함께 할 협력자를 찾으신다.

아파르트헤이트의 종식은 물론 대규모의 문화 변화였다. 하지만 성경을 보면 하나님이 좀더 작은 규모의 문화 변화에도 관심을 가지고 계신다는 사실을 분명히 알 수 있다. 또한 대부분의 중대한 변화들은 작은 변화에서 시작한다. 신약 성경의 가정규례는 현대인들을 종종 불편하게 만들기도 하는데, 이는 그러한 본문이 종과 주인, 남편과 아내의 '평등'에 충분히 관심을 보이는 것 같지 않기 때문이다. 하지만 하나님이 간섭하셨던 문화 환경을 한번 생각해 보자. 당시 남편과 아내 사이에는 진정한 친밀함(수많은 헬라인과 로마인에게 이런 것은 상상할 수도 없었다)이란 아예 존재하지도 않았고, 주인은 종에게 권력을 무제한 행사할 수 있었으며, 아이들은 우리가 지닌 후기 빅토리아 시대의 감성을 느끼지 못했다. 이런 상황을 고려한다면, 그리스도인의 관계 방식에 대한 가정규례의 가르침은 기존의 지평선을 대폭 재구성해야 하는 계획이었다. 남편들이 "아내 사랑하기를 그리스도께서 교회를 사랑하신"(엡 5:25) 것같이 해야 한다는 바울의 요구는 그 시대 사람들이 거의 알지 못했던 친밀함과 섬김의 자리로 초청하는 내용이었다. 지평선 이동에서 바울의 가장 대범한 실천은 빌레몬서 [4]라는 문화 재화를 기록한 일이었다. 바울은 이 짧은 편지에서 주인 빌레몬이 달아난 종 오네시모를 달리 볼 수 있도록—주종 관계에서 형제 관계로 변화될 수 있도록—가능한 모든 설득 방법을 동원했다. 매우 중요한 사실은, 바울이 강자와 약자 간의 깨진 관계를 중재하는 과정에서 **양측 모두**가 지평선을 이동하는 모험에 참여하도록 권유했을 뿐 아니라(오네시모 역시 바울의 권고로 주인에게 돌아가는 중이었다), **양측 모두**가 문화적으로 자신에게 맡겨진 역할을 수행한다면 어떤 변화가 일어날지 마음속에서 그리고 있었다는 사실이다. 특히 바울은 빌레몬의 친구인 압비아와 아킵보, "네 집에 있는 교회"(몬 1:2)에 일부러 안부를 전하면서, 빌레몬과 오네시모가 함께 속해 있던 공동체를 분명하게 포함시켰다. 결과가 얼마나 만족스럽든 간에, 이것은 단순하게 개인이 처리할 문제가 아니었다. 바울은 온 공동체가 로마 사회의 가장 핵심 제도에 달리 접근할 수 있도록 변화가 추진되어야 할 것을 내다보고 있었다.

우리의 소명을 찾아서

3부의 각 장에는 문화의 어떤 분야에서 우리의 소명을 발견할 수 있는지 분별하기 위한 몇 가지 진단 질문들이 있다. 그리스도인의 소명이란, 기본적으로 우리 자신에 대한 질문이 아니라 하나님에 대한 질문에서 시작한다. 루이스의「나니아 연대기」에 등장하는 페벤시 남매들처럼, 익숙하고 편한 세상을 떠나 갑자기 다른 세상으로 옮겨지는 때가 우리에게 찾아올 것이다. 우리가 가진 재능과 능력보다 훨씬 더 비범한 것들을 요구하는 세상 말이다. 하지만 페벤시 남매들이 배웠던 것처럼, 나니아가 문화적 위기의 순간에 부딪혔을 때 기억해야 할 중요한 사실은 그들이 무엇을 할 수 있느냐가 아니라 '아슬란이 활동 중'이라는 것이다. 하나님이 여전히 인간 문화 가운데서 활동하고 계신다는 사실을 믿는다면, 다음과 같은 것들이 우리의 가장 근본 질문이 되어야 한다. 문화 가운데서 하나님은 어떤 일을 하고 계시는가? 가능성과 불가능성의 지평선에 대한 그분의 비전은 무엇인가? 기쁜 소식을 선포한 대상인 가난한 자들은 누구인가? 상대적 약자들 곁에서 자신의 권력을 사용하도록 부름받은 강자들은 누구인가? 불가능성이 가능성으로 변하는 곳은 어디인가?

이러한 질문들을 단순히 '사회 정의'에만 너무 지엽적으로 적용해서는 안 된다. 현재의 지평선 때문에 온전한 인간성을 빼앗기는 곳 어디에서나 우리의 창조성이 필요하며 성령님의 도우심이 있을 것이다. 예를 들어, 비행기로 여행할 정도의 여유가 있는 사람이라면, '가난한' 사람은 아니다. 하지만 나는 대부분의 공항에 있는 가능성의 지평선이 상당히 제한되어 있으며 대부분의 단골 이용객들(슬프지만 나도 이 부류에 포함된다)이 심한 불안, 우울증, 스트레스 증상을 보인다는 것을 증명할 수 있다. 더욱이 일등석이나 항공사 클럽의 특별 회원권—조용한 사적 공간을 확보할 수 있을 만큼 충분한 돈과 권력을 가진 이들의 도피처—으로도 이러한 증상은 좀처럼 진정되지 않는다.

이런 경우에는 좀더 통찰력 있는 문화적 창조성이 필요하다. 수년 전 샬럿 더글라스 국제공항 중앙 탑승동의 설계자들이 그러한 창조성을 발휘했다. 푸드 코트 맞은편 중앙 홀을 따라 튼튼한 나무들을 세우고(플라스틱 나무일지도 모르겠다), 그 아래 하얀 나무 흔들의자를 수십 개 배치했다. 그곳에서 엄마들은 아이를 달래고, 대학생들은 책을 읽고, 노인들은 지나가는 여행객들을 구경할 수 있었다. 그곳은 내가 방문해 본 [매우 쾌적한 유에스 에어웨이즈(US Airways) 클럽을 가까이서 구경한 것도 포함하여] 대부분의 고급 항공사 클럽보다 훨씬 더 친절하고 인간적이었다. 또 노스캐롤라이나 와인 생산자가 운영하는 가까운 바에 가면 합리적인 가격으로 그 지역의 와인을 맛볼 수 있었다. 그들은 10평방미터가 채 못 되는 공간에 친절하고 기분 좋은 휴식 공간을 마련했다. 그곳에서 편안한 대화와 미소가 오가는 사이, 항공 여행에서 흔히 경험하는 철저한 익명성은 어느새 사라져 버린다. 이 문화적 청지기들은 항공 여행이 힘과 인간미를 잃게 만들 수 있다는 점을 보았다. 문화적 특권층에 속한 사람들까지도 말이다. 그래서 좀더 관대하고 쾌적한 지평선—나무 흔들의자의 경우는 무료였다—을 제공했다. 그렇다면 샬럿 공항은 완벽한 문화 환경인가? 결코 그렇지 않다. 하지만 최소한 기쁜 소식이 좀더 선명하게 들리는 공간이다.

이러한 종류의 문화 창조가 필요한 곳은 도처에 널려 있다. 허머(Hummer, 부의 상징처럼 여겨지는, 제너럴모터스 사의 사륜구동 지프 차량—역주) 차량이 즐비하지만 지속적인 관계나 소비 이외의 다른 의미는 거의 찾아볼 수 없는 준교외 지역 거주자들에게도 문화 창조는 필요하다. 의미 결여와 허머 과잉 현상에 관해서라면 준교외 거주자들과 별반 다를 바 없는 도심 거주자들도 마찬가지다. 새롭고 세련된 것들의 매력이 끊임없이 강렬하게 밀려드는 곳에서도, 서로 비슷하다는 만족감으로 태평한 위안의 유혹을 받는 곳에서도, 그러한 문화 창조가 필요하다. 문화 창조는 모든 회사, 모든 학교, 모든 교회에 필요하다. 불가능성 때문에 강자들조차 구속되거나 고갈되었다는 느낌에 빠지고, 약자들은 더 나은 새로운 것에 대한 상상력을 빼앗기는 모든 곳에 문화 창조가 필요하다. 본질적으로, 모든 인간의 문화적 계획은 희망의 문을 세차게 닫아 버리는 불가능성과 죽음의 위협에 줄곧 노출되어 있다. 하지만 하나님은 불가능성이 절대적인 것처럼 보이는 곳에서 활동하고 계신다. 우리 소명은 그분이 이미 시작하신 일에 동참하는 것이다. 출애굽과 부활에서 이미 그분이 행하신 일을 더 뚜렷하게 만드는 것이 바로 우리의 소명이다.

14장
권력

20세기의 가장 영향력 있는 두 여성이 한 영국 왕세자비와 한 알바니아 수녀라는 주장에 이의를 제기할 사람은 별로 없을 것이다. 웨일스의 왕세자비 다이애나는 가는 곳마다 왕실 사람들과 일반인, 카메라의 관심을 사로잡았다. 다이애나는 웨일스의 왕자와 사랑에 빠져 세인트폴 성당에서 장엄한 결혼식을 올리는 행운을 거머쥐었다. 모든 세대가 바라고 상상하던 것이 현실로 구현된 결혼식이었다. 다이애나는 찰스 왕자와의 관계가 소원해진 이후에도 대중의 사랑을 받았다. 그래서 아름답고 매력적인 이 여성이 파리의 한 지하차도에서 난데없이 끔찍한 죽음을 맞이했을 때, 일요일 아침에 일어나 그 소식을 접한 사람들은 누구나 가슴이 철렁했다.

다이애나가 죽고 난 뒤 일주일이 채 지나지 않아, 또 다른 한 유명한 여성이 생을 마감했다. 그녀가 죽음을 맞이한 장소는 고급 승용차가 아닌 캘커타의 수녀원이었다. 마더 테레사는 고국 알바니아를 떠나 인도 빈민가에 찾아와 죽어가는 사람들을 섬기는 일에 생을 바쳤다. 마더 테레사는 그들을 치료해 주었을 뿐 아니라, 그들 가운데 "비참한 모습으로 변장하고" 찾아오신 구원자의 임재를 찬양하며 증거했다.

오늘날 전 세계적인 흐름으로 자리 잡은 유명인 문화(celebrity culture, 문화, 스포츠, 정치 분야의 인사로부터 심지어 연쇄살인범에 이르기까지, 유명인을 무조건적으로 숭배하는 경향—역주)는 참견이 심하고 격식 없는 것이 특징이다. 그래서 세상은 웨일스의 왕세자비를 아무렇지도 않게 '다이애나'라고 부른다. 하지만 이상하게도, 캘커타의 수녀를 그냥 '테레사'라고 부르는 사람은 별로 보지 못했을 것이다. 사랑의 선교회에서 죽어가는 사람들을 돌보는 봉사자들과 동료 수녀들에게 그녀는 '마더'였다. 경칭이 권력과 복종의 표지라면, 마더 테레사는 사람들에게서 숭상과 존경을 이끌어 낸 사람이었다. 이는 웨일스의 왕세자비조차도 할 수 없는 일이었다. 마더라는 그녀의 경칭은 수녀원 위계조직 내의 역할(수녀원장을 '마더'라고 부른다—역주)을 가리키기도 했지만, 본질적으로는 관계를 나타내는 말이었다.

두 사람의 죽음 이후, 이 왕세자비와 수녀가 권력에 대한 비유를 말해 주며 또 문화적 영향력의 두 가지 길을 제시하고 있다는 생각이 들었다. 초기 근본주의자들의 손자 세대는 여전히 마음으로는 서민이자 민중이라 하더라도 오늘날 엄청난 권력을 쥐고 있는데, 이는 그들의 조부 세대가 상상할 수도 없었고, 상상만으로도 두려워했던 것이었다. 나는 뉴욕시 유니온 리그 클럽(Union League Club)과 예일 클럽(Yale Club)의 그리스도인들을 위한 이틀간의 집회에 가는 기차 안에서 이 장의 일부를 썼다. 우리 사회는 민주적 평등에 대한 소망(혹은 권리)을 부르짖고 있지만, 이러한 클럽들은 특권층의 권력이 여전히 명백한 영향력을 지니고 있는 곳이다. 떠나기 전, 한 아프리카인 복음전도자의 웹사이트를 둘러보았는데, 그는 영국 왕실을 방문했을 때 찍은 사진들을 전면에 게시했다. 그 중에는 놀랍게도, 자신의 전용 비행기 앞에 서서 과거 자신의 고국을 지배했던 독재자와 악수를 나누는 사진이 있었다. 또 "뉴욕 타임스"에서 어느 젊은 여배우를 소개한 장문의 기사를 읽었다. 그 여배우는 예수님을 믿는다고 고백하면서 동시에 허벅지까지 올라오는 가죽 부츠를 신고, 그 잡지의 표현처럼 "성적 매력"을 발산하고 있었다. 우리 주변의 사진발 잘 받는 외모를 가진 신자들이 웨일스 왕세자비와 같은 특권의 자리를 점하는 것은 단지 시간 문제에 불과한 것 같다.

이 시점에서 우리가 취할 수 있는 도덕적 입장은 좀더 마더 테레사와 같이 되는 것이다. 다시 말해 소유와 특권을 축적하기에 앞서, 가난한 자들과 함께 머물며 그들을 섬기는 소명을 선택해야 한다는 뜻이다. 예수님 역시 특권층에 속해 있던 한 젊은이를 만나셨을 때 이와 똑같은 권유를 하셨다. 어느 흑인 설교자가 말했듯이, 직함을 갖는 것과 간증을 갖는 것은 분명한 차이가 있다. 그렇다면 우리는 이렇게 말할 수 있지 않을까? "다이애나는 직함을 남겼지만, 마더 테레사는 간증을 남겼다"라고.

더욱이 다이애나 왕세자비와 마더 테레사 사이에는 아주 뚜렷한 비대칭성이 존재한다. 나는 이 책을 읽는 독자들 중 다이애나 왕세자비의 자리를 대신할 사람이 없을 거라고 감히 단언한다. 그녀의 왕족 신분이나 세계적인 명성 혹은 주변의 모든 카메라를 사로잡는 흡인력은 어떤 각본을 짜더라도 손에 넣기 어려운 것들이다. 우리 대부분이 영국 왕실에 들어갈 재목이 아니라는 사실은 둘째치고서라도, 일단 당신과 나는 그런 자리가 체질에 맞지 않는다. 다이애나 왕세자비의 희귀한 삶은 말 그대로 희귀하다. 카메라를 마음대로 조종하고 언론을 잘 구워삶아 다이애나의 명성에 이를 수 있는 사람은, 우리 일생을 통틀어 아주 극소수의 여성(혹은 남성)뿐이다. 나머지 사람들이 그런 인기와 화려함을 추구하는 것은 어리석고 헛된 일이다. 다이애나의 짧은 인생이 슬프게 막을 내렸다는 점은, 그러한 극소수의 사람들에게조차도 그러한 추구가 어리석고 헛된 일임을 가르쳐 준다.

하지만 마더 테레사의 자리를 대신하려고 할 때 우리 앞을 가로막는 것은 (정말이지) 아무것도 없다. 왕세자비의 삶을 따르는 일에 내재한 장애물들은 가난한 자를 섬기는 삶을 선택했을 때 전혀 문제가 되지 않는다. 내가 이 글을 쓰는 지금도, 사랑의 선교회에 속한 수백 명의 자원봉사자들이 캘커타에서 죽어가는 이들을 섬기고 있다. 하루나 이틀씩 머무는 사람들도 있고, 수년 혹은 수십 년 단위로 머무는 사람들도 있다. 비록 마더 테레사처럼 세계적인 명성은 얻지 못할 수도 있지만, 그들은 어느 면으로 보나 실제로 마더 테레사의 삶을 살아 내고 있다. 훗날 마더 테레사는 얼굴에 삶의 흔적이 깊게 패인 주름투성이 할머니가 되었다. 우리가 아무리 거액을 들여 성형 수술을 한다 해도 한창 때의 다이애나를 닮기란 불가능하겠지만, 사랑하는 삶을 사는 것 외에 아무런 비용을 들이지 않더라도 얼마든지 마더 테레사를 닮을 수 있다.

유명인사가 되는 것은 대부분의 사람들에게 절대적으로 불가능하다. 하지만 성인이 되는 것은 우리 모두에게 절대적으로 가능하다.

그런데 왜 유명인사가 되려는 사람은 그리 많고, 성인이 되려는 사람은 그리 적은 것일까?

권력의 정의

참 이상한 일이지만, 나는 우리가 왕세자비의 삶에 그토록 매력을 느끼면서도 성인의 삶에는 그렇지 않은 이유가 권력에 대한 지식이 터무니없이 부족하기 때문이라고 생각한다.

간단히 정의하자면, 문화 권력은 **새로운 문화 재화를 성공적으로 제안할 수 있는 능력**이다. 이 정의는 우리가 앞서 문화에 대해 관찰한 여러 가지 사실에 기초한 것이다. 새로운 문화 재화(책, 도구, 건물처럼 구체적 실체가 있는 인공물)가 세상에 도입되면 문화에 변화가 일어난다. 내가 이 책을 쓴 후에 독자 여덟 명이 이 책을 읽었다고 하자. 그런데 그들이 아무에게도 이 책 이야기를 하지 않는다면, 이 책은 폭넓은 대중의 지평선에 측정 가능한 변화를 만들어 내지 못할 것이다. 탁월하든 부족하든 그것이 문화적으로 불활성 상태라는 점에서, 크리스토의 "더 게이츠"가 전시 5년 전에 처한 상태와 흡사하다고 할 수 있다.

이런 식으로 권력을 정의할 때, 자연히 도출되는 중요한 결론이 있다. 문화 재화를 **강요**할 수 있는 사람은 **아무도** 없다. 문화가 공적 속성을 지녔다는 것은, 원칙상 어떤 문화 재화든 거부될 수 있다는 의미다. 국가 권위의 도구인 경찰력이나 군대가 특정 종류의 문화적 지평선을 강요할 권력을 소유하고 있기는 하지만, 사실 탱크를 몰고 총부리를 겨누는 개인들의 동의는 이에 반드시 필요한 것이다. 테러 행위와 같은 무력을 불법적·폭력적으로 행사하는 것은 수많은 개인의 생명을 파괴할 수 있다. 하지만 그런 행위의 성공 여부도 생존한 이들이 선택하는 반응에 따라 좌우된다. 문화 재화는 강요할 수 없다. 오로지 **제안할 수 있을** 뿐이다. 대중이 어떤 반응을 보일지는 그 누구도 완벽하게 파악할 수 없다. 이는 대통령이 전쟁을 선포하든, 부모가 칠리 요리를 주든 어느 경우에나 동일하게 적용되는 진리다.

그러므로 새로운 문화 재화를 제안하는 시도는 위험한 일이다. 출판사와 나는 이 책을 시장에 내놓는 위태로운 줄타기를 감행했다. 객관적으로 말해서, 우리는 대체로 실패와 좌절로 끝나는 내기에 돈과 시간을 투자하는 위험을 감수하고 있는 것이다. 최선을 다해 성공 가능성을 평가하고 그에 상응하는 자원을 할당해 보기도 하지만, 12장에서 살펴보았듯이 아무리 숙련된 전문가들도 그 결과를 예측하기 어렵다. 이 글을 쓰고 있는 지금도, 나는 이 문화 재화와 여기 담긴 생각과 표현, 비전이 얼마나 많은 대중의 지평선을 움직일 수 있을지 전혀 감을 잡지 못한다.

그럼에도 불구하고 우리가 승산을 예상할 수 있는 것은, 문화 가운데 실재하는 권력 때문이다. 어떤 사람들은 권력만이 유일한 실재라고 말하기도 한다. 분명한 사실은, 다른 사람들에 비해 더 높은 성공률로 새로운 문화 재화를 제안하는 사람들이 있다는 것이다. 때로 그러한 권력은 직함에서 나온다. 한 중간 관리자가 프레젠테이션을 마친 뒤 CEO가 그에 대한 의견을 피력한다면, CEO의 말과 생각에 더 무게가 실리는 것은 흔한 일이다.('무게가 실린다'는 것은 액면적인 사실이 아니다. 하지만 이런 은유는, 뚜렷하지는 않지만 흔히 인정되는 권력의 실재를 표현하는 데 유용하다.) 어떤 문화 환경에서는 특정 권력을 지닌 사람들만 따로 사용하는 특정 단어와 어조가 있으며, 때로는 문법 전체가 일반 대중과 구분된다. 하지만 비교적 유동성 있는 우리 사회에서는 권력이 좀더 자유롭게 분산되어 있다. 대부분의 사람들은 자신의 농담이 다른 이들을 즐겁게 하고 자신의 의견이 다른 이들의 흥미와 관심을 자극하는 환경에 속해 본 경험이 있다. 그런 경우 우리는 즐거움을 느끼고 재치를 한껏 발휘하면서, 별 갈등 없이 자신의 비전을 펼쳐 보일 수 있다. 하지만 똑같은 농담과 의견이 아무런 효과도 없는 환경에서는 당황하여 말을 잃기도 한다. 그러한 차이가 발생하는 것은 한마디로 권력 때문이다.

이런 면에서 권력은 우리가 속한 특정 대중의 속성에 상당히 좌우된다. 학술회의에서 동료들의 존경을 한 몸에 받는 명석한 학자가 투자 회사의 회의실에서는 갈피를 못 잡고 헤매다가 무시를 당할 수도 있다. 출세가도를 달리는 그 회사의 간부도 시내에 위치한 자기 사무실에서 15분 정도 떨어진 거리에 나왔을 때는 그의 복장과 말투에 냉담한 태도를 보이거나 노골적인 적대감을 드러내는 사람을 만날 수도 있다. 마찬가지로, 그 거리에서만큼은 자신의 말이 곧 법이고 사람들의 '존경'을 한 몸에 받는 젊은이가 그 간부의 회사 건물에 들어가려 한다면 무시를 당하거나 쫓겨날 수도 있다. 이 모든 사람은 저마다 새로운 문화를 성공적으로 제안할 수 있는 권력을 가지고 있다. 특정 환경에 있는 특정 대중을 위해서 말이다. 하지만 자신의 울타리를 벗어난 장소에 가면, 그곳에서 권력을 지닌 이들에게 좌우된다. 이 때문에 특정 문화 환경에서 권력을 소유한 이들은 자신들의 권력이 아무런 쓸모도 없는 곳에서 시간을 보내고 싶어 하지 않는다. 강자들은 자신의 강력한 힘을 아무런 제한 없이 발휘하는 방법을 확보하는 데 대부분의 에너지와 자원을 사용한다. 자신의 권력을 부정하지 않고 유효하게 사용해 주는 집과 직장, 휴가지나 친구들을 찾는다. 자신의 권력 범위를 떠나는 것은 실존적으로 굉장히 불안한 경험이다.

섹스, 돈, 권력

기독교 전통에서는 인간을 유혹하는 세 가지 기본 영역이 있음을 인식했다. 그것은 바로 섹스, 돈, 권력이다. 이는 사도 요한의 "육신의 정욕과 안목의 정욕과 이생의 자랑"(요일 2:16)이라는 목록과 대략 일치한다. 죄인과 성인 모두가 아는 것처럼, 이 세 가지 유혹은 번갈아 가며 우리를 찾아온다. 그리고 사람들은 그중 한두 가지, 혹은 동시에 세 가지를 모두 추구하면서 대부분의 인생을 허비한다. 하지만 그중에서도 단연 권력은 가장 쉽게 빠지고 마는 위험한 유혹이다. 그 이유는 두 가지인데, 첫째는 자신이 어느 정도의 권력을 가지고 있는지 아는 사람이 없으며, 둘째는 권력을 충분히 가진 사람이 없기 때문이다.

자신이 어느 정도의 권력을 가지고 있는지 아는 사람은 없다. 섹스를 하고 있다면 당연히 그것을 인식할 수 있다. 돈 역시 세어 볼 수 있다. 하지만 권력을 측정할 수 있는 확실한 방법은 없다. 특히 그것을 간절히 원하고 필요로 할 때는 더욱 그렇다. 내일 아침 내가 식사하라고 아이들을 부른다면, 아이들은 분명 내 말에 응할 것이다. 그런 면에서, 나는 가족이라는 문화 영역 내에서 나의 권력을 어느 정도 짐작하고 있다. 하지만 내가 주목하고 염려하는 것은 전혀 다른 경우다. 나는 누군가에게서 회신 전화가 오기를 기다리고 있고, 동료들이 내 기획안을 채택해 주길 바라며, 내 책이 이제 곧 마무리되어 세상에 빛을 보게 될 날을 기대하고 있다. 이런 영역에서, 내가 제안한 문화 재화의 채택 여부를 보장할 수 있는 나의 권력이 얼마나 큰지는 전혀 확신할 수 없다. 진정한 문화적 창조성이란 가능성의 지평선 끝에서 일어나기에, 문화적 창조에 대한 고도의 노력이 큰 실패의 위험을 안고 있다는 것은 자명한 사실이다. 열심히 성공 가능성을 측정하려 해봐도, 우리는 그저 노력만 할 뿐 여전히 결과는 오리무중이다.

그런가 하면 권력을 충분히 가진 사람도 없다. 우리 문화에서 돈과 섹스가 '충분'하다고 간주할 수 있는 기준은 매우 유동적이다. 하지만 양식 있는 사람이라면 그것이 어느 정도 채워졌을 때 만족할 것이다. 마이크로소프트 사의 창시자 빌 게이츠는 충분한 돈을 가진 사람이다. 사실 그는 다른 갑부들과 마찬가지로 그 돈을 어떻게 의미 있고 효과적으로 쓸 수 있느냐라는 커다란 도전에 직면해 있다. 하지만 아무리 빌 게이츠라도 매일 아침 눈을 뜰 때 자신이 원하는 것을 창조하는 데 필요한 모든 권력을 소유했다고 느끼지는 못할 것이다. 세상은 망가져 있고 그리 만만한 공간이 아니기 때문이다. 자신이 충분한 권력을 소유하고 있다고 태연하게 확신하는 사람이 있다면, 아마도 그들은 인간이 죽음을 면할 수 없음을 인정하지 않는 사람이거나 마음속에 남아 있는 마지막 연민의 흔적을 제거해 버린 사람일 것이다. 사람들이 오늘날 세상 곳곳에서 폭력과 가난과 기근으로 존엄성을 침해당하고 있다는 사실을 피상적으로나마 생각해 본다 해도, 우리가 원하는 변화를 가져올 수 있는 권력이 턱없이 부족하다는 사실을 깨닫게 된다. 우리는 그들이 가진 가능성의 지평선을 바꿀 수 있는 충분한 문화 재화를 창조해 내지 못했다.

부와 권력이 서로 교체 가능하다는 것은 어느 정도 입증된 사실이다. 당신은 수많은 문화 영역에서 돈으로 영향력을 살 수 있고, 권력은 부를 향한 접근 가능성을 높여 준다. 하지만 문화에 영향력을 미치는 수단으로 부를 사용하고자 할 때, 부가 아무리 막대하다 해도 잘 사용하기란 턱없이 어려우며, 오히려 더 많은 부를 소유할수록 점점 더 어려워질 뿐이다. 우리 시대 최대 난제―몇 가지 예를 들자면, 지뢰, 소총, 핵무기와 같은 다양한 무기의 확산, 수많은 국가의 상하위 관리들의 부패, 주로 가난한 자들이 감염되는 질병을 치료하는 문제―와 관련해서는 아주 제한적으로 투자가 이루어지고 있다. 국제 구호 활동 단체들이 유감스럽게 생각하는 것처럼, 많은 돈은 오히려 상황을 더 악화시킬 수 있다. 이러한 난제들을 다루는 데 수억, 수조 달러가 필요할 수도 있지만, 사실 돈 문제는 비교적 까다로운 부분이 아니다. 사실 가장 필요한 것은 새로운 문화 재화의 창조다. 전에 존재하지 않았던 새로운 형태의 문화에 근거한 가능성과 불가능성의 새로운 구조를 만드는 것 말이다. 이처럼 새로운 재화를 창조하고, 일반 대중이 그것을 성공적으로 채택하는 것을 보기 위해서는 문화 권력이 요구된다. 하지만 이 세상 그 누구라도 성공할 것이라는 완전한 확신을 가지고 행할 수는 없다.

이 모든 것이 의미하는 바는 분명하다. 정욕(섹스에 대한 끝없는 욕망)과 탐욕(돈에 대한 끝없는 욕망)의 유혹에 온통 관심이 쏠려 있다 해도, 결코 방심할 수 없는 가장 큰 유혹은 권력에 대한 추구라는 것이다. 자신이 어느 정도의 권력을 가지고 있는지 아는 사람도 없고 권력을 충분히 가진 사람도 없기에, 우리는 더 많은 권력을 얻으려는 끊임없는 유혹에 시달린다. 권력을 비축해 두었다가 위기의 순간에 사용하기 위해서다. 다른 모든 유혹과 마찬가지로, 권력을 축적하는 것에 대한 유혹은 선의와 결합할 때 가장 강렬해진다. 권력 축적에 사로잡혀 우리는 잘못된 전략의 희생양이 된다. 우리의 관계와 접근법과 명성의 지렛대를 잘 조종하기만 하면 문화적 성공을 이루는 법을 구상할 수 있을 거라고 상상하는 것이다.

돈은 측정할 수 있고 미래를 위해 비축할 수도 있지만, 이와 달리 권력은 계속 지키고 보호해야 할 불안정한 힘이다.[1] 대중의 관심과 존경을 잃으면 권력은 언제라도 사라질 수 있는 위험 가운데 있다. 권력을 추구하려는 책략이 한계에 이르면, 우리는 처음과 달리 우리에게 '세상을 바꾸는' 궁극적 능력이 있다는 확신을 잃게 될 것이다. 오히려 우리를 속박하고 전보다 더 큰 무력감만 안겨 주는 의무들에 말려들지도 모른다.

권력의 유혹을 잘 보여 주는 한 가지 교훈적인 예가 있다. 팻 로버트슨(Pat Robertson)이 창설한 정치 단체인 기독교 연합(Christian Coalition)을 1990년대에 국가의 중요한 위치까지 끌어올린 열정적인 젊은 지도자 랄프 리드(Ralph E. Reed Jr.)의 경우가 바로 그것이다.[2] 기독교 연합은 지역과 국가의 다양한 정치 문제에 영향력을 행사할 수 있도록 그리스도인들을 동원하려 했다. "미국인 80퍼센트가 이 나라에 도덕적 쇠퇴의 문제가 있다고 믿는다"라는 말은 1994년에 기독교 연합이 만든 "미국 가정과의 계약"(Contract with the American Family)이라는 문서에 포함된 문구인데, 이 문서는 중간 선거로 미국 의회를 장악한 뉴트 깅리치(Newt Gingrich)와 새로운 공화당 세대가 제시한 정치 안건[1994년 중간 선거에서 공화당이 내걸었던 10가지 공약인 "미국과의 계약"(Contract with America)을 말한다—역주]에 힘을 실어 주려는 목적으로 만들어졌다. 기독교 연합이 미국 의회에서 공화당의 승리를 이끌어 내는 데 큰 역할을 했다는 것은 널리 공인된 사실이다. 그런 면에서 보면 "타임"(Time) 지가 1995년에 리드를 표지 모델로 쓰면서 "하나님의 오른손"이라는 헤드라인을 붙인 것도 놀랄 일은 아니다. 하지만 주된 성공 요인은 약삭빠른 연합에 있었다. 기독교 보수 세력만으로는 공화당을 다수당으로 만들기 위한 선거구를 충분히 확보할 수 없자, 리드와 그의 동료들은 '도덕적 쇠퇴 문제'에 큰 관심이 없었던 공화당 내의 친 기업, 반 조세 성향 인물들과 접촉했다. 이러한 연합은 "미국 가정과의 계약"의 10가지 강령 중 도덕적 쇠퇴와는 큰 관련이 없어 보이는 '가정 친화적 조세감면'과 같은 내용이 포함되어 있는 이유를 잘 설명해 준다.

리드가 이끈 기독교 연합의 전략적 논리는 단순했다. 우선 기독교 연합이 중요하게 생각하는 문제들과 관련하여, 그들이 확보한 그리스도인 유권자들은 미국 문화를 원하는 방향으로 이동시킬 만한 충분한 권력이 없었다. 도덕적 쇠퇴에 대한 일반 진술에 동의하는 미국인이 '80퍼센트'나 됐음에도 불구하고 말이다. 그래서 충분한 권력을 소유한 다른 집단들과 연합을 형성했다. 기독교 연합의 지도자들은 유권자층을 기존 지지자들로 제한했을 때보다 훨씬 더 큰 결과를 성취하기 위해, 그리스도인 유권자들을 동원하는 자신들의 능력을 십분 활용하고자 했다.

원칙적으로 이러한 전략에는 아무런 문제가 없다. 대규모의 문화 재화를 창조하기 위해서는 대규모의 문화적 협력 관계가 필요하기 때문이다. 공익을 추구하기 위해서는 견해가 완벽하게 일치하지 않는 사람들과도 함께 일할 필요가 있다. 그런 면에서는, 기독교 연합이 친 기업 성향의 공화당 인사들과 연합을 형성한 것에 조소 섞인 입장을 취했던 좀더 진보적인 그리스도인들의 태도는 잘못이다. 왜냐하면 정치 철학과 관계없이 문화에서 새로운 것을 창조하려는 그리스도인이라면 생각지도 못했던 또 다른 종류의 연합을 형성하고 그들과 협력해야 하기 때문이다.

하지만 권력의 유혹은 음흉하다. 충분한 권력을 소유해 본 적도 없고 자신의 권력이 얼마나 큰지 알 수 없기에, 우리는 끊임없이 목적이 수단을 결정짓도록 하는 유혹에 빠지게 된다. 권력 자체를 위해 권력을 비축하기 시작하면, 우리는 권력의 본래 목적에서 점점 더 멀어지게 된다. 우리는 자신이 창조하고 계발하려는 문화 재화에 얼마나 성실하느냐가 아니라, 권력을 소유한 개인이나 집단에 얼마나 접근이 용이하느냐에 따라 우리의 중요성을 평가하기 시작한다.

접근 수단과 권력을 추구했던 리드는 결국 기독교 연합에서 손을 떼고, 수많은 로비, 정치 컨설팅, 선전 활동으로 점철된 매우 인습적인 삶을 살게 되었다. 또한 공화당의 또 다른 로비스트 잭 아브라모프(Jack Abramoff)와 관계를 맺게 되었는데, 전직 기독교 연합의 지도자였던 리드가 미국 원주민 도박(Native American gambling, 인디언 보호 구역에 시행된 도박 사업-역주)의 수익성을 옹호하는 아브라모프의 협력자가 되었다는 사실은 우리를 놀라게 한다. 그는 1998년 11월 아브라모프에게 이렇게 썼다. "선거 정치를 그만두었으니 이제부터는 법인 계좌에 손을 대볼 생각이네. 자네가 다리를 좀 놔 주길 기대하겠네."[3] 4년이 채 못 되어 랄프 리드는 미국의 도덕적 쇠퇴를 공공연히 비난하던 사람에서 '법인 계좌에 손을 대는' 사람으로 바뀌었다.

좋은 속성을 지닌 권력

금융계 종사자들만 탐욕의 유혹에 시달리는 것이 아니듯, 정치계 종사자들만 권력의 유혹에 시달리는 것은 아니다. 새로운 문화 재화를 성공적으로 제안할 수 있는 권력은 모든 문화, 모든 영역, 모든 규모에 충만하게 존재한다. 그것은 버킹엄 궁전 건물 안에 있는 실재였으며(지금도 그렇다), 돌봄과 기도의 문화를 형성하는 방법을 매일 선택해야 하는 장소이자 캘커타에서 죽어가는 사람들의 안식처인 사랑의 선교회 건물 안에 있는 실재이기도 했다(지금도 그렇다). 가장 소규모의 문화에서 일어나는 가장 작은 문화 변화에도 권력이 필요하며, 대규모의 문화 변화에는 큰 문화 권력이 필요하다.

교회는 권력을 논하기가 특히 어려운 장소다. 우리는 본인이 속한 기독교 공동체 안에도 다른 이들보다 좀더 쉽게 새로운 문화 재화를 제안하는 사람들이 있다는 사실을 무시하는 경향이 있다. 교회 건물을 나서면, 우리 중 어떤 이들은 한 주 동안 엄청난 규모의 문화적 창조성을 발휘하는 직책을 감당하고, 어떤 이들은 주로 권력을 가진 사람들의 명령 아래 있는 직책에 있게 된다. 사람마다 은행 계좌 잔고가 천차만별이고 성관계에서 저마다의 충동과 유혹에 시달리는 것과 마찬가지로, 권력 역시 모든 면에서 눈앞에 닥쳐 있는 실재다. 끊임없이 찾아오는 축복이자 유혹인 이 세 가지 영역을 교회가 성실하게 다룬다고 해서 꼭 보상을 받는 것은 아니다. 하지만 당신은 섹스에 대한 기독교적 사고방식을 논하는 설교를 최소한 한 번쯤은 들어봤을 것이다. 또한 교회는 재정적인 필요 때문에 해마다 돈을 주제로 하는 설교를 끼워 넣는다. 하지만 문화 권력의 청지기가 되는 법을 다루는 설교는 한 번도 들어 본 적이 없을 것이다. 이러한 침묵을 고려해 볼 때, 미심쩍은 연합을 구축하며 기독교 연합의 전철을 밟는 경솔한 그리스도인들이 많다는 것, 그리고 권력에 대한 랄프 리드의 청지기 의식을 문제 삼는 그리스도인들이 거의 없다는 것은 어찌 보면 당연한 일이다.

기존 종교에 이의를 제기한 재세례파에 그 뿌리를 둔 오랜 기독교 전통이 있다. 이 전통은 그리스도인이 위협적인 무력을 동원하여 권력을 행사거나 특히 국가 권력을 휘두르는 경우에 상당히 회의적인 반응을 보인다. 전쟁의 정당성에 관한 기독교의 논쟁은 중요한 가치가 있지만, 여기서 다룰 문제는 아니다. 하지만 정전(正戰)이 인간 최악의 행동을 **억제**할 수 있을지는 몰라도, 새로운 것을 창조할 수 없다는 사실은 열렬한 정전 지지자들조차 동의하는 내용이다. 전쟁으로 인한 최선의 결과는 문화적 파괴를 막는 일뿐이다. (물론 평화주의자들은 이것 역시 전쟁으로는 불가능하다고 강력하게 주장한다.) 전쟁이 끝나면, 그리스도인들의 지지 여부와 상관없이 새로운 문화 재화를 창조해야 할 과업이 남는다. 그리고 그 과업을 위해서는 문화 권력이 반드시 필요하다. 이같이 강력하면서도 왜곡되기 쉬운 힘을 우리는 어떻게 이해해야 할까?

권력의 **좋은 속성**, 그리고 권력을 **선물**로 보는 인식이야말로 가장 좋은 출발점이다. 창세기 2장에서 하나님이 아담에게 동물 이름을 지어 보라고 권유하셨던 것은 다름 아닌 문화 권력의 부여였다. 아담이 새로운 문화 재화(각 동물의 이름)를 성공적으로 제안하도록 요청하셨다. 하지만 그러한 권력은 아담이 몇 가지 영리한 전략을 세워 하나님에게서 빼앗은 약탈물이 아니라, 하나님의 형상을 지닌 아담이 문화 창조자로서의 운명을 실현할 수 있도록 하나님이 주신 선물이다.

문화 재화를 창조하는 것이 인간에게 본래 주어진 소명의 본질이고, 그러한 본래의 소명이 하나님이 말씀하셨듯이 좋은 것이라면, 문화 재화를 창조하는 권력이 아무리 죄로 왜곡되어 있다 할지라도 그것은 근본적으로 좋은 것이어야 한다. 하지만 다른 모든 재화와 마찬가지로 문화 권력은 결코 우리 수중에 붙들어 둘 수 없다. 문화 권력을 붙들려는 가장 대표적인 예는 바벨 시민들에게서 볼 수 있다. "벽돌을 만들[자]…성읍과 탑을 건설해[자]…우리 이름을 내[자]"(창 11:3-4). 반복되는 세 번의 청유, 그리고 벽돌에서 탑으로, 탑에서 '우리 이름'으로 점점 확장되는 문화적 야망은 충분한 권력을 확보하려는 인간의 추구를 가장 정확하게 요약하고 있다. 그들은 하나님에게서 완전히 독립하여 하나님의 선물 없이도 번영할 수 있는 권력을 소유하고자 했다.

권력에 대한 또 다른 접근법이 있다. 권력의 정점까지 이르는 우리의 길을 닦는 대신, 하나님이 우리에게 권유하시는 일을 행하는 것이다. 우리는 이 세상 창조자와의 관계 속에서, 상상보다 더 큰 권력을 소유한 우리 자신을 보게 된다. 하나님이 역사에 간섭하셨던 가장 극적 사건인 출애굽과 부활이 선언하는 것은, 인간의 가장 큰 야망을 훨씬 능가하고 인간의 가장 깊은 두려움을 잠재우는 권력이 충만한 은혜를 덧입고 이 세상 가운데 존재한다는 사실이다. 우리는 문화적 창조성의 과업에 참여해야 한다. 하지만 문화적 타당성을 얻기 위해 철저한 전략을 세워야 하는 자들로서가 아니라, 우리의 권력이 빛을 잃은 것처럼 보이는 바로 그때 임하는 새 창조의 이야기에 참여하는 자들로서 이 일을 감당해 나가야 한다. 즉 문화 창조는 단순히 슬기로운 문화 전략의 결과나 상속받은 특권의 자연스러운 부산물에만 그치지 않는다. 그것은 문화와 자연이 도달할 수 있는 최악의 상태에서 구원받은 이들에게서 나타나는 놀라움과 감사의 반응이다.

권력의 훈련: 섬김

아마 이런 말들은 듣기 좋을 것이다. 하지만 권력이 전략적인 성취가 아니라 선물이라면, 이런 희망을 가진 우리는 반드시 찾아올 문화 권력의 기회와 무능력으로 인한 좌절에 어떻게 접근할 수 있을까? 그리스도인들을 유혹하고 도전하는 또 다른 두 가지 선물인 섹스와 돈과 관련해서도 유사한 질문에 부딪히게 된다. 이런 모든 경우에 대한 답은, 우리가 특정한 훈련을 선택해야 한다는 것이다. 우리 손에 그것들을 움켜쥐려는 유혹을 떨쳐 버리고, 본래의 온갖 좋은 속성대로 그 선물을 사용하기로 의도적으로 선택해야 한다. 섹스의 경우는 순결과 성실로 그러한 훈련이 가능하다. 이 두 가지는 더 큰 열매를 위해 성행위의 한계를 정한다. 돈의 경우는 검소와 관대함이 가장 필수적인 훈련이다. 검소함이란 하나님을 배제한 채 돈으로 삶의 안정성을 확보하려는 생각을 벗어 버리는 것이며, 관대함이란 물질적으로 가난한 사람들에게 축복을 나누어 주는 것이다.

그렇다면 권력이라는 선물과 유혹을 다루기 위한 훈련은 무엇일까? 리처드 포스터(Richard Foster)는 저서 「돈, 섹스, 권력」(*The Challenge of the Disciplined Life*, 두란노 역간)에서 **섬김**이라는 용어를 사용한다.[4] 권력에 대한 예수님의 상세한 가르침에서 섬김이라는 말과 그 이미지는 핵심이었다. 이는 예수님이 죽기 전날 밤 다락방에서 제자들의 발을 씻기신 사건에 가장 선명하게 나타난다. 마가복음에 기록된 것처럼, 예수님은 자신의 사명과 사역을 설명하시면서 다시 한 번 섬김이라는 말을 사용하셨다.

> 이방인의 집권자들이 그들을 임의로 주관하고 그 고관들이 그들에게 권세를 부리는 줄을 너희가 알거니와 너희 중에는 그렇지 않을지니 너희 중에 누구든지 크고자 하는 자는 너희를 섬기는 자가 되고 너희 중에 누구든지 으뜸이 되고자 하는 자는 모든 사람의 종이 되어야 하리라. 인자가 온 것은 섬김을 받으려 함이 아니라 도리어 섬기려 하고 자기 목숨을 많은 사람의 대속물로 주려 함이니라(막 10:42-45).

종의 역할을 맡는다는 것은, 강자들이 선호하지 않는 바로 그 일을 한다는 뜻이다. 우리 권력이 별 소용없는 곳에 일부러 자리하는 것이다. 강자들은 주어진 환경을 통제하고 비천해지는 경험을 피하려고 자신의 특권을 주장하지만, 우리는 주목과 존경을 받지 못하고 별 도움이 되지 않는 것 같은 장소에서 그리스도를 추구한다. 종은 사람들에게 잘 알려져 있지 않고 그 모습을 잘 드러내지 않는 존재이기에, 우리는 강해질수록 익명성과 비가시성의 기회를 더 많이 추구해야 한다. 돈의 유혹에 대한 참된 해독제가 넉넉한 관대함이듯이, 권력의 유혹에 대한 참된 해독제는 세상이 우리에게 권유하는 방식과 정반대로 권력을 사용하는 것이다. 이를테면, 권력을 좀더 얻을 수 있는 원천에 접근하거나 지속적인 안락과 통제력을 확보하려는 대신, 상대적인 약자들에게 다가가는 데 권력을 사용할 수 있다.

이를 위해 내가 실천하는 기본 훈련이 한 가지 있다. 우리 가정은 돈과 시간이 허락된다면 일 년에 한 번씩 비선진국으로 여행을 간다. 어떤 면에서 해외여행은 엄청난 문화 권력과 부의 상징인지도 모른다. 하지만 나에게는, 매년 선진국을 벗어나는 여행은 지금까지 해온 일 중 나를 가장 비천하고 힘들게 만드는 일이다. 아무리 그리스도인 형제자매라 해도 낯선 사람의 환대에 스스로를 온전히 맡겨야 하는 상황은 나로서는 굉장히 무력해지는 경험이다. 스스로 문화 경험과 지식이 풍부한 사람이라고 자부하는 편이지만, 나를 접대하는 이들의 문화 환경에서는 대체로 별 쓸모없는 존재다. 내가 서구의 풍족한 부와 영향력을 대표하는 인물이 아니라, 평범한 개인 자격으로 여행하기 때문에 더욱 그렇다. 내가 할 수 있는 것은, 그저 제자도의 길에서 나보다 훨씬 앞서가 있는 형제자매들의 말을 듣고 배우며 그들을 위해 기도하는 일, 그리고 비참해지는 어려움을 감수하면서 존경심을 가지고 그들의 문화적 창조성을 관찰하는 일이다.

언젠가 친구 빌과 함께 먼지로 자욱한 나이로비의 거리를 걷고 있었다. 거리는 인구의 4분의 1이 거주하는 빈민가를 오가는 사람들로 북적였다. 빌은 이렇게 말했다. "나는 이런 곳에 오면 사람들의 밑바닥(butt, 엉덩이라는 속어로도 쓰임—역주)을 보는 게 좋아." 빌은 자기 말뜻을 헷갈려 하는 나를 보며 한바탕 웃었다. "나중에 새 예루살렘의 어린양 보좌 주변에 모일 때, 나는 아마 그곳에 간신히 들어가게 될 것 같아. 여기 이 사람들이 맨 앞쪽에 앉을 때 나는 잘 보이지도 않는 곳에 자리를 잡겠지. 그러니까 이곳 모습이 내가 영원한 나라에서 계속 보게 될 광경인지도 몰라. 지금부터 익숙해지는 게 좋지 않을까?"

빌의 관점은 **섬김**이라는 말에 담긴 잠재적 위험을 바로잡는 데 유용하다. 우리 문화 환경에서 섬김이란 종종 겸양의 의미를 내포한다. 과거에는 겸양이라는 말이 강자가 모든 사람을 대할 때 배려와 존중을 보인다는 뜻으로 쓰였으나, 오늘날의 겸양은 자신의 우월감을 유지하면서 '더

불행한' 자들에게 자선을 베푼다는 의미로 쓰인다. 그래서 섬김은 '가난한 자들'에게 음식을 퍼주는 무료 식당의 이미지를 연상시킨다. 하지만 그것은 우리가 섬기는 대상이 아직 발휘하지 못한 문화적 능력을 지닌 사람일 수도 있다는 개념을 전달하지 못한다. 어쩌면 그들이 우리를 필요로 하는 것처럼 언젠가 우리도 그들을 필요로 하게 될지 모른다. 그러므로 **섬김**이라는 단어는 하나님이 강자와 약자의 협력 관계를 통해 역사에서 일하신다는 놀라운 성경의 통찰력을 늘 담고 있지는 못하다.

우리는 기본적으로 **우리보다 약한 자들 곁에서 권력을 사용해야 한다.** 사실 **약자를 위해 권력을 사용해야 한다**는 말을 더 자주 사용하지만, 이는 하나님의 섭리에 따른 권력 사용 방식이 아니다. 문화 권력을 사용하는 하나님의 방식은, 다른 사람들에게 새로운 문화 재화를 창조할 수 있는 기회를 열어 주고, 어떤 공동체가 가능성의 지평선을 옮길 수 있는 승산이 높아지도록 우리의 자원을 보태는 것이다. 물론 어린이, 노인, 병자들처럼 진정한 약자로 분류할 수 있는 사람들(그래서 특히 우리의 섬김이 필요한 사람들)도 있지만, 출애굽과 부활 이야기는 가진 권력이 전혀 없는 것처럼 보이는 이들조차 하나님의 권력을 사용할 수 있음을 우리에게 확신시켜 준다.

우리는 상대적 약자에게 다가갈 때, 그들을 자선의 수혜자로 바라보지 않고 상대적 강자인 우리가 알 수 없는 어떤 권력을 소유한 자들로 대해야 한다. 그들을 섬기는 일에 권력을 사용한다면, 우리의 문화 권력을 축소시키지 않으면서 숨어 있던 그들의 창조적 능력을 펼치게 할 수 있다. 돈을 다른 사람에게 이체하면, 상대방 잔고는 늘고 우리 잔고는 줄어든다. 하지만 문화 재화를 창조하는 권력은 이러한 제로섬의 특징을 보이지 않는다. 15장에서 살펴보겠지만, 우리가 문화 재화를 창조할 수 있는 유일한 방법은 다른 사람들과 협력 관계를 이룰 때다. 그러한 협력 관계에서는 권력이 한 사람에게서 다른 사람에게로 흘러가는 것이 아니라, 세상에 새롭고 좋은 것들을 점점 더 많이 제공하는 공동체의 창조적인 능력과 결합하면서 오히려 증대된다.

권력의 훈련: 청지기 의식

우리는 겉으로 미미해 보이는 약자들의 능력을 인식하는 섬김의 훈련과 함께 또 다른 훈련을 시작해야 한다. 성경적 개념을 빌려 말하자면, 그 훈련은 바로 **청지기 의식**이다. 청지기는 그 정의상 문화 권력을 지키는 자를 말한다. 예수님의 비유에서 분명히 알 수 있듯이, 청지기는 주인의 재산만 책임지는 것이 아니라 주인이 없을 때 주인의 지배권을 대표하는 책임도 있다. 청지기의 막대한 지배권은 그의 노력이나 성공으로 얻은 것이 아니라 주인과의 관계에서 비롯한다. 그러므로 청지기 의식은 이 세상 가운데서 부활의 권력을 지키는 우리에게 가장 적합한 용어이다.

그렇다면 청지기 의식을 영적 훈련으로 받아들인다는 것은 어떤 의미인가? 청지기 의식은, 일시적으로 우리의 권력을 완전히 내려놓아야 하는 섬김과는 분명히 다르다. 청지기 의식이란 우리의 문화 권력을 의식적으로 취하여 약자들에게 계획적으로 사용하고, 그들이 계발과 창조를 이루어 나가도록 우리의 권력을 마음껏 쓰게 하는 것을 의미한다. 청지기 의식은 부자의 재산을 가난한 자에게 주는 자선과는 분명 다르다. 청지기 의식은 오히려 투자에 더 가깝다. 투자자는 수익을 기대하며, 투자한 사업이 성공하여 자신이 투자한 자원이 증식하기를 기대한다. 투자자는 부를 소유하지만, 자신이 갖지 못한 권력과 재능이 투자 대상에게 있음을 인식한다. 청지기는 쉽게 말하면, 남의 자원으로 투자하는 사람이다. 그는 하나님이 이 세상에 존재하고 일하시는 분이라면 반드시 수익이 발생해야 할 곳에 투자한다.

청지기가 되기 위해 반드시 나이로비의 빈민가로 갈 필요는 없다. 내가 아는 어떤 대학원생들은, 학교 측으로부터 강의 조교를 고려해 보라는 권고를 받고도 수업에서 뒤처진 학생들을 지도하는 데 여분의 시간을 투자한다. 보통 강의 조교는 연구 과정을 위한 재정 지원도 받을 수 있고, 종신 교수직을 얻는 데 필요한 인맥도 형성할 수 있는 좋은 기회다. 하버드 대학에서 만난 몇몇 학생들은 컨설팅 회사에 근무하면서 영리 기업이 더 많은 이윤을 얻을 수 있는 방법을 자문해 주는 데 대부분의 시간을 보내지만, 다른 한편으로 가까운 곳에 있는 비영리단체에서 자원봉사자로 일하기도 한다. 그들은 그 단체가 능률적으로 운영할 수 있도록 도움을 준다. 또 알코올 중독자들의 입을 열게 만드는 방법을 안다는 어느 전과자로부터 그들이 알지 못하는 색다른 것을 배우기도 한다.

얼마 전에는 캐서린 로어(Catherine Rohr)를 만날 기회가 있었다. 월스트리트의 전직 투자 금융 전문가였던 그녀는 자신이 경영대학원에서 배운 기술을 재소자들에게 그대로 적용하면 그들이 사회로 돌아갔을 때 무직의 자선 대상이 아니라 사업가가 될 수 있다는 사실을 깨달았다. 그녀가 만든 PEP(Prison Entrepreneurship Program)는 기업 중역이나 경영대학원 교수들을 교도소로 불러, 재소자들이 출소한 후 계발과 창조의 새로운 사업을 시작할 수 있도록 여러 가지 기술을 훈련시키는 프로그램이다. 캐서린은 아무 문화 권력도 없는 것처럼 보이는 재소자들도 문화 강자들이 함께한다면 공동체의 귀중한 자원이 될 수 있음을 깨달았다. 또한 그녀는 성장하는 사업과 새로운 일자리가 가장 필요한 환경에서 재소자들이 그들의 멘토들조차 상상하지도 못했던 혹은 그들이 가르쳐 주지도 않았던 사업을 시작할 수 있음을 깨달았다. 그녀는 자신이 가진 권력의 청지기로서 강자와 약자 모두가 더 나은 청지기가 될 수 있도록 돕고 있다.

마닐라에는 스모키 마운틴이라는 쓰레기 처리장이 있다. 높이가 30미터에 달하는 쓰레기 더미들이 끊임없이 연기를 뿜어내는 곳이다. 전 세계의 다른 수많은 쓰레기 처리장과 마찬가지로, 스모키 마운틴에는 도시의 쓰레기를 재활용하며 근근이 생계를 이어가는 사람들의 공동체가 있다. 그들은 노끈, 은박지, 판지 중에서 돈이 될 만한 것들을 찾아낸다. 나는 문화 권력의 한계로 절망스러울 때면 스모키 마운틴에 사는 이들을 떠올리곤 한다. 세상의 기준―내가 주로 함께 시간을 보내는 기자, 예술가, 운동가, 기업 임원, 교회 지도자들과 같은 특권층과 강자들의 기준―으로 볼 때, 그들의 선택권은 너무나 제한적이다. 하지만 그들이 하나님의 형상을 지닌 다른 인간들보다 창조와 계발이라는 타고난 권력을 덜 가지고 있다고 판단할 이유는 전혀 없다. 단지 그들은 문화 재화가 끊임없이 제안되고 세상이 계속 재형성되는 곳이 아니라, 문화의 폐기물이 부패하고 사장되는 곳에서 태어났을 뿐이다. 그들의 존재는 최소한 나의 자기연민을 꾸짖는다.

하지만 나는 마닐라에 있는 이 공동체가 나의 연민을 바라지도, 필요로 하지도 않음을 알고 있다. 1980년에 벤이라는 한 가톨릭 사제는 신학교를 떠나 스모키 마운틴으로 이주했다.[5] 그는 스모키 마운틴 거주자들에게 복음을 전했고, 하나님이 그들을 잊지 않으셨다는 확신을 심어 주기 시작했다. 하나님은 그들에게 생기를 불어넣으시고, 그들이 가족들에게 더 나은 삶을 선사할 수 있도록 노력하게 하셨다. 쓰레기 처리장의 이 공동체는 물과 전기를 공급해 달라고 시에 요청했다. 그들은 기존의 판지와 양철 판잣집을 철거하고, 쓰레기장 변두리 쪽에 화려하지는 않지만 탄탄한 콘크리트 집을 지었다. 또한 아이들이 게임을 하고 노인들이 함께 시간을 보낼 수 있는 마을 회관도 지었다.

이 때문에 마닐라의 쓰레기 처리장에 사는 이들은 상대적 풍요를 소유한 나에게 도덕적 교훈을 상기시키는 구체적인 실례도 아니고, 더 많은 자선을 하도록 나 자신을 위협하는 데 사용하는 자책감의 도구도 아니다. 오히려 그들은 인간의 지칠 줄 모르는 창조와 계발 능력을 상기시켜 주고, 이 세상에서 산을 낮추시고 골짜기를 돋우시는 계획을 끊임없이 실천하시는 하나님과 협력할 때 얼마나 큰 변화의 권력을 갖게 되는지 일깨워 주는 자들이다. 또한 하나님의 형상이 소멸 위기에 처해 있는 것 같은 바로 그곳에서, 인간이 자원을 발견하여 지평선을—쓰레기 처리장의 지평선까지도—옮기는 무언가를 창조해 낼 수 있는 존재라는 사실을 상기시켜 주는 존재들이다.

성실과 순결, 검소와 관대함의 훈련과 마찬가지로, 섬김과 청지기 의식은 그저 우리를 더 나은 사람으로 만들어 주는 색다르고 경건한 실천이 아니다. 그것들은 모든 인간의 실재 중 가장 불안정하다고 할 수 있는 권력의 실재가 겉보기와 다르다는 우리의 믿음을 보증해 준다. 출애굽과 부활은 모두, 약자로 보이는 이들이 실제로 약자가 아니었다는 교훈을 분명히 전달한다. 아마도 이것이 예수님이 선포하셨던 "가난한 자에게 복음을"이라는 표현의 진정한 의미인지도 모른다. 즉 가난한 자는 그들이나 우리가 생각하는 것만큼 가난하지 않다는 뜻이다. 역사에 존재하시는 창조적인 하나님은 가난한 자들에게 부활의 권력을 허락하셨다. 우리가 더 이상 권력을 비축하지 않고 거저 나누어 주는 가난한 심령을 소유할 때, 그분은 우리에게도 그러한 권력을 허락하실 것이다.

권력의 유혹

몇 년 전 어느 기독교 컨퍼런스에 참여한 적이 있었다. 내 친구들을 비롯하여 전 세계 대학 사역자들이 참석하는 자리였다. 그중에는, 학부 시절 내가 그리스도인으로서 성장하는 데 많은 도움을 준 밥이라는 사역자도 있었다. 우리는 붐비는 호텔 연회장에서 일찌감치 만나 못 다한 지난 이야기를 나누며 저녁식사를 같이하기로 했다. 시간이 되자 우리는 다른 참석자들이 둘러앉은 한 탁자에 자리를 잡았다.

자리에 앉은 지 얼마 되지 않아, 나는 왼쪽에 앉은 남자가 한동안 만나 보고 싶었던 드웨인이라는 사람임을 알게 되었다. 그는 내 사역을 후원해 주었던 민간 재단에 새로 임용된 책임자였다. 드웨인과의 관계는 전략적으로 중요하기도 했지만, 그와 대화를 나누면서 우리가 공통점이 많다는 것을 발견했다. 하버드 대학에서 공유하는 일이 있기도 했고, 둘 다 아는 친구들도 많았다. 드웨인과 나는 식사 시간 내내 즐거운 담소를 나누었고, 밥도 마침 오른쪽에 앉은 사람이 잘 아는 친구여서 서로 편하게 대화를 나누는 듯했다. 하지만 저녁식사를 마칠 때까지 밥과는 몇 마디밖에 나누지 못했다. 그러면서도 내심 드웨인 옆에 앉게 된 것이 행운이었다고 생각하며 조용히 감사 기도를 드렸다.

그로부터 몇 주 후 워싱턴 D.C.에서 일하는 친구와 점심식사를 하기 전까지, 나는 그 일을 까맣게 잊고 있었다. 그 친구는 워싱턴의 사회 풍경에 정말 실망을 느낀다고 털어놓았다. 하나같이 대화를 나눌 만한 더 중요한 사람이 없는지 주변을 둘러보면서, 현재 진행 중인 대화에 관심이 있는 척하는 기술을 터득하고 있다는 것이었다. 우리는 대화 상대를 슬쩍 바꿔치기하는 솜씨가 능란하거나 형편없는 사례에 대해 서로 이야기를 나누었다. 그러다가 나는 그것이 바로, 내가 밥에게 한 행동임을 깨달았다. 그 잠깐 사이에 무의식적으로 계산기를 두드려, 밥보다는 드웨인이 강력한 동맹을 이룰 수 있는 대상임을 간파했던 것이다.

그리스도인이라면 자신보다 강해 보이는 사람들과 관계를 쌓을 수 있는 모든 기회를 단호히 무시해야 한다는 말이 아니다. 하나님이 일하시는 기본 방식이 강자와 약자 간에 협력 관계를 이루는 것이라면, 문화적 강자들과 관계를 단절하는 것은 하나님의 일하심을 볼 수 있는 기회를 그들과 우리 모두에게서 박탈하는 것이나 마찬가지다. 감사하게도 드웨인과 대화를 나누는 동안, 우리는 더 좋은 대화 기회를 탐색하느라 서로 어깨 너머를 힐끗거리지는 않았다. 그가 귀한 친구가 될 것 같다는 직감은 틀리지 않았다. 하지만 내가 밥을 제쳐두고 재빨리 대화 상대를 전환했던 본심은 영적 훈련으로 다스려야 할 부분임을 인정한다.

'국민 왕세자비'의 슬픈 죽음은 권력의 유혹이 지닌 심각한 위험을 상기시켜 준다. 얼 스펜서(Earl Spencer)의 딸이었던 그녀는 뜻대로 할 수 있는 문화 권력 자원을 엄청나게 소유하고 있었지만—그러한 자원을 짧은 생의 후반부에 사용했으며, 특히 세계적 재앙인 지뢰 제거 운동에 앞장섰다—전기를 쓴 티나 브라운(Tina Brown)이 매우 분명하게 밝힌 것처럼[6], 다이애나는 그저 유명인사에 굶주린 언론을 교묘히 조종하여 자신의 권력을 유지하려고 끊임없이 노력했을 뿐이다. 세상에서 가장 유명했던 여인이 명성과 이미지를 관리하는 일에 자신이 가진 막대한 시간과 에너지를 모두 소비했다. 그녀를 뒤쫓던 파파라치는 파리 지하차도에서 끔찍한 사고로 목숨을 잃은 그녀를 살려내지는 못했지만, 권력 추구에 바친 한 인생의 비극을 가장 잘 포착해 냈다. 통제 불가능한 무서운 속도로 질주하는 고급 승용차 사진으로 말이다. 다이애나를 바라보며 많은 이들이 탄복했던 바로 그 특성이 그녀의 죽음에는 결여되어 있었다. 그것은 바로 품위였다.

어쩌면 상황은 달라질 수도 있었을 것이다. 그녀는 마더 테레사와 몇 번 만난 적이 있었는데, 불의의 사고로 죽기 두 달 전인 1997년 어느 여름날 뉴욕 사랑의 선교회에서 마지막 만남을 가졌다. 그들은 좀더 자주 만날 수도 있었다. 마더 테레사는 다이애나가 만난 대부분의 사람들보다 그녀에게 더 좋은 친구일 수도 있었다. 그리고 그 두 사람이 함께 세상에서 새로운 것을 창조하는 협력자가 될 수도 있었을 것이다.

우리의 소명을 찾아서

이와 같은 권력에 대한 성찰로부터 우리의 소명과 관련하여 어떤 질문들을 끌어낼 수 있을까? 첫 번째 질문은 우리 각자가 현재 지닌 문화 권력의 정도를 정직하게 평가해야 한다. **우리가 새로운 문화 재화를 성공적으로 제안했던 곳은 어디인가?** 우리의 창조와 계발이 열매를 맺는 문화 환경은 어디인가? 여기서 가장 중요한 훈련은 전략을 삼가는 것이다. 다시 말해, 더 큰 문화적 영향력을 위한 계획 수립을 중단하는 것이다. 가장 큰 문화적 결과를 만들어 낼 수 있는 곳은 우리가 이미 문화적 영향력을 발휘하고 있는 영역이며, 또한 새로운 것을 제공하는 우리의 능력을 인정해 주는 공동체 내에서 우리가 이미 계발하고 있는 영역이다. 그런 면에서, 우리가 어디에서 문화 권력을 소유하고 있는지 정직하게 평가하는 것이야말로 더 많은 문화 권력을 필사적으로 축적하려는 헛된 과정에 대한 가장 좋은 해독제다.

우리는 또한 이런 질문을 해볼 수도 있다. **나는 누구에게 나의 권력**

을 나눠 주고 있는가? 나는 다른 사람들이 문화를 창조하고 계발할 수 있도록 어떻게 도움을 주는가? 나는 청지기로서 어떻게 살아가고 있는가? 다시 말해, 나보다 약한 문화 권력을 지닌 사람들의 비전과 계획에 나의 문화 권력을 어떻게 투자하고 있는가?

무엇보다도 가장 중요한 질문은, 우리에게 주어진 문화 권력에 맞게 우리 자신을 변화시키고 있느냐라는 것이다. 우리는 익명성과 비가시성의 자리로 나아가는 섬김의 행위를 실천하고 있는가? 마음속 깊은 곳에서 평정과 자신감을 감지할 수 있는가, 아니면 제한 속도를 넘겨 질주하는 고급 승용차에 올라타고 있는가? 우리는 목적을 성취할 수 있을 만큼 충분한 문화 권력을 얻기 위해 최고의 자리에 오르기를 꿈꾸는가, 아니면 우리가 존재하기 이전부터 우리가 죽은 이후에도 역사 가운데서 일하실 분의 손에 자신을 맡기면서 변화를 추구하는가?

이러한 질문들을 진지하게 받아들이고 정직하게 답한다면, 신앙에 대한 핵심 질문으로 우리를 인도할 것이다. 왜냐하면 문화 창조란 결국 신앙으로의 부르심이기 때문이다. 우리는 누구의 권력을 신뢰하고 있는가? 이 질문에 대한 답을 찾는 가장 좋은 방법은, 권력이 있을 때 혹은 권력이 없을 때 우리가 어떻게 하는지 살펴보는 것이다.

15장
공동체

나는 여러 해 동안 매사추세츠 제8선거구에 살았다. 이곳은 20세기의 가장 유능하고 인기 있는 정치인이었던 토마스 오닐 주니어(Thoams P. "Tip" O'Neill Jr.)의 고향이다.

오닐은 레이건 행정부 시절 하원의장으로 막강한 권력을 행사했지만, 죽는 날까지 매사추세츠 주 북부 케임브리지의 아일런드 가톨릭 신자로 살았다. 그의 교구 교회는 하버드 스퀘어에 위치한 세련되고 세계적인 세인트폴 성당이 아니라, 북부 케임브리지 매사추세츠 거리를 편안하게 마주하고 있는 투박한 세인트존 성당이었다. 오닐이 34년 동안 하원의원을 지낸 후 숨을 거두었을 때, 세인트존 성당은 전 세계에서 온 추모객들로 북적였다.

소올 스타인버그(Saul Steinberg)가 그린 유명한 "뉴요커"(*New Yorker*)의 표지는 아마도 맨해튼의 어퍼이스트사이드에서 바라본 미국 풍경인 듯하다. 9번가는 보행자와 차량, 건축물의 특징이 매우 꼼꼼하고 상세하게 그려져 있다. 그 너머로 좀더 작게 그려진 10번가가 보인다. 그런 다음 허드슨 강과 '저지'(Jersey, 뉴저지의 준말—역주)라는 이름의 가늘고 긴 구역이 희미하게 보인다. 몇 센티미터 정도의 녹지로 형식적으로 표시한 시카고, 캔자스시티, 네브래스카 너머에는 (전경에 허드슨 강보다 약간 더 크게 보이는) 태평양이 있다. 태평양의 반대쪽으로 보이는 흐릿한 세 언덕에는 각각 '중국', '일본', '러시아'라는 이름이 쓰여 있다.

대충 이런 정도다.

10년간 나의 집과 일터였던 하버드 스퀘어에서 보이는 세상도 이와 비슷하게 묘사해 볼 수 있을 것 같다. 이 그림에서 북부 케임브리지는, 수많은 하버드 대학 교수들이 거주하는 운치 있고 푸르며 어마어마하게 비싼 교외 주택지인 렉싱턴으로 가는 길목에서 간신히 동전만 한 크기로 표시될 것이다. 뉴욕의 센트럴 파크, 워싱턴 D.C.의 듀퐁 서클, 혹은 그에 못지않은 샌프란시스코의 유니온 스퀘어는 아마도 오닐이 세례를 받고 예배를 드리고 안장된 매사추세츠 가의 스케치보다 훨씬 두드러지게 묘사될 것이다.

오닐이 남긴 유산 중 가장 오래 기억되는 것은—오닐이 보스턴 시민과 건설 산업에 남긴 이별 선물, 즉 의회를 밀어붙여 통과시킨 대규모 공공 사업인 중앙 간선도로 프로젝트(Central Artery Project)는 별도로 하고—"모든 정치는 지역적이다"라는 격언이다. 그는 정당을 이끌면서 야당으로서 대통령과 협상을 벌이고 국영 뉴스 프로그램에 출연하면서도, 북부 케임브리지 주민들의 관심사를 기억했다. 그는 캐피톨 힐이나 하버드 스퀘어에서 내려다보이는 왜곡된 지도를 순순히 받아들이고 싶어 하지 않았다. 그런 지도는 권력이 집중되는 지역에 오래 드나드는 사람들이 잘 걸리는 일종의 '벨트웨이 병'(Beltway Fever, 사람들이 정치문화의 중심지인 워싱턴에 들어와 권력을 맛본 후 부패와 타협의 경향을 보이는 현상—역주)을 보여 줄 뿐이었다.

오닐의 격언은 사실이 아니기에 놀랍기도 하고 당혹스럽기도 하다. 어떤 정치 활동은 실제로 지역적이며, 직접 연관된 사람들에게만 영향을 미친다. 소규모 사업, 가구 주민 협의, 혹은 작은 교회의 당회와 같은 것들 말이다. 하지만 하원이 최저 임금을 올리거나 세금을 내리면 전국에 영향을 미친다. 오닐은 이 격언을 통해 자신이 특정 지역과 특정 주민으로부터 선출된 대표자라는 의식을 드러내려 했던 것은 아니었다. 그는 정치 행위와 행위자의 근저에 구체적인 개인의 경험과 네트워크와 장소가 있다고 지적하면서, 아무리 큰 규모의 정치라도 그것이 구체적이고 특정한 장소와 사람들에게 영향을 미치는 한에서만 의미가 있다는 것을 알리려 했다. 오닐에게 유능한 정치 지도자가 된다는 것은, 중요하지도 않고 없어도 되는 지역을 판별하는 세상의 도식적인 사고에 굴복하는 것이 아니었다. 오닐은 정치 지도자로 유능했으며, 사람들은 그를 존경했다. 그것은 바로 그가 세례를 받고 안장된 곳이 세인트존 성당이었기 때문이다.

3명, 12명, 120명

"모든 문화는 지역적이다"라는 개념은 납득할 만한가? 표준 중국어, 코카콜라, 영미법 체계, 12음계 등은 수백만 혹은 수십억 사람들을 위한 가능성의 지평선을 형성한다. 이러한 것들은 우리가 이해하는 '지역적'이라는 개념과는 매우 다를 뿐 아니라, 좋든 나쁘든 매우 중요한 문화 재화들이다.

하지만 모든 문화가 지역적이라는 말이 타당성을 갖는 한 가지 영역이 있다. 그것은 바로 모든 종류의 **문화 창조**가 지역적이라는 점이다. 새로운 단어, 법, 요리법, 노래, 기계장치를 비롯한 모든 문화 재화는 작은 집단에서 시작한다. 이는 상대적으로 작은 집단이 아니라 **절대적으로** 작은 집단을 의미한다.[1] 나중에는 큰 영향력을 미친다 하더라도, 문화는 항상 작은 데서부터 시작한다.

다시 말해, 당신이 꿈꾸는 문화 체계가 아무리 복잡하고 광대하다 할지라도, 결국 변화의 유일한 대안은 혁신과 새로운 문화 재화의 창조를 이루어 가는 절대적으로 작은 집단이라는 뜻이다.

이러한 집단의 가장 바람직한 규모는 어느 정도일까? 나는 3명이 적당하다고 생각한다. 때로는 4-5명도 가능하고, 가끔 2명만으로도 이 일을 훌륭히 감당할 수 있다. 하지만 완벽한 인원수는 3명이다.

3명이면 가방 놓는 자리를 제외하고 (간신히) 미니쿠퍼에 탈 수 있다. 3명이면 전화 회의를 하고, 회의실 탁자에 모이고, 온라인 대화를 나눌 때 지루하거나 산만하다거나 혹은 사람이 너무 많다고 느끼지 않을 것이다. 3명이면 레스토랑에서 칸막이로 독립된 한 자리에 앉아 계획을 세울 수 있다.

그런데 어떤 문화 재화가 잠재성을 온전히 발휘하려면 3명 이상의 노력이 필요하다. 3명이 내놓은 최초의 제안을 정교하게 다듬고 구체화하기 위해, 그 3명을 중심으로 하는 동심원 집단이 필요하다. 그런데 문화 재화의 보급을 연구하다 보면 놀라운 패턴이 나타난다. 그것은 바로 이러한 동심원이 결코 크지 않다는 점이다. 그들은 소형차에 들어가는 인원수처럼 절대적으로 작은 집단은 아닐 수도 있지만, 그들이 영향을 미치는 문화의 규모에 비하면 항상 상대적으로 작다.

동심원 집단의 가장 바람직한 규모는 12명과 120명이다. 이는 집단에 속한 사람들이 서로 얼굴과 이름을 알고, 재능과 한계를 이해하고, 얼마만큼 서로 신뢰하고 검증할 수 있는지 분별할 수 있는 정도의 규모다.

물론 모든 문화가 지역적이지는 않다. 문화 재화인 이 책은 지역적이라고 볼 수 없다. 이 책을 읽는 당신은 아마도 우리 이웃에 살지도 않고, 개인적으로 나를 만나 본 일도 없을 것이다. 하지만 이 책을 **만드는 일**은 개인적인 관계와 긴밀한 공동 작업에 기초했다는 면에서 지역적이었다. 이 책은 3명, 12명, 120명의 산물이다. 3명 집단에는 출판업자, 편집자, 작가가 속해 있다. 12명 집단에는 편집 책임자, 마케팅 책임자, 홍보 담당자, 디자이너, 몇몇 신뢰할 만한 비평가와 독자들이 속해 있다. 120명 집단에는 표지에 추천사를 써 준 사람들, 신문과 잡지와 방송국의 편집자와 제작자들, 내용을 구성하고 개념을 강화하고 입소문을 내는 데 도움을 준 나의 중요한 몇몇 친구들이 속해 있다.

이런 이유로 대부분의 책에는 감사의 글이 있다. 감사의 글을 자세히 읽어 보면—가끔씩 행간의 뜻을 헤아리려고 노력해야 한다—언제나 예외 없이 다음과 같은 사람들을 발견할 수 있다. 특별한 감사의 대상이 된 몇몇 핵심 인물(3명), 특별히 언급한 또 다른 사람들(12명), 그리고 저자가 완성된 저작에 대한 공로를 실제보다 부풀려 자신에게로 돌리지만 않는다면 결코 생략할 수 없는 수많은 사람들(120명) 말이다. 물론, 그 숫자가 항상 정확하게 맞아떨어지지는 않는다. 하지만 비율은 언제나 대략 3:12:120이고, 책을 만드는 데 없어서는 안 될 동심원 내부의 작은 집단은 3명을 넘지 않을 것이다.

3:12:120의 패턴을 찾기 시작하면, 어디에서나 찾아볼 수 있다. 영화의 크레디트를 보자. 제작 총지휘, 프로듀서, 감독(3명)이 나오고, 분야별 프로듀서와 주요 스태프(12명), 곧 이어 나머지 스태프(120명 이상—대작 영화는 제트기나 컴퓨터 운영 체제와 마찬가지로 우리 사회에서 생산하는 가장 복잡한 문화 재화다)가 나온다. 회사에서도 규모와 상관없이 이와 같은 패턴을 찾아볼 수

있다. C-레벨이라 불리는 경영진(CEO, COO, CIO, CFO)은 3명 내지 5명의 지도자로 구성되며, 임원은 12명 정도이다. 그 다음으로는 핵심 직원들이 있는데, 이들은 작은 기업에서는 팀 전체를 가리키며 큰 기업에서는 다양한 사업 부서의 책임자들을 가리킬 것이다. 구글 창시자는 스탠포드 대학원생 세르게이 브린(Sergey Brin)과 래리 페이지(Larry Page)였고, 회사가 성장하기 시작할 무렵 에릭 슈미트(Eric Schmidt)라는 세 번째 경영진이 참여했다. 놀랍게도 미국 행정부 역시 이러한 패턴을 따르는 것을 볼 수 있다. 제일 먼저 대통령, 비서실장, 대통령이 가장 신뢰하는 한두 명 정도의 고문관으로 구성된 집단이 있고, 대통령 자문위원회가 있으며(이 글을 쓰는 현재, 12명보다 조금 더 많은 20명이다), 또한 대통령 집무실에 매주 무리 없이 출입할 수 있는 사람들(허용된 인원은 정확히 120명이며, 보좌관 및 부보좌관을 비롯하여 임명된 백악관 직원 49명이 여기에 속한다)이 있다.

21세기 초반, 가장 풀기 어렵고 모호한 수학 문제인 푸앵카레의 추측(Poincaré Conjecture)이 마침내 증명되었다. 이에 기여한 3명의 핵심 인물은 그리고리 페렐만(Grigori Perelman), 리처드 해밀턴(Richard Hamilton), 윌리엄 서스턴(William Thurston)이었다. 그리고 전 세계에서 정확히 12명이 그 증명이 실제로 완벽하고 정확하다는 것을 검증했다. 푸앵카레의 추측에 대한 증명은 수십만 전문가들이 포진해 있는 다양한 분야에 분명한 영향력을 미쳤고, 이는 다시 수십억 인구의 지평선을 형성했지만, 사실 동료 수학자에게 그 증명의 의미를 설명할 수 있었던 사람들은 많아야 수백 명 정도였다.

절대적으로 작은 집단과 상대적으로 작은 집단의 구별은 중요하다. 3:12:120 패턴에서 3이라는 숫자는 절대적으로 작은 집단을 가리킨다. 반면 120이라는 숫자는 문화 재화를 수용할 문화 영역 전체에 비해 상대적으로 작은 집단을 가리킨다. 그래서 120은 3보다 더 유연한 숫자다. 미국 현대 산업에서 큰 역할을 하는 포드 자동차는 2006년에 '중간 관리자'를 300명 정도 두고 있었다. 전 세계적인 운영 규모를 감안하면 이는 상대적으로 작은 집단이다. 하지만 CEO, CFO, 3명의 부사장을 포함하는 5명의 경영 관리층은 **절대적으로** 작은 집단이다.

한편, 작은 마을을 상대로 영업을 하는 요식 조달 업체는 사장과 한두 명의 핵심 직원(3명), 가장 신뢰할 만한 공급자와 노동자(12명), 그리고 고객이든 친구든 그 회사에 새 일거리를 요청하는 사람들이 수십 명 있을 것이다(120명에 해당하는 인원). 작은 업체에서 120명에 해당하는 집단은 실제로 120명보다는 적은 숫자일 것이다. 하지만 요식 조달 업체가 결혼식이나 연회 등을 다니며 1년 내내 서비스를 제공할 수천 명의 고객들에 비하면 **상대적으로** 작은 집단이다.

최근 몇 년간 3명, 12명, 120명의 힘을 보여 준 가장 단적인 예는 마이스페이스(MySpace), 페이스북(Facebook), 링크드인(LinkedIn) 같은 친목 네트워크 웹사이트다. 독자들이 이 책을 읽을 때쯤에는 이런 웹사이트가 더 늘어났을 것이다. 그중 맨 처음으로 널리 유명세를 탄 마이스페이스는 2006년에 루퍼트 머독(Rupert Murdoch)의 뉴스 코퍼레이션(News Corporation)에 인수되었고, 2007년 현재 전 세계 2억 명의 사용자를 확보하고 있다. 머독은 우리가 **문화 창조자**라는 표현을 생각할 때 머릿속에 떠오르는 종류의 사람이다. 그는 막대한 부와 권력의 소유자다. 하지만 머독이 마이스페이스를 키운 것은 아니며, 사실 그럴 수도 없다. 왜냐하던 마이스페이스는 서로 맞물려 있는 네트워크를 통해 유기적으로 성장했기 때문이다.

수많은 사용자들을 감안하다면, 역설적으로 마이스페이스는 작은 규모의 문화 창조 네트워크에 대한 생생한 예시다. 마이스페이스는 미국인에게 **친구**라는 단어가 갖는 기존의 빈약한 정의를 한계점까지 확장한다. 소프트웨어의 마법 덕분에, 창시자인 '톰'은 모든 마이스페이스 사용자의 '친구'로 자동 등록된다. 또 마이스페이스 사용자들은 잘 알지 못하는 사람들과 무차별적인 '친구 맺기'로 유명하다. 가장 친한 친구들과 가족들에서부터 길거리에서 서로 지나친다 해도 알아보지 못할 사람들에 이르기까지, 마이스페이스의 이러한 '친구' 목록은 그들의 친목 네트워크를 측정하는 가장 광범위한 기준인 듯하다.

하지만 친구라는 정의가 이처럼 터무니없이 광범위함에도 불구하고, 평균 '친구' 숫자는 68명에 불과하다.[2]

이동성과 기술 시대에 모든 사람과 교제할 수 있는 관계가 급증하면서, 마이스페이스 같은 사이트가 하나의 '지구마을'을 이루게 될 것이라고 생각하는 사람도 있을 것이다. 하지만 사실 마이스페이스뿐 아니라 온라인과 오프라인의 모든 공간이 작은 네트워크의 집합체, 즉 '마을들의 지구'라는 것이 밝혀지고 있다. 인류학자들은 우리가 본래 작은 집단을 지향하는 존재라고 생각한다. 인간이 본래 마을에서 활동하도록 계획되었다는 것이다. 그 마을은 넓은 대도시 한가운데 존재할 수도 있고, 무수히 많은 다른 마을을 동시에 호스트하는 컴퓨터 서버에 존재할 수도 있다.

물론 예외도 있다. 예를 들면, 글래드웰의 '커넥터' 같은 것이다. 커넥터는 다른 사람들의 평균을 웃도는 숫자로 관계를 유지하는 소수의 사람들을 말한다. 어떤 이들은 평생 아주 적은 수의 관계에만 충실하지만, 본래 관계망을 끊임없이 확장하려는 성향을 지닌 이들도 있다. 마이스페이스의 평균 친구 숫자는 68명인데, 3-4명 정도의 친구만 유지하는 사용자도 많고, 톰만이 누리는 자동 '친구 맺기'의 혜택 없이 수백 명의 친구를 거느린 사용자도 꽤 많다. 심지어 친구가 수천 명 이상 되는 사람도 소수 있다. 하지만 몇 안 되는 이러한 마이스페이스의 유명인들조차, 실제적인 친목 네트워크(얼굴과 이름을 아는 사람들)와 문화 창조 네트워크(함께 새로운 무언가를 만들어 낼 수 있는 사람들)는 많아야 100명대 정도일 것이다. 1990년대와 2000년대에 가장 많은 힙합 음반을 제작한 프로듀서 겸 랩퍼 카니예 웨스트(Kanye West)는 2006년 마이스페이스에 24,956명의 '친구'가 있었다. 하지만 그는 약 10년간 아티스트 59명의 앨범을 제작했다.

루퍼트 머독은 마이스페이스를 사들여 경제적 이득을 얻을 만한 문화 권력을 소유하고 있었다(이 책이 출판된 후에도 같은 전망일지는 확실하지 않다). 하지만 머독의 3명, 12명, 120명 집단에 막대한 부와 창조성, 권력을 지닌 사람들이 포함되어 있다 해도, 그중 마이스페이스를 **창조**할 수 있는 사람은 없었다. 그러한 종류의 문화 창조는 머독의 능력 밖의 문제였다. 그러나 톰 앤더슨(Tom Anderson)와 크리스토퍼 드울프(Christopher DeWolfe)를 비롯한 몇몇 사람에게는 그럴 능력이 있었다. 3명 집단이 자신들의 12명과 120명 집단을 동원하여, 스스로 문화를 창조하는 수백만 사용자들을 초대했다.

우리는 3:12:120의 비율에서 중요한 통찰을 얻을 수 있다. 모든 문화 혁신은 그 결과가 얼마나 멀리까지 미치든 간에 개인적인 관계와 개인적인 헌신에 기초한다는 것이다. 문화를 창조하기란 어렵다. 절대적으로 혹은 상대적으로 작은 집단의 헌신적인 투자 없이는 문화를 창조해 낼 수 없다. 문화 창조에서 규모는 중요한 문제다. 사람들의 일반적인 예상과 달리, 작은 규모의 집단만이 가능성의 지평선을 확실하게 움직이는 무언가를 창조하는 일에 지속적인 관심과 에너지와 인내를 유지할 수 있다. 그러한 재화를 창조하기 위해서는 모든 사람에게 영향을 미치는 현재의 지평선을 최소한 잠시 동안이라도 중지시켜야 하는데, 이러한 '불가능성의 중지'는 매우 지치고 부담스러운 일이다. 그러한 상태를 유지할 만큼 강력한 것은 공동체밖에 없다. 그 때문에 새로운 문화 재화를 창조하기 위해서는 작은 집단이 절대적으로 필요하다.

그럼에도 불구하고, **작은 집단만으로 충분하다**는 것은 문화 창조에 관한 신비다. 물론, 문화 재화를 전파하려면 수만 혹은 수백만의 사람들이 필요하다. 말콤 글래드웰의 책「티핑 포인트」는 이러한 과정을 대중적으로 알리는 데 큰몫을 했다. 이 책은 대규모 네트워크를 유지하면서, 친구 선택에 큰 영향력을 행사하는 사람들의 역할을 설명했다. 하지만 12장에서 살펴봤듯이, 메이븐과 커넥터들은 문화 변화의 필요조건이지만 충분조건은 아니다. 어떤 문화 재화가 세상 문화—세계적인 미디어 문화이든 도시 한 구역에서의 삶의 유형이든—에 유입되고, 또 어떤 문화 재화가 가능성의 지평선을 재형성하는 데 실패하는지에 관한 문제는 결국 난해한 수수께끼다. 하지만 아이팟, 고속도로, 오믈렛처럼 가장 영향력 있는 문화 재화도 3명, 12명, 120명의 집단에서 시작했다. 그들은 자신감이나 교만 혹은 말로 설명할 수 없는 어떤 은총의 느낌만을 가지고 자신의 성공을 확신하며 부족한 시간과 재능을 투자했던 사람들이다.

모든 문화 재화는 소비자 마케팅의 마법과 아이팟을 만들어 낸 활발한 기술력의 산물인가? 모든 문화 재화는 과연 의도적인 창조물인가? 물론 그렇지 않다. 역사에서 오믈렛의 기원을 찾기는 어렵지만, 오믈렛은 중세 프랑스 시골의 부엌에서 천천히 그리고 유기적으로 발전했을 것이며, 분명 회의나 마케팅 예산이나 종합적인 계획 없이 발전했을 것이다. 물론, 오믈렛이 메이븐이나 커넥터—별 수고 없이 달걀을 요리할 수 있는 획기적인 방법이 있다고 입소문을 낸 사람들—가 없었다면 문화 재화로 널리 받아들여지지는 못했을 것이다. 하지만 오믈렛의 초기 역사에는 부엌에 모여 있는 몇몇 요리사들이 있었을 것이다. 그들은 아마 하인이나 농부였을 것이다. 그리고 12명가량의 '얼리 어답터'(early adopter)와 완벽한 모양의 팬을 만들어야 한다는 감언이설에 넘어간 대장장이가 한두 명 있었을 것이다. 또한 수년에 걸쳐 이를 전파하게 될 120명의 운 좋은 첫 고객들이 있었을 것이다. 그들이 달걀 요리의 지평선을 재형성하기로 처음부터 작정했던 것은 아니지만, 결국은 그렇게 되었다. 아이팟과 마찬가지로 오믈렛은 3명에서 시작했다.

세 사람을 위한 기쁜 소식

성경 역시 3명, 12명, 120명의 이야기다. 창세기 12장에서 볼 수 있듯이, 하나님이 처음으로 문화에 간섭하신 결정적 사건은 민족을 선택하신 일이었다. 이 민족의 시작은 아브람이라는 유목민과 그의 아내 사래, 그 가족으로 구성된 절대적으로 작은 집단이었다. 성경은 문화적 간섭의 첫 단계를 간략하게 설명하면서 첫 3대의 대표 인물을 언급하는데, 그들은 아브라함, 이삭, 야곱이다. 이 세 사람을 연결하는 것은 혈통과 모험, 그들의 조상이 희미하게만 알고 있던 하나님과의 개인적인 만남이다. 그런 다음 이 동심원은 야곱의 열두 아들과 그 가족으로 확장된다. 이것이 120명 집단이다. 이처럼 아주 작은—하나님이 이들을 가리켜 "모든 민족 중에 가장 적다"고 말씀하셨듯이—시작으로부터 하나의 구별된 문화 전통이 생겨나 시공간을 넘나들며 확장되어 간다.

예수님은 이스라엘이라 불리는 문화 프로젝트를 구속하실 때 이와 동일한 패턴을 사용하셨다. 공관복음서는 예수님과 가까이 있던 세 제자인 베드로와 야고보와 요한의 중추적인 역할을 강조한다. 예수님은 자신이 희생제물이 되셔야 하며, 세상이 새롭게 받아들여야 할 삶의 방식의 모델과 근원이 되셔야 한다는 비범한 사명을 드러내 보이실 만큼 그들과 깊은 것까지 나누셨다. 예수님은 12명을 선택하셔서, 하나님 나라를 가르치고 설명하시는 중요한 순간에 그분 곁에 두셨다. 기독교적 상상력은 12명에만 집중되어 있지만, 수많은 여인들이 12명의 남자 제자들처럼 예수님과 가까이에 있었다는 것은 명백한 사실이다(여인들은 십자가 처형과 부활 사건에서 다른 어떤 제자들보다 예수님 가까이에 있었다). 또한 그 외에도 큰 무리의 제자들이 있었다. 어느 시점에 이르러 예수님은 그분이 시작하신 하나님 나라를 선포하도록 70명의 제자들을 두 사람씩 보내셨으며(눅 10장), 부활 직후 오순절이 가까이 왔을 때는 120명의 신자들이 예루살렘에 모여들었다(행 1:15). 여기서 3명, 12명, 70명, 120명의 패턴을 볼 수 있다. 이러한 동심원 집단을 통해, 하나님 나라의 독특한 문화 재화는 유대의 문화적 지평선을 재형성하기 시작한다. 그 문화 재화에는 비유와 기적뿐 아니라, 시간("안식일이 사람을 위하여 있는 것이요 사람이 안식일을 위하여 있는 것이 아니니")이나 식사('죄인'이 '의인'과 함께 앉아 음식을 먹는 환영 잔치) 문제처럼 모든 것을 새롭게 체계화하는 방식도 포함되어 있다. 하나님의 문화 창조는 수천 년을 거쳐 내려오고 수많은 대륙을 가로지를 만큼 그 범위가 우주적이지만, 절대적으로 혹은 상대적으로 작은 집단을 통해 이루어지고 있다. 아마도 모든 인간이 지닌 창조성의 전제라고 할 수 있는 본래의 창조적 주도권이 세 위격이신 하나님의 영원한 공동체로부터 왔기 때문일 것이다.

　3:12:120의 패턴은 놀랍도록 기쁜 소식이다. 규모와 범위가 거대한 문화를 접하게 될 때, 우리는 종종 물러서서 비난이나 소비와 같은 자세를 취한다. 그것에 압도된 나머지 우리가 결코 변화시킬 수 없을 문화의 수많은 특징들을 염려하기 시작한다. 물러서거나 그저 적응하려는 유혹,

도망치거나 쉽게 협력하려는 유혹이 매우 강하게 다가온다.

하지만 거의 모든 사람 곁에는 '3명' 집단이 있다. 이 책을 읽는 사람이라면 분명히 그럴 것이다. 그 '3명'은 당신이 잘 알고 신뢰하는 사람들로 이루어진 절대적으로 작은 집단이며, 서로를 보완하는 재능, 소질, 필요와 더불어 열정, 확신, 헌신을 공유하는 사람들이다. 그러한 집단의 수가 많지는 않겠지만, 당신은 그런 작은 집단에 한 군데 이상 속해 있을 것이다.

당신의 '3명'에게는 '12명'이 있다. 이 소수의 사람들이 지닌 열정, 관심, 재능, 헌신은 당신의 그것과 긴밀하게 연결되어 있으며, 이들은 기회가 생기면 당신에게 즉각 도움을 줄 것이다. '12명'에게 '120명'이 있다는 사실을 깨닫거나 믿는 것은 좀더 어려울 수도 있다. 실제 숫자는 120명보다 약간 더 적거나 많기도 하지만, 그들은 가치 있고 주목할 만한 것에 시간과 에너지를 투자하기를 기다리며 곁에 머물러 있을 것이다.

중요하고 결정적인 사실은 우리 모두에게 '3명'이 있다는 것이다. '3명'을 큰 숫자로 생각하는 사람은 없다. 문화를 창조하려 할 때, 이런 점에서 우리는 상대적으로 비슷한 출발점에 서 있다. 우리는 모두 절대적으로 작은 집단과 함께 세상을 새롭게 만들 것이다. 이미 우리 삶에 친밀하게 관여하고 있는 사람들 말이다.

처음에는 이 말이 비현실적으로 느껴질지도 모른다. 미국 대통령은 이 나라 혹은 세상 어딘가에 있는 누구에게나 전화를 걸 수 있으며, 당연히 그들이 자기 전화를 받을 것이라고 생각할 수 있다. 또한 할리우드 거물이나 유명인사, 주지사들은 누구나 두툼한 롤로덱스(Rolodex, 유명한 명함 정리 용품―역주)를 가지고 있으며, 우리 대부분이 갖지 못한 자원들에 접근한다. 이들은 자신들의 권력 다툼에 나머지 사람들을 볼모로 하는 실제적인 문화 창조자 아닌가?

하지만 대통령이 매일 신뢰할 수 있는 사람은 몇 명이나 되는가? 대통령이 전화해야 할 곳을 결정하는 데 도움을 주는 사람은 누구인가? 그것은 절대적으로 작은 숫자, 즉 3명과 12명 사이의 숫자일 것이다. 프로듀서는 영화 제작 허가 여부를 결정하기 전에 누구와 이야기하는가? 그 결정과 관련한 조사와 준비가 매우 광범위하게 진행된다 해도 프로듀서가 의논할 대상은 휴대폰 단축번호에 있으며, 10명을 넘지 않을 것이다.

한편, 대통령도 영향을 미칠 수 없는 수많은 문화 형태가 있는데, 이 역시 그가 접근할 수 있는 개인적인 관계들이 제한되어 있기 때문에 생겨나는 것이다. 예를 들어, 대통령은 인상적인 새 법안을 몇 가지 알리기 위해 우리 지역 초등학교에 방문하겠다는 계획을 발표하여 온 동네를 들썩이게 할 수 있을 것이다. 하지만 그래봤자 하루뿐이다. 그와 반대로, 몇 년 동안 학부모, 관리자, 교사들과 관계를 쌓아 온 우리 이웃 베스는 미국 대통령이 할 수 없는 방식으로 우리 학군의 문화를 창조할 수 있다. 그녀의 '3명', '12명', '120명'에는 우리 학군의 문화를 만드는 데 필수적인 창조적 협력자들이 포함되어 있으며, 그들이 공유하는 관계와 신뢰는 제아무리 미국 대통령이라도 얻을 수 없다.

우리의 소명을 찾아서

혼자서 문화를 만드는 것은 절대적으로 불가능하다. 물론 우리의 문화적 영역과 규모에 어떤 방식으로 기여해야 할지 구상하면서 혼자 일하는 시간이 필요할 수도 있다. 하지만 우리가 혼자 행한 일이 조금이나마 결실을 맺으려면 이 일에 참여할 3명이 필요하다. 그래서 우리의 소명과 관련해 반드시 다루어야 할 질문은 이것이다. **당신의 3명은 누구인가?** 함께 무언가를 창조하는 일을 감행할 만큼 당신이 신뢰하는 소수의 사람들은 누구인가? 당신이 문화 재화를 성공적으로 제안할 수 있는 문화적 영역과 규모는 어떤 것인가? 당신의 12명 집단에 속할 사람들은 누구인가? 가능성의 지평선을 움직이는 일에 언젠가 노력과 에너지를 빌려줄 120명의 집단에 속할 사람들은 누구인가?

이 질문은 국가의 지평선을 바꾸려는 친구들뿐 아니라 이웃의 지평선을 바꾸려는 친구들에게도 적용된다. 문화를 창조하는 일에 동참할 3명, 12명, 120명이 어떤 종류의 친구들인지는 우리가 창조를 위해 부름받은 영역과 규모를 암시한다. 어떤 친구들은 우리 사회에서 가장 유명하고 잘 알려진 문화 창조자들을 모을 수 있다. 나의 또 다른 친구들은 그러한 넓은 인맥과 단절되어 있는 소외된 도시 이웃을 위해 일한다. 문화를 창조하는 나의 능력의 규모는 이 두 극단 사이에 위치해 있다. 사실 나의 소명은 그러한 친구들을 불러 모아 거의 교차하지 않는 영역과 규모 사이에 다리를 놓는 일이다. 우리 중 어떤 이들은 더 명백한 권력이나 지위—이것은 우리가 창조적인 공동체를 모을 수 있는 규모와 영역으로 측정된다—를 소유하지만, 그 누구도 다른 사람의 네트워크에 완전히 접근하지는 못한다. 우리 모두는 필요한 존재다. 없어도 되는 존재는 없다. 우리는 주변에서 모을 수 있는 3명, 12명, 120명과 함께 세상 다른 그 누구도 창조할 수 없는 무언가를 창조할 수 있다.

3명, 12명, 120명 집단은 고정되어 있지 않다. 39세에 내가 속한 창조성 집단은 내가 29세일 때, 19세일 때의 집단과 다르다. 내가 부르심을 받은 영역과 규모도 달라졌다. 그리고 그런 집단들이 항상 확장하기만 하는 것도 아니다. 나는 스물아홉 살이 되던 해에 내 삶의 가장 중요한 문화적 소명인 가족이라는 문화를 형성하기 시작했다. 지금 우리 가족은 4명이지만, 하나님이 축복하신다면 세대를 이어가며 확장할 것이다. 우리 본가가 원래 4명으로 시작했지만, 이제는 부모님 댁 큰 식탁에 모두 둘러앉으면 자리가 비좁을 정도가 된 것처럼 말이다. 규모를 줄이는 것도 규모를 늘리는 것만큼 중요할 수 있다. 나는 우리 가족 캐서린, 티모시, 에이미보다 문화를 더 잘 형성하는 협력자가 생기기를 기대한 적이 없다. 작은 것들이 시간이 흐르면서 더 커질 수도 있겠지만—예수님이 말씀하신 것처럼 작은 것에 충성하는 사람은 때로 큰 것에도 충성할 기회를 얻는다—작은 공동체는 범위가 넓으면서 관계가 얕은 네트워크가 소화할 수 없는 것들을 언제나 창조할 수 있다.

우리가 3명 집단을 찾고, 모든 문화 창조가 지역적이라는 사실을 인식하고, 기꺼이 작은 것에서 시작하여 작은 것으로 끝내고자 할 때, 비로소 하나님에 대한 믿을 수 없는 이야기를 올바르게 담아내는 문화 창조의 길로 접어든 것인지도 모른다. 기독교의 문화 창조는 네트워크를 통해 성장하지만, 그것은 네트워킹의 문제가 아니라 공동체의 문제다. 사랑을 좇아 공동의 삶을 이루어 가는 상대적으로 작은 집단의 사람들 말이다. 사랑은 규모를 잘 가늠할 수 없는 연약한 것이다. 바벨탑과 바벨론과 비교하면 작게 느껴진다. 작고 상하기 쉬운 겨자씨와 같다. 하지만 사랑은 아직 밝혀지지 않은 우주의 진리이며, 또한 모든 이야기의 열쇠다.

다행히도, 가장 큰 규모의 문화에 영향을 미치는 3명, 12명, 120명의 집단과 교제하며 그들을 책임지는 명성—이는 은혜이면서 또한 십자가다—을 얻게 될 사람은 우리 중에 몇 없을 것이다. 이러한 사람들은 담대한 친구들로 구성된 확고한 공동체가 있다는 조건에서만 그 소명을 지속할 수 있다. 문화를 실제로 변화시키는 것은 유명한 사람들이 아니라, 바로 이러한 공동체다. 공동체는 하나님이 모든 문화 안에서 구별되는 더 나은 지평선을 제공하기 위해 간섭하시는 방법이다. 그리스도인이 된다는 것은, 사랑이 창조해 내는 것들이야말로 궁극적으로 중요한 문화 재화라는 믿음에 우리 인생을 투자하는 것이다.

16장
은혜

나는 하버드 대학 캠퍼스 사역자로 섬기면서, 우리 문화의 가장 유력한 기관을 뚫고 들어온 수백 명의 학생들을 알게 되었다. 다른 대다수 대학의 학생들에게 왜 그 학교에 다니는지 물어본다면, 아마 가지각색 이야기를 듣게 될 것이다. 어떤 학생들은 그 지역이 마음에 든다거나 교수님이 인상적이라고, 혹은 입학사정관이 환영해 주더라고 이야기할지도 모른다. 또 어떤 학생들은 학교가 집에서 멀거나 가깝다고, 학비를 지원받을 수 있다거나 혹은 학비가 저렴하다고, 종교적인 가정교육에서 벗어나고 싶다거나 혹은 종교적으로 좀더 성장하고 싶다고, 고등학교 성적이 좋았다거나 혹은 나빴다고 이야기할지도 모른다. 아마 이 모든 것이 그들의 최종 결정에 영향을 미쳤을 것이다.

하지만 하버드 학생들의 대답은 좀 다르다. 천진난만한 1학년 학생들에게 왜 하버드에 진학했는지 물을 때마다, 거의 똑같은 대답이 돌아온다. "합격했으니까요." 서부에서 하버드의 경쟁학교인 스탠포드의 경우, 입학 허가를 받고 나서 실제로 등록하는 학생은 절반 정도에 불과하다.

하지만 하버드는 합격한 학생의 80퍼센트가 신입생으로 들어온다. 하버드가 받아 주기만 하면 더 바랄 게 없는 것이다.

시간이 지나면서, 학생들을 대략 세 가지 유형으로 나눌 수 있다는 것을 알았다. 그중 하나는 '노력가형'이다. 이들은 하버드에 들어가기 위해(차선책으로 프린스턴이나 예일을 염두에 두고) 초등학교나 유치원 때부터 밤낮으로 준비해 온 이들이다. 그들은 걸음걸이가 빠르며 터질 것처럼 불룩한 가방을 메고 다닌다. 또 강의실 제일 앞쪽에 앉는 편이며 강의가 끝난 후에도 자리에 남아 질문을 한다. 이 학생들은 늦게 자고 일찍 일어난다.

그 다음으로는 '대물림형'이 있는데, 그다지 고상한 축에는 못 든다. 이들은 동문 자녀이면서, 동시에 유명인사나 권력가, 재력가 등 특권 계층의 상속자다. 노력가형의 지배적인 특징은 불안이다. 그들은 입학처에서 뭔가 실수했을 거라고 생각한다. 대물림형의 지배적인 특징은 지배다. 그들은 하버드가 마치 오랫동안 자기 집이었다는 듯 너무 편안한 권리 의식을 가지고 안정적인 태도를 보인다.

하지만 몇 년 후, 나는 위의 두 유형보다는 수적으로 적은 세 번째 유형이 있음을 알았다. 그들은 어느 봄날 우편함에 도착한 편지에 놀라 기쁨에 상기된 채 하버드에 들어온 학생들이다. 나는 고등학교 진학 지도 교사가 권유하기 전까지 하버드 입학은 꿈도 꾼 적이 없다는 학생들, 그리고 가족과 친척을 통틀어 자신이 대학문에 들어선 첫 주자라는 학생들을 만났다. 그들은 때로 불안에 사로잡히기도 하고, 완전히 자신감에 넘치기도 했다. 하지만 그들을 떠올릴 때 가장 먼저 기억나는 것은 명랑함과 장난기가 배어 있는 태도, 식당과 강의실, 실험실을 불문하고 언제나 그들을 따라다니는 즐거움이다. 하지만 그 즐거움은 학업 자체보다 사회적 자본으로서 하버드라는 타이틀을 거머쥔 것 때문에 생겨난 것이 아니다. 그것은 어느 대학이든 최고의 학생들에게서 발견할 수 있는 연구와 배움과 성장에 대한 순수한 즐거움이다. 하버드 대학 정신의학과 교수 로버트 콜스(Robert Coles)가 쓴 "위기의 자녀들"이라는 시리즈 중에 「특권의 자녀들」(Children of Privilege)이라는 책이 있다. 나는 이러한 세 번째 유형의 학생들을 보면 은혜의 자녀들이라는 말이 떠오른다.

내가 만난 학생 중에서 졸업 논문으로 최우등 졸업을 한 이들은 거의 모두가 이 세 번째 유형에 속했다(학점 인플레가 심각한 요즘이지만, 최우등 졸업은 여전히 대단한 성과다). 노력가형도 대물림형도 아닌, 차분하면서도 명석한 은혜의 자녀들 말이다.

내가 만난 학생 중, 미국 내 가장 세속적인 기관으로 알려진 이곳에서 4년간 하나님에 대한 신앙과 신뢰를 키운 이들은 노력가형이나 대물림형인 경우가 상대적으로 적었다. 노력가형은 신앙을 갖기엔 대체로 너무 바빴다. 대물림형은 신앙의 필요를 인식하는 데 상당히 애를 먹었다. 그러나 은혜의 자녀들은 대부분 깊이 있고 빠른 성장을 이루었으며, 하나님을 더 많이 깨닫고 더 많이 필요로 했다.

나는 오래 전부터 많은 학생들과 연락을 하며 지낸다. 그중에는 재학 기간이나 졸업 후에 결국 은혜를 발견하게 된 노력가형과 대물림형 학생도 몇 명 있다. 어떤 이들은 세상의 잊힌 곳에서 문화를 번영시키며 창조한다. 또 어떤 이들은 길모퉁이 사무실에서 문화를 번영시키며 창조한다. 우리 모두와 마찬가지로 그들에게도 힘든 날이 있다. 하지만 내가 보기에 그들은 자신의 모든 경험에서 놀라움과 기쁨을 우리보다 더 잘 발견하는 것 같다.

재미있는 것은 어쩌면 모든 하버드 재학생이 은혜의 자녀들일 수도 있다는 점이다. 하버드는 그 해에 지원하는 고등학교 학생 중 약 10퍼센트를 합격시킨다. 나머지 90퍼센트의 노력가는 어느 모로 봐도 10퍼센트에 속한 노력가에 뒤지지 않게 전력을 다한 유능한 학생들이다. 90퍼센트 중에는 동문이나(동문 자녀라고 해서 자동으로 입학을 허가해 주던 시대는 지났다) 유명인사나 재력가의 자녀도 다수 포함되어 있다. 하버드에서 수업을 듣는 모든 학생은 그들과 똑같이 우수하거나 연줄이 있는 다른 누군가로 대체될 수도 있었다. 다만 지원에서부터 입학 허가에 이르기까지 모든 과정에서 그들에게 수차례 행운이 따랐을 뿐이다. 하긴 이런 행운이 없었다면 하버드에 지원할 기회조차 얻지 못할 것이다. 다른 대학에서 캠퍼스 사역을 하는 동료들은 부모의 이혼이나 '재혼 가족' 문제로 스트레스에 시달리는 학생들 이야기를 하곤 했지만, 나는 가정이 온전하지 못한 학생들을 거의 만나 본 적이 없다. 하버드 학생들 중에는 지속적인 관심을 받으며 자란 맏이나 외동자녀가 이상할 정도로 많다. 아이비리그의 입학 과정이라는 복권을 산다는 것은, 있는 줄도 몰랐던 수많은 복권들에 이미 당첨되어 있었다는 뜻이다. 불안감에 사로잡혀 있든 자신감으로 가득 차 있든, 혹은 다른 어떤 상태이든지 간에, 내가 만난 학생들은 모두 은혜의 수혜자들이었다. 그 사실을 아는 학생은 몇 안 되었지만 말이다.

흑인 교회에 가 보면 누군가 이렇게 기도하는 것을 듣게 된다. "주님, 오늘도 건강한 정신으로 깨어나 몸을 움직여 활동하게 해주셔서 감사합니다." 그런 기도를 들었을 때 처음에는 다소 미숙한 내용이라는 생각이 들었다. 하지만 그 기도는 크고 작은 모욕으로 무력해졌던 경험에 여전히 사로잡혀 있는 이들을 격려해 주고, 그 어떤 압박이 와도 빼앗길 수 없는 은혜로 그들을 계속 인도해 주었다. 그 기도는 세상 가운데서 생각하며 움직일 수 있는 힘을 선포했다. 그것은 무기력과 절망을 거부하며 존엄성을 유지시키는 기도였다. 흑인 교회는 거의 문화 권력을 탓하지 않는다. 하지만 그들은 건강한 정신으로 깨어나 몸을 움직여 활동했고, 미국 문화에 변화의 움직임을 가져왔다. 역사적 관점으로 볼 때 국민으로서 그들은 위기의 자녀들이었지만, 그러한 기도를 드릴 때는 언제나 은혜의 자녀들이었다.

나는 무리해서 '문화를 바꾸려고' 노력할 때 거의 좋은 결과를 볼 수 없다는 것을 확신하게 되었다. 그렇게 행하는 것은 사회학자들이 말하는 것처럼 인간에게 행위 능력을 과도하게 부여하는 것이다. 우리가 자신과 하나님에 대한 믿음을 잃어버린 채 고갈되고 소진된 상태라면, 세상을 바꾸려는 노력은 그만 중단해야 한다. 혹은 하나님보다 우리 자신에 대한 믿음이 **강해진** 더 나쁜 경우에도 우리는 그런 노력을 중단해야 한다.

설령 그리스도인들이 다시 문화의 주류가 되어 사회가 제공하는 최고의 것을 이용하게 된다 해도, 나는 문화가 너무 심각하게 망가져 있기 때문에 우리 중 그 누구도 마음껏 특권을 누릴 수 없고 권력의 열매들을 한꺼번에 맛볼 수도 없을 것이라고 확신한다. 그뿐 아니라 우리는 특권층이 당연하게 누리는 방식으로 우리의 특권이나 권력을 행사할 수도 없으며, 세상에 완전히 차별적인 무언가를 기여하기를 기대할 수도 없다.

진정한 문화적 창조성으로 가는 길은 우리가 오늘 아침에 건강한 정신으로 깨어나 몸을 움직여 활동한다는 의식에서 시작한다. 게다가 우리의 모든 창조적 능력은 선물로 주어진 것이다. 그 선물은 우리의 노력으로 얻은 것이 아니며, 우리에게 받을 자격이 있는 것도 아니다. 다만 잠에서 깨어나 감사하는 마음을 가질 때, 우리가 기쁨과 놀라움 가운데 행하는 일은 가장 중요한 문화적 기여로 이어질 것이다.

결실의 영적 배가

예수님의 한 비유는, 은혜를 구하던 나에게 그 길을 보여 주었다.

들으라. 씨를 뿌리는 자가 뿌리러 나가서 뿌릴새 더러는 길 가에 떨어지매 새들이 와서 먹어 버렸고 더러는 흙이 얕은 돌밭에 떨어지매 흙이 깊지 아니하므로 곧 싹이 나오나 해가 돋은 후에 타서 뿌리가 없으므로 말랐고 더러는 가시떨기에 떨어지매 가시가 자라 기운을 막으므로 결실하지 못하였고 더러는 좋은 땅에 떨어지매 자라 무성하여 결실하였으니 삼십 배나 육십 배나 백 배가 되었느니라 하시고(막 4:3-8).

예수님의 수많은 비유처럼, 이 비유 역시 처음에 읽을 때는 당황스럽다. 이 본문의 씨 뿌리는 자가 좀 이상해 보이기 때문이다. 숙련된 농부는 시간을 낭비하면서 잡초가 무성하거나 돌이 가득한 땅에 씨를 뿌리지 않는다. 사람들이 다니는 도로의 굳어진 흙 위에 뿌릴 리도 없다. 처음에는 경제나 농업 측면에서나 영 어리석은 방법을 취하는 것처럼 보이는 이 농부는, 다른 비유의 제목을 빌려 표현하자면 헤프게(prodigal, '탕자'라는 뜻으로도 쓰인다-역주) 씨 뿌리는 자다. 한편, 그는 수많은 곡식을 수확할 수 있는 풍성한(prodigal) 땅을 발견할 만큼 운 좋은 사람이다.

제자들이 헤프게 씨 뿌리는 자의 이상한 이야기가 어떤 의미인지 묻기 위해 예수님께 다가왔을 때 그분은 이것이 농사에 대한 비유가 아니라고 분명히 말씀하셨다. 사실 그것은 비유에 대한 비유, 즉 비유를 말하는 전략에 대한 설명이었다. 예수님은 "뿌리는 자는 말씀을 뿌리는 것이라"고 말씀하셨는데, 여기서 말씀이 떨어진 곳은 여러 종류의 땅이 아닌 여러 종류의 **마음**이다. 비유는 조밀하고 불분명하다는 면에서 씨와 그 성격이 비슷하다. 산허리와 해변에서 큰 무리를 가르치며 헤프게 비유의 씨를 뿌릴 수밖에 없는 이유는 간단하다. 숙련된 농부라면 땅을 점검하고, 길과 바위와 잡초가 어디에 있는지 관찰한 후, 가장 좋은 땅을 고른다. 하지만 인간의 마음을 이런 식으로 점검할 수는 없다. 말씀의 씨를 뿌리는 자는 누가 말씀을 완전히 무시할지, 누가 처음에는 기뻐하지만 곧 흥미를 잃어버릴지, 혹은 누가 그 말씀을 듣고도 "세상의 염려와 재물의 유혹과 기타 욕심" 때문에 마음이 혼란해질지 미리 예측할 수 없다. 하지만 그는 군중 가운데 좋은 땅과 같이 풍성한 마음을 가진 자가 있음을 안다. 비유를 전하는 이를 따르면서, 제자들과 같이 풍성한 결실을 맺게 될 수많은 질문을 던지는 자들이 바로 그들이다.

헤프게 씨 뿌리는 자의 비유는 무엇보다도 예수님의 사역 전략과 관련이 있다. 하지만 그것은 문화 창조의 작업에도 매우 잘 적용된다. 비유란 결국 문화 재화이며, 세상을 새롭게 만드는 새로운 방식이기 때문이다. 비유를 말하는 자는 모든 문화 창조자가 당하는 위험을 동일하게 겪는다. 그가 제안한 문화 재화가 단호히 거절당하고, 처음의 열정과 성공이 허무하게 사라져 버리는 상황에 맞닥뜨린다. 더 나쁜 경우에는 그 문화 재화가 잔존하지만 번성하지 않고, 그가 소망했던 결실을 전혀 맺지 못하거나 심지어 그 본래 목적에 어긋나는 상황이다. 농부는 땅을 점검하고 일굴 수 있지만, 그 누구도 자신이 창조한 문화가 나쁜 땅에 떨어지지 않으리라고 보장할 수는 없다.

다만 우리가 할 수 있는 것은 문화적 수고의 결실에 신중한 주의를 기울이는 것이다. 우리가 최선을 다한 후에 그 수고가 영적 배가를 이루고 있는가? 작고 조밀한 씨가 넘치도록 풍성한 곡식으로 자라고 있는가?

이것이 바로 은혜다. 우리의 노력으로 얻은 것이 아닌 예기치 못한 풍성함, 우리를 기쁨으로 황홀하게 하는 풍성함 말이다. 그것은 우리의 효율성과 노력으로 설명할 수 있는 범위를 넘어서는 투자 수익률이다.

하나님이 모든 영역과 모든 규모의 인간 문화에 역사하신다면, 그러한 초자연적인 풍성한 수익은 우리가 새로운 문화 재화를 창조하는 위험을 감수할 때마다 그곳에 잠재해 있다. 힘든 경험을 통해 배운 것이 있다면, 헤프게 씨 뿌리는 자와 마찬가지로 우리가 무엇을 보게 될지 미리 확신할 수 없다는 사실이다. 하지만, 이 비유와 예수님의 해석은 우리가 어떻게 소명을 추구해야 할지 가르쳐 준다. 씨 뿌리는 자가 엄청난 작물을 수확했다면, 분명 훗날 좋은 땅에 더 많은 씨를 뿌릴 것이다. 비유들을 넓게 뿌렸으므로, 비유를 말하는 자는 이에 누가 응답하는지 보기 위해 기다린다. 그리고 그런 이들이 나타나면 그들이 "하나님 나라의 비밀"을 발견했다고 말해 준다. 그들이 바로 좋은 땅이기에, 헤프게 씨 뿌리는 자는 그들에게 더 많이 투자한다. 그리고 더 많은 것을 제공한다. 실제로 그들은 새로운 문화를 형성하는 일에 그의 협력자가 되는 것이다.

정직하게 삶과 사역을 점검해 보면, 내가 씨 뿌리는 자와 매우 유사한 결과를 얻었음을 알 수 있다. 내가 애쓰고 수고한 어떤 일들은 초기에 결정적인 실패를 맛보았다. 대학생 신분으로 광고 회사나 투자 은행에 가서 서툴게 면접을 보고 아무런 성과도 얻지 못하는 것처럼 말이다. 또한 문화를 창조하려 했던 어떤 시도들은 처음에 성공하는 것 같다가 곧 시들해지기도 했다. 7학년치고 키가 컸던 내가 농구에 한창 열을 올리다가 다른 친구들이 내 키를 따라잡자마자 체력적인 한계에 부딪혀 곧 자포자기했던 일도 그렇고, 어느 회원제 고급 클럽에 가입했지만 잘 섞이지 못해 결국 그것이 기회라기보다 부담으로만 느껴졌던 일도 그렇다.

하지만 나에게 문화 창조의 가장 미묘하고 까다로운 난제는 가시밭 사이로 떨어진 씨와 같다. 그 씨는 잎이 무성한 푸른 나무로 자라지만, 뿌리 주변에 휘감긴 가시 때문에 아무런 결실을 내지 못한다. 나는 초등학교 때부터 컴퓨터 프로그래밍에 재능이 있다는 것을 알았다. 아버지가 가르치는 대학에 가서 대형 컴퓨터를 만지작거리던 어린 시절부터 시작하여, 10대에 개인 컴퓨터를 갖게 되면서 재능이 점차 발전해 갔다. 나는 여전히 기술 분야에 시간 투자하기를 좋아한다. 최근 관심사인 컴퓨터 언어 루비(Ruby)는 굉장히 어렵기는 해도 나의 의식을 확장시켜 준다. 또한 예리한 집중력을 요구하고 순수한 수학적 아름다움을 맛보게 한다. 컴퓨터는 기분을 전환할 수 있는 좋은 취미이지만, 실제로 컴퓨터라는 세상을 새롭게 하기 위한—정보 기술 분야에서 공공의 문화 재화를 만들어 내기 위한—나의 시도는 주목할 만한 결실을 맺지 못했다. 이는 내가 컴퓨터 앞에 앉아 있다 해도 **무언가**를 성취할 만한 능력이 없다는 의미가 아니다. 하지만 내가 성취하는 것은 열심히 땀을 흘리고 긴 시간 코딩과 테스트를 거치는 것과 직접 관련이 있다. 그 결과로 내 필요를 만족시키는 작은 애플리케이션을 하나 갖게 되기는 하지만, 풍성한 영적 배가를 얻는 것은 아니다. 열심히 일했고, 노력의 대가를 얻었다. 하지만 나는 컴퓨터 프로그램을 만들어 낸 적도 없고, 상상하지 못했던 풍성한 결과에 놀라움과 감사를 느끼면서 컴퓨터 앞에서 일어난 적도 없다.

실제로 내가 자주 시달리는 유혹은, 애써 노력한 만큼 결실을 얻을 수 있는 수단에 문화적 노력을 기울이고 싶다는 것이다. 이런 종류의 노력을 마칠 때 나는 자부심을 느끼지만, 감사를 느끼는 적은 없는 것 같다. 성년기에 접어들 무렵 나는 사역에서 좌절감과 실망을 맛보고 있었다. 반면 과학기술 분야에서는 충분히 재능을 발휘하고 있었다. 그래서 사역을 그만둘까 하고 갈등하기 시작했다. 시스템 분석가로 일하는 데만 시간을 들이고 싶었고, 캠퍼스 사역의 위험과 실패에서 멀리 떠나 이제 큰돈을 좀 만져 보고 싶었다. 그러한 공상의 무익함을 직면하고, 또한 내가 그렇게 직업을 바꾼다면 '세상에 대한 염려, 부의 함정, 다른 많은 것들에 대한 욕망'으로 점철된 삶을 살게 될 존재임을 깨닫기까지는 몇 년이라는 시간이 걸렸다. 나는 기나긴 시간과 고된 사역 중에도 언제나 다시금 수확의 기회가 찾아왔음을 거듭 인정할 수밖에 없었다. 학생과의 대화 가운데, 찬양과 기도의 밤 가운데, 가르침의 상황 가운데 말이다. 내가 기여한 것에 비해 너무나 큰 변화와 성장과 기쁨이 있었다는 점에서, 관련된 모든 사람은 그 결과로 인해 말로 표현할 수 없는 감사를 느꼈다. 그리고 하나님이 부르신 사역 가운데서 오는 고통을 피하고 나 스스로 삶을 지키려는 공상에서 벗어날수록, 나뿐 아니라 나의 학생들과 협력자들 모두가 영광이라고밖에 표현할 수 없는 순간을 더 자주 접하게 되었다.

하지만 함께 사역하는 어떤 동료들은 정반대의 경험을 했다. 그들은 성속의 미묘하고도 현실적인 이분법에 사로잡혀, 하버드의 부와 명성과 권력의 유혹을 무너뜨리는 '사역'만이 온전한 정당성을 갖는 소명이라고 생각했다. 그래서 야망을 버려야 한다는 과장된 말을 떠벌리며(이것을 가리켜 "그물을 버려두고 예수님을 따르는" 일이라고 했다) 많은 신입회원을 모집했지만, 그들이 약속했던 그 풍성함이라는 것을 얻기 위해 바득바득 고생하며 허우적대는 학생들의 모습을 보았을 뿐이다. 결국 많은 학생들은 그들을 떠나 '세속의' 일을 택했다. 새로운 일터에 간 학생들은 복음을 위해 일하는 엄격했던 집단에서 결코 경험하지 못했던 자유와 기쁨을 느꼈다.

교회 밖에서 문화에 참여하고 문화를 창조하는 사람들이 교회 안에서 일하는 사람들만큼 온전한 영적 배가를 경험할 수 있을까? 수세기 동안 많은 그리스도인은 그렇지 않다고 답했다. 그들은 몇 사람만이 '소명'—가톨릭에서는 오늘날도 여전히 특정한 종교적 삶을 지칭할 때만 이 말을 사용한다—을 지니고 있고 나머지는 그렇지 않다고 판단했다. 그리고 소명을 갖는다는 것은 문화의 변방으로 물러난다는 것을 의미했다(하지만 수도원과 교회가 오늘날보다 문화의 중심이 되어 창조성을 발휘했던 적도 있었다).

하지만 소명에 대한 이런 접근법에는 심각한 문제점이 두 가지 있다. 첫째, 거룩한 일에 평생을 바치겠다는 계획 자체가 거룩함이나 풍성한 결실을 보장하지는 못한다. '거룩한' 문화 행위들을 구분하는 경우, 거룩한 전문가들이 세속 전문가들보다 창조성이 부족하고 타락해 있다는 사실이 드러날 때 환멸을 느낄 수밖에 없다. 둘째, 성경 이야기를 올바르게 담아내는 것이 불가능해진다. 왜냐하면 성경은 온 세상이 선하게 창조되었고, 첫 인류가 충실한 예배자가 되라는 명령(그 시대의 다른 창조 신화와 다른 면이다)과 함께 문화적 임무를 받았으며, 하나님의 아들이 목수 일로 대부분의 생애를 보냈다고 증언하기 때문이다.

우리가 가진 문화적 창조성의 본질이 종교적인가 세속적인가라는 질문은 잘못이다. 우리는 다음과 같이 질문해야 한다. 우리가 소명이라고 믿는 일을 행하는 동안, 하나님이 우리의 적은 투자에 대한 예상치를 뛰어넘어 30배, 60배, 100배의 결실을 맺는 사역의 배가를 허락하심으로 기쁨과 겸손함을 경험하고 있는가? **소명**, 즉 부르심이란 끊임없는 분별 과정에 대한 표현이기도 하다. 분별이란 우리 수고의 결실을 점검하여 그것이 또 다른 결실을 맺는지 살피며, 가장 풍성히 열매 맺는 땅에 또다시 씨를 뿌리기 위해 전력을 다하는 것이다.

은혜와 훈련

　나는 우리의 소명—우리를 포함한 3명, 12명, 120명의 공동체가 계발하고 창조하도록 부르심을 받은 구체적인 문화적 영역과 규모—을 분별하기 위한 가장 좋은 방법이 "우리의 노력을 훨씬 초월하는 영적 배가인 은혜를 경험하는 곳은 어디인가?"라는 질문을 던지는 것이라고 생각한다. 하지만 먼저, 은혜에 관해 다음 세 가지를 분명히 해야 한다.

　첫 번째는 은혜가 훈련을 면제해 주지 않는다는 것이다. 훈련이란 우리가 창조자의 역할을 감당해야 할 문화 가운데서 그 일부를 애써 신중하게 계발하는 것을 말한다. 하나님은 우리의 문화적 소명이 많은 결실을 맺도록 자라게 하신다. 하지만 사도 바울의 말을 바꾸어 표현하자면, 이는 우리가 심고 물을 주는 수고를 그만두어도 된다는 뜻이 아니다. 은혜는 우리의 노력을 우회하는 지름길이 아니라, 하나님을 의지하고 신뢰하며 노력하는 사람에게 부어지는 하나님의 축복을 말한다. 은혜는 망가져서 다루기 어려운 세상을 새롭게 만들기 위해 진지하게 노력하기보다 그저 부모, 공동체 혹은 국가가 나눠 주는 문화 자본에 기대어 살면서 삶을 즐기려는 이들의 권리를 표현하는 단어가 결코 아니다.

　사실, 문화 창조의 모든 노력을 강화하는 훈련은 은혜로 가는 필수적인 길이다. 훈련은 겉으로 드러나지 않는 사적인 것으로, 겉으로 드러나는 공적인 수고의 중압감을 견디기 위해 마음을 다지는 것이다. 훈련은 사소한 것이며(직업 연주가가 매일 연주하는 음계처럼) 그 자체만으로는 중요하지 않다. 훈련한다고 해서 누가 우리를 주목해 주거나 상을 주지도 않는다. 다만 우리의 수고가 인정받고 칭찬을 받을 때가 오기까지 훈련을 통해 자신을 낮춘다. 훈련은 어려우며, 우리의 게으름과 어리석음을 너무나 분명하게 드러낸다. 그리고 우리의 작은 노력이 결실을 맺는 때를 위해 우리를 준비시킨다. 무엇을 성취하든 간에 우리는 언제나 훈련을 통해 자기 능력의 한계에 직면하며, 부족한 우리의 수고를 채우기 위해 하나님을 다시 새롭게 의지할 수 있는 기회를 얻는다.

이 모든 것은 그리스도인이 추구해야 할 영적 훈련에도 적용할 수 있다. 하나님을 의지하는 것을 배우려는 진지한 시도의 중심에는 언제나 기도, 고독, 금식 훈련이 있다. 하지만 소명에 필요한 훈련을 통해서도 우리는 하나님을 점점 더 의지하는 것을 배울 수 있다. 음악가는 음계와 발성 훈련을 하면서 기도 시간을 가질 수 있다. 작가는 매일 빈 종이 앞에 앉는 어려움을 감수하면서 하나님을 의지하는 법을 배울 수 있다. 이는 열매를 위한 것이며 또한 씨를 위한 것이다. 프로듀서는 비디오 편집실에서 지루한 시간을 보내며 잠재적인 후원자들을 꾸준히 찾는 가운데 인내와 신뢰를 훈련할 수 있다. 물론, 이러한 것은 모두 자기 정당화를 추구하는 수단이 될지도 모른다. 아마도 우리는 거의 매일 두려움으로 빈 종이를 대하고 꾸물대다가 시간만 보낼지도 모른다. 기초적인 악기 연주법을 형식적이고 수준 낮게 모방하는 정도로만 그칠지도 모른다. 어려운 전화를 피하고 계발의 지루한 작업을 뒤로 미룰지도 모른다. 그렇다 해도 훈련은 우리 마음이 얼마나 변덕스러운지 가르쳐 주며, 금세 우리를 산만하게 하여 더 이상 쓰임받지 못하게 하는 두려움과 교만을 노출함으로써 우리를 더 겸손한 마음으로 인도한다. 그러나 훈련의 가장 큰 가치는, 우리로 하여금 정기적으로 이러한 환멸을 맛보게 하는 것이다. 은혜는 심령이 가난한 자에게 부어진다. 그리고 훈련은 우리가 어떤 권력을 타고났든 얼마만큼의 재물을 갖고 있든, 우리가 근본적으로 가난한 존재라는 통렬한 깨달음을 가져다 준다.

은혜와 실패

최근 몇 년간 내가 가장 좋아하는 프로 야구 선수는 필라델피아 필리스의 유격수 지미 롤린스(Jimmy Rollins)다. 그는 2007년 내셔널 리그 MVP를 차지했다. 롤린스는 시합 전 준비 운동을 하러 경기장으로 뛰어 나오는 순간부터 발 빠른 동작으로 자신의 수비와 타격에 무한한 운동 에너지와 활력을 불어넣는다. 그가 변함없이 최고의 성적을 내는 것은 체육관에서 보낸 수많은 시간과 홈 베이스에서 한 수많은 타격 연습 덕분일 것이다. 그는 7년 동안 훈련을 통해 재능을 연마하여, 2005년과 2006년에 38경기 연속 안타를 기록했다. 이것은 필리스 본인의 최고 기록인 동시에, 메이저리그 20년 역사에서도 최장 기록이다. 지미 롤린스보다 은혜를 더 명확하게 인식하며 경기에 임한 선수는 별로 없을 것이다.

이 글을 쓰는 현재, 롤린스는 자신의 메이저리그 경력에서 0.331의 출루율을 기록하고 있다.

이것은 타석에 세 번 들어서서 두 번 실패하고 들어온다는 뜻이다.

야구는 매우 어려운 경기다[프로 농구 2006년과 2007년 시즌 최다 득점 선수인 코비 브라이언트(Kobe Bryant)의 3점슛 시도율은 34.4퍼센트였는데, 그의 슛 중 절반 정도가 대체로 득점에 성공했다는 점을 감안해 보면 야구가 얼마나 어려운 운동인지 짐작할 수 있다]. 하지만 분명 문화 창조보다는 쉬운 일이다.

우리는 새로운 문화 재화를 제안할 때마다 대부분 실패할 것이다. 우리의 실패는 때로는 일시적이고, 때로는 영구적일 것이다. 예레미야 선지자는 유대 민족과 다른 민족 간의 관계를 변화시키기 위해 애썼고, 또한 이방과의 동맹에 의지하는 왕들에게 하나님을 계속 무시하는 그들의 행위가 재앙을 자초할 것임을 경고하는 데 일생을 보냈다. 그는 바벨론 군대가 예루살렘으로 쳐들어와 모든 지배 계급을 끌고 가는 것을 지켜보았다. 우리는 예레미야서 마지막 부분에서 그가 쉬지 않고 권고했던 마지막 왕 여호야긴의 말로를 보게 된다. 여호야긴은 바벨론 감옥에서 풀려나오는 미미한 승리를 거두었으나, 동족 이스라엘이 다음과 같은 노래를 부르는 동안 다른 왕의 식탁에서 날마다 먹고 마셨다.

> 우리가 바벨론의 여러 강변 거기에 앉아서
> 시온을 기억하며 울었도다.
> 그 중의 버드나무에 우리가 우리의 수금을 걸었나니
> 이는 우리를 사로잡은 자가 거기서 우리에게 노래를 청하며
> 우리를 황폐하게 한 자가 기쁨을 청하고
> 자기들을 위하여 시온의 노래 중 하나를 노래하라 함이로다.
> 우리가 이방 땅에서 어찌 여호와의 노래를 부를까(시 137:1-4).

1998년에 나와 두 친구는(우리도 3명이었다) 도산 직전에 있던 "리제너레이션 쿼털리"(re:generation quarterly)라는 리더십 잡지의 책임을 대신 맡게 되었다. 우리는 "리제너레이션"을 살리는 기회에 은혜의 부르심이 있음을 감지했다. 우리의 우정을 더 깊게 하고, 세상에 다른 종류의 기독교 잡지를 내놓을 수 있는 기회였다. 우리 잡지는 지적이면서 디자인 감각에 밝고, 정통적이면서 창조적이었다. 5년 동안 우리는 이 일에 엄청난 시간과 돈을 투자했으며, 다른 사람들까지 투자에 끌어들였다. 잡지는 야구보다 훨씬 더 경기가 안 좋은 사업이다. 새 잡지의 70퍼센트가 **창간호** 직후 폐간되는 것을 보면 알 수 있다. 그런 터무니없이 낮은 기준으로 보면, 우

리가 5년 동안 "리제너레이션"을 지켜냈다는 것 자체가 성공이었다. 하지만 2003년, 잡지의 새 소유권자는 문을 닫기로 결정했다. 재정적으로나 전략적으로나 그럴 만한 이유는 충분했다. 결국 그 모든 야근과 장거리 비행이 남긴 것은 먼지 쌓인 과월호 몇 권뿐이었다. 그 과월호들은 문화적 생산성이 순간적으로 분출된 결과였으며, 처음 시작했던 때에 비해 가능성의 지평선도 거의 변화가 없었다.

다행히도 이야기는 여기서 끝나지 않는다. 그 때문에 나는 언제나 소망하던 최고의 우정을 나누게 되었고, 잡지를 통해 서로 알게 된 과거의 독자들은 여전히 창조적인 공동체를 유지하고 있으며, 맨 처음 시작할 때 동참했던 무명의 젊은 필자들은 직업을 갖게 되었다. 5년 후 나는 여전히 "리제너레이션"이 존재했기에 새로운 문화가 형성되고 있다는 이야기를 듣는다. 하지만 변함없는 사실은, 창조성에 활기를 불어넣으며 교제권을 형성했음에도 불구하고 "리제너레이션"이 실패했다는 것이다. 잡지가 폐간된 후에도 거의 1년 동안, 나는 아무 일도 하지 않으면서 우리가 잃어버린 것들을 한탄했다. 가장 처참한 상황에서 구덩이에 던져진 예레미야만큼은 아니겠지만, 늘 무기력하고 외로웠다. 그래서 변변찮은 절망에서 몸을 일으켜 이 책을 쓰기 시작했다. 내가 캠퍼스 사역에서 문화적 창조성과 관련한 또 다른 일로 진로를 바꾸지 않았다면 결코 이 책을 쓰지 못했을 것이다.

은혜는 실패를 면제해 주지 않는다. 그러나 은혜는 실패의 한가운데서 희망을 유지할 수 있게 해준다. 우리 잡지는 금전적으로 30배, 60배, 100배의 수익은 내지 못했다. 그러나 그 프로젝트에 관여한 모든 사람은 다른 수많은 결실을 보았다. 작은 비영리 사업을 운영하는 어려움 때문에 밤늦게까지 깨어 있으면서도, 그것이 선물이 아니라고 생각한 적은 한 번도 없었다. 우리는 노력가형의 사람이 되지 않겠다고 약속하며 "리제너레이션"의 어려움을 떠안았고, 언제나 하나님과 서로를 기뻐하기로 약속했다. 우리는 놀라운 방식으로 그 시작과 끝에서 은혜를 경험했다. 마지막 후원자가 나타나 빚을 청산해 주고 우리를 대신하여 독자들을 섬겨 준 일도 우리가 받은 은혜 중 하나였다. 내 사무실 벽에는 함께 잡지를 만든 동역자들이 손으로 쓴 메모가 액자로 걸려 있다. 그 '12명'은(마지막까지 남은 사람은 실제로 9명이었지만) 우리가 무엇을 함께 창조할 수 있는지 확인하기 위해 용감하게 모험에 나섰던 사람들이다. 그들은 저마다의 방식으로 감사를 느낀다. 실패했을지라도 우리 모두가 선물을 받았기 때문이다.

은혜와 십자가

2006년에 가톨릭교회는 마더 테레사를 성인으로 추대하기 위한 자격 검토 과정의 일환으로 그녀의 편지를 공개했다. 그 편지들은 거의 평생 하나님의 부재를 느끼고 고통스러워하며 예수님을 애타게 갈망했던 한 여인의 모습을 보여 준다. 테레사는 자신의 영적 지도자에게 "만일 제가 성인이 된다면, 분명 어둠의 성인일 것입니다"라는 편지를 보냈다. 사역에서 30배, 60배, 100배의 결실을 맺었던 마더 테레사는, 그러한 풍성함과 더불어 수십 년 동안 절망을 경험했다.

문화적 소명을 실천할 때 우리에게 기쁨과 즐거움을 주는 바로 그 영적 배가가 우리를 세상에서 가장 고통스러운 곳으로 인도한다는 것은 은혜와 관련한 최고의 난관이자 마지막 난관이다. 은혜의 발견은 단순히 적성 검사를 하거나, 은사를 발견하거나, 우리에게 즐거움을 주는 활동만 하는 것과는 다른 문제다. 오히려 우리는 하나님 백성의 삶에 반복해서 나타나는 패턴을 보게 된다. 그것은 바로 풍성함과 함께 있는 고통, 열매가 자라지만 또한 씨가 죽는 것, 즉 은혜와 십자가다. 은혜는 우리를 세상의 깨어진 곳으로 인도한다.

그래서 마더 테레사는 자신의 수도회에 있는 사람들에게 이렇게 편지했다.

> 나의 사랑하는 자녀들이여, 우리의 일에 고통이 없다면 그것은 사회사업에 지나지 않습니다. 물론 그것도 아주 유익하고 즐거운 일이지요. 하지만 예수 그리스도의 일이나 구원의 일부는 아닐 것입니다. 예수님은 우리의 생명, 우리의 고독, 우리의 고통과 죽음을 나누심으로 우리를 돕고자 하셨습니다.
>
> 그분은 칠흑같이 어두운 밤에 우리의 모든 짐을 지셨습니다. 오직 우리와 하나가 되심으로 그분은 우리를 구원하셨습니다.
>
> 우리도 바로 그런 일을 해야 합니다. 비참한 상황 가운데 있는 모든 가난한 자들은 물질적 가난뿐 아니라 영적 궁핍에서 구원을 받아야 하며, 우리는 이 일을 함께 나누어야 합니다. 그리고 그것이 힘들 때 이렇게 기도하십시오. "나는 예수님의 빛으로부터 등을 돌리고 하나님과 멀어져 있는 이 세상에서 살기 원합니다. 그들을 돕고, 그들의 고통의 일부를 짊어지고 싶습니다."[1]

N. T. 라이트는 훌륭한 저서인 「Jesus 코드」(*The Challenge of Jesus*, 성서유니온선교회 역간)의 마지막 부분에서 소명에 대해 이야기한다.

> 우리가 하나님 나라를 알리며 인간성을 회복하는 새로운 길을 제시하기 위해서는 반드시 십자가를 져야 한다. 이 이상하고 어두운 주제는 예수님을 따르는 자에게 주어진 상속권을 말하는 것이기도 하다. 그리스도인들에게 세상을

형성해 간다는 것은, 우리가 생각하는 모델에 맞춰 세상을 재구성할 수 있다는 교만한 생각으로 세상에 나아가는 것을 의미하지 않는다. 그것은 세상의 고통과 난제를 나누고 짊어지는 것을 말한다. 우리가 그렇게 행할 때, 그리스도 안에 있는 하나님의 십자가 사랑이 세상 가운데 치유의 손길로 임하게 될 것이다…예수님이 말씀하셨듯이, 그분을 따르기 위해서는 반드시 십자가를 져야 한다. 그러므로 신약 성경에 반복해서 등장하는 내용처럼 그분의 터 위에 집을 지을 때 우리는 삶과 일터에 새겨진 십자가의 패턴을 지속적으로 발견하게 될 것이다.[2]

히브리서 기자는 예수님을 이렇게 표현했다. "그 앞에 있는 기쁨을 위하여 십자가를 참으사"(히 12:2). 예수님의 문화적 창조성은 그분을 십자가로 인도했다. 또한 십자가는 그분과 우리를 기쁨으로 인도했다. 그리스도 중심의 모든 소명은 십자가를 중심으로 한다.

이는 우리가 자기 학대라도 하듯 모든 고통과 역경을 미화한다는 뜻이 아니다. 또 우리가 전혀 사심 없이 문화를 창조한다는 것을 보여 주기 위해 보상을 최소화하고 고통을 최대화하는 소명을 찾아야 한다는 뜻도 아니다. 이런 식의 유감스러운 전통은 철학자 임마누엘 칸트(Immanuel Kant)까지 거슬러 올라간다. 그는 우리가 즐기지 않는 일만이 사실상 유일하게 의미 있는 일이라고 주장했다. 그래서 사람들은 '아프리카' 선교사로 그리스도를 따를 때에만 '십자가를 진다'고 말할 수 있는 자격이 생긴다고 믿게 되었다. 아프리카에 여전히 선교사들이 필요하고, 또한 그곳에는 세상에서 가장 큰 기쁨을 누리는 신자들이 전혀 없는 것처럼 말이다. 이는 매우 잘못된 생각이다. 우리의 소명은 고통을 극대화하는 것이 아니다. 물론 예수님은 하나님에게서 근본적으로 멀어진 세상을 짊어지심으로 가장 큰 고통을 당하셨다. 하지만 그분은 우리를 거기서 자유롭게 하셨다. 우리의 소명은 버림받고 깨진 고통의 장소에 머물며 새로운 창조를 이루어 내는 것이다. 고통의 장소에 있으면서, 세상의 고통에 다가가지도 않고 그로 인해 깨지지도 않기를 기대해서는 안 된다. 우리는 그런 곳에서도 풍성함이 땅 아래서 싹트기를 기대하며 결국 결실로 인해 감사할 날을 준비해야 한다.

그렇다면 우리가 문화를 창조하도록 부름받은 곳은 어디인가? 그곳은 바로 은혜와 십자가의 교차점이다. 우리의 노동과 놀이가 장엄한 결실을 맺으면서도 동시에 십자가의 그리스도와 하나가 될 수 있는 지점은 어디인가? 그러한 교차점이야말로 바로 우리가 흙을 일구어 계발하고 창조하도록 부르심을 받은 곳이다.

우리는 서로 너무나 다르기 때문에, 각자의 은혜와 십자가의 교차점을 추구하다보면 문화의 모든 구석진 곳과 틈새로 나아가게 될 것이다. 내 친구 엘리자베스가 발견한 은혜와 십자가의 교차점은, 때로 그녀를 한계에 이르게 하는 세 아이를 양육하면서 용서와 놀이와 기도의 가족 문화를 창조하는 것이다. 내 친구 메건의 교차점은 특권 계층에서 자란 그녀와 너무나 동떨어져 있는 아프리카에서 그곳 고아들과 부유한 미국인들을 연결해 주고, 또한 아프리카의 희망과 미국의 공허함을 연결해 주는 것이다. 칼의 교차점은 테크놀로지 기업의 간부로서 가능성의 새로운 지평선을 창조하고, 또한 개인의 희망, 꿈, 두려움을 강요하는 단체 생활의 관습과 씨름하는 것이다. 내 아내 캐서린의 교차점은 탁월한 재능을 지닌 학생들뿐 아니라, 압제당한 과거의 흔적이 깊게 패인 문화 환경을 소유한 학생들, 그리고 특권 계층 자녀들에 비해 훨씬 뒤처진 출발선에서 시작한 학생들을 가르치는 것이다. 나의 교차점은 이 세상과 현대 기독교의 변두리에서 어떤 일이 일어나는지 전혀 들어 본 적이 없는 사람들에게 그것을 전달하는 것이다. 또한 내가 경험한 가장 어려운 일, 즉 말로 표현하기엔 너무 심원한 것들을 감히 표현해 내는 모험을 날마다 시작하는 것이다.

프레드릭 뷰크너(Frederick Buechner)는 "당신의 깊은 기쁨과 세상의 깊은 허기가 만나는 곳"에서 소명을 발견할 수 있다고 쓴 적이 있다. 그처럼 은혜와 십자가가 교차하는 모든 장소에서, 나의 친구들은 계발과 창조를 이루어 가는 중이다. 이들은 다른 사람들에게 그저 낯선 이름일 뿐이지만, 나에게는 세상에서 둘도 없는 보물 같은 존재다. 물론 나는 우리 각자가 부르심을 받은 수많은 장소의 일부만 소개했을 뿐이다. 엘리자베스는 또 작가이기도 하고, 메건은 미술가이기도 하다. 칼은 교회의 평신도 지도자이며, 캐서린은 또한 음악가이자 엄마이며, 나는 또한 아빠이기도 하다. 지면이 충분하지 않기에, 우리가 서로의 문화 창조를 위한 협력자가 되고, 함께 기쁨과 고통을 나누는 친구와 동료가 되는 방법을 모두 언급할 수는 없다. 하지만 우리는 친구와 가족과 함께 놀라운 회복과 창조의 공동체를 이루고, 짧은 인생을 살면서 그들과 함께 성장하고 결실을 맺을 수 있다.

문화를 창조하고 싶은가? 사랑의 마음으로 당신의 꿈을 격려하고 당신의 환상을 깨뜨릴 수 있는 작은 집단이나 공동체를 찾으라. 서로의 삶 가운데 있는 은혜를 기꺼이 확인하며, 각자가 어떤 은혜와 어떤 십자가를 지니고 있는지 함께 분별할 수 있는 친구나 가족을 만들라. 권력에 대한 거룩한 존경심을 지닌 사람들, 그리고 힘없는 사람들 곁에서 자신의 권력을 사용하는 거룩한 사람들을 찾으라. 교회 문 밖의 황량하고 놀라운 세상에서 소수의 협력자들을 찾으라.

그리고 함께 세상을 새롭게 만들어 보라.

후기

작업실의 화가

보스턴 미술관에는 네덜란드의 거장 렘브란트 반 레인(Rembrandt van Rijn)의 "작업실의 화가"(*Artist in His Studio*)라는 그림이 소장되어 있다. 렘브란트와 당대 화가들의 웅장하고 어두운 작품들로 가득한 전시실 중앙의 유리 상자 안에 보관된 이 작은 목재 화판의 유화는 자칫 무심코 지나치기 쉬운 작품일 수도 있다. 하지만 이 그림은 내가 일부러 보러 가는 전 세계의 몇 안 되는 작품 중 하나가 되었다. 이 작품이 문화 창조의 상황 한가운데 있는 인간을 너무 잘 묘사하고 있기 때문이다.

화가는 아무것도 없다시피 한 작업실 한쪽 끝에 우리와 등진 방향으로 캔버스를 놓았다. 이젤 뒤쪽으로 멀찌감치 서 있는 그는, 우리가 볼 때 앞쪽에 있는 캔버스에 비해 왜소하다. 뭔가를 기다리는 생명체처럼 불안하고 음울하게 가로놓인 이 캔버스는 어딘가 모르게 섬뜩한 느낌이다. 하지만 그림 상으로는 보이지는 않는 벽이나 천정 창문을 통해 빛이 새어 들어와 그 위에 반사되면서, 캔버스는 마치 그 방에 빛을 발하는 본체인 것처럼 보인다. 텅 빈 하얀 캔버스를 암시해 주는 듯한 그 빛이 방 안 구석을 비춘다. 하지만 캔버스는 우리가 아닌 화가 쪽을 향하고 있기에, 우리는 뭔가가 그려진 상태인지 혹은 아직 비어 있는 상태인지 그저 상상만 할 수 있을 뿐이다.

렘브란트가 스물두 살에 그린 "작업실의 화가"는 잘 알려진 그의 자화상 중 하나다. 하지만 이 작품은 좀 예외적이다. 화가의 옷—그리 화려하지도 초라하지도 않은 녹색과 금색 의복—은 꼼꼼히 묘사되어 있지만, 화가의 얼굴은 거의 알아볼 수 없다. 코는 그림자로 약간 휘어져 보이고, 눈은 만화처럼 두 개의 검은 단추로 그려져 있다. 더 자세한 묘사는 없다. 이것이 자화상이라면, 렘브란트는 우리가 스스로 채워야 할 중요한 부분을 남겨 둔 것이다. 렘브란트가 서구 미술사에 가장 많이 남긴 작품이 본인의 얼굴을 담은 자화상임을 감안할 때, 이 사실은 더욱 인상적이다. 보통 지나치게 상세히 묘사한 그의 얼굴은 미술관 벽을 뛰어넘어 우리 앞으로 다가와 편안한 감정이나 불편한 감정을 일으키곤 한다. 하지만 "작업실의 화가"만큼은 다르다. 뚜렷한 윤곽과 잔주름은 그의 얼굴 대신 그림 전방에 위치한 이젤과 그 이젤이 약간 가리고 있는 문에 표현되어 있다.

단추같이 생긴 눈 때문에 화가가 그림을 보고 있는지 우리 쪽을 보고 있는지 분간하기가 어렵다. 우리 쪽을 보고 있다면 과연 우리는 누구인가? 화가가 스케치하려고 찬찬히 살펴보고 있는 대상인가? 혹은 화가가 우리의 주문을 잘 이행하고 있는지 점검하러 온 고객인가? 혹은 관심 있는 이들에게 화가의 작품을 내놓을 판매자인가? 혹은 화가에게서 영감과 가르침을 얻으려고 그의 작업실을 방문한 동료, 친구 혹은 제자인가? 이 작품을 처음 접할 때는 그저 창조 작업의 고독함을 표현한 것으로만 보이지만, 들여다보면 볼수록 우리의 역할이 무엇이든 우리가 화가만큼이나 이 그림의 본질에 꼭 필요한 존재임을 깨닫는다. 캔버스는 결국 다른 사람들이 볼 수 있도록 반대 방향으로 놓일 것이기 때문이다. 비록 화가는 작업실에 혼자 있지만, 그의 작업실은 다른 이들을 위해 존재하며 대중을 포용하는 공간이다.

나는 "작업실의 화가"를 개인의 초상이라기보다는 자세의 초상으로 보게 되었다. 그림 속의 화가는 자신의 작품에서 물러서 있다. 뒤쪽 발에 무게중심이 실려 있다. 그는 관찰하고 기다리며 바라보고 있다. 하지만 그의 손에는 이미 붓이 들려 있다. 그는 온갖 가능성과 위험을 지닌 채 앞에 서 있는 캔버스로 곧 한걸음 다가갈 것이다. 그는 행동하기 위해 주의 깊게 관찰한다. 움직이기 위해 멈춰 있다. 다른 사람들에게 무언가를 제공하기 위해 홀로 있다. 그는 자신의 창조물이 어떤 면에서 자신보다 더 오래가고 중요하다는 것을 인식하면서 작아지고 겸손해진다. 하지만 그는 또한 기다리며 바라보는 이 순간으로 인해 위엄을 갖춘다. 그림은 기꺼이 창조자가 되기로 작정하는 화가의 결정에 따라 결정되기 때문이다.

렘브란트가 포착한 이 순간에는, 우리가 문화에 취하는 대부분의 자세가 나타나 있다. 경험이 부족하고 미숙한 손을 거쳐 간 다른 많은 작품과 마찬가지로, 이 캔버스 역시 파기되고, 실패작으로 비난받고, 버려지며, 혹은 다른 그림으로 덧칠될 가능성을 언제나 지니고 있다. 이러한 가능성이 있기에 화가는 강도 높은 자기 비평 시간을 갖기도 한다. 이는 지금까지 해왔고 앞으로도 해야 할 자신의 일이 어느 정도 가치가 있는지 평가해 보는 조심스러운 기다림의 시간이다. 자신보다 앞서 존재했던 이들의 기술을 빌려 오는 모방의 순간도 자주 있을 것이다. 원근법, 빛과 그림자, 전통적인 색깔과 주제 같은 과거의 성취는 화가의 시대와 장소에서 통용되는 시각 언어를 형성하고 있기 때문이다. 또한 비어 있던 캔버스를 다 채우면, 화가와 그의 공동체는 더 이상 작품을 고칠 필요 없이 완성된 작품을 즐기며 소비할 것이다. 렘브란트는 화가가 계발하는 문화적 과업의 위엄을 아주 잘 표현했다. 즉 앞으로 모든 세대가 사용할 붓, 팔레트, 이젤, 캔버스뿐 아니라 미술 역사에 축적되어 온 장점을 보존하고 이어가는 일의 중요성이 렘브란트의 그림에 나타나 있다.

하지만 여기서 언급한 비난, 비평, 모방, 소비, 계발과 같은 자세 중 그 어떤 것도 이 탄탄한 작은 그림을 뒤덮은 에너지의 독특한 분위기를 만들어 내지 못한다. 그러한 에너지는 창조를 통해서 나온다. 화가가 지금까지 해왔고 앞으로도 계속해야 할 창조의 작업 말이다. "작업실의 화가"는 인간이 가장 인간다운 순간, 인간이 자신의 특징을 가장 잘 드러내는 순간을 포착하고 있다.

이 그림은 지금까지 이 책을 쓰는 동안 내가 품었던 가장 복잡하고 심오한 질문에 대한 답인지도 모른다. 인간의 기본 과업인 문화 창조와 계발이 새 예루살렘에서도 이어진다면, 그러한 영원한 창조성이 과연 어떤 형태로 나타날까? 바흐는 계속 작곡을 하고, 렘브란트는 계속 그림을 그리고, 단테는 계속 삼행 연구(聯句)를 짓고, 프로그래머는 계속 프로그램을 다루고, 공학자는 계속 공학 분야에 종사하고, 배관공은 계속 배관 일을 하는 것을 말하는 것인가? 우리에게 문화와 창조성이란 시간과 밀접한 관련이 있지만, 새 하늘과 새 땅에서의 영원한 삶은 단순히 좀더 많은 시간을 의미하지 않는다. 그것은 전혀 다른 종류의 시간, 즉 여러 순간이 영원히 지속되는 것이 아닌 영원한 현재일 것이다. 그렇다면 본질적으로 시간에 종속된 창조와 계발 행위를 어떻게 영원한 현재 안에 풀어놓을 수 있을까? 역사의 끝이 과연 존재하는 것일까?

물론 우리는 이에 대해 알지 못한다. 하지만 렘브란트의 그림에는 영원한 현재 속에서 창조성이 어떤 형태로 나타날지 우리가 희미하게 **아는** 것을 연상시키는 무언가가 있다. 극적 상황, 화가와 작품 사이의 긴장으로 가득한 그 그림에는 섬세한 정적이 흐른다. 응시와 창조의 순간에 몰입한 화가는 움직이지 않는다. 화가는 자신의 작품처럼, 또 그 작품을 보고 있는 우리처럼 고요히 정지해 있다. 하지만 화가와 관찰하는 우리의 정적은 게으름이나 생기가 없는 것과는 거리가 멀다. 아니, 그것은 오히려 생기로 가득한 정적이다.

운동선수, 음악가, 작가, 정원사, 연인은 모두 심리학자 미하이 칙센트미하이(Mihaly Csikszentmihalyi)가 '몰입'이라 불렀던 것을 경험한다. 몰입이란 우리의 노동이나 놀이가 에너지와 완전히 동화되고 조화를 이루어 시간의 흐름을 잊어버리는 때를 가리킨다. 우리는 잠시 시간이 늘어난 것 같기도 하고 줄어든 것 같기도 한 경험에 빠진다. 우리가 창조성을 발휘하며 활동할 수 있는 기회가 축소되기보다 늘어난 것처럼 느껴지는 반면, 깨어 있는 시간 동안 우리가 늘 지니던 자의식은 사라진다. 하지만 우리는 앞에 놓인 것의 가능성에 훨씬 더 민감하고 기민한 상태가 된다.

이 세상에서는 몰입이 끝나는 때가 오기 마련이다. 캔버스는 마르고, 푸가는 그치며, 밴드는 후렴을 한 번 더 연주한 뒤 마지막을 협화음으로 장식한다. 책은 마무리되고, 예배도 끝나며, 어두웠던 극장이 밝아질 때 '진짜 세상'의 밝은 빛에 눈을 깜박인다. 하지만 우리가 희미하게만 보았던 영원한 창조의 세상이 진짜 세상이라면 어떨까? 우리가 잠시 동안 몰입했던 그 세상이 실제로 현실이 된다면? 우리의 궁극적인 운명이 화가의 작업실에서 희미하게만 보았던 기쁨과 참여의 순간이라면?

성경에 등장하는 시간과 영원에 대한 가장 깊이 있는 묵상은 '하나님의 사람 모세'가 지은 시편 90편일 것이다. 이것을 모세의 작품으로 생각하는 이유는 이 본문에서 고대의 고독이 울려 퍼지고 있기 때문이다.

> 주의 목전에는 천 년이 지나간 어제 같으며
> 밤의 한 순간 같을 뿐임이니이다.

주께서 그들을 홍수처럼 쓸어 가시나이다.

그들은 잠깐 자는 것 같으며

아침에 돋는 풀 같으니이다.

풀은 아침에 꽃이 피어 자라다가

저녁에는 시들어 마르나이다.

우리의 모든 날이 주의 분노 중에 지나가며

우리의 평생이 순식간에 다하였나이다(시 90:4-6, 9).

하지만 이 시는 좀더 효과를 주기 위해 기도문을 두 차례 반복하며 끝을 맺는다.

주 우리 하나님의 은총을 우리에게 내리게 하사

우리의 손이 행한 일을 우리에게 견고하게 하소서

우리의 손이 행한 일을 견고하게 하소서(시 90:17).

우리의 모든 문화 창조는 이 기도와 긴밀한 관계를 맺고 있어야 한다. 두루마리가 모두 감기듯 세상이 끝난 이후에도 우리가 세상을 새롭게 만든 것이 지속될 수 있어야 한다는 의미다. 우리에게 내려진 하나님의 아름다움을 온전히 간직할 수 있을 때, 우리의 노동과 예배가 하나를 이룰 때, 우리는 하나님의 형상으로 만들어진 창조자들과 함께 영원한 현재에서 살게 될 것이다. 그리고 다시 한 번, 그곳은 하나님 보시기에 심히 좋은 곳이 될 것이다.

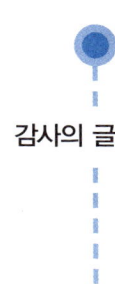

감사의 글

나의 120명 그룹에 속한 다코타 피펀스, 데니스 로세티, 프란시스 첸, 지미 쿠아치, 크리스틴 텡, 에디 시몬스, HRCF(Harvard-Radcliffe Christian Fellowship), HRAACF(Harvard-Radcliffe Asian-American Christian Fellowship), 보스턴 칼리지 IVF는 2004년 10월 이 책의 내용을 가장 먼저 듣고 더 나은 방향으로 수정해 준 이들이다. 10년간 나의 훌륭한 가족이었던 HRCF 안에도 그 나름의 3명, 12명, 120명 그룹이 있다. 특히 이 책을 집필하기 훨씬 전부터 맺어 온 커티스 챙과의 우정은 모든 작업을 마칠 무렵 나에게 큰 선물이었다. 빌 헤일리와 조 맥스웰은 "리제너레이션"을 처음으로 같이 시작한 이들이다. 다행히 우리는 점점 더 어려워지는 상황을 잘 헤쳐 나갔다. 로라 앤더슨, 네이트 박스데일, 브라이언 브로드웨이, 아날로라 챵, 미카엘라 다드와 패튼 다드, 에버 존슨과 소렌 존슨, 헬렌 리, 데이비드 맥고우, 칼 워스와 엘리자베스 워스, 아드리아나 라이트, 대니 이와 수 이, 발 잔더는 모두 5년간 여러 부분에서 우리의 동반자가 되어 주었다. 커트 케일해커, 켈리 먼로는 각별한 친구들이다. 제니퍼 주카노비치는 더 바인(The Vine)에서 내가 항상 바랐던 풍성한 공동체를 만들었다. 크리스티나 오하라와 윌 트루스델은 가장 중요한 시간에 기도의 동역자로 섬겨 주었다. 나에게 열정적으로 신중한 질문들을 던졌던 일레인 하워드 에클런드, 그리고 체스터튼 하우스(Chesterton House)에 참여하도록 거듭 권유하며 놀라운 기회를 준 칼 존슨은 모두 코넬 대학 동문이다. 데이비드 네프, 마크 갤리, 스탠 거스리, 매디슨 트래멀은 내가 수년 동안 써 온 글의 일부 내용을 정확한 이유를 들어 거부했다(최소한 강하게 반대했다). 특히 존 윌슨의 높은 기대치가 없었다면 여기까지 오지 못했을 것이다. 무신론자임을 당당히 밝히는 영국인 키이스 블라운트는 매킨토시 사용자들을 흡족하게 하는 프로그램인 스크리브너(작가들을 위한 워드프로세서-역주)라는 놀라운 문화 재화를 창조하여, 내가 생각지도 못했던 기쁨으로 이 책을 마칠 수 있게 해주었다. 게이브 라이온스와 레베카 라이온스, 제프 쉬나버거, 대니얼 커클랜드는 나의 귀한 친구이자 협력자다. 쉐인 힙스, 에릭 로케스모, 에릭 메텍시스, 마이크 메츠거, 딕 스타우브, W. 데이비드 테일러, 제임스 에머리 화이트, 그레고리 울프는 나의 '자세'를 향상시키도록 격려하고 도전했던 이들이다. 켄 마이어스와의 짧은 만남과 사고를 넓혀 주는 그의 오디오 저널들은 나에게 큰 격려가 되었다. 저널 특유의 예리한 명쾌함 덕에 **우리가 세상을 새롭게 만드는 것**이라는 표현이 생길 수 있었음을 다시금 인정할 수밖에 없다. 버클리 제일장로교회는 나에게 필요했던 지적 열정을 준 공동체다. 캠 앤더슨, 존 보이드, 캐리 배어와 그밖의 많은 IVCF GFM의 간사들은 너무나 귀중한 공범자들이다(특히 캐리의 경우, 그 혐의가 아주 짙다!). 대학 사역에서 제프 바네슨이 보여 준 끈기와 창조성은 케임브리지 지역의 가장 큰 기적이며, 격려의 끊임없는 원천이다. 네이트 클라크의 호기심과 탁월함에 대한 헌신으로 내 생애 가장 흡족한 문화 창조의 순간을 맛볼 수 있었다. 게리 호건, 래리 마틴, 베다니 황과 IJM의 시니어 스태프는 예수님과 정의를 향한 나의 열정을 자극했다. 우리가 함께 있을 때 얼마나 즐거운지는 언제까지나 우리만의 비밀로 묻어 둘 것이다. 브라이언 맥클라렌은 내가 반대하는 것보다 내가 지지하는 것에 관한 책을 쓰라고 충고해 주었다. 이 책이 그 결과물이다. 나의 영웅이자 최고의 수필가인 앨런 제이콥스는 친절하게도 나의 친구가 되어 주었다.

그 밖에도 초기 단계에서 이 책을 비평하고 교정해 준 수많은 익명의 평론가들이 있다. 그들 모두에게 깊은 감사를 전한다.

나의 12명 그룹(일일이 세 보는 사람이 있을지 모르겠지만)에 속한 존 킹스턴, 프리츠 클링, 마크 래버튼, 프레드 스미스, 해럴드 스미스, 로렌 위너는 나의 여정에서 각기 다른 문을 열어 주고 그 문을 통과할 수 있도록 나를 끌어 주었으며, 모험을 하는 동안 나의 길동무가 되어 주기도 했다. 마크 틴들, 제프 모린, 존 예이츠는 새로운 개척지에서 만난 귀중한 형제들이다. 앨 수, 앤디 르 포, 제프 크로스비, 밥 프라일링과 IVP 식구들은 이 책을 마치기까지 (인내는 물론) 열정과 지성과 탁월함을 보여 주었다. 그들의 창조적인 공헌이 있었기에 이 책은 무수히 많은 면에서 개선되었다. 자신의 책을 이해하지 못했던 편집자에게 감사의 말을 전하는 것은 드문 일인지도 모르지만, 줄리아나 거스타프슨의 열정과 끈기 덕분에 나는 IVP와 계약한 이후 이 긴 과정을 진행할 수 있었다. 줄리아나에게 정말 큰 빚을 졌다! 나는 우리 가족에게 갚을 수 없는 빚을 졌다. 나의 부모님 웨인 크라우치와 조이스 크라우치, 누나 멜린다 리커, 그리고 바바라 허쉬펠트와 존 허쉬펠트는 불가능성을 가능성으로 변화시켜 주면서 나의 지평선을 형성했다.

이 책의 핵심 공헌자인 3명 그룹에는 두 사람뿐이다. 마이클 린지는 통찰력 있는 질문을 던지고, 친절한 답변을 내놓으며, 언제나 희망과 목적의식을 잃지 않는 사람이다. 그와의 우정과 지적 교감은 내가 이 책을 쓰는 과정에서 받은 가장 큰 선물이다.

캐서린 허쉬펠트 크라우치는 창조와 계발에서 매일의 동반자다. 아내의 도움으로 이 책에 담긴 생각을 삶으로 실천해 가고 있다. 은혜와 십자가의 교차점에서 아내와 함께 살아가는 것은 감사한 일이다.

주와 참고 문헌

문화처럼 포괄적인 주제를 다루는 책은 좀더 초점이 분명한 수많은 저작에 의존할 수밖에 없다. 나는 이 주에서 모든 출전을 자세히 밝히기보다는 내 사고에 주된 영향을 준 책들을 밝히고자 한다. 특히 직접 인용한 자료를 비롯하여 독특한 통계와 주장들을 소개할 것이다. 독자들이 여기에 소개된 자료들을 찾아보기를 권한다. 신앙과 문화에 관한 창조적 생각에 도움을 주는 귀중한 발견이 될 것이다.

서문

1 Terry Eagleton, *The Idea of Culture* (Malden, Mass.: Wiley-Blackwell, 2000), p. 1.
2 Abraham Kuyper의 사상은 그의 책 *Lectures on Calvinism* (Grand Rapids: Eerdmans, 1943)에 가장 훌륭하게 요약되어 있다. 「칼빈주의 강연」(크리스챤다이제스트).

1장 가능성의 지평선

1 Paul Johnson, *Art: A New History* (New York: HarperCollins, 2003), p. 9. 「새로운 미술의 역사」(미진사).
2 「에누마 엘리쉬」는 한번 읽어 볼 만한 책이다. 내용을 보려면 다음 링크를 참고하라. 〈http://ccat.sas.upenn.edu/~humm/Resources/Ane/enumaA.html〉
3 이에 대한 덜 낙관적인 견해로는 다음 책을 참고하기 바란다. Gregory A. Boyd,

God at War: The Bible and Spiritual Conflict (Downers Grove, Ill.: InterVarsity Press, 1997), p. 102이하를 보라. 이 책의 저자 Gregory A. Boyd는 창세기 1장이 특수하게 창조에 대한 평화로운 이야기로 전개된다는 것을 인정하면서도, 히브리 성경의 다른 부분들이 혼돈의 세력과 싸우시는 하나님을 중요하게 다루고 있다고 주장한다.

4 Ken Myers는 Mars Hill Audio의 프로듀서이며, 대중문화에 관한 가장 현대적인 책 *All God's Children and Blue Suede Shoes: Christians and Popular Culture* (Westchester, Ill.: Crossway, 1989)의 저자다. 「대중문화는 기독교의 적인가 동지인가?」(나침반). 그는 Albert Louis Zambone, "But What Do You Think, Ken Myers?", *re:generation quarterly* 6, no. 3(2000)에서 문화란 "인간이 두 가지 차원에서 창조를 새롭게 하는 것"이라고 정의했다.

5 Peter L. Berger, *The Sacred Canopy: Elements of a Sociological Theory of Religion* (1967; reprint, New York: Anchor, 1990), p. 3를 보라. 「종교와 사회」(종로서적). 또한 Peter L. Berger와 Thomas Luckmann의 *The Social Construction of Reality: A Treatise in the Sociology of Knowledge* (Garden City, N.Y.: Doubleday, 1966)을 참고하라. 「지식 형성의 사회학」(홍성사).

6 "이 문화 인공물 때문에 불가능해진 것은 무엇인가?"라는 말은 나의 독창적인 표현이지만, 기술철학자 Albert Borgmann의 통찰을 빌린 것이다. 나는 Borgmann과 그의 저작에 큰 빚을 졌다. 가장 좋은 출발점은 그의 기본 저서 *Technology and the Character of Contemporary Life: A Philosophical Inquiry* (Chicago: University of Chicago Press, 1984)이다. *Power Failure: Christianity in the Culture of Technology*(Grand Rapids: Brazos Press, 2003)는 기독교적 관심사에 좀더 분명하게 접근하는 유익한 저작이다. 또한 Marva J. Dawn, *Unfettered Hope: A Call to Faithful Living in an Affluent Society* (Louisville, Ky.: Westmister John Knox, 2003)은 Borgmann에 대한 뛰어난 해설서다. 이와 비슷한 맥락에서 Marshall McLuhan의 영향을 받은 책으로는 Shane Hipps, *The Hidden Power of Electronic Culture: How Media Shapes Faith, the*

Gospel, and Church (El Cajon, Calif.: Youth Specialties, 2006)가 있다.

7 오믈렛을 찬양하는 글을 좀더 읽고 싶은 독자는(그렇지 않은 사람도 있을까?) 신학과 요리를 접목한 책 Robert Farrar Capon, *The Supper of the Lamb: A Culinary Reflection* (Garden City, N.Y.: Doubleday, 1969)를 먼저 읽어 보기 바란다.

8 "문화는 선택 사항이 아니다"라는 말은 매우 기발하고 창조적인 어느 단체의 이름이기도 하다. 문화에 대한 다양한 관점을 제시하는 이들의 작업은 〈http://www.cultureisnotoptional.com〉에서 볼 수 있다.

9 2001년에 보고된 이 수치는 Nick Timiraos, "Aging Infrastructure: How Bad Is It?", *Wall Street Journal* (August 4, 2007), p. A5를 참고했다.

2장 문화의 세상

1 James Barron, "Dressing the Park in Orange, and Pleats", *New York Times* (February 13, 2005).

2 "더 게이츠"와 관련 뉴욕 시 공식 웹사이트는 〈http://www.nyc.gov/html/thegates〉이다.

3 "진정한 예술가는 전달자"라는 말은 맥킨토시의 초창기 개발자였던 Andy Hertzfeld가 쓴 에세이 제목으로, 〈http://www.folklore.org/StoryView.py?story=Real_Artists_Ship.txt〉에서 볼 수 있다. 하지만 Hertzfeld는 Jobs가 이런 말을 했다는 것을 에세이에 직접 언급하고 있지는 않다.

4 "중산층 보헤미안"이라는 표현은 David Brooks, *Bobos in Paradise: The New Upper Class and How They Got There* (New York: Simon & Schuster, 2000)의 핵심 용어이며, 이 책 역시 그리폰 카페에 특별한 호의를 나타낸다. 「보보스」(동방미디어).

3장 해체와 기술과 변화

1 "An Unexpectedly Bright Idea", *The Economist* (June 9, 2005).

2 Stewart Brand, *How Building Learn* (New York: Viking Penguin, 1994), p. 13를 보라. Frederica Mathewes-Green은 Brand의 책과 자신이 쓴 에세이가 문화적으로 관련성이 있음을 처음 알려 주었다. 그녀의 에세이는 Leonard I. Sweet, et al., *The Church in Emerging Culture: Five Perspectives* (El Cajon, Calif.: Youth Specialities, 2003)에 수록되어 있다. 「세상을 정복하는 기독교 문화」(이레서원).

3 Stewart Brand, *The Clock of the Long Now: Time and Responsibility* (New York: Basic Books, 2000). p. 36. 「느림의 지혜」(해냄출판사).

4 "London Under Attack", *The Economist* (July 7, 2005).

5 앞서 소개한 Albert Borgmann 외에 이 점을 가장 날카롭게 지적한 사람은 Dorothy L. Sayers다. 그의 책 *The Mind of the Maker*(1941; reprint, San Francisco: Harper & Row, 1987)을 참고하라. 「창조자의 정신」(한국 IVP).

6 이 용어가 널리 전파된 과정은 David K. Naugle, *Worldview: The History of a Concept* (Grand Rapids: Eerdmans, 2002)에 아주 상세하게 나타나 있다. 참고할 만한 또 다른 책으로는 J. Mark Bertrand, *Rethinking Worldview: Learning to Think, Live, and Speak in This World* (Wheaton, Ill.: Crossway, 2007)가 있다.

7 Brian J. Walsh and J. Richard Middleton, *The Transforming Vision: Shaping a Christian World View*(Downers Grove, Ill.: InterVarsity Press, 1984) pp. 17, 32를 보라. 「그리스도인의 비전」(한국 IVP). 본문의 강조 부분은 원서를 그대로 따른 것이다. 인용 부분 이후에 나오는 네 질문은 p. 35에 처음 언급되어 있다. Wolterstorff가 요약한 내용은 p. 10에서 볼 수 있다. 훗날 Walsh와 Middleton은 복음에 의해 형성된 문화적 비전을 드러내고 실천하는 방향으로 과감히 움직였다. 하지만 세계관이라는 말을 계속 발전시켜 나간 사람들은 불행히도 그들의 후기 저작을 자주 언급하지 않았다. 아마도 그 이유는 그들이 현대 서구 문화를 지나치게 비평했기 때문일 것이다. J. Richard Middleton and Brian J. Walsh, *Truth Is Stranger Than It Used to Be: Biblical Faith in a Postmodern Age* (Downers Grove, Ill.: InterVarsity Press, 1995), 「포스트모던 시대의 기독교

세계관」(살림출판); and Brian J. Walsh and Sylvia C. Keesmaat, *Colossians Remixed: Subverting the Empire* (Downers Grove, Ill.: InterVarsity Press, 2004)를 참고하라.

8 Nancy Pearcey, *Total Truth: Liberating Christianity from Its Cultural Capivity* (Wheaton, Ill: Crossway, 2005). 「완전한 진리」(복있는사람).

4장 계발과 창조

1 Abert Borgmann, *Technology and the Character of Contemporary Life* (Chicago: University of Chicago Press, 1984), p. 116.

2 Barbara Nicolosi, "Let's Othercott Da Vinch", Christianity Today Movies (May 3, 2006) ⟨http://www.christianitytoday.com/movies/commentaries/othercott.html⟩. Nicolosi는 젊은 시나리오 작가들을 위한 대표적 훈련 프로그램인 Act One의 디렉터로 일하고 있으며, 이 글은 본래 그가 자기 블로그 ⟨http://www.churchofthemasses.blogspot.com⟩에 썼던 내용이다.

3 4장과 12장에 나오는 총수익에 관한 모든 수치는 ⟨http://www.boxofficemojo.com⟩의 내용을 참고했다.

4 Jeremy S. Begbie, *Theology, Music, and Time* (Cambridge: Cambridge University Press, 2000), pp. 179이하를 보라. 또한 그의 유명한 저서로는 *Resounding Truth: Christian Wisdom in the World of Music* (Grand Rapids: Baker Academic, 2007)이 있다.

5 Makoto Fujimura, "An Exception to Gravity", *re:generation quarterly* 7, no. 3(2001).

6 영적 훈련에 관한 수많은 탁월한 자료 중 가장 유익한 책은 Dallas Willard, *The Spirit of the Disciplines: Understanding How God Changes Lives*(San Francisco: Harper & Row, 19980)일 것이다. 「영성 훈련」(은성).

5장 제스처와 자세

1 특히 이 주제에 대해서는, 수많은 책들이 쏟아져 나오고 있다. H. Richard Niebuhr의 고전 『그리스도와 문화』(11장을 보라) 외에도 최근 이 주제에 매우 유익한 접근법을 내놓은 두 권의 책이 있다. 이 책들은 비난(condemning), 비평(critiquing), 모방(copying), 소비(consuming), 계발(cultivating), 창조(creating)라는 나의 6가지 유형론과 밀접한 관련이 있다. ('C'로 시작하는 완벽한 두운법을 만드는 데는 친구 Jared Mackey에게서 큰 도움을 받았다. 그는 두운법에서 침례교 목사 자녀만이 발휘할 수 있는 재능을 보인다.) Dick Staub는 특히 대중문화에 초점을 맞추는 *The Culturally Savvy Christian: A Manifesto for Deepening Faith and Enriching Popular Culture in an Age of Christianity-Lite* (San Francisco: Jossey-Bass, 2007)에서 우리에게 "이방인(alien), 대사(ambassador), 예술가(artist)"가 될 것을 요청한다. 좀더 역사적인 접근법을 취하는 T. M. Moore는 *Culture Matter: A Call for Consensus on Christian Cultural Engagement* (Grand Rapids: Brazos Press, 2007)에서 Augustine, 초대 켈틱 그리스도인, John Calvin, Abraham Kuyper, Czeslaw Milosz 등 모범적인 인물상을 강조한다. Moore가 말했듯이, 이 두 권의 책과 나의 책을 비교해 본 독자들은 우리 세대에서 기독교 문화에 대한 합의가 일어날 수 있다는 공통 근거를 발견할 것이다.

2 Christian Smith와 그의 동료들이 *Secular Revolution: Power, Interests, and Conflict in the Secularization of American Public Life* (Berkeley: University of California Press, 2003)에서 주장한 것처럼, 기독교 기관에서 일어난 이와 같은 독특한 변화는 아이러니컬하게도 John D. Rockefeller 같은 평신도가 제공한 재정 후원으로 가속화되었다.

3 Mark Joseph, *The Rock & Roll Rebellion: Why People of Faith Abandoned Rock Music and Why They're Coming Back* (Nashville: Broadman & Holman, 1999)는 CCM에 대한 이야기를 설득력 있게 전개한다. 이 책은 기술적인 면에서 CCM과 유사한 세속 음악에 예술가들이 느끼는 환멸을 최초로 드러낸 책들 중 하나다.

4 Petra, "All Over Me", *More Power to Ya*, Rivendell Recorders, 1982.
5 다행스럽게도, 다른 캠퍼스 사역들이 나의 맹점을 부분적으로 채워 주었다. 내가 사역했던 기간에 전개된 다른 사역 이야기들은 Kelly Monroe Kullberg, ed., *Finding God at Harvard: Spiritual Journeys of Thinking Christians* [Downers Grove, Ill.: InterVarsity Press, 2007(1996)]과 그 속편 *Finding God Beyond Harvard: The Quest for Veritas*(Downers Grove, Ill.: InterVarsity Press, 2006)에 잘 나와 있다. 「하버드 천재들의 하나님 이야기」(진흥), 「베리타스 포럼 이야기」(한국 IVP).

6장 동산과 도시

1 이 장(과 이 책 전체)의 주제들은 Albert M. Wolters, *Creation Regained: Biblical Basics for a Reformational Worldview* [Grand Rapids: Eerdmans, 2005(1985)]에서 깊이 있고 창조적으로 다루어진다. 「창조 타락 구속」(한국 IVP).
2 J. Richard Middleton, *The Liberating Image: The Imago Dei in Genesis 1* (Grand Rapids: Brazos, 2005)는 이 주제에 대한 학자들의 견해를 잘 요약하고 있다는 면에서도 유용하다.
3 Robert C. Neville, *God the Creator: On the Transcendence and Presence of God* (Chicago: University of Chicago Press, 1968)에서는 이 개념을 철학적으로 해석한다.
4 나에게 이러한 광물의 문화적 중요성을 지적해 준 Makoto Fujimura에게 감사한다.
5 황무지, 테마파크, 동산이라는 개념은 *The Church in Emerging Culture: Five Perspectives*(El Cajon, Calif.: Youth Specialties, 2003)에 쓴 Leonard Sweet의 서문에서 아이디어를 얻었지만, 다른 측면에서 이 은유를 사용했다. 「세상을 정복하는 기독교 문화」(이레서원). Neal Stephenson, *In the Beginning…Was the Command Line*(New York: Avon, 1999)에도 테마파크에 관해 생각해 볼 만한 내용이 담겨 있다. Albert Borgmann은 *Technology and the Character of*

Contemporary Life(Chicago: University of Chicago Press, 1984)에서 인간이 경험하는 황무지의 의미에 대해 몇 가지 중요하고 긍정적이며 대안적인 해석을 제시한다.

쉬어 가는 이야기: 원시 역사

1 창세기를 현대 우주론과 인류학의 관점으로 읽는 데 관심 있는 독자라면, Deborah B. Haarsma and Loren D. Haarsma, *Origins: A Reformed Look at Creation, Design, and Evolution*(Grand Rapids: Faith Alive Christian Resources, 2007)를 참고하기 바란다. 이 책은 그와 관련한 다양한 방식을 간결하고 알기 쉽게 요약한다.

7장 가장 적은 민족

1 훌륭한 이야기 전개의 이러한 특징은 Robert Mckee, *Story: Substance, Structure, Style and the Principles of Screenwriting* (New York: Regan Books, 1997)에 잘 나와 있다. 고대의 Aristotle도 이를 언급한 적이 있다. 「시나리오 어떻게 쓸 것인가」(황금가지).

2 이 주제에 관해서는 Paul D. Hansen, *The People Called: The Growth of Community in the Bible* (San Francisco: Harper & Row, 1986)를 살펴보면 도움을 얻을 수 있다.

8장 문화 창조자 예수

1 "기독교의 기원과 하나님에 대한 질문" 시리즈는 다음 세 권으로 구성되어 있다. *The New Testament and the People of God* (Minneapolis: Fortress, 1992), *Jesus and the Victory of God* (Minneapolis: Fortress, 1997), *The Resurrection of the Son of God* (Minneapolis: Fortress, 2003). N. T. Wright의 저작에 정통한 사람들은 이 책의 2부가 그의 다른 저작의 내용을 따르고 있음을 알 수 있을 것이다. 「신약성서와 하나님의 백성」, 「예수와 하나님의 승리」, 「하나님의 아들

의 부활」(이상 크리스챤다이제스트).

2 Wright, *Resurrection*, pp. 579-580.

9장 오순절부터

1 Craig S. Keener의 *The Ivp Bible Background Commentary: New Testament* (Downers Grove, Ill.: InterVarsity Press, 1994)은 사도행전 2장과 13장에 대한 간략한 배경 자료를 제공하며, 일반적으로 신약의 문화적 맥락을 살펴보는 데 매우 유익하다. 「IVP 성경배경주석」(한국 IVP).

2 Rodney Stark, *The Rise of Christianity: How the Obscure, Marginal Jesus Movement Became the Dominant Religious Force in the Western World in a Few Centuries* (San Francisco: HarperSanFrancisco, 1997), p. 10.

3 같은 책, p. 82.

4 같은 책, p. 89.

5 같은 책, p. 91이하.

6 같은 책, pp. 209-211.

10장 요한계시록까지

1 Richard J. Mouw, *When the Kings Come Marching In: Isaiah and the New Jerusalem* (Grand Rapids: Eerdmans, 2002), pp. 20, 24.

2 같은 책, pp. 29-30.

3 역시 Mouw의 책에서 이러한 통찰을 얻었다.

4 "천국이 이 땅에 있는 장소"라는 표현은 이 주제에 관한 탁월한 책 Michael Eugene Wittmer, *Heaven Is a Place on Earth: Why Everything You Do Matters to God* (Grand Rapids: Zondervan, 2004)의 제목이기도 하다.

11장 영광스러운 불가능

1 르완다에 관한 자세한 이야기는 다음 책에 나와 있다. Gary A. Haugen, *Good*

News about Injustice: A Witness of Courage in a Hurting World (Downers Grove, Ill.: InterVarsity Press, 1999).

2 H. Richard Niebuhr, *Christ and Culture* (1951; Reprint, San Francisco: HarperSanFrancisco, 2001), p. 45. 「그리스도와 문화」(한국 IVP).

3 같은 책, p. 195.

12장 왜 우리는 세상을 바꿀 수 없는가

1 내가 이 장의 초고를 쓴 후, 구글 검색의 과장 현상을 낱낱이 해부한 기사가 게재되었다. David Pogue, "Disproving Search Results", *New York Times* (December 4, 2007) 〈http://pogue.blogs.nytimes.com/2007/12/04/disproving-search-results〉.

2 Alan Wolfe, *The Transformation of American Religion: How We Actually Live Our Faith* (New Your: Free Press, 2003); Ronald J Sider, *The Scandal of The Evangelical Conscience: Why Are Christians Living Just Like the Rest of the World?* (Grand Rapids: Baker, 2005). 하지만 주목할 만한 것은, Sider가 명목상의 복음주의자들과 실제로 교회 공동체에 깊이 개입하고 있는 사람들을 분리해서 생각하지 않은 것 때문에 비판을 받았다는 사실이다. 후자 집단은 주류 미국 문화와 실제적이고, 본질적이며, 영속적인 차이를 보이지만, Sider도 지적했듯이 전자 집단은 그렇지 않다. John G. Stackhouse Jr., "What Scandal? Whose Conscience?", *Books & Culture* 13, no. 4(2007), p. 20이하를 보라.

3 이 내용은 John C. Bogle, *Bogle on Mutual Funds: New Perspectives for the Intelligent Investor* (Burr Ridge, Ill.: Irwin, 1994)에 잘 요약되어 있다. 이 책이 어떤 측면에서는 시대에 뒤떨어져 있지만, 최근 몇 년간 이 책의 주요 결론이 받아들여지고 있다.

4 Malcolm Gladwell, *The Tipping Point: How Little Things Can Make a Big Difference* (Boston: Little, Brown & Company, 2000). 「티핑포인트」(21세기북스).

5 Kristina Stefanova, "Music Industry Gurus Testify on Capitol Hill Against Free Music Downloads", *Washington Times* (July 13, 2000). p. B7.

13장 하나님의 흔적

1 이 내용은 〈http://www.bartleby.com/124/pres32.html〉에서 볼 수 있다.

2 나는 맨 처음 Ronald A. Heifetz, *Leadership Without Easy Answers* (Cambridge, Mass.: Belknap, 1994)를 읽으면서 이 개념을 생각해 냈다. 내가 권력에 대한 사고를 형성하는 데 큰 영향을 준 이 책의 내용은 본서 14장에 반영되어 있다.

3 "Patterns of Household Charitable Giving by Income Group, 2005", The Center on Philanthropy at Indiana University, Summer 2007, P. I, 〈http://www.philanthropy.iupui.edu/Research/giving_fundraising_research.aspx〉.

4 Norman R. Petersen의 매력적인 책 *Rediscovering Paul: Philemon and the Sociology of Paul's Narrative World* (Minneapolis: Fortress, 1985)는 포스트모던적인 회의를 여과 없이 드러내기는 하지만, 바울이 주인과 노예를 비롯한 온 공동체가 거하는 '세상을 바꾸기' 위해 개입했던 여러 방식을 인상적이고 선동적인 방식으로 하나씩 살핀다.

14장 권력

1 이러한 통찰과 표현법을 가르쳐 준 익명의 비평가에게 감사한다.

2 문화 권력을 등에 업은 복음주의자들의 출현에 대해 D. Michael Lindsay, *Faith in the Halls of Power* (New York: Oxford University Press, 2007)보다 더 철저하고 통찰력 있는 증거를 제시한 책은 없다.

3 Susan Schmidt and James V. Grimaldi, "Panel Says Abramoff Laundered Tribal Funds", *Washington Post* (June 23, 2005), p. A1.

4 Richard J. Foster, *The Challenge of the Disciplined Life: Christian Reflections*

on Money, Sex and Power (San Francisco: HarperOne, 1989), p. 175이하. 「돈, 섹스, 권력」(두란노).

5 Ben Beltran 신부와 스모키 마운틴에 관해서는 다음 글을 참고하라. Jane Sutton, "Telling It on the Mountain"⟨http://www.urbana.org/_articles.cfm?RecordId=343⟩.

6 Tina Brown, *The Diana Chronicles* (New York: Doubleday, 2007).

15장 공동체

1 절대적·상대적으로 작은 창조적 집단의 특징과 이 장의 여러 주제는 다음 책에서 영감을 얻었다. Randall Collins, *The Sociology of Philosophies: A Global Theory of Intellectual Change* (Cambridge, Mass.: Harvard University Press, 2000).

2 InterMix Media investor presentation(June 1, 2005), slide 15. 채플힐에 있는 노스캐롤라이나 주립대 1학년 학생을 대상으로 한 최근의 비공식 조사에서, 첫 학기가 끝날 때쯤 한 학생 당 평균 111명의 페이스북 '친구'를 갖게 되는 것으로 나타났다. Fred Stutzman, "Unit Structures: Student Life on the Facebook" ⟨http://chimprawk.blogspot.com/2006/01/student-life-on-facebook.html⟩.

16장 은혜

1 "The Light of Mother Teresa's Darkness-part 2", ZENIT news service (September 7, 2007) ⟨http://www.catholic.org/featured?headline.php?ID=4846⟩.

2 N. T. Wright, *The Challenge of Jesus* (Downers Grove, Ill.: InterVarsity Press, 1999), pp. 188-189. 「Jesus 코드」(성서유니온선교회).

추천 웹사이트

나는 몇 권의 잡지와 웹로그, 기관들을 통해 지속적으로 사고를 확장해 가며 상상력을 키우고 있다. 그리스도인과 우리의 창조적 소명에 대한 논의를 이어가고 싶은 사람들에게 추천한다.

Books & Culture: A Christian Review 〈http://booksandculture.com〉

Brewing Culture 〈http://www.brewingculture.org〉

The Center for Public Justice 〈http://www.cpjustice.org〉

The Clapham Institute 〈http://www.claphaminstitute.org〉

Culture Is Not Optional 〈http://www.cultureisnotoptional.com〉

Diary of an Arts Pastor 〈http://artspastor.blogspot.com〉

Fermi Project 〈http://www.fermiproject.com〉

Hearts & Minds BookNotes 〈http://www.heartsandmindsbooks.com/booknotes〉

Image: A Journal of the Arts and Religion 〈http://www.imagejournal.org〉

International Arts Movement 〈http://www.iamny.org〉

Mars Hill Audio 〈http://www.marshillaudio.org〉

Serious Times 〈http://www.serioustimes.com〉

The Work Research Foundation 〈http://www.wrf.ca/comment〉

The Yale Center for Faith and Culture 〈http://www.yale.edu/faith〉

● IVP 홈페이지(www.ivp.co.kr)에서 이 책의 각 장 토론문제와 저자 인터뷰를 자유롭게 내려받아 사용하실 수 있습니다.

옮긴이 박지은은 한양대학교 독어독문학과를 졸업하고, 현재 번역가로 활발히 활동하고 있다. 옮긴 책으로는 「다시 길을 찾다」(IVP), 「산상수훈으로 오늘을 살다」, 「동행, 예수님과 함께 걷다」(이상 국제제자훈련원), 「감춰진 하나님의 얼굴」, 「부족함을 선택하는 삶」(이상 죠이선교회) 등이 있다.

컬처 메이킹: 문화 창조자의 소명을 찾아서

초판 발행_ 2009년 10월 22일
초판 5쇄_ 2023년 9월 5일

지은이_ 앤디 크라우치
옮긴이_ 박지은
펴낸이_ 정모세

펴낸곳_ 한국기독학생회출판부
등록번호_ 제2001-000198호(1978.6.1)
주소_ 04031 서울시 마포구 동교로 156-10
대표 전화_ (02)337-2257 팩스_ (02)337-2258
영업 전화_ (02)338-2282 팩스_ 080-915-1515
홈페이지_ http://www.ivp.co.kr 이메일_ ivp@ivp.co.kr
ISBN 978-89-328-1467-4

ⓒ 한국기독학생회출판부 2009

책값은 뒤표지에 있습니다.
무단 전재와 복제를 금합니다.